RA ZRH LU SAE BRU NDB AT
AJ GYE UPN VV SAK VHHH
GPS B777 SAQ OS SAR MM
MS VN 544 SAW KLAX SAX BA
DF DI DN DR DT LH3117 DX STOL TW
N EH BBJ EI CY EK EL DH8-300 AGNIS EN
C FD FE FG LX FH FI MACH FK RWY F
B FS FT FV FW FY SAR FX FZ GA IKEO
REX SJO GG GL KL1046 PEK ORY CA110
AC IATA GU GV HA MLA HB SIN CA134
T0377 HC DH4 HD OAX HE SLOT L10 TU
OT HL HR HS OSE NBO HT HU K LA BK
KP LE LF KGL COK LG LH CGN JED LI L
AM LR LS CCU LT LV YYR LW LX CAG L
MG TP MH MK C9 B735 HAJ DH8-100 LI
U ZRH MW JED SYD ISB MY LX024 WAV
HAM MCO OK BKO UTC NL MCT LAE KI
219 CUN OB LG9302 OE OI OJ AA664 MS
OR MAS OT PA A300-600 PG HKG PH
C TRC ZIH RJ BCN RK RO RP SA SB ZN
SL SM SO LHR DXB SP GOT SU FNA S
B TD DXB TF TG ORD TI TJ KWI NRT T
AVRO RJ100 TR IGH MX757 TT TU TV DK
UI UK AVRO RJ100 UL UM UN KU171 UO U
A VC VD VE VG VH FOR VI VL SFO V
A WB LHE WI WM AA WP MD-82 DHC30
AA LOS SAN LAS DEL DUR FNA GLA DC
WI SEL JFK SOF TPE DOH GMT SYZ . LB
340 DEN YYZ COK B777 LG6574 BA DL10
IZ MAG HIR RAB MUC KE IR GA FM W
TC MNM S4 500 ATP SN3618 MSY AT LO
G 011 ONT IDO QLI A340 YJR KU171 DEL BK
L ZFA ASQ GLO CA1858 PEK KHI TYO LX
S WEH RGN NNG WUH DXB VIE HND SI

BOARDING COMPLETED

Ludwig Könemann (Hrsg.)
Andreas Fecker

Boarding Completed

Parragon
Bath · New York · Singapore · Hong Kong · Cologne · Delhi · Melbourne

INHALT

E DES FLIEGENS
LUGZEUG
ÄFEN DER WELT
GESELLSCHAFTEN

GEN

READY FOR TAKE-OFF?

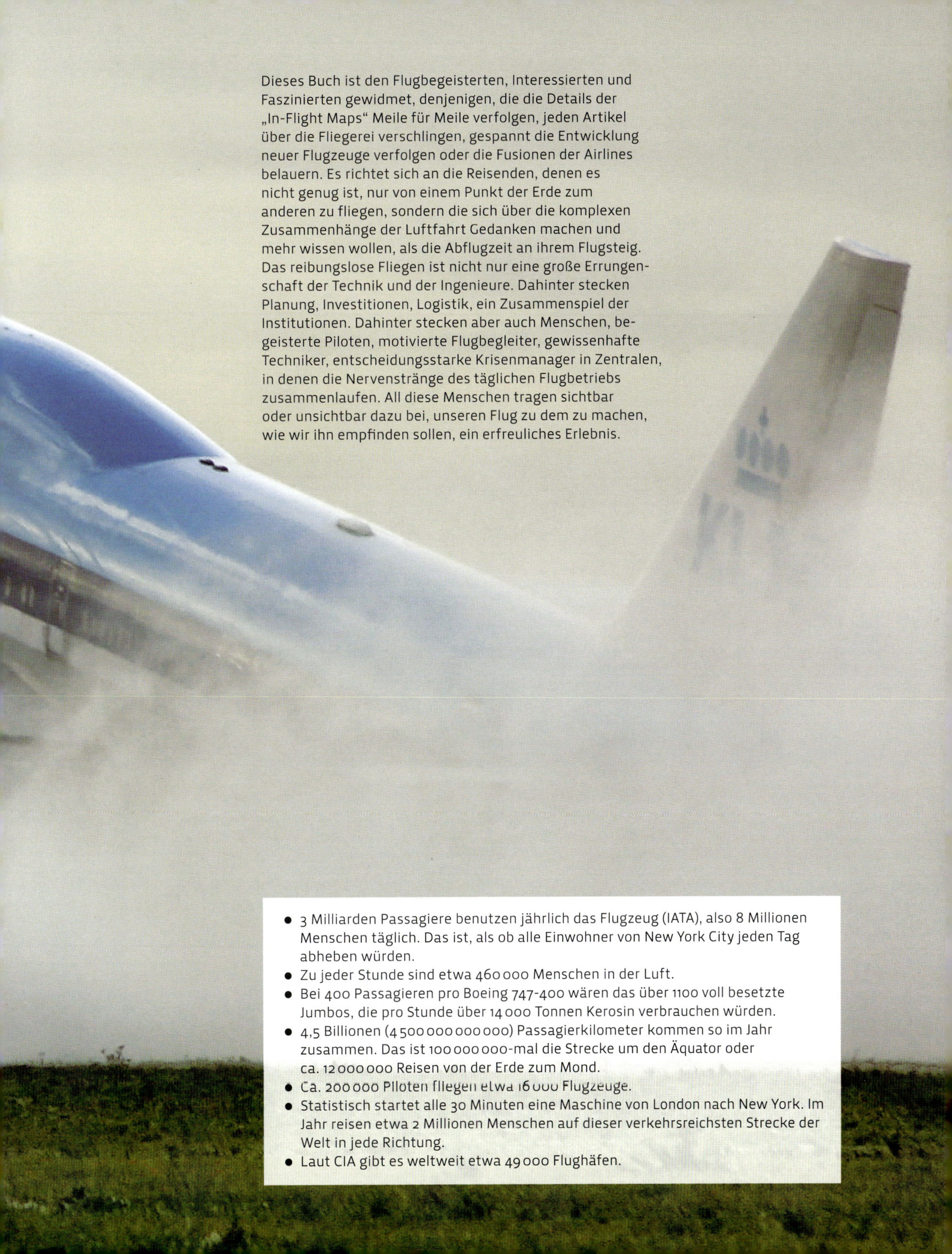

Dieses Buch ist den Flugbegeisterten, Interessierten und Faszinierten gewidmet, denjenigen, die die Details der „In-Flight Maps" Meile für Meile verfolgen, jeden Artikel über die Fliegerei verschlingen, gespannt die Entwicklung neuer Flugzeuge verfolgen oder die Fusionen der Airlines belauern. Es richtet sich an die Reisenden, denen es nicht genug ist, nur von einem Punkt der Erde zum anderen zu fliegen, sondern die sich über die komplexen Zusammenhänge der Luftfahrt Gedanken machen und mehr wissen wollen, als die Abflugzeit an ihrem Flugsteig. Das reibungslose Fliegen ist nicht nur eine große Errungenschaft der Technik und der Ingenieure. Dahinter stecken Planung, Investitionen, Logistik, ein Zusammenspiel der Institutionen. Dahinter stecken aber auch Menschen, begeisterte Piloten, motivierte Flugbegleiter, gewissenhafte Techniker, entscheidungsstarke Krisenmanager in Zentralen, in denen die Nervenstränge des täglichen Flugbetriebs zusammenlaufen. All diese Menschen tragen sichtbar oder unsichtbar dazu bei, unseren Flug zu dem zu machen, wie wir ihn empfinden sollen, ein erfreuliches Erlebnis.

- 3 Milliarden Passagiere benutzen jährlich das Flugzeug (IATA), also 8 Millionen Menschen täglich. Das ist, als ob alle Einwohner von New York City jeden Tag abheben würden.
- Zu jeder Stunde sind etwa 460 000 Menschen in der Luft.
- Bei 400 Passagieren pro Boeing 747-400 wären das über 1100 voll besetzte Jumbos, die pro Stunde über 14 000 Tonnen Kerosin verbrauchen würden.
- 4,5 Billionen (4 500 000 000 000) Passagierkilometer kommen so im Jahr zusammen. Das ist 100 000 000-mal die Strecke um den Äquator oder ca. 12 000 000 Reisen von der Erde zum Mond.
- Ca. 200 000 Piloten fliegen etwa 16 000 Flugzeuge.
- Statistisch startet alle 30 Minuten eine Maschine von London nach New York. Im Jahr reisen etwa 2 Millionen Menschen auf dieser verkehrsreichsten Strecke der Welt in jede Richtung.
- Laut CIA gibt es weltweit etwa 49 000 Flughäfen.

Die Geschichte des Fliegens

Den Vögeln abgeschaut

Dädalus und Ikarus. Der erste Absturz der Fluggeschichte fand in der Mythologie statt.

1505 Leonardo da Vinci, Architekt, Maler, Bildhauer, Musiker, Mechaniker, Ingenieur, Naturphilosoph und Erfinder, studiert die Anatomie der Vögel und entwirft Maschinen, die es ihnen gleichtun, aber durch Muskelkraft bewegt werden.

1720 Der Schweizer Daniel Bernouli entdeckt, dass strömende Luft einen Unterdruck erzeugt.

1783 Gebrüder Montgolfier: erster Heißluftballon *„Montgolfière"*

1783 J. A. César Charles: erster Wasserstoffballon *„Charlière"*

1783 Jean-François Pilâtre de Rozier aus Calais: erste Ballonfahrt über Paris hinweg

1785 Erste Kanalüberquerung im Ballon durch Jean-Pierre Blanchard.

1785 J. A. César Charles fliegt mit dem ersten reinen Wasserstoffballon auf 3000 Meter Höhe.

1810 „Der Schneider von Ulm", Albrecht Berblinger, konstruiert einen Flugapparat. Der Flug misslingt wegen ungünstiger Fallwinde.

1810 Thomas Walker veröffentlicht nach 21 Jahren Studium eine Schrift mit dem Titel *Die Kunst des Fliegens.*

1848 John Stringfellow aus Attercliffe bei Sheffield/England experimentiert mit einem Flugzeug, das von einer Dampfmaschine und gegenläufigen Propellern getrieben werden soll.

1857 Der Franzose Félix du Temple de la Croix lässt sich einen Flugapparat patentieren, der aus zwei Flügeln besteht. Sie sind mit Seide über gewölbten Holz- oder Metallsparren bespannt. Die Flügel sind fest mit einem Wagen verschraubt, der den Motor trägt. Davor sollte sich eine Luftschraube drehen, die die Konstruktion vorwärts ziehen sollte. Ein horizontales Ruder am Heck sollte den Flugwinkel regulieren, ein vertikales Ruder würde die Steuerung nach rechts oder links besorgen. Die Konstruktion wird jedoch zu schwer.

1867 Ein pensionierter russischer Artillerieoffizier namens Nikolaj Teleshov beantragt ein Patent für ein „verbessertes Leichter-als-Luft-System". Heute würde man das als einen Deltaflügler mit Jetantrieb bezeichnen. Das Gerät hat einen soliden, 45 Grad nach hinten gepfeilten Flügel und eine gerade Hinterkante. Der Rumpf ist zylindrisch mit einer konischen Nase und einem Jet-Triebwerk. Da Teleshov seiner Zeit etwa 100 Jahre voraus war, erteilte man ihm das Patent in Russland nicht. Er musste vielmehr dafür nach Frankreich gehen. Bedauerlicherweise baut er das Flugzeug nie. Es existiert nur auf dem Papier.

1871 Frank Wenham baut den ersten Windtunnel, um den Auftrieb zu messen. Die erstaunlichste Erkenntnis dabei ist, dass flache Anstellwinkel zwischen 5 und 15 Grad einen höheren Auftrieb erzeugen als hohe. Er stellt auch fest, dass lange schmale Flächen wie bei modernen Segelflugzeugen einen besseren Auftrieb erzeugen als kurze Stummelflügel von gleich großer Oberfläche.

1879 Der Franzose Victor Tatin baut ein Modellflugzeug mit einem Rumpf, der als Behälter für komprimierte Luft dient. Öffnet man einen Hahn, treibt die ausströmende Luft zwei Zugpropeller an.

J. A. César Charles in seinem mit Wasserstoff gefüllten Luftschiff, 1783

Ein bunter Vogel war **Albrecht Berblinger**, der „Schneider von Ulm". Vielleicht hing es mit der Erfindung der Nähmaschine zusammen, jedenfalls interessierte sich der junge Schneidermeister ungewöhnlich stark für Mechanik. Er wurde gehänselt und verspottet. Er überwarf sich sogar mit seiner Zunft, als er 1810 einen Flugapparat konstruierte. Doch gegen alle Widerstände baute er seinen Gleiter und wartete auf seine Chance: König Friedrich von Württemberg kam in die Stadt. Berblinger baute ein Gerüst auf der Adlerbastei, einem Gemäuer am Rande der Donau. Doch im letzten Moment verließ ihn der Mut. Unter dem Vorwand, an seinem Apparat sei etwas kaputt, verschob er den Flug. Am nächsten Tag stand er wieder auf dem Gerüst und blickte auf die Menschenmenge herab. Der König war mittlerweile abgereist. Entweder er sprang, oder jemand gab ihm einen Tritt, jedenfalls stürzte er mitsamt seinem Flugapparat nach wenigen Metern ins Wasser.
Der Schneider von Ulm wurde daraufhin zum Gespött der Stadt, verarmte, starb und wurde schließlich in einem namenlosen Armengrab beigesetzt.
1986 erst wurden Versuche unternommen, diesen Flug zu wiederholen. An einer anderen Stelle wäre sein Flug vielleicht geglückt. Aber wegen der an der Adlerbastei vorherrschenden Fallwinde war sein Flug physikalisch gar nicht möglich.

Da Vinci, Luftschraube (Detail), 1487–1490

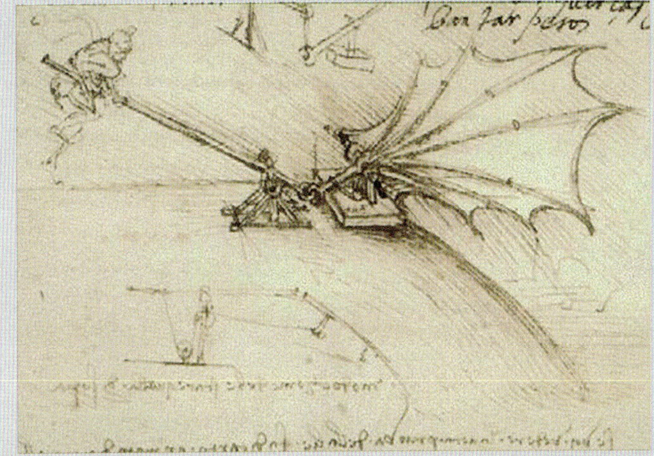

Da Vinci, Belastungsprobe eines Flügels (Detail), 1487–1490

Da Vinci, Fallschirm (Detail), um 1485–1487

Das Modell hat eine Spannweite von 190 Zentimeter, ist an einem Pflock in der Mitte eines Rundkurses befestigt und fliegt im Kreis.

1884 Ein Engländer namens Horatio Phillips lässt sich acht flügelähnliche Muster von unterschiedlichen Breiten und Wölbungen patentieren. Er benutzt einen Windkanal, um zu bestimmen, wie schnell der auftreffende Luftstrom sein muss, um bei welcher Oberfläche wie viel Auftrieb zu erzeugen. Er stellt damals schon fest, dass gewölbte Oberflächen einen größeren Auftrieb erzeugen als flache. 1893 baut er ein 158 Kilogramm schweres Modellflugzeug, das auf einem 180 Meter langen kreisrunden Kurs fliegt und über eine Leine an einem Pfosten in der Mitte befestigt ist. Das Modell besitzt einen kleinen Motor, der einen Propeller mit 400 UpM antreibt. Das Modell fliegt tatsächlich mit 64 km/h im Kreis, in etwa einem Meter Höhe. Als Flügel dienen 50 wie Jalousien übereinander angeordnete gekrümmte Profile, die jeweils nur 5 Zentimeter voneinander entfernt sind.

1889 Otto Lilienthal veröffentlicht in seinem Werk *Der Vogelflug als Grundlage der Fliegekunst* seine Beobachtungen beim Flug der Störche und versucht, das Problem des „Menschenflugs" zu lösen. Er unternimmt zwischen 1891 und 1896 2000 Flugversuche

Auf der Pariser Weltausstellung 1889 stellte Commandant **Charles Renard** von der französischen Luftfahrtbehörde neben einem lenkbaren Ballon einen Flugapparat aus, den er bereits 1873 entwickelt hatte. So hatte er sich damals die Fliegerei der Zukunft vorgestellt, mit einem steuerbaren Gleitschirm. Dieser bestand aus einem ovalen Hohlkörper auf Kufen, der mit einem Gestell von zehn Flügeln verbunden war. An der Hinterseite befand sich ein Ruder. Renard war überzeugt, dass man diesen Gleiter sowohl vom Ballon aus starten könnte als auch mit einem Motor vom Boden aus. Obwohl er natürlich beobachtet hatte, dass Vögel gewölbte Flügel haben, baute er seinen Apparat mit flachen Flügeln. Als Beweis führte er den Schmetterling an, Insekten im Allgemeinen oder aber den Papierdrachen.

DEN VÖGELN ABGESCHAUT

Otto Lilienthal

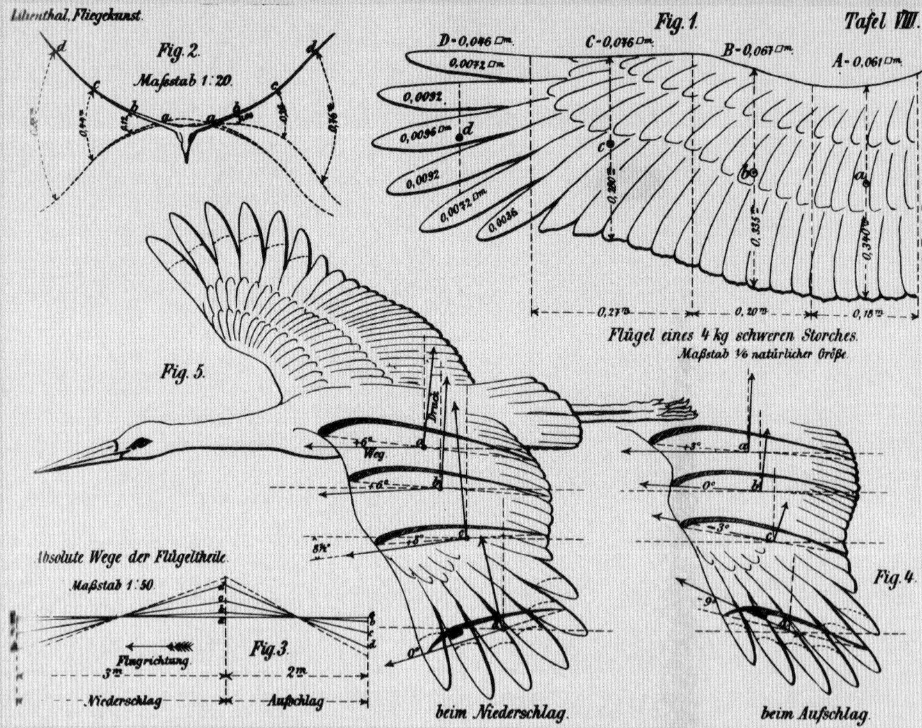

Lilienthal-Studie *Unsere Lehrmeister im Fluge*, 1889

von einem Hügel mit immer besseren Apparaten. Flüge bis zu 500 Meter. Am 9. August 1896 schließlich stürzt er dabei tödlich ab.

1890 Der Franzose Clément Ader entwickelt einen Flugapparat, der schwerer als Luft ist. Die erste Maschine hat die Form einer Fledermaus und ist dampfgetrieben. 1890 ist sie fertig. Der Antrieb ist jedoch ungeeignet. Das Kriegsministerium verweigert ihm später die Forschungsgelder, womit auch das Projekt eingestellt werden musste.

1894 Der australische Erfinder Lawrence Hargrave bindet vier Schachteldrachen zusammen, baut einen einfachen Sitz hinein und fliegt damit 5 Meter weit.

1895 Percy Pilcher experimentiert wie Lilienthal mit Gleitern. In Cardross, in der Nähe von Glasgow, hat er seinen Flughügel. Er empfindet seine Gleitermodelle den verschiedenen Lebewesen nach, die er im Flug beobachtet hat. Einer sieht aus wie die Flügel einer Fledermaus, ein anderer wie ein Käfer, ein dritter wie eine Möwe. Als er sich den Falken vornimmt, beschließt er, ihm später einmal einen Motor zu geben. Bei einer öffentlichen Vorführung seiner Flugkünste reißt eine Schnur am Schweif des Gleiters, die Fläche kollabiert, und Pilcher stürzt vor den Augen der Zuschauer ab. Zwei Tage später stirbt er an seinen Verletzungen.

1896 Der in die USA emigrierte Franzose Octave Chanute sammelte weltweit Studien und Erkenntnisse über Flugapparate. Er baute sie nach und entwickelte eigene Modelle. Die Gebrüder Wright griffen auf seine Sammlung *Progress in Flying Machines* (1894) zurück.

1908 Am 4. Juli 1908 erschien im *Scientific American* ein Artikel unter der Über-

Octave Chanute (USA) 1896 mit seinem Gleitflugapparat

schrift *Der „Junikäfer" Aeroplane (June Bug) – Ein Anwärter auf die Amerikanische Wissenschaftstrophäe*. Dort wurde sehr detailliert beschrieben, wie die Entwicklung eines jungen Glenn Curtiss verlief, der sich mit einem gewissen Alexander Graham Bell, dem späteren Erfinder des Telefons, zusammentat und Aeroplane entwickelte, die den Wright Maschinen überlegen sein sollten. Aus den Curtiss-Werken wurde später der erste Großserienhersteller von Flugzeugen.

Flug Lilienthals am Fliegeberg, 1895

1910 **7. Januar** – Dem Engländer Hubert Latham gelingt der erste Flug in einer Höhe von 1000 Metern mit einer Antoinette VII.
10. März – Der Franzose Emil Aubrun fliegt die ersten Nachtflüge der Welt in Buenos Aires, Argentinien. Er benutzt eine Blériot.
18. Mai – Die erste internationale Luftfahrtkonferenz beginnt in Paris. Wichtigster Gegenstand ist der Flugverkehr zwischen souveränen Staaten.

1911 **18. Februar** – Henri Pecquet fliegt erstmals Luftpost in einer Humer-Sommer in Allahabad, Indien. In den Postsäcken waren 6000 Briefe und Postkarten. Der Flug endete fünf Meilen weiter in Naini Junction, wo die Post in den Zug umgeladen wurde. Dies markiert gleichzeitig den Beginn eines regelmäßigen Luftpostbetriebes.
12. April – Der Franzose Pierre Prier befördert erstmals Passagiere auf einem Nonstop-Flug von London nach Paris mit einer Blériot in 3 Stunden und 45 Minuten.

1912 **19. September** – Der Delag Zeppelin LZ13 „Hansa" beginnt mit dem weltweit ersten regelmäßigen Passagierbetrieb zwischen Hamburg, Kopenhagen und Malmö. Die Delag, ein Vorläufer der Lufthansa, ist somit die erste Fluglinie der Welt.

1914 **1. Januar** – Die St. Petersburg-Tampa Airboat Line in Florida nimmt ihren regulären Airline-Service auf. Sie ist damit die erste Airline in den USA. Die 20 Meilen lange Strecke von St. Petersburg nach Tampa über die Tampa Bay wird von Anthony Jannus in einem Benoist-Flugboot betrieben. Der Bürgermeister von St. Petersburg, A.C. Pheil, ersteigert das erste Flugticket zum Preis von 400 Dollar. Der reguläre Flugpreis beträgt 5 Dollar.

Triumphaler Empfang des französischen Flugpioniers Louis Blériot 1896 in England. Er kassierte ein Preisgeld von eintausend Pfund Sterling, das für die erste Kanalüberquerung ausgesetzt war.

1919 **5. Februar** – Die Deutsche Luft-Reederei (DLR) beginnt mit ersten regulären Passagierflügen nach Flugplan zwischen Berlin und Weimar. Als Fluggerät werden ehemalige Militärmaschinen vom Typ AEG und DFW benutzt.
3. März – William Boeing und Edward Hubbard nehmen den Luftpostdienst zwischen Seattle und Victoria auf.
25. Juni – Die erste Vollmetall-Passagiermaschine, die Junkers F13, wird vorgestellt. Davon werden bald 322 gebaut.
21. Juli – Anthony Fokker gründet das gleichnamige Flugzeugwerk in Schiphol nahe Amsterdam.
28. August – In Den Haag wird die International Air Transport Association (IATA) gegründet.
7. Oktober – In den Niederlanden wird die Koninklijke Luchtvaart Maatschappij voor Nederland an Kolojien oder kürzer KLM gegründet.
13. Oktober – Der Völkerbund (League of Nations) beschließt die Paris Convention, in der der internationale Flugverkehr geregelt wird. Es wird auch festgelegt, dass Funkrufzeichen aus fünf Buchstaben zu bestehen haben.

Die Passagierfliegerei beginnt

Die erste kommerzielle Airline, die Passagiere mit **Flugzeugen** beförderte, war 1914 die **St. Petersburg – Tampa Airboat Line** mit einem Benoist Flying Boat. Bei einer Versteigerung des ersten Flugtickets erhielt der frühere Bürgermeister von St. Petersburg, Florida, **Abe C. Pheil**, für 400 Dollar den Zuschlag. Der Start wurde von 3000 begeisterten Schaulustigen beobachtet. Der Flug führte in 10 Metern Höhe über die Tampa Bay. Das Flugzeug brauchte 23 Minuten für die 32 Kilometer lange Strecke. Der Motor verbrauchte auf der kurzen Strecke 10 Gallonen Sprit und 1 Gallone Öl.

Im Anschluss daran begann der Routine-Flugverkehr. Das Ticket kostete 5 Dollar. Die Airline flog über vier Monate zweimal pro Tag, sechs Tage die Woche. Da sie sich aber auf Dauer nicht rentierte, wurde sie wieder eingestellt.

Landung in Tampa

Abe C. Pheil

1995 ehrten Mr. Pheils Nachkommen den zehnmilliardsten Passagier einer amerikanischen Fluggesellschaft.

Heute benutzen jährlich etwa 4,5 Milliarden Passagiere das Flugzeug. Bis ins Jahr 2025 könnte sich diese Zahl verdoppeln.

2007 wurden wiederum Tickets für einen Erstflug versteigert: **Singapore Airlines** flog erstmals von Singapore nach Sydney mit dem Airbus A380. Das höchste Gebot kam von Julian Hayward, einem 39-jährigen Briten. Er zahlte 100 380 Dollar (rund 70 000 Euro) für die zwei Suiten, die unter anderem mit einem Doppelbett und einem Flachbildfernseher ausgestattet sind.

Übrigens …

Der **einmillionste** Passagier in den USA wurde 1937 gefeiert.
Der **zehnmilliardste** ging am 13. Juni 1995 durch die Weltpresse.
Den **hundertmilliardsten** erwarten wir im Jahre 2031 und den **einbillionsten** im Jahre 2124, wenn es dann noch Kerosin gibt.

Der kürzeste Flug der Welt
Die schottische Loganair bietet den kürzesten planmäßigen Linienflug der Welt an. Flug BA 8872 von Westray nach Papa Westray auf den Orkney Inseln ist nur 1,5 Kilometer lang und dauert planmäßig 2 Minuten (Abflug Westray 09:39 Uhr, Ankunft 09:41 Uhr). Bei günstigem Wind schaffte das ein Pilot schon in nur 56 Sekunden. Bei den häufig gegenwärtigen Orkanen kann der Flug aber auch bis zu 12 Minuten dauern.

First in Flight

Am 24. März 1903 meldeten die **Gebrüder Wilbur und Orville Wright** in den USA das Patent für ein Flugzeug an, das auf ihrem Gleitermodell Nummer III basierte.

Am 14. Dezember 1903 versuchte Wilbur Wright (vergeblich) einen ersten Flug mit dem „Flyer". Der Flugapparat wurde dabei beschädigt. Drei Tage später kam der Durchbruch: Am **17. Dezember 1903** flog **Orville Wright** in Kitty Hawk, North Carolina, den Wright Flyer auf dem ersten offiziellen Flug über 36,5 Meter. Der Flug dauerte 12 Sekunden. Da dieser Flugversuch angemeldet war und vor Zeugen stattfand, gilt er als erster bemannter, dauerhafter und kontrollierter Flug mit einem Gerät, das schwerer ist als Luft. Es folgten noch drei weitere Flüge, deren längster fast eine Minute dauerte.

Ab jetzt wurde die Technik verfeinert. Die Gebrüder Wright führten hunderte von Flügen durch. Im September 1904 gelang Wilbur erstmals eine Schleife mit einem Flugzeug. Einen Monat später flog Wilbur Wright bei einer Airshow in Dayton, Ohio, eine Entfernung von 4,43 Kilometer. Dies war der erste bekannte Flug über 5 Minuten Dauer. Jetzt konnte das Patent vermarktet werden. Die US-Regierung war der erste Kunde. Die Gebrüder Wright beendeten ihre Testflugserie. Der motorgetriebene Flug war nun definitiv auf den Weg gebracht.

Der erste Passagier in einem Flugzeug war Charles W. **Furnas**, Dayton, Ohio am 14. Mai 1908, ein Mechaniker, der den Wright Brothers beim Bau ihrer Flugapparate half. Als Dank für seine Arbeit wurde er von Wilbur Wright auf einigen seiner kurzen Flüge mitgenommen. Diese Flüge dienten vor allem dazu, der US Army zu beweisen, dass man mit Flugzeugen auch Passagiere befördern konnte. Nachdem Orville bei einer anderen Gelegenheit seinen Flugapparat während des Flugs zerlegte und sein Passagier dabei ums Leben kam, verlor Charly Furnas schlagartig sein Interesse an der Fliegerei.

Das wahrscheinlich berühmteste Bild der Luftfahrtgeschichte: Orville Wright bei seinem ersten motorgetriebenen Flug am 17. Dezember 1903 um 10:35 Uhr in Kitty Hawk, North Carolina. Der Flug dauerte 12 Sekunden und ging etwas wellenförmig über eine Strecke von 36,5 Meter. Der Start erfolgte auf einer Holzschiene mit eigener Kraft. Der Motor wog 90 Kilogramm, die beiden Propeller wurden über jeweils eine Kette angetrieben. Die Spannweite der Flügel war 13,2 Meter. Die Flügelfläche des Doppeldeckers betrug stolze 47 Quadratmeter. Zum Vergleich: Von der Distanz her hätte der Flug auch in der Economy Class einer Boeing 747 stattfinden können.

THE LONG WAY TO NONSTOP

Trotz des weltweiten Trends zu Einsparungen beim Bordservice schenken die Airlines der Welt pro Jahr immer noch 4,3 Mio. Gallonen Wein aus. Das sind 21,7 Mio. Flaschen, die insgesamt 28 000 Tonnen Gewicht ausmachen. Die besten Weine gibt es bei Qantas und bei Air New Zealand. Dort sind Weine zu haben, die beim Fachhändler zwischen 50 und 220 US-Dollar kosten! Japan Air Lines bietet seinen First Class Passagieren einen 1997 Champagne Salon, von dem insgesamt nur 60 000 Flaschen abgefüllt wurden.

Der Weinkonsum an Bord unterscheidet sich auch im Abflugort. So trinken z.B. Passagiere auf Flügen von San Francisco mehr Wein als die Passagiere auf Flügen von Dallas.

Das Catering eines Fluges besteht natürlich für die meisten Passagiere vor allem aus der Versorgung mit Essen und Trinken. Allerdings stehen bei den Vollsortimentern neben dem Standard-Essen noch 24 „Special Meals“ zu Auswahl. Von asiatisch, vegetarisch über Babynahrung, diabetische Menüs, Vollwertkost bis zu Hindu- und Kosher-Mahlzeiten. Neben den Getränken gehören auch Zeitungen, Erfrischungstücher, Kissen, Decken, Kopfhörer, Spielzeug und vieles mehr zu den umfangreichen Lieferungen für einen Flug. Für die Einreise der Passagiere werden Zollformulare bereitgehalten. Diese unterscheiden sich nicht nur nach Zielländern, sondern auch nach Nationalität der Reisenden.

BIMAN Bangladesh Airlines unterhält für ihr Catering bei Dhaka eine 300 000 m^2 große Hühnerfarm. Mit dem Fleisch versorgt sie nicht nur den eigenen Bedarf, sondern auch den von mindestens fünf großen Airlines, die Dhaka anfliegen. 25 000 Chicken Mahlzeiten werden pro Monat produziert.

Cathay Pacific betreibt mit Vogue Laundry die größte Wäscherei in ganz Asien. Dort werden nicht nur die Tischdeckchen für die Premium Class Passagiere gewaschen, sondern auch Sitzbezüge, Decken, Kleidung und mittlerweile sogar den Wäschebedarf von 20 verschiedenen Airlines und 30 Hotels.

Unsichtbar für die Passagiere sind Heerscharen von Küchenpersonal, die Brötchen belegen, Tabletts vorbereiten, die von einem Designer gestaltet werden, Großbäckereien oder Waschanlagen für die Trolleys.

Food on Board

Catering

LSG Sky Chefs, eine Tochter der Lufthansa, ist mit rund 400 Mio. Mahlzeiten jährlich für mehr als 300 Fluggesellschaften die größte Kantine der Welt. LSG bekocht täglich 1 Mio. Menschen. In seinen Heimatregionen – Europa und Nordamerika – ist LSG Sky Chefs mit 62 bzw. 50 Customer Service Centers und etwa 28 000 Mitarbeitern prominent vertreten.

Die Zubereitung von Airline-Speisen unterliegt besonderen Regeln. Da sich die menschlichen Geschmacksnerven auf Reiseflughöhe (in der Kabine wird eine Flughöhe von 2000 m simuliert) anders verhalten als auf dem Boden, wird diesem Umstand bereits bei der Zusammenstellung Rechnung getragen. So ist zum Beispiel mehr Salz notwendig, da das Essen sonst fad schmeckt. Die Köche testen die Kreationen in einer Unterdruckkammer.

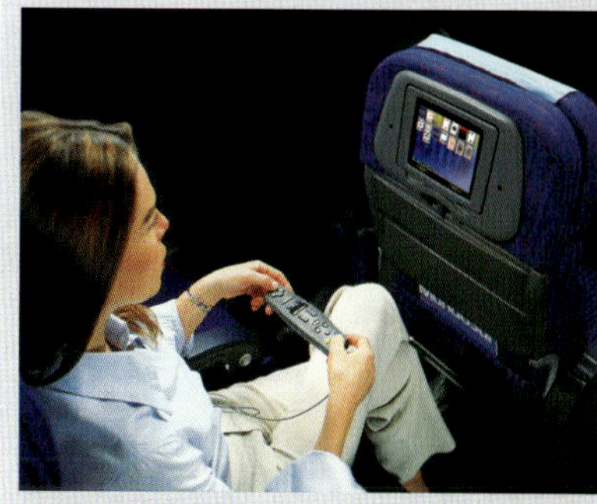

Das Onboard Entertainment System

Lange Flüge erzeugen Langeweile. Gelangweilte Menschen stehen auf, bewegen sich, trinken mehr. Das bedeutet mehr Gewicht und höhere Kosten. Filme und Spiele lenken die Passagiere ab und senken damit die Kosten. Das reicht vom Film-Feature, der wie im Kino für alle zur selben Zeit beginnt, bis hin zum individuellen Super-Entertainment System mit Spielen, Internet, TV, 250+ Filmen, Vorlauf, Rücklauf und Zeitlupe inklusive, und tausend gespeicherten CDs für jeden Geschmack.

Unterhaltung im Flugzeug unterliegt strengster Zensur. Keine kontroversen politischen Inhalte, kein Sex, keine religiösen Inhalte und vor allem keine Filme über Flugzeugunglücke.

Chicken or Beef?

Bei der Vorbereitung der Bordverpflegung wird nichts dem Zufall überlassen: die Lage der Serviette, des Geschirrs, der einzelnen Zutaten ist genau vorgeschrieben. Schweinefleisch wird man kaum auf Flügen finden, da es zu viele Menschen gibt, die dies aus religiösen Gründen ablehnen. Der Standard ist meist Huhn oder Rind, Pasta oder Reis.

Wenn von der Wunschauswahl nichts mehr vorhanden ist, ist das Geschick der Flugbegleiter gefragt, den Kunden die verbliebenen Mahlzeiten schmackhaft zu machen.

Herzinfarkt

„Wir bitten Sie um Ihre Aufmerksamkeit. Ist ein Arzt an Bord?" Nicht immer ist dies der Fall. Da hilft eine medizinische Zentrale namens MedAire in Phoenix, Arizona. Etwa 17 000-mal im Jahr konnten deren Notärzte schon bei einem akuten Notfall in der Luft helfen. MedAire berät bei der Ersten Hilfe, hilft bei der Entscheidung über eine eventuelle Notlandung und empfiehlt gegebenenfalls das passende Krankenhaus dafür. Die Crews haben ärztliches Besteck an Bord, vom Skalpell bis zum Defibrillator für Herzstillstand.

Rechtliche Aspekte

In den Beförderungsbedingungen aller Fluglinien steht, dass schwangere, kranke oder behinderte Personen vor der Buchung darauf hingewiesen werden, dass sie eventuell besondere Betreuung benötigen. Wird der Fluggast einmal angenommen, kommt ein Beförderungsvertrag zustande. Der Kunde wird aufgrund dieses Betreuungsbedarfs nicht mehr von der Beförderung ausgeschlossen. Werdende Mütter brauchen ab der 36. Schwangerschaftswoche ein gynäkologisches Attest.

Kommt es dann doch zu einem akuten medizinischen Notfall während des Fluges, muss der Captain in letzter Konsequenz entscheiden, ob er am nächsten geeigneten Flughafen landet oder nicht. Abgesehen von der Verspätung, den verpassten Anschlüssen und möglichen Komplikationen, die durch die ungeplante „Einreise" mancher Passagiere in ein Drittland entstehen können, kostet eine solche unplanmäßige Zwischenlandung die Fluggesellschaften mindestens 40 000 Euro, bisweilen auch deutlich mehr. Entsprechend hoch ist der Entscheidungsdruck für den Captain. Unlängst traf ein Pilot die falsche Entscheidung. Die Anzeichen eines Herzinfarkts wurden nicht richtig gedeutet, und der Passagier verstarb wenig später im Flugzeug. Die Witwe verklagte die Airline erfolgreich auf 6 Mio. Dollar Schadensersatz.

Haftung

Wichtig ist auch zu wissen, dass die Haftpflichtversicherungen der Ärzte nicht für Einsätze an Bord von Flugzeugen gelten. Andererseits kann sich ein Arzt der unterlassenen Hilfeleistung schuldig machen. Unterläuft einem Arzt bei einer solchen Behandlung ein Fehler, haftet er dafür persönlich. Die deutsche Lufthansa hat eine Versicherung abgeschlossen, die Ärzte bei einem freiwilligen Einsatz in der Luft vor finanziellem Risiko schützt.

Ausraster

Passagiere mit aggressiver Grundneigung rasten bisweilen aus, z.B. weil sie nicht rauchen dürfen und/oder weil sie zu viel Alkohol getrunken haben. Da wird schon mal einer Stewardess ein blaues Auge geschlagen, weil sie nicht telefonieren dürfen, weil sie sich nicht anschnallen wollen, oder weil ihnen der fünfte Wodka verweigert wird. 2008 entschied sich der Captain eines Charterfluges von München nach Bangkok, über der Ukraine wieder umzukehren und nach Deutschland zurückzufliegen. Ein Gast war derart gewalttätig geworden, dass er an den Sitz gefesselt werden musste. Da München mittlerweile geschlossen war, musste die Crew nach Düsseldorf zurück. Dort übergab sie den Randalierer der Polizei. Die 212 Passagiere wurden im Hotel untergebracht. Am nächsten Tag flog sie eine andere Crew dann nach Bangkok. Die Kosten für die Übernachtungen, den Sprit, die Landegebühren den Schadenersatz für die Passagiere muss der Verursacher tragen. Da kommen schnell weit über 100 000 Euro zusammen.

Gesund an Bord – Sieben Tipps

1.
Beim Durchfliegen vieler Zeitzonen gerät der Tag-Nacht-Rhythmus durcheinander, was den „Jetlag“ verursacht. Es gibt ein paar Maßnahmen, mit denen man den Effekt abmildern kann:

- Vor dem Flug den Körper auf den neuen Rhythmus einstimmen.
- Die Uhr gleich nach dem Start auf Zielzeit umstellen.
- Nach Ankunft den neuen Rhythmus aufnehmen und viel Zeit im Freien verbringen.

2.
Bei Flügen nach Westen sollte man eiweißreiche Nahrung wie Fleisch, Fisch, Eier und Milchprodukte zu sich nehmen. Proteinreiche Ernährung unterstützt den Körper dabei, Müdigkeit zu bekämpfen. In Richtung Osten sollte man hingegen viele Kohlenhydrate zu sich nehmen. Nudeln, Reis, Obst oder Gemüse beschäftigen die Verdauung und fördern den Schlaf.

3.
In Wohnräumen variiert die relative Luftfeuchtigkeit zwischen 40 und 70 %. Im Flugzeug schwankt sie zwischen 5 und 15 % Die Folge ist ein erhöhter Flüssigkeitsbedarf. Auf Reiseflughöhe liegt er bei 250 ml pro Stunde. Abhilfe: Tomatensaft, möglichst mit Salz und Pfeffer. Die Tomate ist eine Gesundheitsfrucht. Das enthaltene Lycopin reduziert unter anderem das Risiko für Herz-Kreislauf-Krankheiten.

4.
Nach dem Start die Schuhe ausziehen. Die Füße schwellen mit steigender Höhe an. Es gibt im Handel Flugsocken mit rutschfesten Gumminoppen in der Sohle, die man über seine Strümpfe ziehen kann. Weite, bequeme Kleidung, besonders im Hüftbereich, verhindert unangenehme Enge und Wärmestau.

5.
Isometrische Übungen am Platz halten den Kreislauf aktiv, gelegentliches Aufstehen und Vertreten der Beine, besonders bei enger Bestuhlung, wirken der Thrombose entgegen, die mittlerweile auch „Economy Class Syndrom“ genannt wird.

6.
Kontaktlinsenträger sollten erwägen, für die Reise die Brille mitzunehmen, weil die trockene Luft zu Reizung der Augen führen könnte.

Tiefenatmung

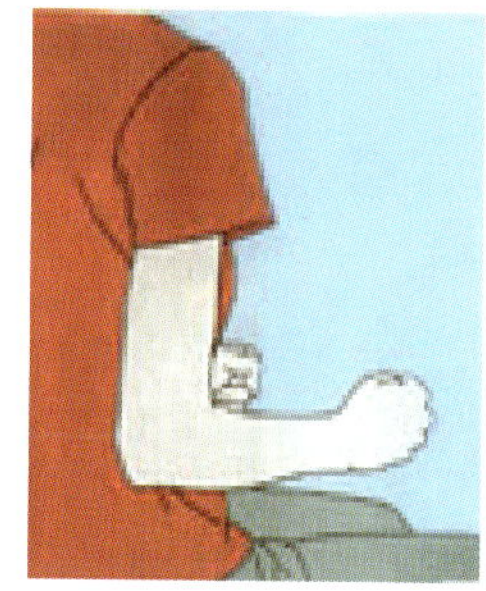
Muskelaktivierung

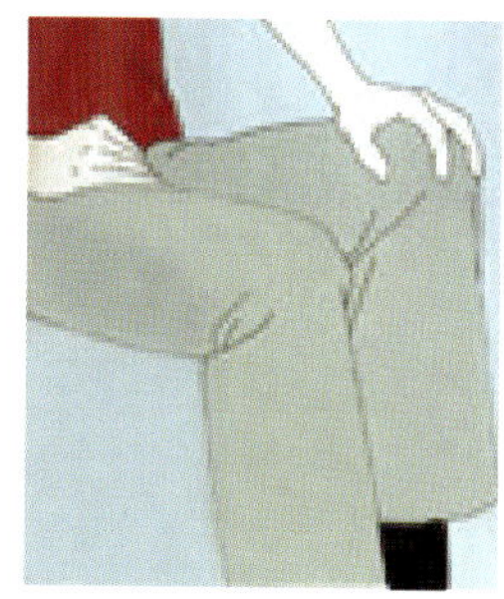
Wach werden

Verspannung lösen

7.
Eine rückfeuchtende Hautcreme hilft gegen Austrocknen der Haut.

Silje

Im norwegischen Honningsvåg gab es 1986 kein Krankenhaus. Kinder kamen mithilfe einer Hebamme oder im 180 km entfernten Hammerfest zur Welt. Bei Siljes Mutter setzten die Wehen zu früh ein. Für eine Autofahrt ins Krankenhaus war es zu spät. Die Hebamme entschied sich für eine startklare Twin Otter der Fluggesellschaft Widerøe. Alle Passagiere mussten am Boden bleiben, nur die werdende Mutter, die Hebamme und die beiden Piloten waren an Bord.

Die Hebamme vertrug das Fliegen nicht und geriet in Panik. Das Baby konnte nicht warten. Acht Meilen im Endanflug auf Hammerfest, 3000 m über dem Meer, erblickte ein kleines

Mädchen das Licht der Welt. Nach der Landung in Hammerfest hielt die glückliche Mutter die kleine Silje im Arm. Die bereitstehenden Ärzte und Sanitäter kümmerten sich um Mutter, Kind und die kreidebleiche Hebamme.

Widerøe Airlines zeigte Humor: Die Twin Otter trug fortan den Namen „Silje“, Silje selbst erhielt lebenslang Freiflüge auf dem gesamten Streckennetz der Widerøe und ein lebenslang unbegrenztes Stellenangebot bei der Airline.

Silje Jørgensen studiert derzeit in Tromsø Biologie und Mathematik. Auf das Stellenangebot kommt sie vielleicht später einmal zurück. Die junge Frau – wen wundert's – liebt das Reisen.

HOLDING

Gerät man zur Landezeit in die Rushhour an einem Flughafen, wird es vorkommen, dass man in eine Warteschleife geschickt wird. Ursachen dafür gibt es viele: schlechtes Wetter, Schneeräumung, Gewitter über dem Zielflughafen, ein Zwischenfall auf der Landebahn, die Luftnotlage eines anderen Flugzeugs, Überlastung des Flughafens oder eine personelle Unterbesetzung der Flugsicherung, Ausfall oder Beeinträchtigung des Radars oder der Kommunikation. Aber auch die Schließung eines anderen Flughafens in der Nähe kann zu Überlastungen führen, weil sich dann noch 20 oder 30 Maschinen mehr in die Schlange einreihen, die zum Beispiel von Philadelphia nach Boston umgeleitet werden.

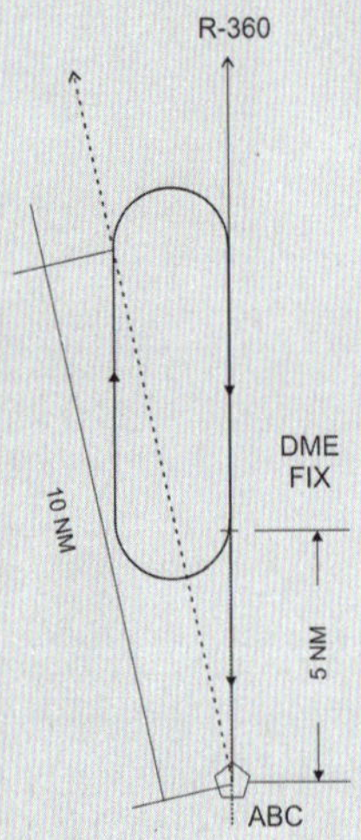

Die Anweisung für das nebenstehende Pattern würde lauten:

„CACTUS 632, RIGHT HAND HOLDING RADIAL 360 ABC VOR BETWEEN 5 AND 10 DME. MAINTAIN FLIGHT LEVEL 100."

LANDING

Die Anflugkontrolle übergibt unsere Maschine im Endanflug an den Kontrollturm.

„BOSTON TOWER CACTUS 632 HEAVY 6 MILES FINAL RWY 22 LEFT. RUNWAY IN SIGHT."

„632 HEAVY, BOSTON TOWER, CLEARED TO LAND RUNWAY 22 LEFT. WIND 180 DEGREES 8 KNOTS."

„CLEARED TO LAND 22 LEFT, CACTUS 632."

Zwar kann jedes Flugzeug auch von Hand gelandet werden, doch es ist leichter und wirtschaftlicher, sich von der Elektronik helfen zu lassen.

Das bodenseitige Instrumenten-Lande-System ILS sendet horizontale und vertikale Leitstrahlen, die vom Bordinstrument empfangen und ausgewertet werden. Das Flugzeug wird dann manuell oder elektronisch exakt auf der Mittellinie und dem Gleitpfad zum Aufsetzpunkt der Piste gesteuert. Damit können Flugzeuge auch problemlos bei dichtestem Nebel landen.

Der Radarhöhenmesser mit Sprachmodul gibt auch die Höhen aus. Natürlich muss die Crew selbst für die Landekonfiguration sorgen.

Die Elektronik wird das Flugzeug sanft auf der Piste aufsetzen. Die A380 hat sogar noch eine Break-to-Vacate-Automatik (BTW), die für den optimalen Bremsdruck sorgt, um das schwere Flugzeug an einem gewünschten Exit von der Bahn rollen zu lassen.

Im Notfall gibt es die TO/GA-Schaltung. Per Knopfdruck wird das Flugzeug in den Durchstartmodus versetzt. Die TO/GA-Schaltung stellt dem Piloten nicht nur in kürzester Zeit die maximale Power zur Verfügung, sondern schaltet auch die Landeautomatik ab und rekonfiguriert das Flugzeug für den neuen Flugzustand, sodass sich die Piloten auf das Wesentliche konzentrieren können.

Nach dem Abrollen erhalten die Piloten weitere Rollanweisungen vom GROUND CONTROL.

Nach Erreichen des Gates wird sich die Crew vom Funk abmelden.

„BOSTON GROUND, CACTUS 632 AT THE GATE, SHUTTING DOWN."

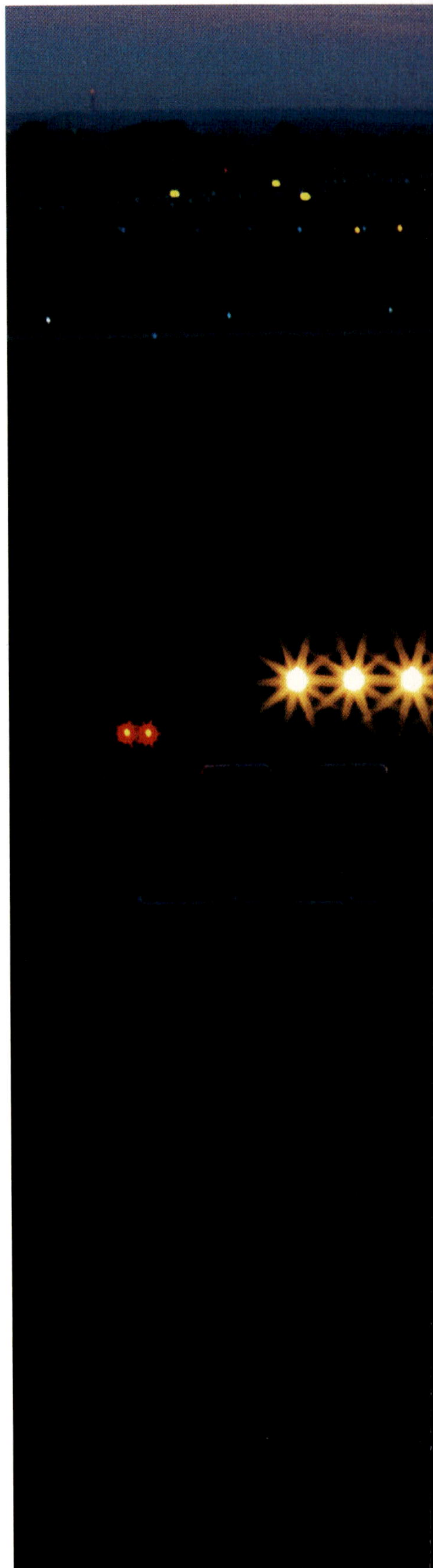

Airport Lighting – Flughafenbefeuerung

- Pisten haben eine **weiße** bi-direktionale Randbefeuerung über ihre gesamte Länge.
- am Aufsetzpunkt quer verlaufende Schwellenbefeuerung mit **grünen** Lichtern
- **weiß-grün-rote** Gleitwinkelbefeuerung rechts und links daneben
- **weiße** Anflugbefeuerung mit einer Mittellinie, die ca. 1 km in den Anflugsektor hineinreicht, **rote** Lichter am Pistenende

Außer der Pistenrandbefeuerung sind diese Lichter nur aus der Anflugrichtung sichtbar.

- Rollweglichter sind **blau** und omni-direktional
- Kurven werden mit **grünen** Unterflurlichtern gekennzeichnet.
- Alle Hindernisse tragen ein **rotes** Warnlicht.
- Fahrzeuge im Flugbetriebsbereich ein **gelbes** Blinklicht
- Rettungsfahrzeuge im Einsatz haben **rotes** und/ oder **blaues** Blinklicht.

GENIAL: ANFLUG AUF SARAJEVO

Anflug über ROBBY, STEFY oder VINCE

GENIAL, ABER SCHWIERIG: DAS ANFLUGVERFAHREN VON SARAJEVO

Da Sarajevo in einem Talkessel liegt, kann es nur von Nordwesten angeflogen werden. Starts erfolgen entgegen der Anflugrichtung. Zur Entzerrung von An- und Abflügen wurde dieses Dreiecksverfahren entwickelt. Air Crews müssen sich eigens dafür qualifizieren.

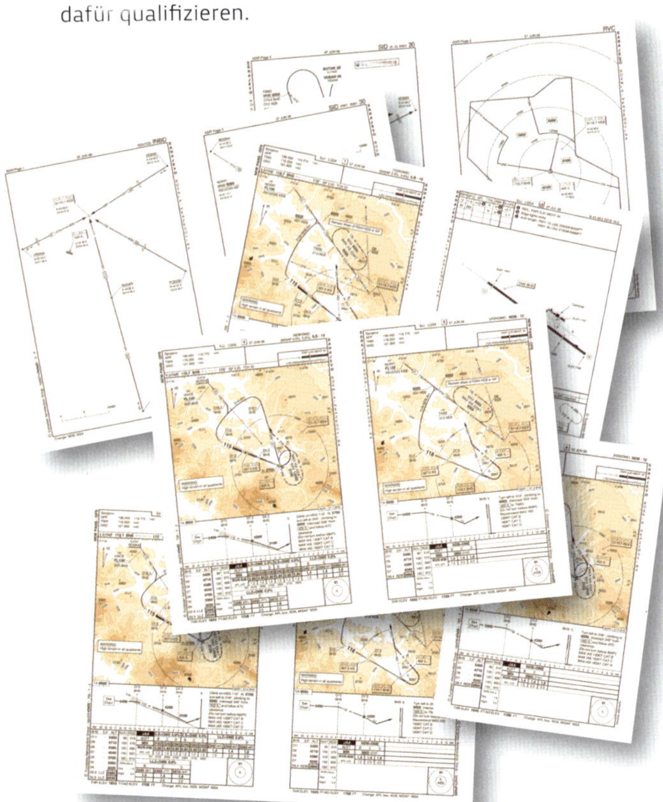

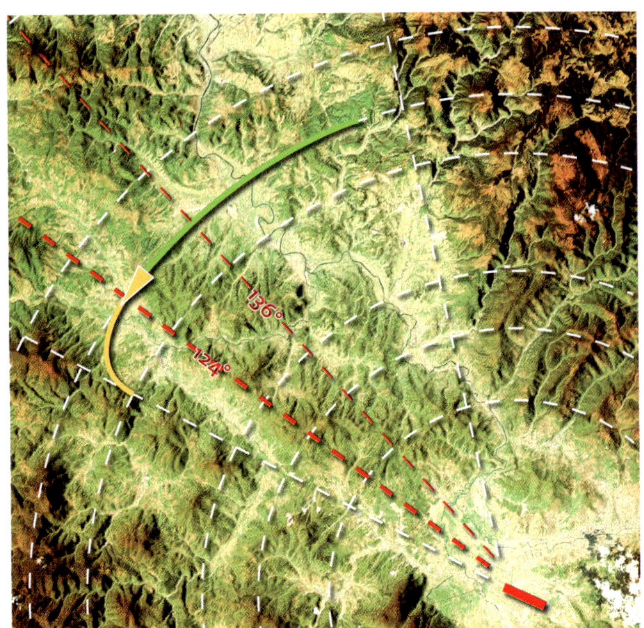

Wenn der Radiokompass 136° anzeigt, mit dem Sinkflug auf 5800 Fuß beginnen. Bei 124° beginnt das Einkurven auf den Endanflug.

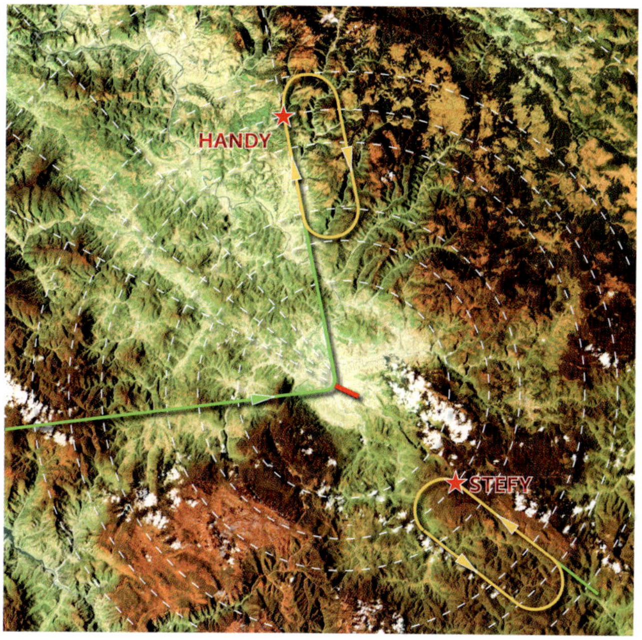

Warteschleifen bei Bedarf über HANDY oder STEFY

Nach Anflugfreigabe dem Kreisbogen 15 DME SAR in 7000 Fuß folgen

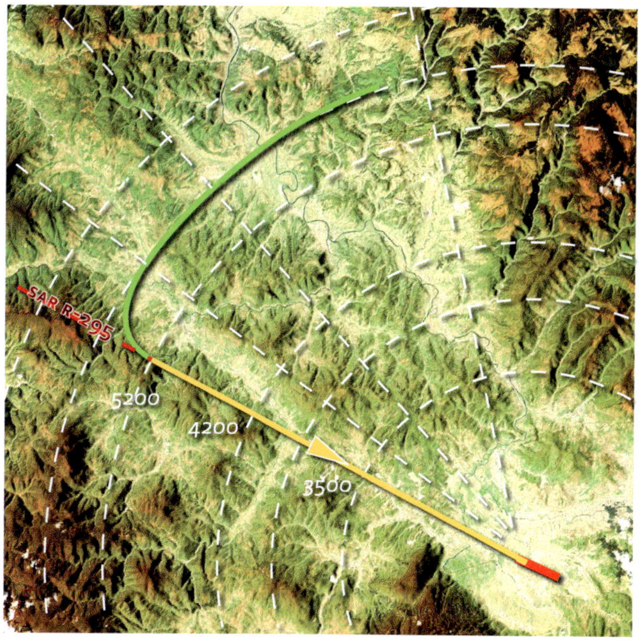

Weitersinken auf 5200 Fuß. Auf dem Radial SAR R-295 unter Einhaltung der verschiedenen Mindesthöhen 5200, 4200 und 3500 Fuß bis zur Entscheidungshöhe (Sichtkontakt zur Piste) weiterfliegen, bei Sichtkontakt Landung vollenden

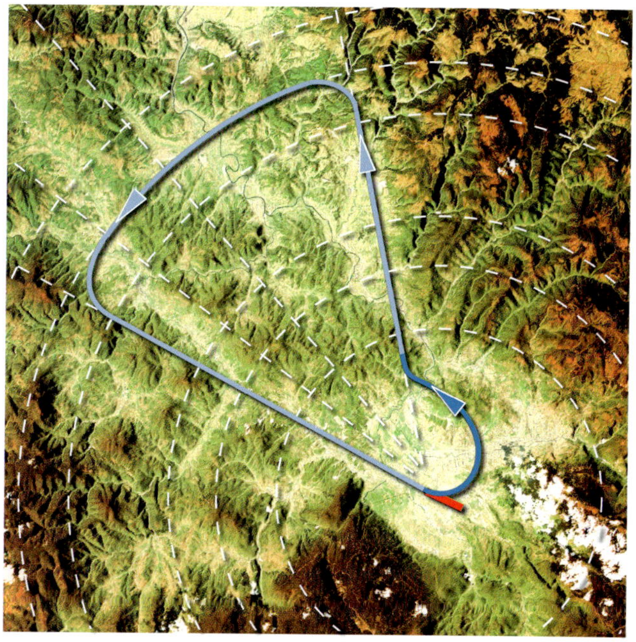

Landung verpasst? Dann zurück auf Los ...

NIGHT FLIGHTS

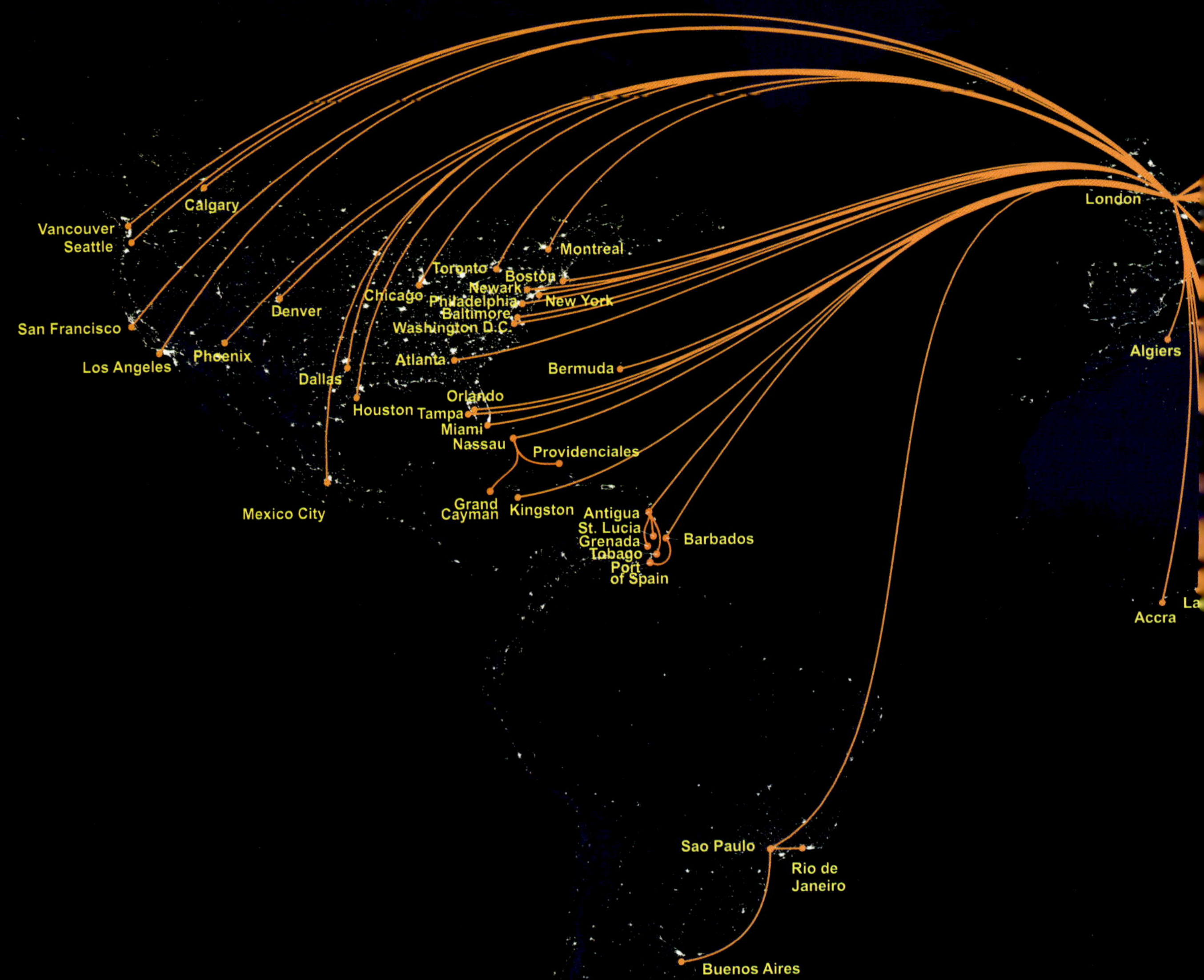

TYPISCHE TAGFLÜGE
New York – Los Angeles
Miami – Seattle
Frankfurt – Atlanta
Mumbai – London

TYPISCHE NACHTFLÜGE
Atlanta – Frankfurt
Mexico City – Madrid
Honolulu – New York
London – Tokyo

RED-EYE-FLÜGE
Flüge, die erst in den mitternächtlichen Stunden in östlicher Richtung starten und nicht mehr als 5 Stunden später ankommen, nennt man „red-eye flights". Man spart zwar einen Reisetag und eine Hotelübernachtung, kommt aber im Allgemeinen unausgeschlafen an, daher die sprichwörtlichen „roten Augen".

Airlines bieten diese Flüge auch gerne an, wenn am heimischen Airport Nachtflugverbot herrscht. So können auch Mittelstreckenmaschinen in dieser Zeit noch Geld verdienen, denn bis sie wieder zurückkommen, ist der Flughafen wieder geöffnet. Diese Nachtflüge können zu niedrigen Kosten angeboten werden und bereichern das Portfolio einer Fluggesellschaft.

TYPISCHE RED-EYE-FLÜGE in Fernost sind Hongkong–Tokyo, Singapur–Manila, aber auch Singapur–Sydney, Perth–Sydney, Delhi–Bangkok, Frankfurt–Larnaca, Calgary–Toronto oder Honolulu–San Francisco.

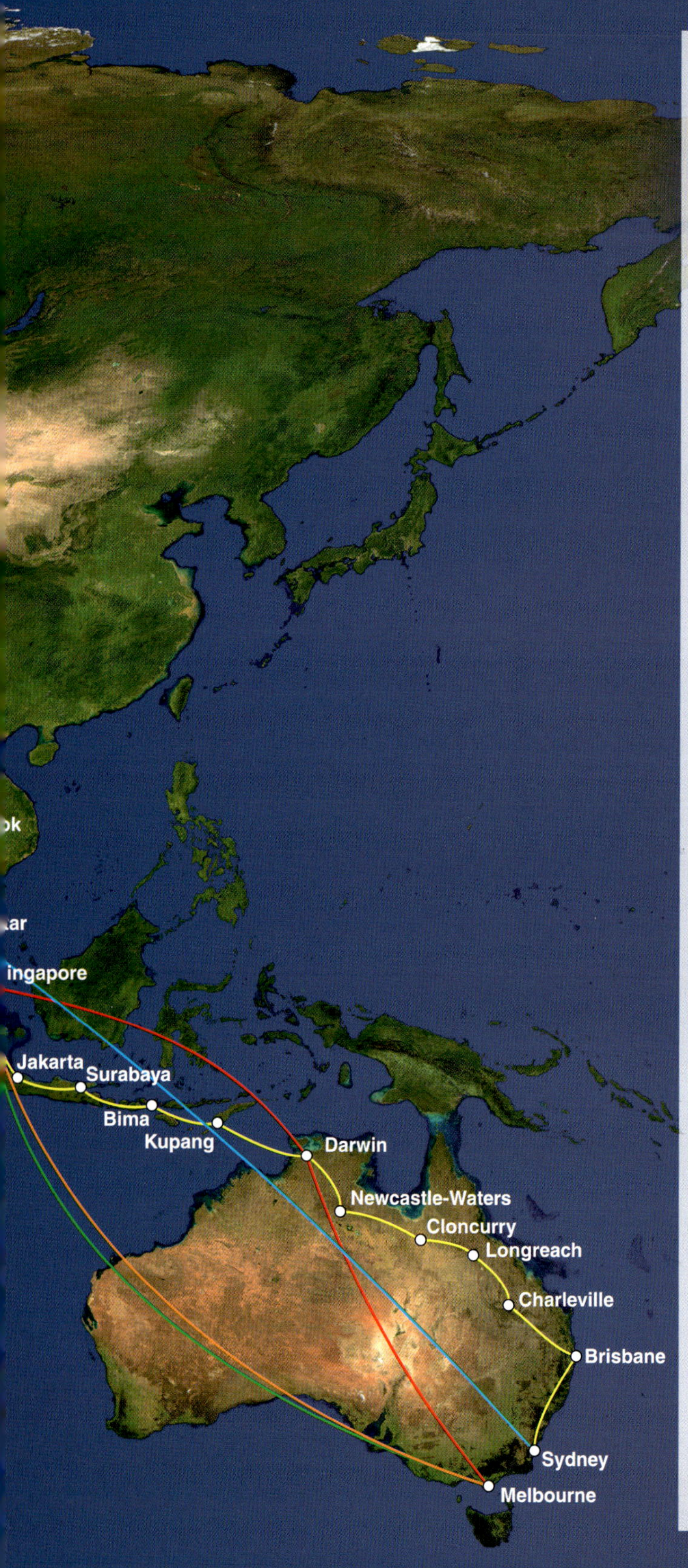

Die Flugpionierin **Elly Beinhorn**, geboren am 30. Mai 1907 in Hannover, stellte in den 1930er Jahren etliche Langstreckenflugrekorde auf.

1931 arbeitete sie in Afrika, um Luftaufnahmen zu machen. Auf dem Rückflug nach Deutschland musste sie wegen einer gerissenen Benzinleitung zwischen Bamako und Timbuktu im Sumpfgebiet des Niger notlanden. Der Krieger-Stamm der Songhai nahm sie freundlich auf. Schließlich fand sie jemanden, der französisch sprach und sie nach Timbuktu führte. Nach viertägigem Fußmarsch kam sie erschöpft und mit Fieber in Timbuktu an und erfuhr zu ihrem Erstaunen, dass ihr Verschwinden ganz Deutschland in Aufregung versetzt hatte. Nach ein paar Tagen der Erholung heuerte sie Hilfskräfte an und ging mit ihnen zurück zur Absturzstelle, um wenigstens den Motor und die Instrumente aus ihrer Maschine zu bergen. Die Nachricht von Elly Beinhorns Rettung ging mittlerweile um die Welt. Aus Deutschland wurde ihr ein Flugzeug nach Afrika geschickt. Die Fliegerheldin reiste mit Zug und Schiff nach Casablanca, wo sie die Maschine übernahm. Nach ihrer triumphalen Rückkehr nach Berlin sagte sie kopfschüttelnd: „Meine Notlandung hat mehr Schlagzeilen gebracht als die tollste Flugleistung".

Am 4.12.1931 brach sie wieder auf und flog mit ihrer einmotorigen Klemm nach Australien. Von Berlin über Breslau, Budapest, Sofia, Istanbul, Konya, Alexandretta, Aleppo, Bagdad, Bushir, Djask, Guaddar, Karachi, Jodhpur, Delhi, Allahabad, Kalkutta, Rangun, Bangkok, Alor Star, Singapur, Batavia (Jakarta), Surabaya, Bima, Kupang, Darwin, Newcastle-Waters, Cloncurry, Longreach, Charleville und Brisbane. Am 2.4.1932 traf sie in Sydney ein.

Da man damals den Pazifik mit dem Flugzeug noch nicht überqueren konnte, zerlegte die 24-jährige Pilotin die Maschine, verpackte sie in Kisten und lud sie auf einen Frachter nach Panama. Sie flog dann an der Küste entlang bis nach Chile, überquerte die Anden und flog nach Buenos Aires. Von dort ging es wieder per Schiff nach Bremerhaven. Elly Beinhorn hatte gezeigt, dass man die Welt, die großen Ozeane ausgenommen, mit einer kleinen, einmotorigen Maschine mit 80 PS umrunden konnte.

Viele weitere Flüge nach Afrika, Nord- und Mittelamerika schlossen sich an. Sie ließ sich in Freiburg nieder und schrieb Bücher und Hörspiele für den Rundfunk. Elly Beinhorn-Rosemeyer starb am 28. November 2007 im Alter von 100 Jahren.

Fliegen wird gesellschaftsfähig: Die 1920er und 30er Jahre

Die Do-X von Dornier mit ihren zwölf Motoren, 1929

1920 12. **Dezember** – Erstflug der Blériot-Spad 33 Airliner.

1921 8. **Juni** – Erste Versuche mit einer Druckkabine in einer De Havilland DH4.

Seit 1930 flog Transcontinental Western Air Coast to Coast.

1922 7. **April** – Erster Luftzusammenstoß zweier Airlines: Eine französische Farman Goliath der Grands Express kreuzt den Flugweg einer De Havilland DH18 von Daimler Airways in Nordfrankreich. Sieben Menschen sterben.
9. Juni – Erster Nachtflug einer Airline von Paris nach London.

1923 22. **August** – Erstflug der Witteman-Lewis XNBL-1. Der Dreidecker-Langstreckenbomber ist 1923 das größte Flugzeug der Welt.

1924 1. **Juli** – Erster regulärer transkontinentaler Luftpostdienst in den USA.
28. September – Erste Erdumrundung. Die Douglas World Cruisers *Chicago* und *New Orleans* landen wieder in Seattle. Effektive Flugzeit: 371 Stunden und 11 Minuten bei 57 Zwischenlandungen.
Außerdem ... Neugründung der Huff Daland Dusters in Macon, Georgia. Die erste Agrarfluggesellschaft der Welt wird später als Delta Airlines bekannt werden.

1925 12. **März** – Jungfernflug der Fokker FVIIa.
13. April – Henry Ford richtet den ersten Luftfrachtservice der USA auf der Strecke Detroit–Chicago ein.

1926 6. **Januar** – Deutsche Aero Lloyd und Junkers Luftverkehr fusionieren zur Deutschen Luft Hansa. Der Flugbetrieb beginnt am 6. April.

Fluggast steigt in eine Fokker-Grulich der Luft Hansa, 1926

6. April – Gründung der Varney Speed Lines, der späteren Continental Airlines.
11. Juni – Erstflug einer dreimotorigen Ford 4AT.
24. Juli – Zwei Junkers G24 der Luft Hansa fliegen von Berlin nach Peking und am 26. September wieder zurück.
Außerdem ... Die Junkers G31 wird vorgestellt.

1927 15. **Januar** – Gründung der Boeing Air Transport Company, um Luftpost zwischen San Francisco und Chicago zu befördern.
14. März – Gründung der Pan American World Airways, um Luftpost von Key West nach Havanna zu befördern.
20.–21. Mai – Charles Lindbergh fliegt mit der *Spirit of St. Louis* als Erster alleine nonstop von New York nach Paris. Er benötigt 33 Stunden und 39 Minuten für 5800 Kilometer.
4.–6. Juni – Charles A. Levine ist der erste transatlantische Flugpassagier. Clarence D. Chamberlain fliegt die Wright-Bellanca WB-2 *Columbia* von New York nach Eisleben (6294 Kilometer).
14.–15. Oktober – Dieudonné Costes und Joseph Le Brix fliegen erstmals nonstop

über den Südatlantik in einer Bréguet 19 GR. Die Route führt von Saint-Louis-du-Sénégal nach Puerto Natal in Brasilien.

Cover eines Buches über die Passagierluftfahrt in Deutschland (1925)

1928 **12.–13. April** – Erster Transatlantikflug von Ost nach West: Hermann Köhl, Freiherr von Hünefeld und James Fitzmaurice fliegen eine Junkers W33 von Dublin nach Greenly Island vor der Küste von Labrador.
31. Mai–8. Juni – Charles Kingsford Smith und seine Crew überqueren erstmals den Pazifik. Die Fokker F.VIIb-3m *Southern Cross* fliegt in 83 Stunden von Oakland, Kalifornien, über Honolulu und Fiji nach Brisbane.
17. Juni – Amelia Earhart aus den USA fliegt als erste Frau über den Atlantik.
18. September – Luftschiff LZ127 *Graf Zeppelin* wird in Dienst gestellt.
11. Oktober – Die LZ127 *Graf Zeppelin* überquert den Atlantik von Friedrichshafen nach Lakehurst in 71 Stunden.
Außerdem ... 1926 und 1927 gab es 24 Airline Crashs. 1928 waren es 26, 1929 gar 51! Von damals bis heute ist das der schlimmste Rekord in der Unfallstatistik: mit einem Unfall pro einer Million Flugmeilen. Würde man das auf das heutige Flugaufkommen umrechnen, hätten wir 7000 Totalverluste pro Jahr. Mittlerweile ist die Luftfahrt jedoch bei einem statistischen Wert von einem Unfall pro 2 Milliarden Meilen angekommen.

1929 **1. Januar** – Gründung der LOT in Polen.
30. März – Imperial Airways, einer der Vorläufer der British Overseas Airways Corporation BOAC, beginnt den Linienverkehr zwischen London und Indien.
25. Juli – Erstflug der Dornier Do-X.
4.–16. August – Den ersten internationalen Passagierflugwettbewerb von Paris über eine Strecke von 5942 Kilometer quer durch Europa gewinnt eine deutsche Crew um Fritz Morzik in einer BFW M.23. Das Flugzeug erreicht eine Höchstgeschwindigkeit von 140 km/h.
8.–29. August – Hugo Eckener umrundet mit dem Luftschiff LZ127 *Graf Zeppelin* erstmals die Erde von Lakehurst über Deutschland, Japan, Los Angeles und weiter nach Lakehurst. Die 35 200 Kilometer bewältigt die Crew in 21 Tagen, 5 Stunden und 31 Minuten.

Wiegen der Passagiere 1926. Ob das wiederkommt?

24. September – Lieutenant James H. Doolittle startet in New York zum ersten Blindflug: Start, Flug und Landung erfolgen ausschließlich nach Instrumenten, die Cockpitfenster sind zugeklebt.
21. Oktober – Weltrekord der Dornier DoX: Sie startet mit einer Zehn-Mann-Crew und befördert 150 zahlende und neun „blinde" Passagiere.

Ford Trimotor. Im Gegensatz zu Ford's „Tin Lizzy", die 17-millionenmal gebaut wurde, kam die „Tin Goose" nur auf 199 Exemplare.

Die 1920er und 30er Jahre

Die Junkers G38 der Luft Hansa, 1931

1930 **25. Januar** – Gründung der American Airways.
15. Mai – Ellen Church ist die erste Stewardess der Welt. Die Krankenschwester aus Iowa heißt die elf verblüfften Passagiere an Bord einer dreimotorigen United Airlines Boeing 80A in Oakland willkommen. Fortan beschäftigen United Airlines für 125 Dollar pro Monat weibliche Hostessen, die die Passagiere an Bord mit Frucht-Cocktails, gebratenen Hähnchen, Tee oder Kaffee versorgen.
18. Mai – Das Luftschiff LZ127 *Graf Zeppelin* überquert den Südatlantik.
25. Oktober – Coast to Coast-Service der Transcontinental Western Air (TWA).
Außerdem … Die Deutsche Luft Hansa wird zur am schnellsten wachsenden Airline in Europa mit dem größten Streckennetz.

1931 **29. August** – Luftschiff *Graf Zeppelin* nimmt die Route von Deutschland nach Brasilien auf.
3.–5. Oktober – Erster Nonstop-Flug von Japan in die Vereinigten Staaten mit einer Bellanca Skyrocket, geflogen von Clyde Pangborn und Hugh Herndon.
1. Oktober – Air France ist die erste europäische Airline, die Stewardessen einstellt.

1932 **19.–24. Mai** – Das Flugboot Dornier Do-X fliegt von New York nach Friedrichshafen.
20.–21. Mai – Amelia Earhart überquert in einer Lockheed Vega als erste Frau alleine den Nordatlantik von Harbor Grace, Neufundland, nach Londonderry in Nordirland.
21. Juli – Eine Dornier DoJ „Wal", geflogen von Wolfgang von Gronau, startet von Sylt zu einem dreiwöchigen Flug um die Welt, wobei sie 60 000 Kilometer zurücklegt.

1933 **30. März** – Die Boeing 247 ist der erste Airliner mit einziehbarem Fahrwerk.
7. Juni – Das Flugboot Dornier „Wal" *Monsun* überquert den Südatlantik mit einem Zwischenstopp an dem Dampfer *Westfalen* und wassert vor Natal (Brasilien).
1. Juli – Rollout der Douglas DC-1.

1934 **30. Januar** – Höhenrekord des sowjetischen Stratosphärenballons *Osoaviakhim* mit 22 000 Metern. Als der Ballon wieder absinkt, überzieht sich die Druckkabine mit Eis und wird dabei so schwer, dass sie sich losreißt und abstürzt. Die Crew findet dabei den Tod.

1935 Weltrekord im Ausdauerflug. Die Brüder Fred und Al Key, auch genannt die Flying Keys, leihen sich in Meridian, Mississippi, eine Curtiss Robin. Nach 27 Tagen, 84 000 Kilometern und 22 700 Litern Sprit landen sie wieder am 1. Juli. Dieser Rekord von 653 Stunden und 34 Minuten steht noch heute. Die beiden Brüder hatten für diesen Flug ein Luftbetankungssystem entwickelt, welches später vom US Army Air Corps übernommen wurde.

1935 Die beiden amerikanischen Flugpioniere Will Rogers und Wiley Post kommen bei einem Startunfall bei Point Barrow, Alaska, ums Leben.

1935 Douglas stellt die Douglas Sleeper Transport (DST) vor. Sie war eine Weiterentwicklung der DC-2 und entweder mit 14 Liegen oder als Tagesversion mit 28 Sitzen ausgestattet. Später wurde sie als DC-3, Dakota oder C-47 bekannt und zu einem der berühmtesten Transportflugzeuge der Luftfahrtgeschichte.

1936 Hans Joachim Pabst von Ohain und Max Hahn beginnen mit der Entwicklung eines Düsentriebwerkes im Auftrag von Ernst Heinkel.

1936 Der Franzose Georges Détré stellt mit einer Potez 50 einen neuen Höhenweltrekord auf: Er liegt jetzt bei 14 843 Metern.

1937 Neuer Höhenweltrekord auf 15 655 Meter durch den italienischen Tenente Colonello Mario Pezzi mit einer Caproni 161.

1937 Die amerikanische Flugpionierin Amelia Earhart und ihr Partner Captain Fred Noonan sind im Pazifik bei

Focke Wulf FW 200 der Luft Hansa, 1938

einer versuchten Erdumrundung mit einer Lockheed Electra 10E verschollen.

1938 Deutsche Luft Hansa stellt die Focke Wulf FW 200 auf der Route Berlin–London vor.

1938 Howard Hughes, amerikanischer Milliardär und später der reichste Mann der Welt, landet nach einer Erdumrundung mit einer Lockheed 14 wieder in New York. Länge des Fluges war 24 700 Kilometer, Dauer 3 Tage, 19 Stunden und 17 Minuten.

1938 Eine Focke Wulf FW 200 fliegt nonstop von Berlin nach New York.

1938 Tenente Colonello Mario Pezzi übertrifft seinen eigenen Höhenweltrekord. Er bringt seine zweimotorige *Caproni 161-bis* in Montecelio auf 17 083 Meter (Flugfläche 560). Kein Flugzeug mit Kolbenmotor hat diesen Rekord jemals gebrochen.

1938 Die Focke Wulf FW 200 D-ACON „Brandenburg" fliegt von Berlin nach Tokyo. Mit drei Tankstopps dauert die Reise 46 Stunden und 15 Minuten.

1938 Erstflug eines Passagierflugzeuges mit Druckkabine. Die Boeing 307 Stratoliner ist der Vorläufer des Bombers B-17 Flying Fortress.

1939 Die erste Boeing 314 der Pan American World Airways wird von der Frau des amerikanischen Präsidenten Mrs. Roosevelt auf den Namen „Yankee Clipper" getauft.

1939 Neuer Geschwindigkeitsweltrekord durch die Heinkel He 100 V8 mit 746 km/h.

1939 Neuer Geschwindigkeitsweltrekord durch Flugkapitän Fritz Wendel in einer Messerschmitt Me 209 V1: 755 km/h. Dieser Rekord wird 30 Jahre Bestand haben.

1939 Erstflug einer raketengetriebenen Heinkel He 176 in Peenemünde.

1939 Eine Focke Wulf FW 200 der Deutschen Luft Hansa fliegt von Berlin nach Bangkok und nimmt damit einen regelmäßigen Dienst auf.

1939 Die europäische Luftfahrt kommt wegen des Zweiten Weltkriegs zum Erliegen.

1939 Luft Hansa und Aeroflot nehmen den Flugbetrieb zwischen den Hauptstädten Berlin und Moskau auf.

Service an Bord einer Focke Wulf FW 200 „Condor", 1930er Jahre

Auf dem Weg ins Jet-Zeitalter: Die 1940er bis 50er Jahre

1941 Japan greift die US Navy in Pearl Harbor auf Hawaii an. Sechs japanische Flugzeugträger brachten 400 Flugzeuge ins Zielgebiet. Fünf amerikanische Schlachtschiffe und zehn andere Schiffe wurden zerstört, drei weitere Schlachtschiffe schwer beschädigt. Am Abend gibt Tokio bekannt, dass man mit den USA und Großbritannien im Krieg ist.

1943 Ernst Jachmann erwischt mit einem Segelflugzeug Fi 156 „Fieseler Storch" eine gute Thermik und bleibt 55 Stunden und 51 Minuten in der Luft.

1944 Die Konvention über den Internationalen zivilen Luftverkehr wird in Chicago unterzeichnet (Chicago Convention).

1945 In Havanna, Cuba, wird die International Air Transport Association (IATA) gegründet.

1946 Colonel William H. Council stellt einen transkontinentalen Rekord zwischen Long Beach in Los Angeles und La Guardia in New York auf. Was vor wenigen Jahren noch Tage dauerte, gelang nun mit einer Lockheed P80 Shooting Star in 4 Stunden, 13 Minuten und 26 Sekunden. Dies war der bis dahin längste Nonstop-Flug eines Jets.

1946 Eine Pan American World Airways Constellation landet in London Heathrow. Damit ist der Linienverkehr zwischen New York und London eröffnet.

1946 Die Streitkräfte der Vereinigten Staaten erklären offiziell Knoten und Nautische Meilen zum Standard für Geschwindigkeit und Entfernungsmessung in der Fliegerei.

1946 Eine Lockheed P2V Neptune stellt einen neuen Nonstop-Weltrekord für Distanz auf: 18 081 Kilometer von Perth in Australien nach Columbus, Ohio.

1946 Erster Nonstop-Flug von Hawaii nach Ägypten über den Nordpol mit einer Boeing B-29 über eine Distanz von 17 498 Kilometer.

1947 Die Internationale Zivile Luftfahrtorganisation wird in Montreal, Kanada, eingerichtet. Die ICAO ist eine Unterorganisation der UNO.

1947 Die Pan Am richtet einen Service von New York nach San Francisco ein, von West nach Ost. Sie umfliegt dabei den Globus und verbindet alle wichtigen Städte der Welt.

1947 Vollautomatischer Flug einer C-54 Skymaster von Stephenville, Neufundland, nach England.

1947 Captain Charles „Chuck" Yeager durchbricht mit einer raketengetriebenen Bell X-1 als Erster die Schallmauer im Geradeausflug. Er fliegt in 12 800 Metern Höhe mit einer Geschwindigkeit von 1127 km/h (Mach 1,06).

1948 Orville Wright stirbt im Alter von 76 Jahren.

1948 **1. April** – Der Zugverkehr zwischen Berlin und Westdeutschland wird von den Sowjets unterbrochen.

Luftbrücke Berlin, Landung in Berlin-Tempelhof, 1948

18–19. April – Alle Straßenverbindungen zwischen Berlin und Westdeutschland werden von den Sowjets blockiert.
24. Juni – Aus „technischen Gründen" wird der Zugverkehr zwischen Berlin und Westdeutschland durch die sowjetische Besatzungszone bis auf weiteres eingestellt.
26. Juni – Die Luftbrücke wird eingerichtet. Von acht westdeutschen Flughäfen starten amerikanische, britische und französische Transportmaschinen nach West-Berlin. Dort landen sie in Abständen von ein oder zwei Minuten.
23. Juli – Die USAF und das Military Air Transport Command richten sich auf eine längere Dauer der Luftbrücke ein, um die Berliner Bürger zu versorgen.
21. August – C-54 Skymaster nehmen an der Luftbrücke teil.
14. September – Die Royal Australian Air Force beteiligt sich an der Luftbrücke.

Die Düsenfliegerei begann 1947 mit solchen Testflugzeugen.

Boeing B-29, 1946

16. Oktober – Die South African Air Force beteiligt sich mit Besatzungen an der Luftbrücke.
3. November – Die Royal New Zealand Air Force schickt ebenfalls Crews nach Berlin.

1948 Eine USAF Consolidated B-36 fliegt ohne Luftbetankung 15 128 Kilometer von Fort Worth, Texas, nach Hawaii und zurück.

1949 Erste Nonstop-Erdumrundung durch Captain James Gallagher, USAF. Seine B-50 „Lucky Lady II" wird viermal luftbetankt. Der Flug dauert 94 Stunden und 1 Minute, die Route ist 37 742 Kilometer lang.

1949 **16. April** – Spitzentag in der Luftbrücke: 1398 Flüge bringen 12 940 Tonnen Fracht innerhalb von 24 Stunden nach Berlin.

1949 Die Amerikaner Bill Barris und Dick Reidel fliegen vom kalifornischen Fullerton nach Miami und zurück, ohne zu landen. Dabei bleiben sie mit ihrer langsam fliegenden Aeronca Chief „The Sunkist Lady" 1008 Stunden und 1 Minute in der Luft. Das sind umgerechnet 6 Wochen und 1 Minute. Die Logistik für diesen Rekordflug ist allerdings extrem aufwendig. Während die Piloten abwechselnd schliefen, begleitete in einer zweiten Aeronca, „The Lady's Maid", eine dreiköpfige Groundcrew das Rekordflugzeug. Die „Maid" landete an Flugplätzen entlang der Strecke, die Groundcrew füllte die mitgebrachten 12-Liter-Kanister mit Sprit, bestieg einen Jeep und raste unter der niedrig fliegenden Aeronca her, während die Kanister samt Verpflegung ins Flugzeug umgeladen wurden. In Miami war die „Lady" wegen schlechten Wetters gezwungen, 14 Tage zu kreisen, bevor sie wieder Kurs auf Kalifornien nehmen konnte. Der aufwendige Rekord hielt nur ein halbes Jahr.

1949 **12. Mai** – Die Sowjetunion beendet die Berlin-Blockade. Trotzdem wird die Luftbrücke fortgeführt, um die Reserven aufzubauen.
30. September – Die Luftbrücke wird eingestellt. In den 15 Monaten wurden 2,35 Millionen Tonnen Fracht nach Berlin geflogen, davon 1,44 Millionen Tonnen Kohle und 490 000 Tonnen Lebensmittel. Sogar 160 000 Tonnen Baumaterial wurde durch die Luft transportiert. Insgesamt wurden 277 804 Flüge durchgeführt. 41 Briten und 31 Amerikaner starben bei Unfällen der Luftbrücken-Aktion.

1950 **17. Mai** – Die Transcontinental & Western Air benennt sich in Trans World Airlines (TWA) um.

1951 **1. August** – Gründung der Japan Air Lines.
21. August – Ausbau von Cocos Island im Indischen Ozean. Damit wird der Qantas Empire Airways, der Passagierservice von Perth nach Johannesburg via Cocos Island und Mauritius, ermöglicht.

1952 **29. Juli** – Erster Nonstop-Flug eines Jets (North American RB-45) über den Pazifik von Alaska nach Japan.
5.–6. Dezember – Eine DC-6 der SAS fliegt in 22 Stunden über den Nordpol von Los Angeles nonstop nach Kopenhagen.

1953 **6. Januar** – Gründung der Luftag (Aktiengesellschaft für Luftverkehrsbedarf). Aus ihr wird später die Lufthansa.
15. Mai – Die Central British Columbia Airways benennen sich in Pacific Western Airlines um.

Das Anbieten von Zigaretten war schick und gehörte in den 1950er Jahren zum Bordservice.

Es war alles schon einmal da: Hier an Bord einer Pan Am Boeing 377, unten an Bord eines Singapore Airlines A380. Gleichzeitig gibt es Airlines, die ernsthaft darüber nachdenken, ihre Passagiere im Stehen zu fliegen!

Die 1950er bis 60er Jahre

1954 15. Mai – Qantas Empire Airways übernimmt die Routen zwischen Australien und Kanada und zwischen Australien und den USA von der British Commonwealth Pacific Airlines.
6. August – In Deutschland geht der erste Abschnitt des Wiederaufbaus der Zivilluftfahrt zu Ende. Die Luftag beschließt, den Namen in „Deutsche Lufthansa" zu ändern, ohne aber deren Rechtsnachfolge anzutreten. Die Alliierten erteilen drei Monate später eine Sondergenehmigung zur Einfuhr von Flugzeugen und die Schulung mit ihnen. Eine Betriebsgenehmigung ist damit aber nicht automatisch verbunden.

1955 1. April – Erster offizieller Flug der Lufthansa nach dem Krieg.
16. Mai – Lufthansa nimmt Flüge in das europäische Ausland wieder auf.
27. Juni – Eine Maschine der El-Al gerät in bulgarischen Luftraum und wird von zwei MiG15 abgeschossen. Alle 58 Menschen an Bord sterben.
16. Oktober – Ein Prototyp der Boeing 707 (Modell 367-80) fliegt nonstop in 3 Stunden und 58 Minuten von Seattle nach Washington, DC.
1. November – Eine Bombe an Bord einer DC-6 der United Air Lines explodiert über Colorado. Alle 58 Personen kommen dabei ums Leben. Die Bombe wurde von einem Mann an Bord geschmuggelt, der damit an die Lebensversicherung seiner Mutter gelangen wollte.

1956 1. Juni – Pan American World Airways stellt die Douglas DC-7 C in Dienst.
15. September – Aeroflot stellt die Tupolev Tu-104 Turbojet in Dienst.

1957 18. Januar – Drei Boeing B-52 Stratofortress fliegen erstmals in 45 Stunden und 19 Minuten nonstop um die Welt.

1958 14.–20. Januar – Die Qantas bietet einen Um-die-Welt-Service mit der Lockheed Super Constellation an. Von Sydney nach London geht der „Southern Aurora" ostwärts über die Vereinigten Staaten, der „Southern Zephyr" führt westwärts über Indien und den Nahen Osten.
1. April – Auf der Atlantikroute wird die Economy-Klasse eingeführt.

DC-6 der SAS, 1965

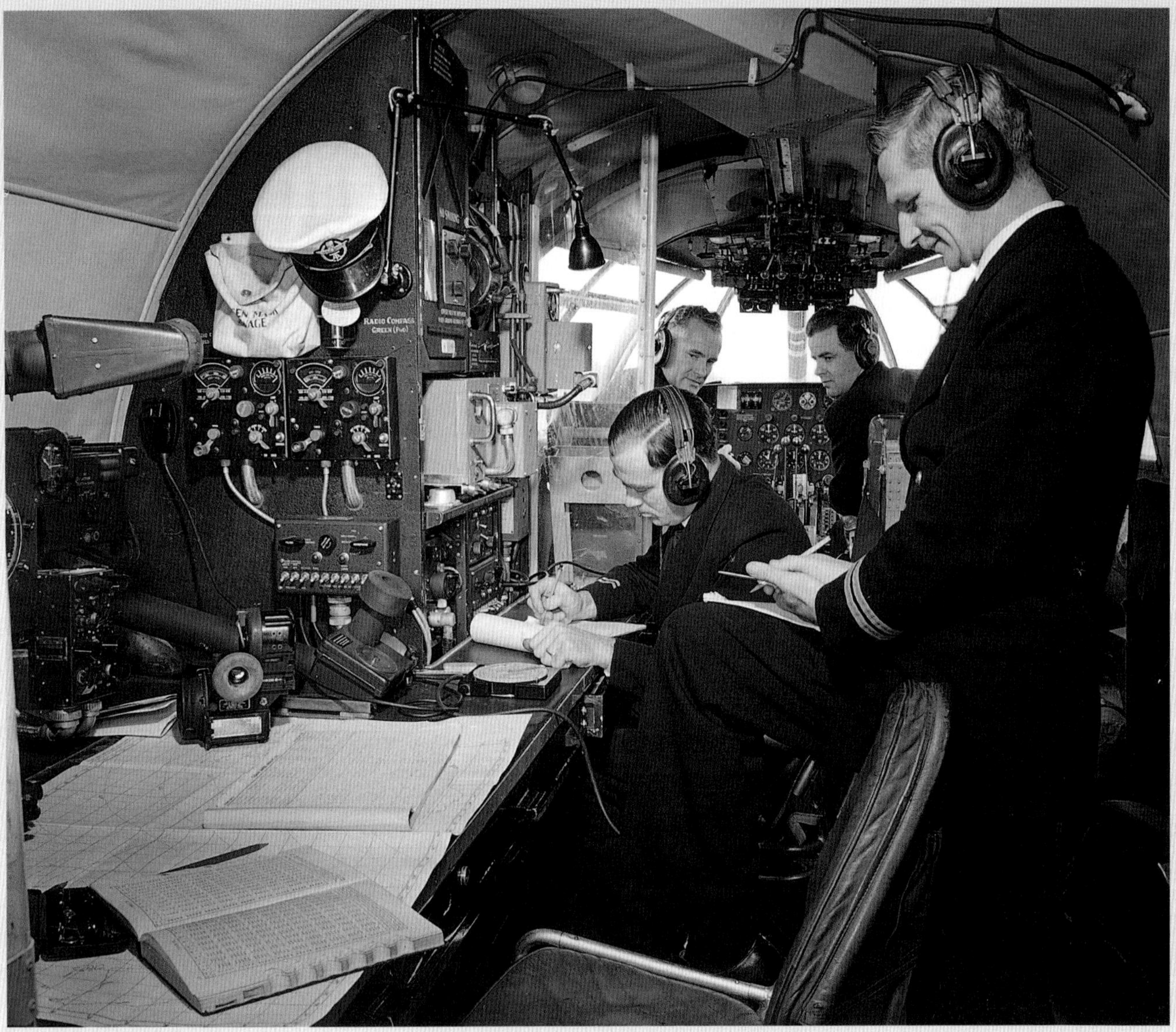

Bis in die 1970er Jahre gab es neben den Piloten noch Navigatoren und Funker an Bord.

1959 **18. September** – Die Douglas DC-8 wird in Dienst gestellt.

1960 **9.–28. Juli** – Die belgische Luftfahrtgesellschaft Sabena bringt mit einer Luftbrücke 25 711 belgische Bürger zurück nach Europa, nachdem Belgisch Kongo in die Unabhängigkeit entlassen wird.

1961 **19. Juli** – Trans World Airlines (TWA) zeigt auf Langstreckenflügen in der ersten Klasse Filme an Bord.

1962 **31. Dezember** – Das letzte US-Luftschiff wird verschrottet.

1963 **19. Juli** – Joe Walker fliegt der Erde davon. Die North American X-15A steigt bis auf 106 Kilometer.

1965 **15. November** – Die erste Erdumrundung über beide Pole wird von einer Boeing 707 der Flying Tiger Line unternommen.

1966 **6. Dezember** – Die deutsche Luftwaffe hält alle 770 Starfighter am Boden, nachdem 65 Maschinen dieses Abfangjäger-Typs abgestürzt sind.

1967 **5. Juni** – Rollout des tausendsten Jets, einer Boeing 707-120B für American Airlines.

1968 **30. Juni** – Erstflug der Lockheed C-5A Galaxy.
31. Dezember – Jungfernflug eines Prototyps des Überschallflugzeugs Tupolev Tu-144. Wegen der Ähnlichkeit mit der im Bau befindlichen Concorde wird sie auch „Konkordski“ genannt.

1969 **9. Februar** – Erstflug einer Boeing 747.
2. März – Die Sud Aviation/British Aircraft Corporation (BAC) Concorde absolviert ihren Erstflug in Toulouse.
29. Mai – Großbritannien zieht sich aus dem europäischen Airbus-Programm zurück. Deutschland und Frankreich entwickeln zusammen den Airbus A300.

Ölschock und erste Pleiten: Die 1970er und 80er Jahre

DC-7 der Scandinavian Airlines, 1970er Jahre

1970 **21. Januar** – Die Boeing 747 wird in Dienst gestellt.
6. September – Palästinensische Terroristen entführen eine VC-10 der BOAC, eine Boeing 707 der TWA und eine DC-8 der Swissair und landen in Dawson's Field, Jordanien. Eine vierte Maschine, eine Boeing 747 der Pan Am, wird nach Kairo entführt.
12. September – Die Terroristen sprengen alle vier Flugzeuge, nachdem die meisten der Passagiere freigelassen wurden.

1972 **30. Mai** – Drei Terroristen der Japanischen Roten Armee feuern in der Eingangshalle des Flughafens Tel Aviv wahllos auf die gerade angekommenen Passagiere eines Air-France-Fluges. 28 Menschen werden erschossen, darunter 16 Pilger aus Puerto Rico, 69 werden verletzt.
29. Oktober – Eine Boeing 727 der Lufthansa wird von libyschen Terroristen nach Zagreb entführt, um Gefangene freizupressen.
29. Dezember – Die Überlebenden des Flugzeugabsturzes vom 13. Oktober in den Anden werden gefunden.

1973 **3. Juni** – Der 30. Pariser Air Salon schließt mit dem Absturz des zweiten Prototyps einer Tupolev Tu-144.
29. November – Rollout der tausendsten Boeing 727.
17. Dezember – Nachdem die Polizei Waffen im Gepäck eines Arabers auf dem Flughafen Rom-Fiumicino entdeckt, schießen vier andere Araber wahllos in die voll besetzte Lounge des Airports. Die Männer nehmen sich Geiseln und gelangen an Bord einer Pan-Am-Maschine. Als die Terroristen Handgranaten in die Maschine werfen, sterben 29 Menschen, darunter 14 amerikanische Beschäftigte eines Ölunternehmens. Danach kapern die Angreifer eine Lufthansa-Maschine, die sie nach Kuwait bringt, wo sie sich den Behörden ergeben.

1974 **3. März** – Eine McDonnell Douglas DC-10 der Turkish Airlines stürzt nördlich von Paris ab. Alle 346 Menschen an Bord kommen ums Leben.
8. März – In Paris wird der Aéroport Charles de Gaulle eröffnet.
23. Mai – Der Airbus A300-B-2 wird in Dienst gestellt.
26. August – Charles Lindbergh stirbt im Alter von 72 Jahren an Krebs.

1975 **4. April** – 12 Minuten nach dem Start im vietnamesischen Saigon stürzt eine amerikanische C-5 Galaxy mit 311 Waisenkindern an Bord ab. 161 davon überleben.

1976 **17. März** – Erster Nonstop-Flug eines Jumbos der Japan Air Lines von Tokyo nach New York. Für die 10 000 Kilometer benötigt die 747 11 Stunden und 30 Minuten.
24. März – Langstrecken-Weltrekord für Passagiermaschinen: Boeing 747SP mit 16 500 Kilometern.
22. Dezember – Erste vollautomatische Landung eines Airbus A300 im Passagierbetrieb.

1977 **27. März** – Größte Luftfahrttragödie der Geschichte auf Teneriffa, als zwei Boeing 747 auf der Startbahn von Santa Cruz im Nebel kollidieren. 579 Menschen sterben.
21. Mai – Concorde-Gedenkflug von New York nach Paris anlässlich des 50. Jahrestages von Charles Lindberghs Flug auf dieser Route. Während Lindbergh 33 Stunden und 29 Minuten brauchte, benötigt die Concorde gerade mal 3 Stunden und 44 Minuten.
13. Juni – Freddie Laker gründet Skytrain, die erste Billig-Airline.

1978 **1. Januar** – Eine Boeing 747 der Air India explodiert in der Luft vor der indischen Küste. 213 Opfer.
20. April – Eine Boeing 707 der Korean Airlines muss notlanden, nachdem sie von sowjetischen Abfangjägern angeschossen wurde. Sie war in Folge ungenauer Navigation über sowjetisches Territorium geraten.
21. Mai – Narita International Airport, der zweite Großflughafen von Tokyo, kann nach vierjährigen Protesten mit Einschränkungen, die bis

Der Voyager bei der Rückkehr von seiner Erdumrundung, 1986

Die Antonov 124 war 1985 für lange Zeit das größte Flugzeug der Welt.

heute andauern, in Betrieb genommen werden.
24. Oktober – Deregulierung des Luftverkehrs in den USA.

1979 **25. Mai** – In Chicago verliert eine McDonnell Douglas DC-10 nach dem Start ein Triebwerk und stürzt ab. Alle DC-10 erhalten Startverbot.
13. Juli – Aufhebung des Startverbots.
29. November – Eine DC-10 der Air New Zealand startet in Auckland zu einem Sightseeingflug in die Antarktis und fliegt gegen einen Berg. Alle 257 Menschen an Bord kommen ums Leben.

1980 **1.–8. August** – Flugtag in Oshkosh, Wisconsin. 250 000 Zuschauer, 6000 Flugzeuge. Neuer Rekord.

1981 **6. August** – US-Präsident Ronald Reagan entlässt 10 000 streikende Fluglotsen und belegt sie mit einem lebenslangen Berufsverbot.

1982 **16. Februar** – Rollout des ersten Airbus A310.

1983 **1. September** – Eine Boeing 747 der Korean Airlines wird vor der Insel Sachalin von einem russischen Abfangjäger abgeschossen. 269 Menschen sterben.
9. Dezember – Rollout der tausendsten Boeing 737.

1984 **23. Juli** – „Gimli Glider“: Einer Boeing 767 der Air Canada auf dem Flug von Montreal nach Edmonton geht auf halbem Weg der Sprit aus. Wegen der Umstellung von Gallonen auf Liter unterlief dem Tankwart in Montreal ein Fehler. Der Kapitän ist allerdings passionierter Segelflieger. Es gelingt ihm, die Maschine in dramatischem Gleitflug auf einem stillgelegten Militärflugplatz in Gimli, kurz vor Winnipeg, zu landen.

1985 **29. Mai** – Flugschau in Le Bourget. Das größte Flugzeug der Welt, die Antonov An-124, wird vorgestellt.
23. Juni – Südlich von Irland wird ein Jumbo der Air India mit einer Kofferbombe vom Himmel gesprengt. Es gibt 329 Opfer.

1986 **17. August** – Boeing feiert den 5000. Airliner.

1986 Weltrekord für den längsten Distanzrekord und erster Nonstop-Flug um die Welt ohne Fremdbetankung. Der Voyager Composite Trimaran beendet seinen Flug um die Welt nach 9 Tagen 3 Minuten 44 Sekunden und einer Strecke von 40 812 Kilometern.

1987 **23. November** – Von den 128 neuen Airlines, die in den USA nach der Deregulierung entstanden waren, fliegen nur noch 37.

1988 **28. März** – Airbus A320 wird ausgeliefert.
3. Juli – Ein Airbus A300 der Iranian Air wird über der Straße von Hormus vom amerikanischen Kreuzer *USS Vincennes* versehentlich abgeschossen. Alle 286 Menschen an Bord kommen ums Leben.
21. Dezember – Die Pan-Am-Boeing 747 *Maid of the Seas* explodiert über dem schottischen Lockerbie. 243 Passagiere, die 16-köpfige Crew und elf Menschen am Boden werden Opfer des Attentats, das später libyschen Terroristen zugeschrieben wird.

1989 Erstflug der Northrop B2, mit einem Stückpreis von 516 Millionen Dollar das teuerste Flugzeug der Luftfahrtgeschichte.

1989 **18. August** – Die Qantas-Boeing 747-400 *Spirit of Australia* fliegt in 19 Stunden und 10 Minuten nonstop von London nach Sydney.

1989 Der russische Flugzeugkonstrukteur Alexander Yakovlev stirbt im Alter von 84 Jahren.

Die Luftfahrt macht gigantische Fortschritte, sowohl militärisch wie zivil. Während bis zum heutigen Tag noch immer DC-7 fliegen, setzen sich moderne und elegante Formen durch, hier ein Stealth Bomber Northrop B-2.

1 Cent bis 78 000 Euro pro Ticket: Die 1990er und 2000er Jahre

1990 **11. Januar** – Rollout der dreistrahligen McDonnell Douglas MD-11.

1991 **1. September** – Nach 37 Jahren stellt Boeing die Produktion der 707 ein.
4. Dezember – Wegen finanzieller Probleme stellt Pan Am nach 73 Jahren den Betrieb ein.

1993 **26. Juli** – Rollout der tausendsten Boeing 747.

1995 **16. August** – Rund um die Welt mit der Concorde in 31 Stunden und 27 Minuten von New York über Toulouse, Dubai, Bangkok, Guam, Honolulu und Acapulco nach New York.

1996 **16. März** – Der niederländische Flugzeugbauer Fokker ist nach 77 Jahren bankrott.
15. Dezember – Boeing übernimmt McDonnell Douglas.

1997 **8. September** – Rollout der Boeing 777-300, des mit 73 Metern bislang längsten Flugzeugs der Welt.

Nach dem Terroranschlag am 11. September wurde der Luftraum über den USA gesperrt. Alle Maschinen mussten entweder sofort landen oder den Luftraum verlassen und in Kanada landen. Hier die Situation in Halifax, Neufundland.

1998 **16. Januar** – Die russische Luftfahrtbehörde macht im Interesse der Sicherheit über 200 kleine russische Airlines dicht, die seit 1992 entstanden sind. Von insgesamt 315 Luftfahrtlinien bleiben noch 53 übrig.
17. Oktober – US Airways ordert 276 Airbus A319. Nie zuvor hat eine Airline so viele Flugzeuge auf einmal bestellt.

1999 **22. Dezember** – Eine Boeing 747 Cargo der Korean Air crasht nach dem Start in London-Stansted.

2000 **25. Juli** – Erster Absturz einer Concorde gleich nach dem Start in Paris Charles de Gaulle Airport. 114 Menschen kommen ums Leben. Der Absturz wurde durch ein Stück Blech verursacht, das eine andere Maschine verloren hatte. Das Metallteil brachte den Reifen zum explodieren, Teile davon durchschlugen den darüberliegenden Tank, der fing Feuer, das Flugzeug verlor Schub und stürzte in ein Hotel am Flughafen.

2000 Singapore Airlines bestellt zehn Airbus A380 im Wert von 235 Millionen Dollar und unterzeichnet eine Option für weitere 15 Maschinen dieses Typs.

2000 Qantas bestellt zwölf Airbus A380. Qantas war bislang einer der treuesten Boeing Kunden.

2001 **11. September** – Eine American Airlines und eine United Airlines Boeing 767 werden von arabischen Terroristen gekapert. Beide Maschinen sind voll getankt für einen Flug von Boston nach Los Angeles. Die Terroristen fliegen die Maschinen auf unterschiedlichen Kurven in das World Trade Center von Manhattan. Die Gebäude kollabieren und reißen 2800 Menschen in den Tod. Eine American Airlines Boeing 757 von Washington Dulles nach Los Angeles wird gekapert und in das Pentagon gestürzt, eine zweite Boeing 757 wird nach dem Start in Newark gekapert. Die Passagiere überwältigen die Terroristen jedoch. Statt ins Capitol oder ins Weiße Haus zu fliegen stürzt das Flugzeug auf freiem Feld ab. Die Flugsicherung reagiert sofort und schließt den gesamten Luftraum über den Vereinigten Staaten. Die internationale Airline-Industrie wird empfindlich getroffen.
12. September – Ansett Airline of Australia erklärt den Bankrott. Der 11. September hat der finanziell angeschlagenen Airline den Rest gegeben.
2. Oktober – Die Swissair erklärt den Bankrott.
7. November – Die Sabena erklärt den Bankrott nach 78 Jahren.

2002 Die United Airlines erklärt den Bankrott, darf aber unter bestimmten Auflagen (Chapter 11) weiterarbeiten.

2003 Am **26. November** wird der Concorde-Betrieb endgültig eingestellt. Eine Ära geht zu Ende.

2004 Auf dem kürzesten Weg von New York nach Singapur fliegt ein Airbus A340-500 der Singapore Airlines 16 500 Kilometer

Die Concorde hat im Unterschallbereich ein eher instabiles Flügelprofil. Mit den starken Triebwerken kompensiert sie das.

nonstop. Dies ist mit über 18 Stunden der längste Nonstop-Flug der Welt. Abflug ist abends um 23 Uhr – Landung zwei Tage später um 6 Uhr Ortszeit. Die Speisen- und Getränkeversorgung ist speziell auf den Langstreckenflug abgestimmt. Die drei Menüs bestehen aus leichter Kost.

Singapore Airlines ist Erstbesteller des größten Passagierflugzeugs der Welt, der A380 von Airbus.

Genealogie der Fluggesellschaften

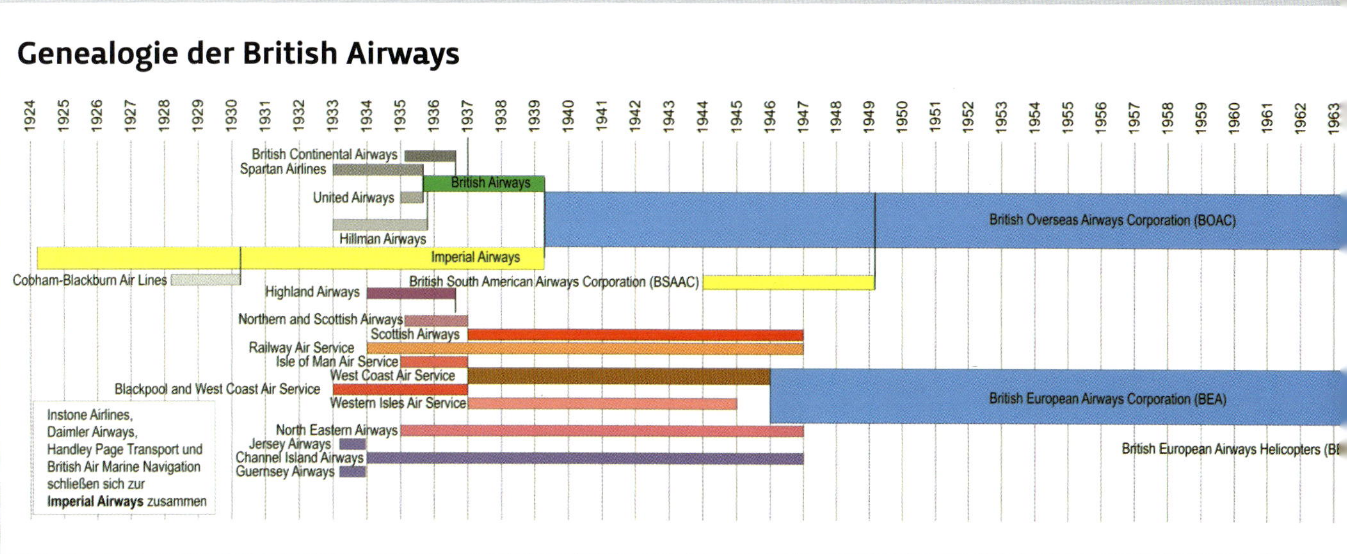

Die Ahnenforschung ist eine spannende Wissenschaft. Ausgehend von einer lebenden Person verfolgt man deren Werdegang rückwärts, stößt auf Liaisons, Zusammenschlüsse, Eltern, Großeltern und Geschwister. Namensänderungen machen die Arbeit nicht unbedingt leichter. Genauso ist es bei unseren Fluggesellschaften. Die wenigsten wurden vor 50, 60 oder mehr Jahren unter ihrem heutigen Namen gegründet. Während die Delta Airlines schon recht früh das Delta im Namen trug und bis zur Vereinigung mit der traditionsreichen Northwest ihre Stammhalterrolle spielte, ist die Geschichte der US Airways geradezu abenteuerlich. Als „All American Aviation" 1937 gegründet, mutierte sie zur „Allegheny Airlines", kaufte einige lokale Konkurrenten und andere regionale Gesellschaften auf, bis sie groß genug war, sich USAir zu nennen, woraus später „US Airways" wurde. 2004 war es um sie jedoch finanziell so schlecht bestellt, dass sie zum Verkauf stand. „America West", eine Airline aus Arizona, selbst erst seit 20 Jahren im Geschäft, übernahm den maroden Mega-Carrier und gliederte ihn ein. Der Firmensitz ist seither in Tempe, Arizona. Entgegen sonst üblichen Gepflogenheiten hieß die Gesellschaft aber fortan nicht mehr „America West", sondern behielt den älteren, mittlerweile weltweit bekannten Namen „US Airways".

Verwirrend auch der Namenstausch zweier Airlines, die auf Fiji beheimatet sind. Da gab es die größere Air Fiji, die sich im ganzen Pazifik zu Hause fühlte, und es gab die kleine Air Pacific, die nur zwischen den Fiji-Inseln hin und her flog. Erst nach dem Tausch der beiden Namen passten die Namen auch zum Streckennetz.

Schwer nachzuvollziehen sind auch Gründungen von Tochterunternehmen in anderen Regionen aus politischen Gründen, wie zum Beispiel die KLM Asia. Sie wurde 1995 in Taiwan gegründet, damit die Mutter ihre Destinationen in China nicht gefährdete. Sie trug weder die niederländische Flagge noch die königliche Krone. Von 1928 bis 1947 existierte auch eine Tochter der KLM, die sich KNILM nannte, die Koninklijke Nederlandsch-Indische Luchtvaart Maatschappij (Royal Netherlands Indian Airways).

Fast alle Staaten mit einer lebhaften Kolonialzeit spiegeln sich in ihren Luftfahrtgesellschaften wider. Sie gründeten Tochterunternehmen in ihren Kolonien, die dann bisweilen verstaatlicht wurden. Oder sie führten einen Stellvertreterkrieg wie die amerikanische PANAGRA in Südamerika, die die Vorherrschaft der Lufthansa auf dem lateinamerikanischen Kontinent zurückdrängte.

Da die zivile Luftfahrtindustrie naturgemäß stets starken Schwankungen unterworfen sein wird, kann man sicher sein, dass sich hier stets spannende Paarungen, Zusammenschlüsse und Übernahmen ergeben werden. Oft beginnt es als Code Share, wird dann zur Allianz, bevor die Übernahme perfekt ist, wie bei der indischen Kingfisher und der indischen Deccan. Letztere heißt jetzt „Kingfisher Red" und ergänzt als Low Coster das Angebot der ambitionierten Mutter mit dem Luxusservice. Die Ahnenforscher der Zukunft werden noch viel Freude haben, die Genealogie der Airlines aufzuschlüsseln.

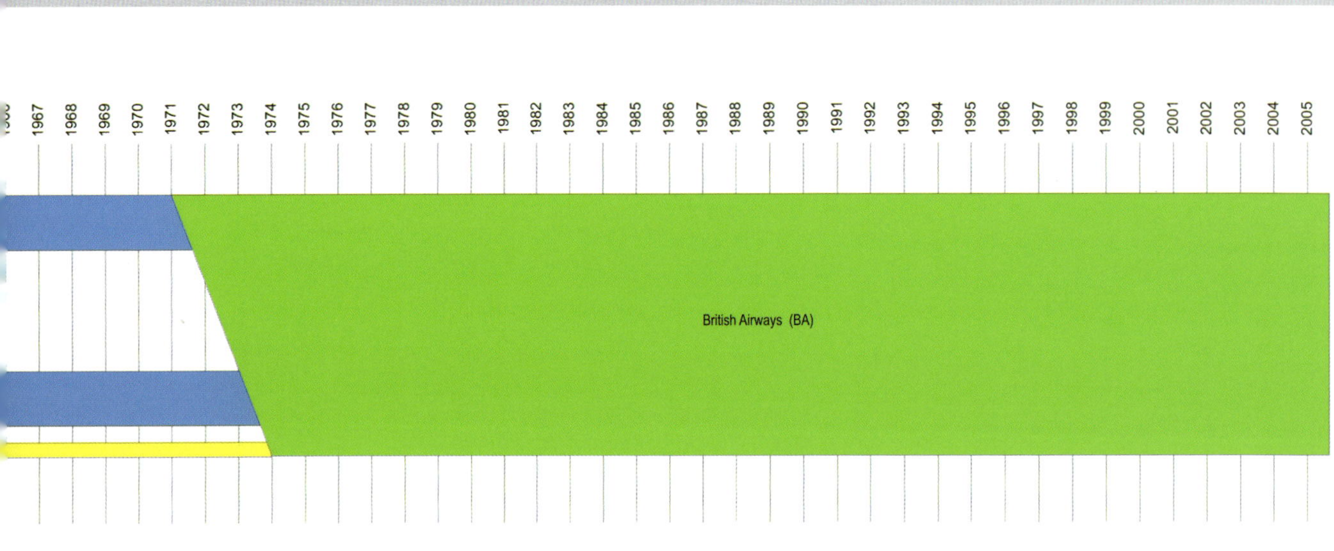

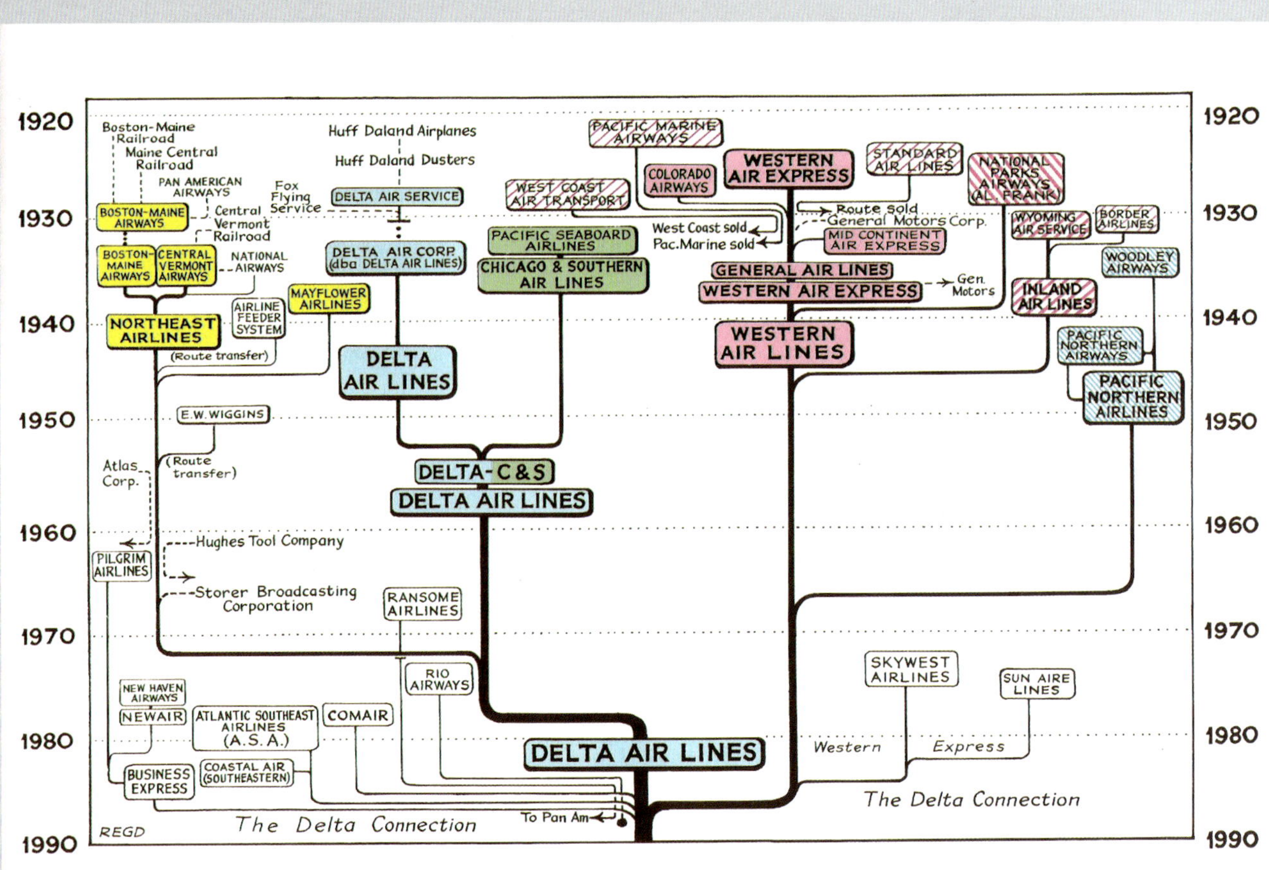

Aus einem kleinen Agrarflugunternehmen, den Huff Daland Dusters, wurde die Delta Air Lines, die heute größte Airline der Welt mit einem halben Tausend Flugzeugen und zahlreichen Regionaltöchtern. Sobald die Vereinigung mit Northwest Airlines vollzogen ist, kommen noch mal 300 Flugzeuge dazu.

Eine Domäne der US-Gesellschaften – Chapter 11

Das Chapter 11 ist ein Gläubigerschutz in Nordamerika für zahlungsunfähige Unternehmen. Das insolvente Unternehmen muss sich um seine Altverbindlichkeiten nicht mehr kümmern und kann eine (manchmal erfolgreiche) Reorganisation vornehmen. Fluggesellschaften machten das Chapter 11 weltberühmt.

1979 New York Airways
1979 Aeroamerica
1980 Florida Airlines
1980 Indiana Airlines
1980 Air Bahia
1980 Tejas Airlines
1981 Mountain West
1981 LANICA
1981 Coral Air
1981 Pacific Coast
1981 Swift Air Line
1981 Golden Gate (Airline)
1982 Pinehurst Airlines
1982 Silver State Airlines
1982 Air Pennsylvania
1982 Air South
1982 Cochise Airlines
1982 Braniff International
1982 Astec Air East
1982 Will's Air
1982 Aero Sun International
1982 Aero Virgin Islands
1982 Altair
1989 Partnair
2002 US Airways
2002 United Airlines
2003 Air Canada
2004 Flash Airlines
2004 US Airways re
2004 Aloha Airlines
2005 Northwest Airlines
2005 Delta Air Lines
2007 Maxjet Airways
2008 Aloha Airlines
2008 ATA Airlines
2008 Skybus Airlines
2008 Frontier Airlines
2008 Eos Airlines
2008 Sun Country Airlines
2008 Primaris Airlines

Airline Deregulierung

Nachdem der amerikanische Präsident Jimmy Carter am 24.10.1978 den Airline Deregulation Act unterzeichnete, war die Welt des kommerziellen Luftverkehrs nicht mehr dieselbe.

Airlines konnten ihre Routen selbst nach Rentabilität auswählen. Sie durften ihre Ticketpreise fortan selbst festsetzen.

- Wegfall des staatlichen Protektionismus erzwang marktwirtschaftliches Management
- Ticketpreise wurden durch Angebot und Nachfrage bestimmt
- Preiskampf bewirkte Sparzwang
- Sparzwang bewirkte Arbeitskämpfe mit Gewerkschaften.

Über 100 Airlines verschwanden vom Markt, darunter so große Namen wie Air Florida, Braniff, Capitol, Eastern, MarkAir, Pacific Southwest PSA, Pan Am, Republic Airlines, Texas International, Trans World Airlines TWA, Western Airlines.

Wichtigste Folge der Deregulierung: Kurzstrecken wurden teurer, Langstrecken wurden billiger.

Zahlreiche Airlines in der ganzen Welt wurden damals privatisiert. Das führte dazu, dass sich unrentable Fluglinien vom Markt verabschiedeten.

Genealogie der Fluggesellschaften (Auswahl)

1909	*	DELAG
1916	*	NORTHWEST AIRWAYS
1916	*	AIRCRAFT TRANSPORT AND TRAVEL
1917	*	CHALK'S OCEAN AIRWAYS
1918	*	DET DANSKE LUFTFARTSELSKAB
1918	*	SOCIÉTÉ DES LIGNES LATÉCOÈRE
1919	*	KLM
1919	*	SVENSKA LUFTTRAFIK
1919	*	LIGNES AÉRIENNES FARMAN
1919	*	GRANDS EXPRESS AÉRIENS
1919	*	COMPAGNIE DES MESSAGERIES AÉRIENNES
1919	*	DAIMLER AIRWAYS
1919	*	KLM
1919	*	SCADTA
1919	*	HANDLEY PAGE TRANSPORT
1919	*	INSTONE AIR LINE
1920	*	COMPAGNIE FRANCO-ROUMAINE DE NAVIGATION AÉRIENNE
1920	*	QANTAS
1921	*	MEXICANA
1921	*	WEST AUSTRALIAN AIRWAYS
1921	*	AEROMARINE WEST INDIES AIRWAYS
1921	*	HUFF DALAND DUSTERS
1921	†	AIRCRAFT TRANSPORT AND TRAVEL
1921	†	SVENSKA LUFTTRAFIK
1922	*	MALERT
1923	*	AIR UNION
1923	*	AEROFLOT
1923	*	SABENA
1923	*	CZECH AIRLINES
1923	*	FINNAIR
1923	*	AB AEROTRANSPORT
1923	*	TAJIK AIR
1923	†	GRANDS EXPRESS AÉRIENS
1923	†	COMPAGNIE DES MESSAGERIES AÉRIENNES
1924	*	BRITISH MARINE AIR NAVIGATION CO LTD
1924	*	IMPERIAL AIRWAYS
1924	*	DELTA AIR LINES
1924	∞	DAIMLER AIRWAYS → IMPERIAL AIRWAYS
1924	∞	HANDLEY PAGE TRANSPORT → IMPERIAL AIRWAYS
1924	∞	INSTONE AIR LINE → IMPERIAL AIRWAYS
1924	†	AEROMARINE WEST INDIES AIRWAYS
1924	†	BRITISH MARINE AIR NAVIGATION CO LTD
1925	*	WESTERN AIR EXPRESS
1925	*	CIDNA
1925	*	LLOYD AÉREO BOLIVIANO
1926	*	DEUTSCHE LUFT HANSA
1926	*	EASTERN AIRLINES
1926	*	DEUTSCHE LUFT HANSA AKTIENGESELLSCHAFT
1926	*	VARNEY AIRLINES
1926	*	NORTHWEST AIRLINES
1926	*	COLONIAL AIR TRANSPORT
1926	*	SERVIÇOS AÉREOS CRUZEIRO DO SUL
1927	*	PAN AM, PAN AMERICAN WORLD AIRWAYS INC
1928	*	BRANIFF
1928	∞	HUFF DALAND DUSTERS → DELTA AIR SERVICE
1929	*	PANAGRA, PAN AMERICAN GRACE AIRWAYS
1930	*	TWA, TRANS WORLD AIRLINES
1930	∞	WESTERN AIR EXPRESS; STANDARD AIRLINES + TRANSCONTINENTAL AIR TRANSPORT → TWA
1930	*	WESTERN CANADIAN AIRWAYS
1930	∞	WESTERN CANADIAN AIRWAYS → CANADIAN AIRWAYS
1930	∞	COLONIAL AIR TRANSPORT → AMERICAN AIRLINES
1931	*	SWISSAIR
1932	†	SOCIÉTÉ DES LIGNES LATÉCOÈRE
1933	*	NORTHEAST AIRLINES
1933	∞	LIGNES AÉRIENNES FARMAN → AIR FRANCE
1933	∞	COMPAGNIE FRANCO-ROUMAINE DE NAVIGATION AÉRIENNE → AIR FRANCE
1933	†	AIR UNION
1933	∞	CIDNA → AIR FRANCE
1934	*	NATIONAL AIRLINES
1934	∞	VARNEY AIRLINES → UNITED AIRLINES
1935	†	DELAG
1936	†	WEST AUSTRALIAN AIRWAYS
1937	*	MALAYSIAN AIRLINES SYSTEM (MAS)
1938	*	DERBY AIRWAYS
1939	*	BRITISH OVERSEAS AIRWAYS CORPORATION, BOAC
1939	∞	IMPERIAL AIRWAYS → BRITISH OVERSEAS AIRWAYS → BRITISH AIRWAYS
1940	*	AVIANCA
1940	∞	SCADTA → AVIANCA
1941	*	WESTERN AIR LINES
1941	∞	WESTERN AIR EXPRESS → WESTERN AIRLINES
1942	*	CANADIAN PACIFIC AIRLINES – CP AIR
1944	*	LOFTLEIDIR ICELANDIC AIRLINES
1944	†	MALERT
1945	*	FLYING TIGER LINE
1945	†	DEUTSCHE LUFT HANSA
1945	*	MOHAWK AIRLINES

1946 * BRITISH EUROPEAN AIRWAYS, BEA
1946 * BRITISH WORLD AIRWAYS
1946 * CAPITOL AIRWAYS
1946 * EAST AFRICAN AIRWAYS
1946 * SOBELAIR
1946 † DET DANSKE LUFTFARTSELSKAB
1947 * AIR CEYLON
1948 * AVIACO
1949 * C A A C
1949 * PACIFIC SOUTHWEST AIRLINES
1950 ∞ AB AEROTRANSPORT → SAS
1952 * NORTH CENTRAL AIRLINES
1953 * ALLEGHENY AIRLINES
1953 * BALAIR
1953 * DAN-AIR SERVICES LTD
1953 * WARDAIR
1953 ∞ HUFF DALAND + CHICAGO & SOUTHERN AIR LINES → DELTA C&S
1954 * DEUTSCHE LUFTHANSA
1954 * AIR INTER
1954 * INTERFLUG GESELLSCHAFT
1956 * SOUTHEAST AIRLINES
1957 * BAVARIA
1959 * SPANTAX
1961 * INEX ADRIA AIRWAYS
1961 * VIASA
1962 * STERLING AIRWAYS
1963 * ALIA
1963 * ALISARDA
1963 * UTA – UNION DE TRANSPORTS AERIENS
1964 * GERMANAIR
1964 † DERBY AIRWAYS
1966 * DAT DELTA AIR TRANSPORT
1966 * LAKER AIRWAYS
1967 † PANAGRA, PAN AMERICAN GRACE AIRWAYS
1967 † CAPITOL AIRWAYS
1967 ∞ WESTERN AIRLINES + PACIFIC NORTHERN AIRLINES
1968 ∞ PACIFIC AIR LINES → AIR WEST
1969 * TEXAS INTERNATIONAL AIRLINES
1970 * BRITISH CALEDONIAN
1970 * PANINTERNATIONAL
1970 ∞ Air West → HUGHES AIR WEST
1971 † PANINTERNATIONAL
1972 * AIR LITTORAL
1972 † NORTHEAST AIRLINES
1972 † MOHAWK AIRLINES
1972 ∞ NORTHEAST AIRLINES → DELTA
1973 † LOFTLEIDIR ICELANDIC AIRLINES
1974 * DLT (DEUTSCHE LUFTVERKEHRSGESELLSCHAFT)
1974 * NFD – NÜRNBERGER FLUGDIENST
1974 ∞ BRITISH OVERSEAS AIRWAYS CORPORATION, BOAC → BRITISH AIRWAYS
1974 ∞ BRITISH EUROPEAN AIRWAYS, BEA → BRITISH AIRWAYS
1974 * BRITISH AIRWAYS
1974 † BAHAMAS WORLD AIRWAYS
1975 * CROSSAIR
1977 † EAST AFRICAN AIRWAYS
1978 * AIR EUROPE
1978 * DELTA AIR REGIONALFLUGVERKEHR
1978 † OVERSEAS NATIONAL AIRWAYS
1979 * AIR LANKA
1979 * BRITISH EUROPEAN
1979 † AIR CEYLON
1979 † NORTH CENTRAL AIRLINES
1979 † ALLEGHENY AIRLINES
1979 † SOUTHEAST AIRLINES
1979 † BAVARIA
1979 † GERMANAIR
1979 ∞ NORTH CENTRAL AIRLINES + SOUTHERN AIRWAYS → REPUBLIC AIRLINES
1980 † NATIONAL AIRLINES
1980 ∞ REPUBLIC + HUGHES AIR WEST
1981 * AEROLLOYD
1981 * CORSE AIR
1981 † GREAT LAKES AIRLINES
1982 † BRANIFF
1982 † TEXAS INTERNATIONAL AIRLINES
1984 † CANADIAN PACIFIC AIRLINES – CP AIR
1984 † C A A C
1985 † LAKER AIRWAYS
1985 † AIR FLORIDA
1986 * INTEROT
1986 † INEX ADRIA AIRWAYS
1986 † ALIA
1986 ∞ REPUBLIC → NORTHWEST AIRLINES
1986 † WESTERN AIR EXPRESS
1987 * AIR BOTNIA
1987 * CANADIAN AIRLINES INTERNATIONAL
1987 * EMERY WORLDWIDE
1987 † MALAYSIAN AIRLINES SYSTEM (MAS)
1987 † WESTERN AIR LINES
1987 † BRITISH CALEDONIAN
1987 ∞ WESTERN AIR LINES → DELTA
1988 * LTU SÜD
1988 † PACIFIC SOUTHWEST AIRLINES
1988 † SPANTAX
1989 * GERMAN WINGS
1989 † WARDAIR
1990 † GERMAN WINGS
1991 † EASTERN AIRLINES
1991 † PAN AM, PAN AMERICAN WORLD AIRWAYS INC
1991 † ALISARDA
1991 ∞ DELTA → PAN AM (Routes)
1992 * SHOROUK AIR
1992 † DAN-AIR SERVICES LTD
1992 † UTA – UNION DE TRANSPORTS AERIENS
1992 † DLT (DEUTSCHE LUFTVERKEHRSGESELLSCHAFT)
1993 ∞ SERVIÇOS AÉREOS CRUZEIRO DO SUL → VARIG
1994 * SABRE AIRWAYS
1994 † INTERFLUG GESELLSCHAFT
1994 † NFD – NÜRNBERGER FLUGDIENST
1994 † RFG REGIONALFLUG
1995 † AIR INTER
1995 † INTEROT
1997 * GO
1997 * KLM UK
1997 * VOLARE
1997 † VIASA
1997 † LTU SÜD
1998 † AIR BOTNIA
1999 * BUZZ
1999 * JMC AIRLINES
1999 † AVIACO
1999 † AIR LANKA
1999 † CANADIAN AIRLINES INTERNATIONAL
2000 † SABRE AIRWAYS
2001 † SABENA
2001 † TWA, TRANS WORLD AIRLINES
2001 † SWISSAIR
2002 ∞ CROSSAIR → SWISS INTERNATIONAL
2002 † DAT DELTA AIR TRANSPORT
2002 † NATIONAL AIRLINES
2002 † GO
2002 † VG AIRLINES
2003 * V-BIRD
2003 † AEROLLOYD
2003 † SHOROUK AIR
2003 † BUZZ
2003 † JMC AIRLINES
2004 † SOBELAIR
2004 † AIR LITTORAL
2007 ∞ SWISS → LUFTHANSA
2007 † CHALK'S OCEAN AIRWAYS
2007 † LLOYD AÉREO BOLIVIANO
2008 ∞ DELTA + NORTHWEST
2008 ∞ ALITALIA → AIR FRANCE/KLM
2009 ∞ AUA → LUFTHANSA
2009 ∞ BMI → LUFTHANSA

Erläuterung der in der Genealogie verwendeten Symbole:
- * Gründung
- ∞ Verschmelzung
- † Schließung
- → Übernahme

Das Verkehrs-flugzeug

Junkers Ju-52 „Tante Ju"

Die Ju-52 war eine Fortentwicklung der Ju-51/1m, die als einmotoriges Flugzeug für militärische Zwecke konzipiert wurde. Sie sollte in infrastrukturschwachen Regionen als robuster Transporter und Behelfsbomber eingesetzt werden können und einen geringen Wartungsaufwand erfordern. Der Vision von Prof. Hugo Junkers folgend und auf Wunsch der Luft Hansa, wurde sie jedoch mit drei Motoren ausgestattet. So entstand das erste Großserienflugzeug der Welt, das von vielen Fluggesellschaften nach und nach beschafft wurde. Insgesamt 4800 Exemplare wurden gebaut. Davon fliegen einige noch heute. Die Ju-52 wurden unter anderem von Airlines in Argentinien, Belgien, Bolivien, Brasilien, Deutschland, Ecuador, Griechenland, Großbritannien, Italien, Kolumbien, Norwegen, Österreich, Peru, Schweden, der Sowjetunion, Südafrika und Uruguay geflogen.

Außerdem wurde sie von der Luft-Hansa-Tochter Eurasia in China eingesetzt. Die Luft Hansa schrieb damals in ihrer Bordbroschüre: „Eine Luftreise bringt Freude, Erholung und Zeitgewinn. Die schnellen neuzeitlichen Verkehrsflugzeuge bewältigen auch den längsten Reiseweg in kurzer Zeit."

Damals bewies die Airline auch noch ein Herz für Raucher: „Fluggäste, die gerne rauchen möchten, haben im Raucherabteil den Vorrang. Die Flugkameradschaft erfordert, dass während des Fluges vorübergehend Plätze im Raucherabteil ausgetauscht werden."

Auch die Folgen von Luftkrankheit waren geregelt: „Für Verunreinigungen durch Luftkranke wird von der Luft Hansa eine Reinigungsgebühr nicht erhoben. Ist die Verunreinigung jedoch durch im Kabinenraum mitreisende Hunde verursacht, so hat der Hundebesitzer für die Reinigung RM 1,– zu zahlen. Die Gebühr fließt demjenigen zu, der die Säuberung vornimmt."

JUNKERS JU-52

Länge	18,5 m
Spannweite	29,25 m
Flügelfläche	110,5 m^2
MTOW	10 500 kg
Höchstgeschwindigkeit	250 km/h
Reisegeschwindigkeit	190 km/h
Reichweite	1200–1300 km
Dienstgipfelhöhe	6300 m
Besatzung	3
Passagiere	15–17
Triebwerke	3
Erstflug	07.03.1932

Die Ju-52 war weltweit beliebt. Wegen ihrer wartungsfreundlichen Konstruktion zeichnete sie sich durch Pünktlichkeit und Zuverlässigkeit aus. Dies wiederum führte dazu, dass die Maschine bald weltweit eingesetzt wurde.

Wulf-Diether Graf zu Castell-Rüdenhausen baute im Auftrag der Luft-Hansa-Tochter Eurasia 1929 in China ein durchgehendes Flugverkehrsnetz auf. Das ging nicht immer ohne Schwierigkeiten. Oft versumpften die Behelfspisten nach tagelangem Regen. Hier versucht er in der Mongolei, mithilfe von zehn Wasserbüffeln seine acht Tonnen schwere Ju-52 aus dem Morast zu ziehen.

Zur Überraschung der Fachwelt kaufte United Airlines in Frankreich 20 Caravelles Flugzeuge.

Caravelle

Caravelle VI	
Länge	32,01 m
Spannweite	34,4 m
Flügelfläche	146,7 m²
MTOW	50 000 kg
Höchstgeschwindigkeit	825 km/h
Reisegeschwindigkeit	785 km/h
Reichweite	2650 km
Dienstgipfelhöhe	11 000 m
Besatzung	5–6
Passagiere	64–99
Triebwerke	2
Erstflug	1955

Die Sud Aviation in Frankreich ist ein früher Vorläufer der EADS. Im Jahr 1951 begann sie, auf Grundlage einer Ausschreibung der französischen Luftfahrtbehörde ein Flugzeug zu entwickeln, das in Konkurrenz zur britischen Comet 6–7 Tonnen Nutzlast mit einer Geschwindigkeit von 700 km/h 2000 km weit befördern können sollte. Zuerst waren drei französische Triebwerke vorgesehen, die am Heck untergebracht werden sollten. Man entschied sich dann jedoch für bewährte britische Rolls-Royce-Avon-Aggregate, von denen sogar schon zwei die gleiche Leistung bringen würden.

So blieben von dem Power Pack am Heck die neuartigen Hecktriebwerke übrig, die einen aerodynamisch „sauberen Flügel", d.h. nicht durch Triebwerksgondeln unterbrochen, ermöglichten. Das erste Serienmodell fasste zwischen 60 und 80 Passagiere, spätere Typen beförderten bis zu 139 Personen.

Die Caravelle war überaus erfolgreich: Neben den französischen Gesellschaften Air France und Air Inter, die zusammen 92 Exemplare bestellten, flogen viele europäische und afrikanische Airlines diesen Jet aus französischer Produktion, sogar die amerikanische United Airlines bestellte 20 Stück. Insgesamt wurden zwischen 1953 und 1973 282 Flugzeuge produziert.

Eine von sieben Caravelles der Middle East Airlines. Am 17.04.1964 stürzte diese Maschine im Anflug auf Dharam ins Meer. Die Ursache wurde nie geklärt.

Die Lockheed Constellation, Super Constellation und Star Liner bildeten den Abschluss der Turboprop-Ära, bevor die Boeing 707 und DC-8 die Vorherrschaft im Langstreckenverkehr übernahmen.

SUPER CONSTELLATION L.1049G

Länge	35,42 m	Reichweite	8700 km
Spannweite	38,47 m	Dienstgipfelhöhe	7050 m
Flügelfläche	153,7 m^2		
MTOW	62 370 kg	Besatzung	5
Höchstgeschwindigkeit	610 km/h	Passagiere	62–109
		Triebwerke	4
Reisegeschwindigkeit	570 km/h	Erstflug	13.10.1950

Lockheed L.1049G Super Constellation

1939 gaben Trans World Airlines und Pan American Airways der Firma Lockheed den Auftrag für ein 40-sitziges Langstreckenflugzeug mit vier Kolbenmotoren. Das Produkt absolvierte seinen ersten Flug am 9. Januar 1943. Allerdings hatte das Militär den Vorgriff auf alle Flugzeuge. Nach dem Krieg beschafften außer Pan Am und TWA auch die KLM, Air France, Air India und die South African Airways das Flugzeug.

Von der Constellation wurden 856 Stück in verschiedenen Variationen gebaut.

Doch der Bedarf nach mehr Sitzen wuchs schnell. Lockheed verlängerte daher den Rumpf um 5,59 m und verstärkte die Motoren. Nun konnte die Maschine bei enger Bestuhlung bis zu 99 Passagiere befördern. Die Reichweite von 6500 km war allerdings zu knapp für einen Nonstop-Flug über den Atlantik. So planten die Airlines Zwischenlandungen in Gander oder Shannon ein.

Da von den hochgezüchteten Motoren häufig einer ausfiel, nannte man die Super Connie „die beste Dreimotorige der Welt“. Gleichwohl war das Flugzeug beliebt. Allein die TWA flog 48 Stück davon, Eastern 46, KLM 35, Air France, Qantas, Lufthansa, VARIG, alle Gesellschaften, die den Anspruch hatten, weltweit Passagiere zu fliegen, mussten diese Maschinen in ihrer Flotte haben. 259 Super Connies verließen das Werk. Es gibt heute noch eine Handvoll flugbereiter Super Connies, zu denen Enthusiasten geradezu eine erotische Beziehung entwickeln.

Die L.1049 wurde später noch vom Lockheed Star Liner L.1649 gefolgt, von dem allerdings nur noch 44 gebaut wurden, denn mittlerweile bereitete sich die Welt auf das Jet-Zeitalter vor.

Die amerikanische Fluggesellschaft ATA nutzte die TriStar um Kreuzfahrt-Touristen zum Beginn einer Seereise einzufliegen, wie hier ins argentinische Ushuaia.

LOCKHEED L-1011 TRISTAR

	L-1011-1	L-1011-200	L-1011-500
Länge	54,2 m	54,2 m	50,0 m
Spannweite	47,3 m	47,3 m	50,1 m
Flügelfläche	321,1 m^2	321,1 m^2	329,0 m^2
MTOW	195 000 kg	209 000 kg	225 000 kg
Höchstgeschwindigkeit	999 km/h	999 km/h	999 km/h
Reisegeschwindigkeit	950 km/h	950 km/h	950 km/h
Reichweite	7419 km	7419 km	10 200 km
Dienstgipfelhöhe	10 670 m	10 970 m	12 496 m
Besatzung	3	3	3
Passagiere	253 (3-class)	263	234 (3-class)
Triebwerke	3	3	3
Erstflug	16.11.1970	12.08.1976	01.10.1978

Lockheed L-1011 TriStar

1966 verfasste American Airlines eine Spezifikation über ein Kurz- und Mittelstreckenflugzeug für 350 und mehr Passagiere. Lockheed sah hier eine Marktchance, da Boeing sich ganz auf die 747 konzentrierte. Sowohl Douglas als auch Lockheed unterbreiteten sehr ähnliche Entwürfe mit jeweils drei Triebwerken. Ähnlich wie bei der Boeing 727 packte Lockheed das dritte Triebwerk in das Heck. Das erwies sich jedoch bald als Nachteil, denn die Kunden legten sich beim Kauf des Flugzeugs bereits auf einen Hersteller fest, in diesem Fall Rolls-Royce. Ein Austausch auf General Electric zum Beispiel war nicht möglich. Daher entschied sich American Airlines für die DC-10. Eastern Airlines und Trans World Airlines bestellten je etwa 50 Maschinen, Delta Airlines sogar über 70. Und prompt hatte Rolls-Royce Lieferschwierigkeiten mit dem Triebwerk, was das ganze Projekt verzögerte. Der Zeitvorteil, den sich Lockheed ausgerechnet hatte, war vertan. Die Maschine kam fast gleichzeitig mit der DC-10 auf den Markt. Es wurden jedoch nur 250 Exemplare gebaut. Und wie das RB.211 Triebwerk veraltete und immer unwirtschaftlicher wurde, alterte auch das Flugzeug. Die DC-10 hingegen erfreute sich zumindest am Anfang großer Beliebtheit, später wurde sie zur MD-11 fortentwickelt.

Die Boeing-Story

1915 lernte William Boeing fliegen. In einem Bootshaus konstruierte er ein Wasserflugzeug. Für den Testflug hatte er einen erfahrenen Piloten engagiert, doch dieser verspätete sich. William Boeing jedoch war ungeduldig und setzte sich selbst ins Cockpit. Als der Testpilot atemlos am Bootshaus ankam, sah er noch, wie Boeing zum Ende des Sees fuhr, Gas gab und zu einem 400 m langen Flug abhob. Mit Weitsicht finanzierte Boeing der University of Washington den Bau eines Windkanals, damit die Fakultät Luftfahrtingenieure ausbilden konnte. 1917 zählte die junge Firma 28 Angestellte vom Piloten bis zum Schweißer. Zu Beginn des Ersten Weltkriegs verkaufte Boeing an die US Navy 50 Wasserflugzeuge. Doch nach dem Krieg war der Markt mit Flugzeugen gesättigt, und Boeing musste vorübergehend Möbel bauen, um nicht schließen zu müssen. Schließlich gelang es, mehrere Aufträge für Postflugzeuge einzufahren. Und bald verbuchte Boeing einen Großauftrag: United Airlines bestellte 60 neue Flugzeuge vom Typ Boeing 247. Dass Boeing dadurch die Konkurrenten stark machte, dämmerte ihm erst später: Der Vertrag sah vor, dass United Airlines für zwei Jahre das Monopol auf dieses Flugzeug hatte, bevor es an andere Airlines geliefert werden durfte. So sahen sich diese gezwungen, nach Alternativen zu suchen. Das geriet natürlich der Konkurrenz zum Vorteil.

Eine alte Schiffswerft war die erste Heimat von Boeing. Der „Red Barn" dient jetzt als Museum.

Bei Boeing war gerade der 307 Stratoliner in Serie gegangen, da brauchte das Land Militärgerät: Jagdflugzeuge, Transporter, leichte und schwere Bomber. Sowohl bei Boeing als auch bei Douglas stand die Kriegsmaschinerie im Vordergrund. Natürlich profitierte der Flugzeugbau von den Anstrengungen und Weiterentwicklungen, vom Wettbewerb und den Sachzwängen, größer, schneller, weiter, wartungsarmer, sicherer fliegen zu können.

Als nach 1945 die Menschen wieder zu leben begannen, wurden immer größere und luxuriösere Flugzeuge gebaut. Boeing entwickelte die 707 und landete mit 723 verkauften Exemplaren der zivilen Varianten einen Welthit. In den 1970er Jahren stieß Boeing die Tür zu einer neuen Welt auf: Die Boeing 747 verließ

BOEING

	247D	307	314	377
Länge	16,3 m	22,6 m	32,31 m	33,63 m
Spannweite	22,66 m	32,6 m	46,33 m	43,05 m
Flügelfläche	77,6 m²	138 m²	266,34 m²	164,34 m²
MTOW	5950 kg	19 050 kg	37 422 kg	66 000 kg
Höchstgeschwindigkeit	324 km/h	396 km/h	320 km/h	695 km/h
Reisegeschwindigkeit	304 km/h	350 km/h	296 km/h	603 km/h
Reichweite	ca. 1200 km	3846 km	5600 km	8500 km
Dienstgipfelhöhe	3000 m	7985 m	4085 m	9800 m
Besatzung	3	5	3	4
Passagiere	10	33	74	55–100
Triebwerke	2	4	4	4
Erstflug	08.02.1933	31.12.1938	1938	08.07.1947

DIE FRÜHEN BOEINGS

das Werk als größtes und stolzestes Verkehrsflugzeug aller Zeiten.

In einer großen Konsolidierungsphase der amerikanischen Luftfahrtindustrie kaufte Boeing 1996 McDonnell Douglas und stieg damit zum führenden Luft- und Raumfahrtkonzern der Welt auf. Das hätten sich die Bürger der Sauerländer Gemeinde Hohenlimburg nicht träumen lassen, als sich Wilhelm Böing 1868 aufmachte, um nach Amerika auszuwandern. Er arbeitete sich hoch und machte ein Vermögen im Holz- und Eisenwarenhandel. Als er starb, hinterließ er seiner Frau und seinen drei Söhnen ein Vermögen von eineinhalb Millionen Dollar. Was sein Sohn William Boeing daraus machte, ist hinlänglich bekannt.

BOEING 247
Erstes modernes Ganzmetallflugzeug von Boeing mit einziehbarem Fahrwerk, Propellerblattverstellung, Enteisungsanlage und Autopilot. In 20 Stunden konnte man mit sieben Zwischenlandungen von Los Angeles nach New York fliegen. 75 Exemplare wurden gebaut, davon flogen 60 bei Boeing Air Transport, zehn bei United Airlines, fünf flogen bei Lufthansa und in China.

BOEING 307 STRATOLINER
Boeings erstes Passagierflugzeug für große Höhen. Wegen des breiten Rumpfes kaufte Howard Hughes eine dieser Maschinen und richtete sie als fliegendes Penthouse mit Wohnzimmer, Schlafzimmer, zwei Bädern, Küche und Bar ein. Es wurden nur zehn Exemplare gebaut.

BOEING 314
Im Auftrag von Pan American Airlines baute Boeing ein Flugboot mit vier Triebwerken. In Anspielung an die großen Segelboote erhielt das Flugzeug den Beinamen „Clipper", ein Name, den Boeing für die gesamte Dauer seiner Existenz behalten sollte. In dem fliegenden Schiff war Platz für 74 Passagiere oder für 40 Betten. Außerdem gab es geräumige Garderoben, einen Speiseraum, den man zur Lounge verwandeln konnte, und eine Hochzeitssuite. Für das Catering wurden Erste-Klasse-Hotels verpflichtet. Zwölf Exemplare wurden gebaut.

BOEING 377 STRATOCRUISER
Erstes Passagierflugzeug nach dem Zweiten Weltkrieg. Technisch hatte das Flugzeug alle fortschrittlichen Eigenschaften des Bombers B-29. Das Flugzeug war ganz auf Luxus eingestellt und hatte wieder geräumige Garderoben. Eine Wendeltreppe führte in eine „Kellerbar". Flugbegleiterinnen bereiteten frische Mahlzeiten zu. Natürlich gab es auch die Overnight-Version mit 40 Betten. 56 Stratocruiser wurden gebaut.

Boeing 707

Als Boeing nach dem Zweiten Weltkrieg einen Prototyp für ein neues Tankflugzeug suchte, entschied man sich für das Modell 367-80, auch „Dash 80" genannt. Flugeigenschaften und Reichweite eigneten sich gut für eine zivile Variante. Um sechs Sitze in eine Reihe zu bekommen, wurde der Rumpf um 10 cm verbreitert. Boeing bot den verschiedenen Airlines an, maßgeschneiderte Versionen zu bauen, z. B. eine Langstreckenversion für Qantas oder eine High-Altitude-Version für die Südamerika-Routen von Braniff.

Boeings Werben um die Airlines lohnte sich. Ihr erster Jet wurde ein Welthit und das Standardflugzeug für 600 verschiedene Betreiber von Aer Lingus bis Zambia Airways. Allein TWA und Pan Am flogen je 130 Exemplare.

Die 707 zeichnet sich durch eine lange Lebensdauer aus. Selbst ein halbes Jahrhundert nach seiner Indienststellung wird das Flugzeug noch geflogen, wenngleich es heutzutage alles andere als wirtschaftlich ist. Dazu kann es kaum noch die jetzt gültigen Lärmauflagen auf den meisten europäischen Flughäfen erfüllen, oder die Landegebühren werden mit hohen Aufschlägen berechnet.

John Travolta ist heute noch stolzer Besitzer und Nutzer einer 1964 gebauten Boeing 707-138B.

Von der zwischendurch gebauten Kurzstreckenvariante Boeing 720 wurden 154 Stück gebaut. Insgesamt verließen 856 Jets der Baureihe Boeing 707 die Boeing-Werke.

Die Lufthansa flog die 707-430 und die wesentlich leistungsfähigere 707-330. Mit ihr konnte man nonstop von Europa zur Westküste der USA gelangen. Die Baureihe 320/330 hatte 141 Sitze in zwei Klassen oder 219 in der Charter-Version.

BOEING 707-320 (B)/(C)

Länge	46,61 m
Spannweite	43,4 m
Flügelfläche	273,7 m²
MTOW	141 700 kg
Höchstgeschwindigkeit	950 km/h
Reisegeschwindigkeit	885 km/h
Reichweite	8700 km
Dienstgipfelhöhe	12 800 m
Besatzung	3/4
Passagiere	219
Triebwerke	4
Erstflug	11.01.1959

Boeing 727

Für United Airlines war die Boeing 727 das Arbeitspferd. Sie wurde auf Kurzstrecken genauso eingesetzt wie auf Transkontinentalstrecken von bis zu 5000 km Länge.

BOEING 727-200	
Länge	46,69 m
Spannweite	32,92 m
Flügelfläche	157,93 m²
MTOW	95 030 kg
Höchstgeschwindigkeit	980 km/h
Reisegeschwindigkeit	965 km/h
Reichweite	4020 km
Dienstgipfelhöhe	12 192 m
Besatzung	2
Passagiere	145
Triebwerke	3
Erstflug	17.05.1964

Ähnlich wie die französische Caravelle experimentierte Boeing mit einem Flugzeugtyp, dessen Triebwerkpakete im Heck angebracht waren, womit man den Lärm für die Passagiere hinter sich lassen konnte. Der saubere Flügel versprach einen geringeren Luftwiderstand, einen geringeren Verbrauch und hervorragende Schnellflugeigenschaften.

Ungewöhnlich war auch ein zusätzlicher Einstiegsschacht im Heck. Außerdem hatte die Maschine erstmals eine eingebaute APU (Auxiliary Power Unit), womit sie von Bodengeräten unabhängig wurde und ihre Triebwerke selbstständig anlassen konnte.

Als der Verkauf aber nur sehr schleppend begann, schickte Boeing seine 727 auf eine 120 000 km lange Reise in 26 Länder der Welt. Besonders die Kurzstarteigenschaften, das Fassungsvermögen von 131 Passagieren und die APU überzeugten letztendlich die Airlines.

1832 Exemplare wurden gebaut, bei 666 Unternehmen hielt die Maschine Einzug. United Airlines flog 236 davon, und heute sind noch immer über 400 davon in Gebrauch. Besonders Fracht-Airlines wie FedEx nutzen die Maschine noch in größeren Stückzahlen. Außerdem wird sie wegen ihrer Power gerne in Ländern mit kurzen Startbahnen in Afrika, Südamerika und Asien geflogen. Um Sprit zu sparen, können die Maschinen sogar mit Winglets nachgerüstet werden.

Die Boeing 727 war lange Zeit das meistgebaute Düsenflugzeug der Welt.

BOEING 737

Alle Boeing 737 der Welt zusammengenommen haben Anfang 2000 als erster Flugzeugtyp in der Luftfahrtgeschichte die Summe von 100 Millionen Flugstunden überschritten. Das entspricht einem Flugzeug, das 11 415 Jahre lang die Erde umkreist.

BOEING 737

	737-100	737-900
Länge	28,65 m	42,11 m
Spannweite	28,35 m	34,3 m
Flügelfläche	91,1 m^2	124,6 m^2
MTOW	49 940 kg	79 016 kg
Höchstgeschwindigkeit	990 km/h	990 km/h
Reisegeschwindigkeit	917 km/h	852 km/h
Reichweite	3440 km	3630–6660 km
Dienstgipfelhöhe	11 000 m	12 500 m
Besatzung	3	2
Passagiere	85–99	175–189
Triebwerke	2	2
Erstflug	09.04.1967	03.08.2000

Anfang der 1960er Jahre war Lufthansa schon ein recht überzeugter Boeing-Kunde. Doch den Deutschen fehlte ein Mittelstreckenflugzeug, wie es die BAC 1-11 oder die DC-9 war. Also entwickelte Boeing nach Vorgaben der Lufthansa einen kleinen Jet. Die ersten 30 737-100 wurden ab 1965 an die Lufthansa ausgeliefert. Dort wurde das Flugzeug „Bobby Boeing" genannt; in den USA setzte sich „Baby Boeing" durch. Die 737 trat nun einen unvergleichlichen Siegeszug durch die Welt an. Fast 6000 Boeing 737 der verschiedenen Baureihen wurden bis Ende 2008 gebaut. Southwest Airlines allein hat derzeit 530 Maschinen dieses Typs in der Flotte, weitere 100 sind bestellt. Die 737 ist neben dem Airbus A320 der Hit bei Vollsortimentern und Billigfliegern. Durch konsequente Fortentwicklung der Flügel und Materialien ist das Flugzeug sparsam und hat größere Wartungsintervalle als alle Vorgänger. Besonders die Versionen -800 und -900 zeichnen sich durch kurze Turn-Around-Zeiten aus, das ist die Dauer zwischen Landung und Start. Das liegt unter anderem an den verbesserten Bremseigenschaften, dem niedrigen Fahrwerk und der vereinfachten Wartung. Zudem wurde die Kapazität ständig verbessert. Hatte die erste Maschine noch ca. 90 Plätze, ist das größte Modell jetzt mit 215 Sitzen zu haben.

Mit der 900ER-Version soll nun das Ende der Entwicklung erreicht sein. Unter dem Namen 737RS („Replacement Study") arbeitet Boeing an einem Derivat auf Basis der 787. Selbst wenn es noch 1500 offene Bestellungen für die 737 der neuen Generation gibt, ist dieses Marktsegment zu wichtig, als dass man hier den Anschluss an die Konkurrenz verschlafen darf.

737-100 *Dieses Modell war die Grundlage für eines der erfolgreichsten Flugzeuge der Welt. Die Lufthansa besaß 22 davon, mehr als alle anderen Airlines.*

737-200 *Über 1100 Flugzeuge wurden von diesem Modell gebaut. Sie fasste 96–133 Passagiere und hatte eine Reichweite von 4200 km.*

737-300 *Mehr Passagiere, bessere Performance, sparsamerer Betrieb. Dieses Modell hatte zwischen 123 und 149 Sitze bei einer Reichweite von 4400 km. Über 1000 Flugzeuge wurden gebaut.*

737-400 *Leiser und weiter. 146–162 Passagiere konnten über 5000 km weit transportiert werden. Knapp 500 Stück wurden gebaut, sie fliegen heute noch fast alle. Die Produktion dieser Version ist seit 1999 eingestellt.*

737-500 *Dieses Modell brach mit der Tradition wachsender Kapazitäten. Nur 103–122 Sitze fanden darin Platz. Die Reichweite allerdings wurde weiter vergrößert auf 5200 km. Die Serie wurde nach 289 Flugzeugen 1999 eingestellt.*

737-600 *Ende des letzten Jahrhunderts wurde eine neue Generation der 737 aufgelegt. 31 m kurz, Raum für 110–132 Sitze und eine Reichweite von 4000–7200 km. Allerdings wurden nur 69 Exemplare gebaut.*

737-700 *Über 1000 Flugzeuge sind bisher von dieser Version auf dem Markt, weitere 300 sind geplant. Sie bietet 128–149 Passagieren Platz und ist wirtschaftlich für Strecken zwischen 3600 und 6600 km.*

737-800 *Jetzt schon übertrifft diese Version alle vorherigen. 1700 Flugzeuge sind gebaut, weitere 800 stehen in den Auftragsbüchern. Die Reichweite entspricht der der 737-700, aber der 39 m lange Rumpf fasst 162–189 Passagiere.*

737-900 *Erst seit acht Jahren auf dem Markt, soll diese Version die 737 Palette nach oben abrunden. Sie ist noch mal 3 m länger als die 737-800 und fasst 175–189 Passagiere, die ER-Version sogar 180–215.*

Boeing 747

In den 70er Jahren war die Boeing 747 derart beliebt, dass es sich die großen Fluggesellschaften der Welt gar nicht leisten konnten, das Flugzeug nicht zu fliegen. Die 747-400 gehört zum Elegantesten, was der Flugzeugbau jemals hervorgebracht hat.

Als der Weltöffentlichkeit die erste Boeing 747 vorgestellt wurde, rieb man sich ungläubig die Augen. Würde ein derartiges Monstrum jemals fliegen können? Von vier Millionen Einzelteilen war die Rede, von einem Fahrwerk mit 18 Rädern, von 366 Passagieren und Reichweiten um die 10 000 km.

Im Jahr 2009 wurde die Boeing 747 nun 40 Jahre alt. Sie ist mittlerweile noch größer geworden, es wurden 1419 Exemplare gebaut, 3,5 Milliarden Menschen flogen schon damit. 820 Jumbos sind derzeit weltweit im Einsatz, 182 sind eingemottet und warten auf ein Ende der Luftfahrtkrise. 126 stehen auf Schrottplätzen, 230 wurden abgewrackt, 12 stehen in Museen, 49 wurden bei Unfällen zerstört, abgeschossen oder von Terroristen gesprengt. Bei hochgerechneten 90 Millionen Flugstunden und ca. 80 Milliarden geflogenen Kilometern ein verschwindend geringer Wert, wenngleich im Einzelfall tragisch.

Aber auch Privatleute, Frachtflieger und Luftwaffen aus verschiedenen Ländern haben dieses Flugzeug zu den unterschiedlichsten Zwecken bestellt. Die Luftwaffe des Iran besaß 28 davon, die US Air Force 29. Eine fliegt als Air Force One, sie hat immerhin schon 22 Jahre auf dem Buckel. Der United Parcel Service hatte 39 Maschinen in seinen Büchern stehen. Der größte Einzelnutzer ist Cathay Pacific Airways mit insgesamt 119 Jumbos, von denen 74 noch aktiv sind, dicht gefolgt von Japan Air Lines mit 118 Stück und Saudi Arabian mit 115.

Mittlerweile wurden vom Nachfolgemodell Boeing 787-8 schon 90 Stück bestellt.

Lange Zeit flog die Lufthansa die Boeing 747 als Rückgrat ihrer Langstreckenflotte. 66 Maschinen gingen durch die Bücher, 30 sind noch aktiv. Die Lufthansa ist Erstbesteller der Boeing 787-8, von denen sie ab 2011 20 Stück erwartet.

Von der Boeing 747-100 wurden 167 Stück produziert. Im Oberdeck hatte sie nur drei runde Fenster, da dieser Bereich als Lounge genutzt werden sollte.

Die Boeing 747-200 hatte eine vergrößerte Reichweite. Die Fensterreihe im Oberdeck wurde beim ersten C-Check verlängert.

Die Boeing 747SP in der gestauchten Kurzversion hatte eine ganz besonders große Reichweite.

Die Boeing 747-300 entspricht vom Bau der 747-200, hat aber verbesserte Triebwerke mit 25 % weniger Treibstoffverbrauch. Ihr verlängertes Oberdeck bietet Platz für 86 Passagiere.

BOEING 747

	747-100	747-200B	747-SP	747-300	747-400(ER)	747-8
Länge	70,6 m	70,6 m	56,31 m	70,6 m	70,6 m	76,4 m
Spannweite	59,6 m	59,6m	59,6 m	59,6 m	64,4 m	68,5m
Flügelfläche	511 m^2	511 m^2	511 m^2	511 m^2	541,2 m^2	524,9 m^2
MTOW	333 400 kg	374 850 kg	317 515 kg	374 850 kg	368 000 kg	439 985 kg
Höchstgeschwindigkeit	945 km/h	945 km/h	1044 km/h	910 km/h	988 km/h	n/a
Reisegeschwindigkeit	895 km/h	895 km/h	999 km/h	894 km/h	913 km/h	920 km/h
Reichweite	9800 km	12 700 km	15 400 km	12 400 km	14 205 km	14 815 km
Dienstgipfelhöhe	13 100 m	13 100 m	16 500 m	13 100 m	13 100 m	13 100 m
Besatzung	3	3	3	3	2	2
Passagiere	366	366	316	412	416	467
Triebwerke	4	4	4	4	4	4
Erstflug	09.02.1969	11.10.1970	04.07.1975	05.10.1982	29.04.1988	geplant 2010

Beeindruckendes Beispiel von Tragvermögen und Nutzlast. Die NASA konvertierte zwei Boeing 747-100 zum Shuttle Carrier, um das Raumschiff von Edwards nach Cape Kennedy zu fliegen.

747-Fakten

- Eine 747-400 hat sechs Millionen Einzelteile, davon etwa drei Millionen Nieten.
- In dem Flugzeug liegen 274 km Kabel und 8 km Schläuche.
- Das verwendete Aluminium wiegt 66 Tonnen.
- Das Hauptfahrwerk hat 16 Räder, das Bugfahrwerk nur zwei.
- Ein einziger Flügel ist 30-mal so schwer wie das erste Flugzeug, das Boeing gebaut hatte.
- Der Triebwerksdurchmesser beträgt 2,60 m.
- Im Cockpit der ersten 747 waren 971 Kontrollleuchten, Schalter und Uhren. Heute sind es nur noch 365.
- Typische Startgeschwindigkeit einer 747-400 ist 290 km/h, Landegeschwindigkeit 260 km/h.
- Der erste Flug der Wright Brothers über 45 m hätte auch in der Economy Section der 747 stattfinden können.
- Alle Boeing 747 der Welt haben 3,5 Milliarden Passagiere befördert, über die Hälfte der Erdbevölkerung, über 56 Milliarden km hinweg, das sind 75 000 Trips zum Mond und zurück.
- Die Hälfte der Waren aus der ganzen Welt wurde an Bord von 747-Frachtern befördert.

Die Lounge im Oberdeck war die Attraktion in der Boeing 747. Sie war für manchen Reisenden der Grund, den kräftigen Aufpreis für ein Premiumticket zu bezahlen.

Die Joe-Sutter-Story

Joe Sutters Vater kam als Goldsucher zum Klondike. Er fand tatsächlich eine kleine Goldmine und verkaufte sie für 15 000 Dollar an einen Schweden. Er ging nach Seattle und heiratete eine Österreicherin. 1921 wurde Joe geboren. Im Krieg diente er auf einer Zerstörereskorte. Schließlich heuerte er bei Boeing als Flugzeugdesigner an. Sutter arbeitete hart, nahm sich kaum einmal ein paar Tage frei. Ausgerechnet an einem beschaulichen Wochenende in den Bergen mit seiner Frau erreichte ihn die Nachricht: „Joe, du kriegst die 747". Dies war kurz nachdem Boeing den Wettbewerb um den Supertransporter C-5 „Galaxy" an den Konkurrenten Lockheed verloren hatte. Boeing war fest gewillt, die Herausforderung von Pan American Airways anzunehmen. Beim Entwurf eines militärischen Flugzeugs muss man einen Katalog von Spezifikationen berücksichtigen, der über tausend Seiten dick ist. Beim Design eines Passagierflugzeuges sind die Anforderungen vielleicht 50 Seiten stark. Sutter hatte also viel freie Hand sowie einen Stab von 4500 Technikern und Ingenieuren.

Die Zeit war jedoch knapp. Er bekam vier Jahre Zeit, um das Flugzeug zu entwickeln, zu bauen und zu testen. Dabei gab es noch gar keine Halle, die groß genug war, die Maschine zu montieren. So wurde parallel zur Entwicklung des Flugzeugs die größte Fabrikhalle der Welt gebaut.

Airlines hatten anfangs größte Vorbehalte, ob dieses Flugzeug wirklich fliegen würde, ob die Flughäfen groß genug seien und die Terminals so viele Passagiere auf einmal verkraften konnten. Aber es gab kein Zurück mehr. Boeing setzte seine gesamte Existenz auf den Bau der Hallen und des Flugzeugs.

Joe Sutter wollte der Welt ein Flugzeug geben, das sich auch in schwierigen Situationen leicht und sicher fliegen ließ. Deshalb gab er dem Flugzeug vier Hydrauliksysteme, vier Flugkontrollsysteme, vier Triebwerke und vier Fahrwerke. Er wollte einerseits ein gutes, sicheres Passagierflugzeug bauen, das andererseits aber auch als Großraumfrachter verkauft werden konnte.

Leonardo da Vinci war damals seiner Welt weit voraus. Joe Sutter ebenfalls.

Joe Sutter

BOEING 757

1982 flog die Boeing 757 zum ersten Mal. Sie sollte die dreistrahlige 727 ersetzen, schlanker und länger sein, aber ihre Kurzstart-Eigenschaften beibehalten. Ihr Computer-Cockpit ist der parallel entwickelten Boeing 767 sehr ähnlich, was einen wechselnden Einsatz von Piloten in beiden Flugzeugen erleichtert.

Die Leistungsfähigkeit der Maschine wurde erst 1991 wieder unter Beweis gestellt, als sie zu einem Test in Lhasa auf 4000 m Höhe mit nur einem Triebwerk startete, einen Vollkreis flog und anschließend wieder auf demselben Flughafen landete.

Ende 2005 wurde mit der Nummer 1050 die letzte Maschine dieser Modellreihe an Shanghai Airlines ausgeliefert. Die 757 ist eines von sieben Verkehrsflugzeugen in der Geschichte der Zivilluftfahrt, das über tausend Mal produziert wurde.

1981 verließ die erste Boeing 767 das Werk. Im Gegensatz zur gleichzeitig gebauten 757 ist die 767 ein Widebody mit zwei Gängen. Sie sollte die Lücke zwischen den Typen 727, 737, 757 einerseits und der 747 andererseits schließen. Sie sollte mit 12 000 km eine Reichweite haben, die den Nordatlantik bequem einschloss.

Ihr Computer-Cockpit ist dem der Boeing 757 sehr ähnlich, was einen wechselnden Einsatz von Piloten in beiden Flugzeugen erleichtert. Mit bis zu 375 Passagieren in einer Eine-Klasse-Bestuhlung kann die Maschine ausgerüstet werden. Delta Airlines ist mit über 100 Boeing 767 der wichtigste Nutzer. Auch American Airlines und die japanische ANA haben große 767-Flotten. Bis 2008 wurden davon 960 Stück gebaut.

In nur fünf Jahren vom ersten Design bis zum Erstflug entstand die Boeing 777. Erstmals wurde ein Flugzeug ausschließlich am Computer entworfen. Dazu hatte Boeing acht Airlines nach Seattle eingeladen und ließ jede einen 23-seitigen Fragebogen über ihre Erwartungen ausfüllen. CAD (Computer Aided Design) half, Wünsche sofort zu integrieren. Der Widebody mit den größten Triebwerken der Welt wurde zum Rückgrat zahlreicher Mega-Carrier. Singapore Airlines fliegt 75 Maschinen dieses Typs, dabei ist die 777 mit 365 Passagieren noch das kleinste Flugzeug in der Flotte des Stadtstaats. Aber die Wahl fiel auf die 777, weil sie exzellente Langstreckeneigenschaften hat.

Derzeit sind über 700 Exemplare des Flugzeugs im Umlauf, weitere 330 sind bestellt. Auch dieses Erfolgsmodell wird also die Tausendermarke brechen.

BOEING 767

Die Boeing 777 kann in der Version 200LR so ziemlich jedes Städtepaar auf der Welt nonstop miteinander verbinden. So ziemlich, denn London–Sydney mit Passagieren hat bis jetzt noch niemand geschafft.

BOEING

	757-200	757-300	767-200D	767-400ER	777-200	777-300ER
Länge	47,32 m	54,47 m	48,5 m	61,4 m	63,7 m	73,9 m
Spannweite	38,05 m	38,05 m	47,6 m	51,9 m	60,9 m	64,8 m
Flügelfläche	181,2 m^2	181,2 m^2	283,35 m^2	283,35 m^2	430 m^2	427,8 m^2
MTOW	115 665 kg	122 470 kg	179 170 kg	204 120 kg	247 210 kg	351 534 kg
Höchstgeschwindigkeit	990 km/h	990 km/h	950 km/h	950 hm/h	950 km/h	950 km/h
Reisegeschwindigkeit	950 km/h	950 km/h	851 km/h	851 km/h	890 km/h	890 km/h
Reichweite	6276 km	6455 km	12 223 km	10 454 km	9649 km	14 594 km
Dienstgipfelhöhe	11 675 m	11 005 m	10 670 m	13 137 m	11 980 m	10 270 m
Besatzung	2	2	2	2	2	2
Passagiere	200–231	243–280	255	375	305	365
Triebwerke	2	2	2	2	2	2
Erstflug	19.02.1982	10.03.1999	26.09.1981	26.09.1981	12.06.1994	24.02.2003

BOEING 787

Computerzeichnung einer Boeing 787 der Ethiopian Airways

Das Flugzeug, das sich, noch bevor es überhaupt existierte, am besten verkaufte, ist die Boeing 787. 857 Exemplare stehen in den Auftragsbüchern. Boeing taufte die Maschine den „Dreamliner“. Doch wurde er für Boeing bald zum Albtraum, denn allergrößte Schwierigkeiten mit der Zulieferung und mit der Bereitstellung von Spezial-Nieten verzögerten die Fertigstellung.

Der mit großem Aufwand gefeierte Rollout des ersten Prototyps erwies sich als etwas verfrüht, denn die Einzelteile wurden durch Nieten aus dem Baumarkt provisorisch zusammengehalten, die im Anschluss an die Feierlichkeiten alle wieder entfernt und nach und nach durch luftfahrttaugliches Material ersetzt werden mussten. Eigentlich sollte ANA als Erstkunde im Mai 2008 beliefert werden. Doch mittlerweile stellte sich heraus, dass die zentrale Wingbox verstärkt werden muss. Auch an der Software wird noch gearbeitet, und das Zuliefersystem bedarf ebenfalls einiger Korrekturen.

Beim Bau der Boeing 787 wird sehr viel Kohlefaser verwendet, was das Flugzeug leichter machen und den Spritverbrauch senken soll. Bei so vielen technischen Neuerungen ist es eigentlich normal, dass Verzögerungen auftreten. Wäre der Wettbewerb mit Airbus nicht so überhitzt und emotional geführt worden, kaum jemand hätte sich über die Verspätungen echauffiert.

Als besonders problematisch erweist sich in diesem Fall nun die üppige Auftragslage: Kunden rechnen bereits mit 30 Monaten Verspätung und fordern von Boeing Preisnachlässe und Maschinen zur Überbrückung der Wartezeit.

Und die könnten auch von einem anderen Hersteller stammen ...

BOEING 787

	787-3	787-9
Länge	55,5 m	63 m
Spannweite	52 m	60 m
Flügelfläche	n/a	n/a
MTOW	165100 kg	244940 kg
Höchstgeschwindigkeit	n/a	n/a
Reisegeschwindigkeit	ca. 915 km/h	n/a
Reichweite	4650 km	15750 km
Dienstgipfelhöhe	n/a	n/a
Besatzung	2	2
Passagiere	210–330	250–290
Triebwerke	2	2
Erstflüge (geplant)	2009 (787-8)	
	2010 (787-3, 787-9)	

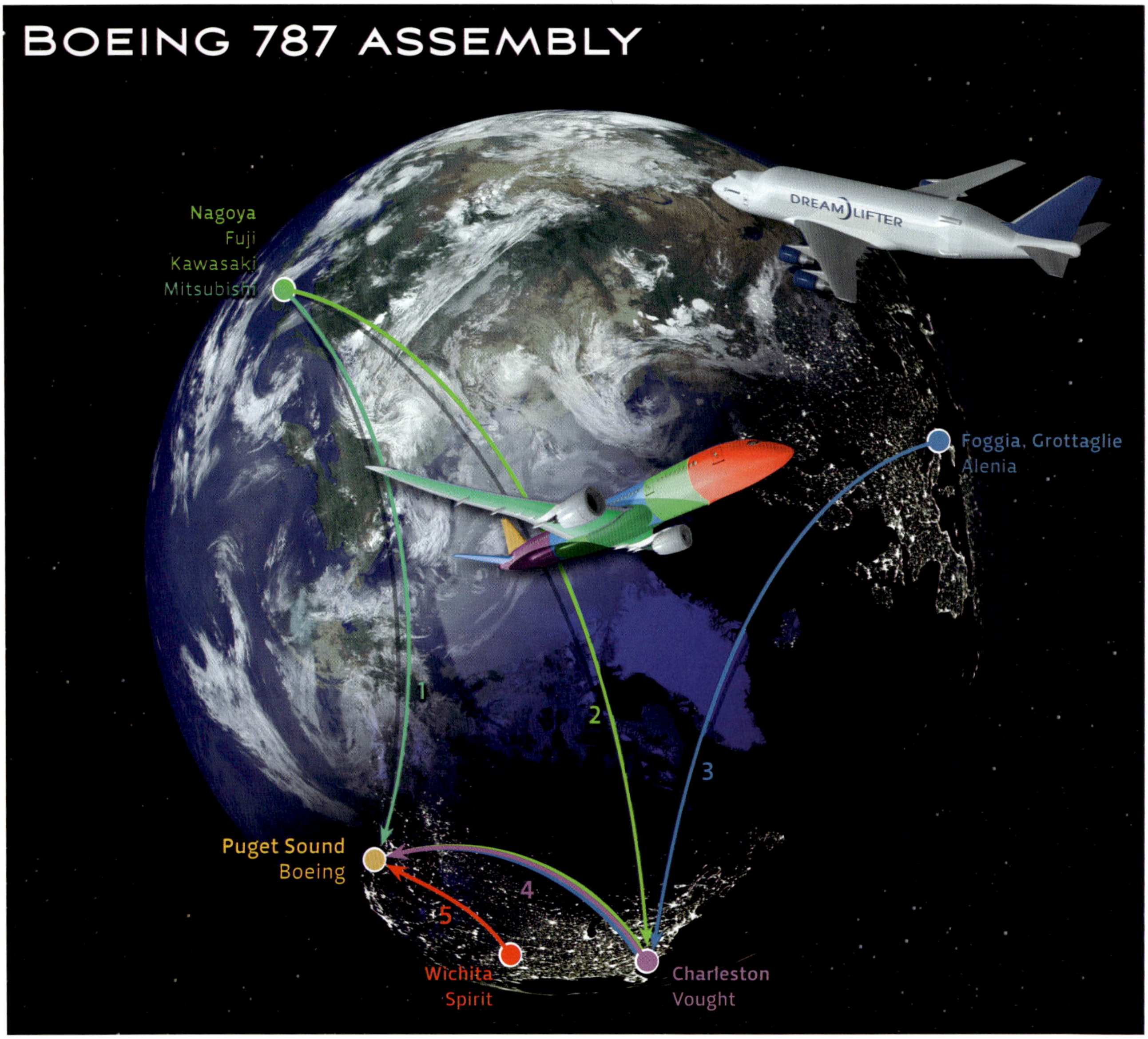

Boeing scheint kein glückliches Händchen mit der Fremdfertigung der Dreamliner-Komponenten zu haben. So bezahlt sie nun 580 Millionen Dollar für Vought Aircraft Industries, wo Rumpfteile hergestellt werden. Statt alle Einzelteile im Boeing-Werk zusammenzusetzen, delegierte man den Zusammenbau größerer Elemente zu den Fremdfirmen. Die jedoch sind damit überfordert, weil ihnen die Einzelteile fehlen. Die Prozesse lassen sich aber aus den verschiedensten Gründen nicht so einfach ändern.

Gewicht ist alles

Wenn sich im Laufe der Flugzeugfertigung herausstellt, dass man Nieten von einem anderen Hersteller benutzen muss, die beispielsweise 10 Gramm schwerer sind als geplant (das entspricht dem Gewicht von 2 Blatt Papier), dann summiert sich das bei

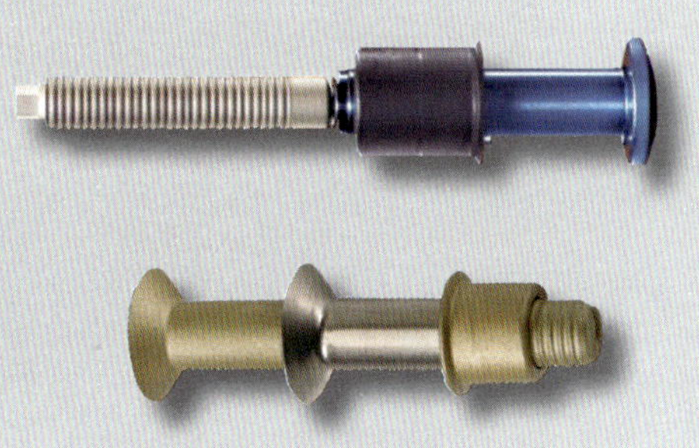

einer Million Nieten auf ein Mehrgewicht von 10 Tonnen! In einem Geschäft, in dem manche Airlines alles, was nicht unbedingt gebraucht wird, aus dem Flugzeug entfernen, und sogar auf die Mitnahme von Keksen verzichtet wird, um Gewicht zu sparen, ist das eine Katastrophe.

Die McDonnell-Douglas-Story

Donald Wills Douglas gründete 1920 mit einem wohlhabenden Freund zusammen in einem Hinterzimmer die Davis-Douglas Company. Mit drei seiner ersten Maschinen umrundete Douglas 1921 in 5,5 Monaten die Erde. Dies brachte zahlreiche Erkenntnisse für den Bau späterer Flugzeuge. Douglas spezialisierte sich jedoch vorerst auf den Bau von Militärgerät. Als die TWA nach einem neuen Flugzeug suchte, entwarf Douglas die DC-1. Dieses Flugzeug schien genauso gut zu sein wie die Boeing 247. TWA bestellte sofort 20 Stück. Obwohl nur 200 Exemplare davon als DC-2 gebaut wurden, war die Maschine in der ganzen Welt beliebt und kam beim MacRobertson Air Race von England nach Australien zwei Stunden vor der Boeing 247 an.

Um den Passagieren auf Langstrecken das Schlafen zu ermöglichen, wurde die DC-2 zur DC-3 weiterentwickelt. 1939 ging das Flugzeug in Serie. 10 655 Exemplare wurden davon original sowie weitere 4937 in Lizenz gebaut. DC-4, DC-5, DC-6 und DC-7 folgten. Alle Typen waren erfolgreich, doch es war Boeing, der 1954 mit der 367-80 und der Fortentwicklung zur Boeing 707 Luftfahrtgeschichte schrieb.

Es dauerte drei Jahre, bis Douglas die DC-8 präsentieren und damit wieder Boden gutmachen konnte. Mit 556 verkauften Maschinen lag sie allerdings hinter der Boeing 707 zurück. Stattdessen wurde die DC-9 als erfolgreicher Mittelstreckenjet mit all ihren Nachfolgemodellen 2288-mal gebaut. Trotzdem war das Unternehmen finanziell angeschlagen.

James Smith McDonnell hatte 1938 die McDonnell Aircraft Corporation gegründet. Sein Geschäft stützte sich ausschließlich auf den Bau militärischer Flugzeuge. 1967 fusionierte McDonnell mit Douglas zur McDonnell Douglas Aircraft Corporation, und sie bauten danach einige der besten Passagierflugzeuge der Welt. Als Antwort auf die Boeing 747 brachte Douglas die DC-10 auf den Markt, die später auch als MD-10 aufgelegt und insgesamt 446-mal verkauft wurde. Vom Nachfolgemodell MD-11 wurden über 200 Stück gebaut.

1996 überraschten Boeing und McDonnell Douglas (MDD) mit ihrer Fusion. Um Ressourcen zu bündeln und Kosten zu senken, übernahm Boeing den zuletzt defizitären Luft- und Raumfahrtkonzern. Boeing verbuchte damals etwa 60 % aller Aufträge für Verkehrsflugzeuge, Airbus 35 %, MDD 5 %. Aber McDonnell Douglas hatte einen starken militärischen Zweig. Und Boeing konnte so mit einem Schlag alle Ingenieure, Flugzeugkonstrukteure, Facharbeiter und Produktionsstätten übernehmen.

DC-3, DC-4, DC-6, DC-7, DC-8, DC-10, United Airlines flog alle wichtigen Modelle aus der Douglas- bzw. McDonnell-Douglas-Produktion in hoher Stückzahl.

Douglas DC-2

DOUGLAS

	DC-2	DC-3
Länge	18,89 m	19,66 m
Spannweite	25,91 m	29,98 m
Flügelfläche	87,23 m²	91,7 m²
MTOW	8419 kg	13 190 kg
Höchstgeschwindigkeit	338 km/h	368 km/h
Reisegeschwindigkeit	306 km/h	290 km/h
Reichweite	1750 km	2160 km
Dienstgipfelhöhe	6980 m	7350 m
Besatzung	2–3	4
Passagiere	14	32
Triebwerke	2	2
Erstflug	11.05.1934	17.12.1935

Die Douglas DC-2 wurde 1934 als Antwort auf die Boeing 247 in Dienst gestellt. Sie eroberte sich schnell ihren Platz in der Luftfahrtgeschichte, obwohl sie rückblickend eher als Vorläufer der erfolgreichen DC-3 gilt. 156 Maschinen wurden davon gebaut.

Die Douglas DC-3 war die logische Fortentwicklung der beliebten und vielversprechenden DC-2. Sie sollte bei vergrößerter Reichweite Schlafkabinen und eine Kombüse haben. Doch von der Ost- zur Westküste der USA waren noch immer drei Zwischenlandungen zum Auftanken erforderlich, weshalb der Flug 15 Stunden dauerte.

Da die Schlafkabinen aber viel Platz einnahmen, wurden sie bald durch Sitze ersetzt. Während des Krieges mussten die Airlines ihre DC-3 dem Militär zur Verfügung stellen. Douglas baute mit Hochdruck verschiedene militärische Varianten. Alles in allem wurden 10 655 DC-3 gebaut, die Japaner stellten mit Lizenz 485 Maschinen her, die Russen unter der Bezeichnung Lisunov Li-2 weitere 2000.

Die DC-3 fliegt selbst im neuen Jahrtausend noch im hohen Norden Kanadas oder in den Urwäldern am Amazonas. Die Maschine scheint unverwüstlich. Sie ist laut, sie klappert und scheppert derart, dass jemand einst über sie sagte: „Die DC-3 ist ein Haufen Einzelteile, die in lockerer Formation fliegen!“ Aber die DC-3 ist zuverlässig, wartungsfreundlich und robust.

Douglas DC-3

DC-3 (1935)

Caravelle (1955)

MD-87 (1987)

Große Abb. rechts: DC-2 (1934)

Boeing 747-400 (1995)

Cockpit im Wandel der Zeit

DOUGLAS DC-4

Die Douglas DC-4 Skymaster, deren militärische Version C-54 genannt wurde, war mit 1241 produzierten Flugzeugen ein Hit.

Die DC-3 war so beliebt, dass die Piloten sagten, wenn sie auf ein mögliches Nachfolgemodell angesprochen wurden: „Der beste Ersatz für eine DC-3 ist eine andere DC-3!“ Und doch war natürlich der Bedarf da, mehr Menschen über weitere Strecken mit weniger Tankstopps in kürzerer Zeit zu transportieren. Also entwickelte Douglas die DC-4. Der große Fortschritt dabei war das Bugrad anstelle des Spornrads. Dadurch erreichte man eine ebene Kabine, die man für spätere Modelle verlängern konnte. Außerdem hatte sie vier Motoren und damit viel Potenzial für die Zukunft. 1241 Maschinen wurden produziert. Heute sind noch etwa 20 im täglichen Einsatz.

DOUGLAS DC-5

Keineswegs als Ersatz, sondern als Ergänzung zu der DC-3 und der DC-4 war die DC-5 gedacht. Der Krieg brachte aber Nachfrage, Angebot und Produktpaletten durcheinander.

So wurden nur fünf zivile Exemplare von dieser Maschine gebaut.

Die DC-5 war als Kurzstreckenflugzeug konzipiert, geriet aber wegen des Zweiten Weltkrieges unversehens zum Ladenhüter. Trotz großen Interesses wurden nur ein Dutzend davon gebaut.

DOUGLAS DC-6

Die DC-6 war als Konkurrenzmodell zur Lockheed Constellation geplant. Ganz so erfolgreich war sie aber nicht.

Die DC-6 war ursprünglich noch als Militärtransporter konzipiert worden. Doch als das Kriegsende absehbar war, wurde das Design überarbeitet. Nach anfänglichen Schwierigkeiten mit Bränden an Bord und einigen baulichen Veränderungen fand die Maschine immer mehr Zustimmung bei den großen Airlines wie United, American, Pan Am, KLM, Sabena und SAS. Insgesamt wurden 700 Exemplare hergestellt. Auch heute noch sind einige dieser Maschinen im Einsatz.

DOUGLAS DC-7

338 Flugzeuge wurden von der DC-7 gebaut. Dabei war American Airlines mit einer Flotte von 63 Maschinen Marktführer. Die SAS flog 18 Exemplare dieser beliebten Maschine.

Das letzte von Douglas hergestellte Flugzeug mit Kolbenmotor war die DC-7. New York–London nonstop war das Maß der Dinge. Als dann auch noch mit einer verbesserten Version die Gegenrichtung ohne Zwischenlandung in Shannon oder in Gander möglich war, wurde die DC-7C „Seven Seas“ zur Königin der Propellermaschinen. Denn nun waren schnelle Polarrouten von Amsterdam via Anchorage nach Tokio möglich, oder San Francisco–London. Wegen des bevorstehenden Düsenzeitalters wurden jedoch nur 338 Modelle gebaut.

DOUGLAS

	DC-4	DC-5	DC-6	DC-7
Länge	25,6 m	18,96 m	32,18 m	37 m
Spannweite	35,81 m	23,77 m	35,81 m	42 m
Flügelfläche	135,63 m^2	76,55 m^2	135,9 m^2	152 m^2
MTOW	33 112 kg	9072 kg	48 500 kg	65 000 kg
Höchstgeschwindigkeit	451 km/h	325 km/h	526 km/h	720 km/h
Reisegeschwindigkeit	365 km/h	300 km/h	507 km/h	670 km/h
Reichweite	4023 km	2575 km	7590 km	9070 km
Dienstgipfelhöhe	6800 m	7225 m	7600 m	7600 m
Besatzung	5	6	3	4
Passagiere	86	22	102	105
Triebwerke	4	2	4	4
Erstflug	07.06.1938	20.02.1939	15.02.1946	18.05.1953

Douglas DC-8

DOUGLAS DC-8

	DC-8-32	DC-8-63CF
Länge	45,87 m	57,1 m
Spannweite	43,41 m	45,24 m
Flügelfläche	257,4 m²	271,9 m²
MTOW	140 600 kg	161 000 kg
Höchstgeschwindigkeit	946 km/h	959 km/h
Reisegeschwindigkeit	459 km/h	459 km/h
Reichweite	11 260 km	9620 km
Dienstgipfelhöhe	10 972 m	10 972 m
Besatzung	3	3
Passagiere (mixed)	124	180
Triebwerke	4	4
Erstflug	10.05.1958	14.03.1966

Bis zur DC-7 war Douglas der erfolgreichste Hersteller von Passagierflugzeugen. Das änderte sich, als Boeing seine 707 auflegte. Douglas hielt mit der DC-8 dagegen, einem äußerlich nur schwer zu unterscheidenden Jet mit vier Strahltriebwerken. Doch Boeing lag in diesem Wettbewerb bereits uneinholbar vorne. Während nämlich De Havilland mit seiner Comet

Douglas DC-9 McDonnell Douglas MD-81–MD-90

Als Ergänzung zur DC-8 sollte für die Kurz- und Mittelstrecke ein Flugzeug für 90 bis 100 Passagiere angeboten werden. Die Entwicklung der DC-9 hatte bereits 1963 begonnen, der Erstflug war im Februar 1965. Die Fusion mit McDonnell fiel in die Anfangsphase der Auslieferung dieser so überaus erfolgreichen Maschine. Weitere Varianten kamen auf den Markt, mit längerem Rumpf und mehr Sitzen, mit größerer Reichweite als Konkurrenz zur neu erschienenen Boeing 737. Anfang der 1980er Jahre erschien die DC-9-88, die dann auch als MD-81 und Starttyp einer neuen Produktpalette verkauft wurde.

In Europa begann jedoch mittlerweile der A320 seinen Siegeszug, was zu Absatzschwächen bei der DC-9 bzw. bei der MD-81 bis 87 führte. Mit der MD-90 unternahm McDonnell Douglas noch mal eine Anstrengung, eine neue Serie aufzulegen. Doch wegen technischer Schwierigkeiten mit den Hecktriebwerken ließ sich die Erweiterung und Verlängerung des Rumpfs nicht beliebig fortsetzen. Aus dem Projekt MD-90-50 wurde nach der Übernahme durch Boeing im Jahr 1996 schließlich die Boeing 717, die jedoch nur einen mäßigen Erfolg hatte. 2006 wurde das Programm eingestellt.

allergrößte Probleme und tragische Abstürze zu verzeichnen hatte, konnte Boeing mit seiner 707 überzeugen. Douglas hatte hier kostbare Zeit verloren. Und doch gelang dem Hersteller ein gut durchkonstruiertes Flugzeug. Insgesamt wurden 556 Maschinen gebaut, heute sind noch etwa 100 bei Cargo-Airlines in Betrieb.

DOUGLAS DC-9

	DC-9-10	DC-9-21	DC-9-30	DC-9-40	DC-9-50
Länge	31,8 m	31,8 m	36,6 m	38,3 m	40,7 m
Spannweite	27,3 m	36,6 m	36,6 m	36,6 m	36,6 m
Flügelfläche	86,8 m²	93,0 m²	93,0 m²	93,0 m²	93,0 m²
MTOW	41 177 kg	44 492 kg	49 940 kg	51 756 kg	54 885 kg
Höchstgeschwindigkeit	903 km/h	910 km/h	907 km/h	917 km/h	929 km/h
Reisegeschwindigkeit	900 km/h	900 km/h	900 km/h	900 km/h	900 km/h
Reichweite	2340 km	3430 km	3030 km	3120 km	3030 km
Dienstgipfelhöhe	10 058 m	10 058 m	10 058 m	10 058 m	10 058 m
Besatzung	2	2	2	2	2
Passagiere	90	90	115	125	139
Triebwerke	2	2	2	2	2
Erstflug	25.02.1965	01.12.1968	30.01.1967	10.02.1968	20.08.1975

McDONNELL DOUGLAS MD-8X

	MD-81	MD-82/88	MD-83	MD-87	MD-90-30
Länge	45,1 m	45,1 m	45,1 m	39,7 m	46,5 m
Spannweite	32,8 m	32,8 m	32,8 m	32,8 m	32,87 m
Flügelfläche	92,97 m²	92,97 m²	92,97 m²	92,97 m²	112,3 m²
MTOW	63 503 kg	67 812 kg	72 575 kg	63 503 kg	70 760 kg
Höchstgeschwindigkeit	811 km/h	811 km/h	811 km/h	811 km/h	811 km/h
Reisegeschwindigkeit	810 km/h	810 km/h	810 km/h	810 km/h	810 km/h
Reichweite	2880 km	3790 km	4635 km	4395 km	3860 km
Dienstgipfelhöhe	11 277 m	11 277 m	11 277 m	11 277 m	11 277 m
Besatzung	2	2	2	2	2
Passagiere	172	172	172	139	172
Triebwerke	2	2	2	2	2
Erstflug	13.09.1980	05.08.1981	20.02.1985	01.11.1987	22.02.1993

Trotzdem gehört die DC-9 Familie zu den erfolgreichsten strahlgetriebenen Verkehrsflugzeugen der Luftfahrtgeschichte. 2288 Exemplare wurden davon abgesetzt, davon sind heute noch 1300 in Betrieb.

Allerdings halten die Betriebskosten nicht mehr mit den neuen Flugzeugen mit.

McDonnell Douglas DC-10

Die N1818U gehörte zur ersten Serie der DC-10-10. Sie wurde 1973 gebaut und fliegt noch heute für FedEx.

Das erste Flugzeug nach dem Zusammenschluss von den Flugzeugwerken McDonnell und Douglas war die DC-10. Da die Boeing 747 wegen ihrer Größe nicht auf jedem Flughafen landen konnte, sei es wegen der Länge oder der Tragkraft der Piste oder mangels geeigneter Gates an den Terminals, sah MDD einen Bedarf für ein Großraumflugzeug mit etwas kleineren Dimensionen.

Obwohl das Flugzeug bei Piloten beliebt war, gab es mehrere Fehlkonstruktionen, die erst nach einigen spektakulären Abstürzen korrigiert wurden. So öffnete sich die Ladeluke nach außen und war damit dem Innendruck ausgesetzt. War sie nicht hundertprozentig verschlossen, konnte es zu explosionsartigem Druckabfall kommen. Zwei Flugzeuge verloren die Ladeluke im Flug, eine DC-10 der Turkish Airlines stürzte deshalb 1972 bei Paris ab, was allein 346 Menschen das Leben kostete.

Der Triebwerkswechsel in den Außengondeln war sehr umständlich. Daher ersannen Airline-Mechaniker einen schnelleren Weg, indem sie die ganze Außengondel abhängten. Dies resultierte 1979 bei American Airlines im Verlust eines Triebwerks während des Flugs und 271 Toten.

In einem anderen Fall 1989 zerlegte sich das Triebwerk im Heck. Eine Scheibe durchtrennte dabei alle drei Hydrauliksysteme, die viel zu dicht beieinanderlagen. Der Flug endete in einem kontrollierten Crash auf dem Flughafen von Sioux City. Immerhin überlebten damals 185 von 296 Menschen.

Obwohl das Flugzeug inzwischen als unverwüstlich gilt, ist der Ruf nach 32 Totalverlusten doch nachhaltig beschädigt. So trennten sich mehrere Airlines vorzeitig von dem Fluggerät. Es ist nun vorwiegend im Frachteinsatz. Von den 386 zivilen Maschinen fliegen heute noch 138.

McDonnell Douglas DC-10

	DC-10-10	DC-10-40
Länge	55,55 m	55,04 m
Spannweite	47,43 m	50,39 m
Flügelfläche	329,8 m²	338,8 m²
MTOW	186 025 kg	251 815 kg
Höchstgeschwindigkeit	960 km/h	960 km/h
Reisegeschwindigkeit	908 km/h	908 km/h
Reichweite	10 220 km	11 190 km
Dienstgipfelhöhe	12 802 m	12 802 m
Besatzung	3	3
Passagiere	265–380	265–380
Triebwerke	3 Turbofans	3 Turbofans
Erstflug	29.08.1970	28.02.1972

McDonnell Douglas MD-11

Da der Verkauf der DC-10 nicht den erhofften Erfolg hatte, wurde das Flugzeug überarbeitet. Der Rumpf wurde verlängert, die Reichweite vergrößert, das Cockpit für zwei Mann ausgelegt. Und trotz einiger Bestellungen von Alitalia, British Caledonian, Dragonair, FedEx, Finnair, Korean Air, Scandinavian Airlines System, Swissair, Thai Airways International und VARIG geriet die MD-11 zum „Flop“.

Die Konkurrenz von Airbus mit der A340 und von Boeing mit der 777 machte McDonnell Douglas zu schaffen, der Verbrauch war höher als kalkuliert, der schlechte Ruf des Vorgängers tat ein Übriges.

Von der MD-11 wurden zwischen 1990 und 2001 gerade mal 200 Stück gebaut, 163 davon als Frachter.

Die MD-11 ist bei FedEx, UPS und Lufthansa Cargo beliebt. Wichtigster Kunde für die Passagierversion ist KLM.

McDonnell Douglas MD-11

	MD-11	MD-11CF	MD-11F	MD-11C	MD-11ER
Länge	61,21 m	61,23 m	61,23 m	61,23 m	61,23 m
Spannweite	51,66 m	51,97 m	51,97 m	51,97 m	51,97 m
Flügelfläche	339,9 m^2	339,9 m^2	339,9 m^2	339,9 m^2	339,9 m^2
MTOW	273 314 kg	285 990 kg	285 990 kg	283 700 kg	283 700 kg
Höchstgeschwindigkeit	945 km/h	945 km/h	945 km/h	945 km/h	945 km/h
Reisegeschwindigkeit	876 km/h	876 km/h	876 km/h	876 km/h	876 km/h
Reichweite	13 408 km	13 408 km	7242 km	12 392 km	12 392 km
Dienstgipfelhöhe	9940 m	9940 m	9940 m	9940 m	9940 m
Besatzung	2	2	2	2	2
Passagiere	410/323/293	410/323/293	26 Paletten	410/214/181	410/323/293
Triebwerke	3	3	3	3	3
Erstflug	10.01.1990	01.04.1991	15.05.1986	21.08.1986	12.02.1994

CONVAIR

Die Convair CV-240 war die erste zivile Weiterentwicklung der für das Militär gebauten CV-110. Die eingebaute Treppenanlage machte sie von Bodengeräten unabhängiger. Mit der CV-240 startete Convair eine ganze Serie von Passagierflugzeugen, die von der zweimotorigen Maschine mit Dreiblattpropeller bis hin zum vierstrahligen Düsenjet reichte.

Convair war ein Zusammenschluss der Firmen Consolidated Aircraft und Vultee Aircraft, zweier amerikanischer Flugzeugbauer.

Die Convair 240 ist eine Erfolgsstory. Ihre Eigenschaften kamen der DC-3 recht nah. Zwei Motoren mit Dreiblattpropeller dienten als Antrieb. American Airlines hatte das Flugzeug in Auftrag gegeben, um damit die DC-3 zu ersetzen. Um das mühsame Besteigen auszuschließen, sollte sie allerdings kein Spornrad, sondern ein einziehbares Bugfahrwerk erhalten.

Das Nachfolgemodell war die CV-340 mit einem verlängerten Rumpf und vergrößerten Flügeln. Alle Nachfolgemodelle waren Umbauten und Weiterentwicklungen der CV-340.

Die Convair CV-990 Coronado hatte vier Jet-Triebwerke. Doch hatten Boeing und Douglas bereits Konkurrenzmodelle auf dem Markt, die sich als besser erwiesen. Nach 37 gebauten CV-990 wurde die Reihe wieder eingestellt.

Die letzte CV-990 der NASA ist am Mohave Airport in Kalifornien ausgestellt.

1954 schloss sich Convair der General Dynamics Gruppe an, womit sie ein Standbein in der militärischen Produktion hatte. 1965 endete der Flugzeugbau. Die Firma verlegte sich mehr auf den Raketen- und Marschflugkorperbau. 1994 wurde Convair an Boeing verkauft. Seit 1996 ist sie ganz bei Boeing eingegliedert.

CONVAIR

	CV-240	CV-340	CV-440-660	CV-990
Länge	22,76 m	24,13 m	24,84 m	42,49 m
Spannweite	29,97 m	32,12 m	32,12 m	36,58 m
Flügelfläche	75,9 m^2	85,5 m^2	85,5 m^2	209 m^2
MTOW	19320 kg	21320 kg	22250 kg	115750 kg
Höchstgeschwindigkeit	500 km/h	500 km/h	500 km/h	1030 km/h
Reisegeschwindigkeit	450 km/h	450 km/h	450 km/h	917 km/h
Reichweite	1930 km	935 km	2800 km	6116 km
Dienstgipfelhöhe	4880 m	4880 m	7770 m	12495 m
Besatzung	2 oder 3	2 oder 3	2	3
Passagiere	40	52	52	90-149
Triebwerke	2	2	2	4
Erstflug	16.03.1947	05.10.1952	08.03.1956	24.01.1961

Diese CV-990A leistete ihre Dienste bei verschiedenen Airlines, bevor sie als Übungsgerät für die Feuerwehr in Denver endete.

Von der CV-990 Coronado wurden nur 37 Exemplare gebaut. Sie flog nur bei acht Fluggesellschaften: darunter Alaska Airlines, American Airlines, Garuda Indonesian, SAS, Swissair und VARIG.

Neun CV-440 flogen bei der Finnair. Auch heute noch sind 75 Maschinen dieses Typs weltweit aktiv.

Die Airbus-Story

Schon früh im vergangenen Jahrhundert hatten Frankreich, Deutschland und England eine erfolgreiche Flugzeugindustrie. Allerdings wurde die Entwicklung von Verkehrsmaschinen mehrfach empfindlich durch die beiden Weltkriege gestört. Erst in den 1950er Jahren begannen die Europäer wieder, Verkehrsflugzeuge zu bauen. Mittlerweile hatten jedoch die amerikanischen Firmen Boeing, Douglas und Lockheed den Weltmarkt erobert und weitgehend unter sich aufgeteilt. Europäische Firmen wie Hawker Siddeley, VFW, Fokker, CASA, Sud Aviation oder Dornier waren – gemessen an den Amerikanern – nur Randerscheinungen.

Mit großem staatlichen Einfluss wurde 1970 schließlich die Airbus-Industrie gegründet, ein multinationales Konsortium, dem mehrere europäische Flugzeugbauer beigetreten waren. Die deutschen Gründungsmitglieder wurden nach und nach von Daimler-Benz gekauft und in der DASA zusammengefasst, die wie die französische Aerospatiale je 37,9 % der Airbus-Anteile hielt. 20 % entfielen auf British Aerospace, während die spanische CASA mit 4,2 % beteiligt war.

Die Entwicklung des „Airbus A300" war ursprünglich das einzige Projekt des Konsortiums. Frankreich baute das Cockpit, die Steuerung und den unteren Teil des Mittelrumpfes, England die Flügel und die Triebwerke, Deutschland die Kabine, die Flügelklappen kamen aus den Niederlanden, und Spanien baute den Tail. Zusammengeführt wurde alles im französischen Toulouse. Bald gab es Zweifel bei den Franzosen und den Engländern, ob denn der 300-Sitzer überhaupt ein Erfolg werden könne. Also reduzierte man ihn auf 250 Sitze und bezeichnete das Flugzeug als A300B. Aber es gab weiterhin viele Unstimmigkeiten zwischen den beteiligten Nationen sowie Drohungen, das ganze Projekt auffliegen zu lassen. Die Engländer zogen sich von dem Unternehmen zurück, woraufhin Deutschland seine Beteiligung am A300 auf 50 % erweiterte.

Doch dies waren nur Startschwierigkeiten, denn während der A300-Verkauf eher schleppend vonstatten ging, wurden vom Nachfolgermodell A320 bereits vor dem Erstflug 400 Stück verkauft. Die multinationale Produktion begann sich zu bewähren, weitere Erfolgsmodelle folgten, Airbus wurde zur ernsthaften Konkurrenz für Boeing.

1999 schlossen sich DaimlerChrysler Aerospace, Aerospatiale-Matra und CASA zusammen, um die EADS als Dachorganisation für Airbus, Astrium, Defense & Security, Military Transport Aircraft und Eurocopter zu gründen.

Ganze Flugzeugfamilien folgten, hochmodern und sparsam. Gekrönt wurde die Serie von der A380, dem größten Flugzeug der Welt, das allerdings nicht ohne Reibungsverluste anlief.

Boeing beschwert sich seither bei der WTO über unerlaubte staatliche Zuschüsse bei Flugzeugentwicklungen, während Airbus Boeing ebenfalls versteckte Subventionen bei militärischen Projekten vorwirft. 2005 verklagten die USA die EU wegen illegaler Beihilfen, worauf am nächsten Tag die EU die USA verklagten.

Letztendlich geht es auf beiden Kontinenten um 50 000 Arbeitsplätze sowie um hunderttausende in der Zulieferindustrie. Und unterm Strich steht der Anspruch des Passagiers auf gute, sichere und sparsame Flugzeuge, die den Welt-Luftverkehr sicherer machen.

Mit dem Verfall des Dollars gerät Airbus finanziell ins Hintertreffen, denn jeder 10 Cent Kursverlust kostet Airbus 1 Milliarde Euro. Flugzeuge werden derzeit nämlich noch in US-Dollar abgerechnet.

Airbus und Boeing nutzen mittlerweile die Fertigungskapazitäten verschiedener Hersteller, um Einzelteile vorzufertigen, sie dann ins Hauptwerk zu fliegen und zu montieren. So hat jedes Flugzeug vor seinem Erstflug schon viele Tausend Kilometer im Frachtraum eines anderen zurückgelegt.

Airbus A300

Der A300B4 war eine Leihgabe der Lufthansa.

Airbus A310

Der Airbus A310 markierte den Beginn einer neuen Ära der Widebodys bei Airbus.

Die A300 ist das erste Flugzeug des Airbus-Konsortiums. Sie ist das Resultat einer politischen Entschlossenheit Europas, den Amerikanern ein eigenes Produkt entgegenzusetzen. Auf dem Weg dorthin gab es viele bürokratische Hürden zu überwinden.

Obwohl die A300 konkurrenzlos sparsam und unter den Piloten sehr beliebt ist, konnte sich das Großraumflugzeug auf dem US-Airline-Markt nicht behaupten. Erst als man der amerikanischen Eastern Airlines vier Maschinen für ein halbes Jahr einschließlich Wartung und Technik kostenlos zur Verfügung stellte, war die Airline überzeugt und bestellte 32 Maschinen.

Wegen der vergleichsweise geringen Reichweite war die A300 der Boeing 767 im Transatlantik-Betrieb allerdings unterlegen. Auf den Mittelstrecken mit hohen Passagierzahlen ist die Maschine aber unschlagbar. Der Triebwerksrechner ermittelt stets den günstigsten Verbrauch für jede gewählte Geschwindigkeit.

Viel wichtiger aber war, dass das Experiment geglückt ist. So wurde die A300 zum Pilotprojekt einer Flugzeugfamilie für alle Streckenlängen und für jede Passagierzahl.

561 Exemplare wurden schließlich von dem Flugzeug bestellt, die Produktion wurde am 12. Juli 2007 eingestellt.

Die A310 ist eine Weiterentwicklung der A300. Sie ist kürzer, moderner, vollkommen überarbeitet. Das Cockpit ist für eine Zwei-Mann-Crew ausgelegt, die Arbeit des Flugingenieurs übernimmt der Computer. Weitere Gewichtseinsparungen wurden durch das Fly-by-Wire-System und durch das erstmals im Flugzeugbau verwendete Leitwerk aus Kohlefaserverbundstoff erreicht.

Die A310 war ebenfalls für den Mittelstreckenverkehr konzipiert und mit einer eher konservativen Reichweite ausgestattet worden. Erst mit der A310-300 ließen sich bessere Werte erreichen. Man hatte sie nicht nur mit leistungsfähigeren Triebwerken ausgestattet, sondern gab ihr auch ein Pumpensystem zur Schwerpunktverlagerung bei Start-, Reiseflug und Landung und einen Zusatztank in das Leitwerk, den man als Trimmtank benutzen konnte.

Obwohl nur 255 Flugzeuge von der A310 verkauft wurden, war die Maschine ein voller Erfolg. Viele Innovationen wurden hier erstmals verwirklicht, die in den späteren Airbus-Typen zum Standard gehören sollten.

AIRBUS

	A300B2	A300B4	A300-600R	A310-200	A310-300
Länge	53,62 m	53,62 m	54,08 m	46,66 m	46,66 m
Spannweite	44,84 m	44,84 m	44,84 m	43,9 m	43,9 m
Flügelfläche	260 m^2	260 m^2	260 m^2	15,8 m^2	15,8 m^2
MTOW	142 000 kg	165 000 kg	165 000 kg	157 000 kg	157 000 kg
Höchstgeschwindigkeit	917 km/h	917 km/h	890 km/h	897 km/h	897 km/h
Reisegeschwindigkeit	847 km/h	847 km/h	875 km/h	840 km/h	840 km/h
Reichweite	3430 km	5375 km	6968 km	6800 km	9580 km
Dienstgipfelhöhe	9500 m	9500 m	9500 m	12 500 m	12 500 m
Besatzung	3	3	3	2	2
Passagiere	250	266	250	220	220
Triebwerke	2	2	2	2	2
Erstflug	28.10.1972	23.05.1975	05.07.1988	04.04.1982	25.03.1999

Frontier Airlines mit seinem Hub in Denver setzte auf ökonomische Mittelstreckenflugzeuge.

Der jüngste Spross aus der A320-Familie und gleichzeitig der kleinste: Die A318 wurde zwar als Kurzstreckenjet gebaut, sie hat aber ETOPS-Zulassung und kann auch für Atlantikstrecken eingesetzt werden. Sie bietet 107 Passagieren Platz. Der „Baby-Bus" hat gegenüber der kleinsten Boeing 737 jedoch Gewichtsnachteile. Nur in Flotten, in der auch die größeren Airbus-Modelle vertreten sind, bringt dieses Flugzeug wegen der Kommunalität Vorteile.

Seit das Flugzeug 2007 auf den Markt kam, wurden 60 gebaut, weitere 30 sind bestellt.

Die meisten Airbus A318 fliegen in der „Neuen Welt".

AIRBUS

	A319-100	A318-100
Länge	33,84 m	31,45 m
Spannweite	34,1 m	34,1 m
Flügelfläche	122,6 m²	122,6 m²
MTOW	75 500 kg	68 000 kg
Höchstgeschwindigkeit	900 km/h	900 km/h
Reisegeschwindigkeit	840 km/h	840 km/h
Reichweite	6800 km	5950 km
Dienstgipfelhöhe	12 000 m	12 000 m
Besatzung	2	2
Passagiere	124	107
Triebwerke	2	2
Erstflug	25.08.1995	15.01.2002

Die A320-Familie im Größenvergleich: Mittelstreckenflugzeuge für jeden Markt.

Frontier gewann mit Tiermotiven auf seinen Flugzeugen die Herzen der Kunden.

4 m kürzer als das Referenzmodell A320 fasst die A319 bei gängiger Bestuhlung 124 Passagiere. Es gibt auch eine Business-Class-Version A319LR für 48 Passagiere, die mit mehreren Zusatztanks ausgerüstet ist. Damit bietet die Lufthansa Business-Class-Flüge zwischen Deutschland und den USA an.

Die in Denver beheimatete Frontier Airlines benutzt fast ausschließlich A319 für ihr kontinentales Streckennetz.

1100 Stück wurden bisher ausgeliefert, weitere 400 sind bestellt.

AIRBUS A320

Der Klassiker. Nach der Boeing 737 ist der Airbus A320 das am besten verkaufte Mittelstreckenflugzeug der Welt.

Nach dem Erfolg der Großraumflugzeuge A300 und A310 schickte sich Airbus an, den Markt der 100- bis 200-Sitzer zu erobern. Dabei trat man gegen die Boeing 737 und die MD-80 an. Die Amerikaner hatten diesen Markt weitestgehend unter sich aufgeteilt und erzielten hohe Umsatzzahlen.

Um das Flugzeug attraktiv zu machen, plante man gleich von Anfang an die Familie durch. Das Flugzeug würde in unterschiedlichen Rumpflängen angeboten werden, um die ganze Bedarfspalette sowohl für den Inlands- als auch für den Kontinentalverkehr mit Passagierzahlen von 100 bis 220 abzudecken. Das war beim Entwurf der Tragflächen bereits zu berücksichtigen. Dazu sollte es sparsam sein und einen komfortablen Rumpfquerschnitt für die Frachtzuladung besitzen.

Die Flugsteuerung besteht aus einem Rechnerverbund von fünf Computern, die sich gegenseitig überwachen und die darauf achten, dass sich das Flugzeug – selbst bei menschlichem Versagen – nie außerhalb seiner Limits begibt. Die Steuerung erfolgt über einen Sidestick, der die Steuerflächen teils elektrisch, teils hydraulisch bewegt.

Man kann sich vorstellen, dass Boeing nicht gerade begeistert war, als verschiedene US-amerikanische Airlines gleich hunderte von A320-Maschinen einkauften. Der Stückpreis liegt nämlich rund 5 Millionen Dollar unter dem des Konkurrenzmodells von Boeing.

Man kann auch davon ausgehen, dass Airbus den Zusammenschluss von McDonnell Douglas und Boeing begünstigte und dass die A320 die MD-90 vom Markt verdrängt hat.

Nahezu 2000 Exemplare wurden bisher gebaut, 1300 weitere sind bestellt.

AIRBUS A321

Das größte Flugzeug der A320-Familie erfreut sich großen Zuspruchs, ein Ende der Bestellungen ist nicht abzusehen.

United Airlines gehört mit rund 100 Airbus A320 zu den Hauptnutzern dieses Flugzeugs.

Der um 7 m verlängerte Airbus A321 benötigte aufwendigere Flügelklappen, da seine Rotationsmöglichkeit beim Start begrenzt werden musste. Sonst könnte das Heck beim steilen Hochziehen des Flugzeugs auf dem Boden aufschlagen. Die zusätzliche Technik und das größere Abfluggewicht erforderte auch stärkere Triebwerke als bei der A320.

Mit maximal 220 Passagieren deckt sie das obere Ende der A320-Familie ab.

562 Maschinen wurden bisher gebaut, 190 sind bestellt.

AIRBUS	A320-200	A321-200
Länge	37,57 m	44,51 m
Spannweite	34,1 m	34,1 m
Flügelfläche	122,6 m²	122,6 m²
MTOW	77 000 kg	93 500 kg
Höchstgeschwindigkeit	903 km/h	900 km/h
Reisegeschwindigkeit	840 km/h	840 km/h
Reichweite	5700 km	5600 km
Dienstgipfelhöhe	12 000 m	12 000 m
Besatzung	2	2
Passagiere	150	185
Triebwerke	2	2
Erstflug	22.02.1987	25.03.1993

AIRBUS A330

A330 der nwa, die 2009 von Delta Air Lines übernommen wurde.

Die A330 ist ein Großraumflugzeug für Mittel- und Langstrecken. Es wurde zusammen mit der A340 konzipiert. Die A330 wurde als Konkurrenzprodukt zur DC-10 und Boeing 767 entwickelt. Dabei baut der Rumpf auf den Maßen der A300 auf. Flügel und Leitwerk sind identisch mit der A340. Das Cockpit entspricht dem der A320, natürlich auch das Fly-by-wire-System.

Um die ETOPS-Zulassung für die Atlantikstrecken zu erhalten, mussten mehrere sechsstündige Flüge mit nur einem Triebwerk absolviert werden.

Da die A330 hervorragende Langstreckeneigenschaften und dabei gleichzeitig einen noch günstigeren Verbrauch hat, ist das Flugzeug sehr beliebt. 900 Exemplare sind bestellt, doppelt so viele wie von der A340.

Die A330 soll 2012 durch die A350 ersetzt werden.

AIRBUS A330

	A330-200	A330-200F	A330-300
Länge	45,0 m	58,37 m	63,6 m
Spannweite	60,3 m	60,3 m	60,3 m
Flügelfläche	361,6 m²	361,6 m²	361,6 m²
MTOW	230 000 kg	233 000 kg	233 000 kg
Höchstgeschwindigkeit	913 km/h	913 km/h	913 km/h
Reisegeschwindigkeit	871 km/h	871 km/h	871 km/h
Reichweite	ca. 12 500 km	ca. 7400 km	ca. 10 500 km
Dienstgipfelhöhe	12 500 m	12 500 m	12 500 m
Besatzung	2	2	2
Passagiere	293	-	375
Triebwerke	2	2	2
Erstflug	13.08.1997	13.08.1997	02.11.1992

AIRBUS A340

Unverkennbar ist diese A340. Sie ist neben der Boenig 747 derzeit das einzige Flugzeug der westlichen Welt dieser Größe mit vier Triebwerken.

Die A340 ist ein vierstrahliges Großraumflugzeug für Ultra-Langstrecken. Sie sollte den Markt bedienen, der bis dahin von der DC-10 und der Boeing 767 abgedeckt wurde.

Airbus verfolgte das Prinzip der Kommunalität unter seinen Produkten. Viele Baugruppen sind identisch und wechselseitig austauschbar. Das Cockpit ist, abgesehen von den zusätzlichen Triebwerkhebeln und Steuerelementen, identisch mit dem der A320- und A330-Familie. Es ist auch ähnlich der A380 und der geplanten A350. Dadurch wird ein Cross-Rating der Piloten vereinfacht.

Singapore Airlines hält den Weltrekord mit der Nonstop-Verbindung Singapore–New York. Der 16 600-Kilometer-Flug dauert 18 Stunden. Die Airline hat dazu die Sitzzahl in der A340-500 auf 181 Sitze in einer Zwei-Klassen-Bestuhlung reduziert und eine Bar eingerichtet, in der sich die Passagiere die Beine vertreten können.

AIRBUS A340

	A340-200	A340-300	A340-500	A340-600	A340-600HGW
Länge	59,4 m	63,6 m	67,9 m	75,3 m	75,3 m
Spannweite	60,3 m	60,3 m	60,3 m	63,45 m	63,45 m
Flügelfläche	361,6 m²	361,6 m²	439,3 m²	439,3 m²	439,3 m²
MTOW	257 000 kg	271 000 kg	368 000 kg	368 000 kg	380 000 kg
Höchstgeschwindigkeit	940 km/h	890 km/h	920 km/h	920 km/h	920 km/h
Reisegeschwindigkeit	880 km/h	880 km/h	905 km/h	905 km/h	905 km/h
Reichweite	14 800 km	13 350 km	16 050 km	13 900 km	14 600 km
Dienstgipfelhöhe	12 500 m	12 500 m	12 525 m	12 525 m	12 525 m
Besatzung	2	2	2	2	2
Passagiere	300	335	359	419	419
Triebwerke	4	4	4	4	4
Erstflug	01.04.1992	25.10.1991	11.02.2002	23.04.2001	18.11.2005

AIRBUS A350

Der Prototyp des A350 ist noch im Bau, der Erstflug ist noch nicht in Sicht. Trotzdem wurde das Flugzeug schon 438-mal verkauft.

Die A340-600 ist derzeit das längste Flugzeug der Welt. Airbus schöpfte dazu die Höchstlänge für die Flugzeugabfertigung an Passagierterminals von 80 m nahezu vollständig aus. Da die Maschine so groß ist, wurden Außenkameras angebracht, die den Piloten das Rollen erleichtern. Der Gepäck- und Frachtraum ist so groß wie der einer Boeing 747-400. Die Lufthansa richtete in ihrer A340-600 Bordküche und einige Waschräume der Economy Klasse im Unterdeck ein, um auf dem Passagierdeck mehr Platz zu schaffen. Die Trimmtanks im Leitwerk fassen 4800 kg bei der A340-300 und 6000 kg bei der A340-600.

Von der A340 wurden bisher 385 Stück bestellt.

Die A350 war eigentlich eine Reaktion der Europäer auf die Boeing 787. Airbus hatte die 787 als eine Antwort Boeings auf die A330 gesehen und meinte im Jahr 2004 noch, mit einer leicht verbesserten und fortentwickelten Variante ihres Erfolgsmodells Marktanteile von Boeing zu gewinnen. Doch die Airlines protestierten energisch dagegen. So verstrich kostbare Zeit, die Boeing für sich nutzen konnte, ihre 787 zu vermarkten. Anfang 2006 präsentierte Airbus einen verbesserten Entwurf, der aber wiederum eher geringschätzig belächelt wurde. Als Reaktion gaben die Airlines bekannt, dass sie sich nun für die 787 entschieden hätten. Bei der Farnborough Airshow im Juli 2006 schließlich konnte Airbus einen vollkommen neuen Entwurf präsentieren, der auch das Gefallen der Fluggesellschaften fand. Ein Jahr später wurden neue Details zu den Materialien bekannt (in Klammern die 787-Werte): 52 % (50 %) CFK, 20 % (18 %) Aluminium/Lithium, 14 % (15 %) Titan, 7 % (10 %) Stahl and 7 % (7 %) verschiedene Materialien.

Auch in der Kabine, am Flügel und im Cockpit und bei den Triebwerken wird es teilweise starke Veränderungen gegenüber den anderen Airbus-Modellen geben. Das Flugzeug soll 2009 erstmals fliegen und 2011 in Dienst gestellt werden. Bis zum Sommer 2008 wurden 477 (896) Exemplare bestellt.

AIRBUS A350

	A350-800	A350-900	A350-900R	A350-900F	A350-1000
Länge	60,6 m	66,9 m	66,9 m	66,9 m	73,9 m
Spannweite	64 m	64 m	64 m	64 m	64 m
Flügelfläche	443 m^2	443 m^2	443 m^2	443 m^2	443 m^2
MTOW	245 000 kg	265 000 kg	295 000 kg	295 000 kg	295 000 kg
Höchstgeschwindigkeit	945 km/h	945 km/h	945 km/h	945 km/h	945 km/h
Reisegeschwindigkeit	903 km/h	903 km/h	903 km/h	903 km/h	903 km/h
Reichweite	15 400 km	15 000 km	17 600 km	9250 km	14 800 km
Dienstgipfelhöhe	13 100 m	13 100 m	13 100 m	13 100 m	13 100 m
Besatzung	2	2	2	2	2
Passagiere	270	314	310	n/a	350
Triebwerke	2	2	2	2	2
Erstflug	n/a	2011	n/a	n/a	n/a

AIRBUS A380

DER LANGE WEG ZUM A380

1970 Airbus wird gegründet.
1991 Erste Sondierungsgespräche mit führenden Airlines über die Anforderungen an einen möglichen Superjumbo mit der Arbeitsbezeichnung A3XX.
Jan 93 Boeing erklärt, die Firma würde gerne ein „sehr großes Flugzeug“ in Zusammenarbeit mit Aerospatiale, Daimler-Benz Aerospace Airbus, Construcciones Aeronauticas und British Aerospace bauen.
Jun 93 Als Boeing allerdings zu einem kleineren Flugzeug tendiert, entschließen sich die Airbus-Partner zu dem Super-Jumbo-Projekt.
1996 Die „Airbus Large Aircraft Division“ wird gegründet.
2000 Kommerzieller Programmstart des A3XX, aus dem später die A380 wird.
2001 Das Airbus-Konsortium wird zu einer integrierten Firma, die die vier Partner in Frankreich, Deutschland, Spanien und England einbezieht.
2002 Die Arbeit an den Komponenten beginnt.
Feb 04 Die ersten Triebwerke von Rolls-Royce werden nach Toulouse geliefert.
Apr 04 Auf den wichtigsten Flughäfen der Welt beginnen Vorbereitungen und bauliche Veränderungen, um den Super-Jumbo abfertigen zu können.
Mai 04 Der Zusammenbau beginnt in Toulouse.
Dez 04 EADS gibt bekannt, dass das Projekt 1,5 Milliarden Euro teurer wird als geplant.
Jan 05 Airbus und Boeing legen ihren Disput über angeblich unfaire Wettbewerbsbedingungen und staatliche Zuschüsse bei.
27. Apr 05 Jungfernflug in Toulouse. Es folgen Testflüge während der nächsten zwölf Monate.
Jun 05 Airbus gibt eine Verzögerung von einem halben Jahr bekannt.
Mrz 06 Erfolgreicher Evakuierungstest. 870 Insassen verlassen in 80 Sekunden das Flugzeug, obwohl die Hälfte der Ausgänge blockiert sind.
Jul 06 Airbus gibt eine weitere Verzögerung von einem halben Jahr bekannt.
Okt 06 Airbus gibt eine weitere Verzögerung von einem ganzen Jahr bekannt. Insg esamt ist man nun 20 Monate hinter dem Zeitplan.
Okt 07 Singapore Airlines übernimmt das erste Flugzeug.

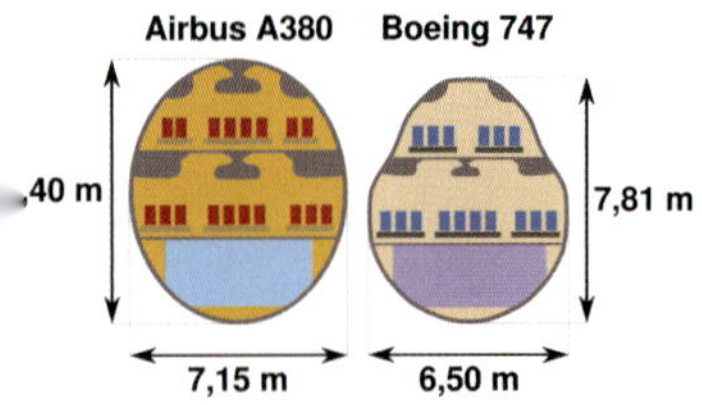

Mehr Platz als in der 747 gibt es im Oberdeck des Flugzeugs.

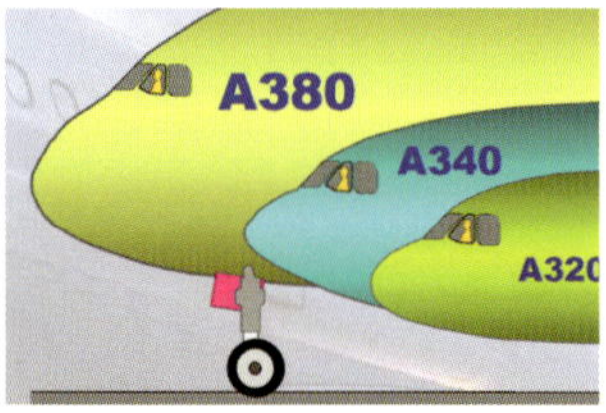

Größenvergleich im selben Maßstab

Flüge mit dem A380 sind gegen Aufpreis buchbar. Sie sind aber oft ausgebucht.

Dieses Flugzeug fliegt in einer eigenen Liga. Die Größe ist schier atemberaubend.

Unter den Tragflächen könnte man 114 Volkswagen Golf in den Schatten stellen.

AIRBUS A380

	A380-800	A380-900
Länge	73,0 m	79,4 m
Spannweite	79,8 m	79,8 m
Flügelfläche	846 m²	846 m²
MTOW	560 000 kg	590 000 kg
Höchstgeschwindigkeit	955 km/h	944 km/h
Reisegeschwindigkeit	900 km/h	900 km/h
Reichweite	15 200 km	14 200 km
Dienstgipfelhöhe	13 115 m	13 115 m
Besatzung	2	2
Passagiere	555	ca. 650
Triebwerke	4	4
Erstflug	27.04.2005	n/a

Airbus A380 Cockpit

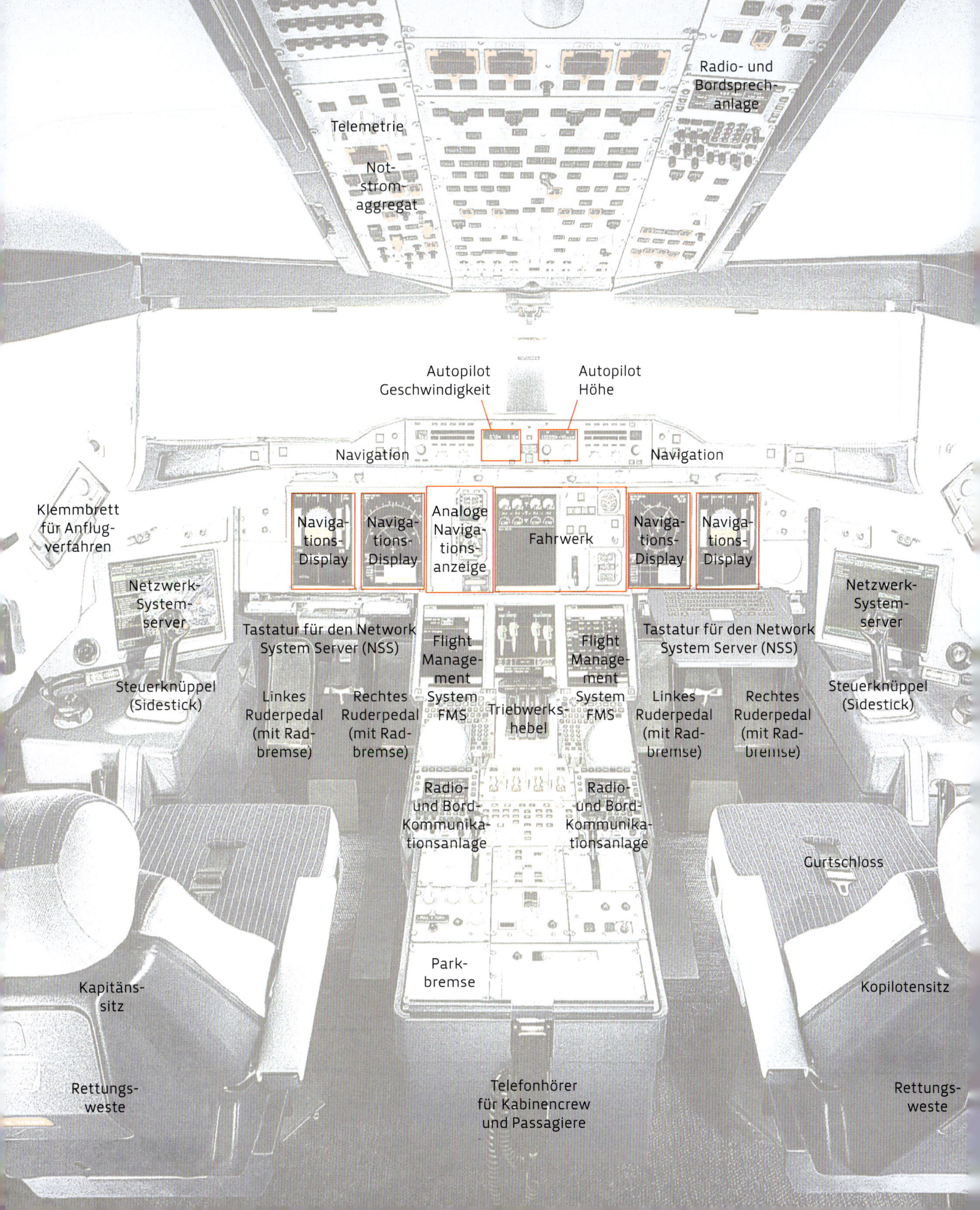

RESET
ENG
APU
OXYGEN
ENG 1
ENG 2
ENG 3
ENG 4
FIRE
FIRE
ADIRS
APU
GREEN
YELLOW
PULL & TURN

TUPOLEV

Die Tupolev-Story

Andrej Nikolaevič Tupolev wurde am 10.11.1888 in Pustomasovo geboren. Sein Interesse an der Luftfahrt führte ihn zu einem Studium an der Technischen Hochschule Moskau. Mit 30 Jahren gründeten er und sein Freund Nikolai Zukovski 1918 das Zentrale Aerohydrodynamische Institut ZAGI, das später das wichtigste russische Luftfahrtforschungsinstitut werden sollte.

Dort entwickelte er ganze Serien von Flugzeugen, unter anderem den ersten zweimotorigen freitragenden Ganzmetallbomber der Welt. Trotzdem ließ ihn Stalin unter dem Verdacht des Landesverrats festnehmen. Tupolev wurde 1937 zu lebenslanger Haft verurteilt. In Gefangenschaft musste er weiterhin Flugzeuge entwickeln. 1941 wurde er zu Beginn des Krieges gegen Deutschland freigelassen. Stalin soll sich sogar 1943 bei ihm entschuldigt haben. Neben der Entwicklung von Bombern arbeitete er aber auch an Verkehrsflugzeugen. Er war insgesamt an über hundert Flugzeugprojekten beteiligt. Sein Sohn Alexei Andrejevič Tupolev führte sein Lebenswerk fort.

Andrej N. Tupolev

Tupolev TU-154B-2 der nordkoreanischen Air Koryo, 1983, nach der Landung in Beijing.

TUPOLEV 154

	TU-154M
Länge	47,9 m
Spannweite	37,55 m
Flügelfläche	201,5 m²
MTOW	max. 100 000 kg
Höchstgeschwindigkeit	950 km/h
Reisegeschwindigkeit	900 km/h
Reichweite	4000 km
Dienstgipfelhöhe	11 000 m
Besatzung	3 bis 4
Passagiere	160–180
Triebwerke	3
Erstflug	1968

Vom wichtigsten Modell, der dreistrahligen Tupolev Tu-154, wurden über 1000 Stück gebaut. Hauptsächlich die Fluggesellschaften in Osteuropa flogen diesen Typ, ob sie nun wollten oder nicht. Das letzte Modell, die Tu-154M erfüllt die Anforderungen der Lärmkategorie 3, weshalb man dieses Flugzeug noch eine ganze Weile sehen wird.

Studie einer Tu-204 mit Flüssiggasantrieb und Kryotechnik, d. h. Tieftemperaturtechnik, die sich bestimmte physikalische Effekte zunutze macht (Joule-Thomson-Effekt). Die 204K kann 210 Passagiere befördern, hat eine Reichweite von 5200 km und verbraucht knapp 20 Gramm Gas pro Passagier und Kilometer. Da Russland reiche Erdgasvorkommen hat, könnte dies die Zukunft sein.

Air Koryo fliegt aber auch das Neueste vom Neuen aus dem Hause Tupolev. Hier die Tu-204-300, Baujahr 2007.

Die TU-204 ist ein Nachfolger der Tu-154. Mit diesem Flugzeug hat die freie Marktwirtschaft Einzug gehalten. Sparsamer als frühere Modelle, Zwei-Mann-Glas-Cockpit mit sechs Farbmonitoren, Head-up-Display, wie man es von Kampfflugzeugen kennt, Fly-by-wire, automatisches Landesystem und zwei leise, aber kraftvolle Rolls-Royce-Triebwerke der letzten Generation.

TUPOLEV 204

	TU-204-100	TU-204-120	TU-214	TU-204-300
Länge	46 m	46 m	46 m	40 m
Spannweite	42 m	42 m	42 m	42 m
Flügelfläche	184,2 m²	184,2 m²	184,2 m²	184,2 m²
MTOW	103 000 kg	103 000 kg	110 750 kg	107 500 kg
Höchstgeschwindigkeit	850 km/h	850 km/h	850 km/h	850 km/h
Reisegeschwindigkeit	810 km/h	810 km/h	810 km/h	810 km/h
Reichweite	6500 km	6500 km	6670 km	7500 km
Dienstgipfelhöhe	12 600 m	12 600 m	12 600 m	12 600 m
Besatzung	2	2	2	2
Passagiere	210	210	210	157
Triebwerke	2	2	2	2
Erstflug	1989	1998	1996	2003

DORNIER

Dieses Do-X flog 1929 bereits in eine andere Welt. Ihre zwölf wassergekühlten Jupiter-Curtiss-Conqueror-Motoren mit je zwölf Zylindern entwickelten zusammen 7320 PS. Die Höchstgeschwindigkeit betrug 211 km/h, die Reichweite 1700 km.

Claude Honoré Desiré Dornier wurde 1884 in Kempten als Sohn eines Franzosen geboren. Graf Zeppelin setzte sich 1912 persönlich dafür ein, dass der begabte Ingenieur des Friedrichshafener Zeppelin-Werks die deutsche Staatsbürgerschaft erhielt. Er betraute ihn mit der Führung eines Zweigwerkes, aus dem schließlich die Dornier Flugzeugwerke hervorgingen. In diesem Werk entstanden mehrere epochale Flugzeuge, unter anderem mit der zwölfmotorigen Do-X das seinerzeit größte Flugzeug der Welt. Bei ihrem Erstflug über dem Bodensee im Oktober 1929 waren 159 Passagiere und zehn Besatzungsmitglieder an Bord. (Dieser Rekord wurde erst 1949 von der Lockheed Constellation gebrochen.)

Neben allerlei militärischem Gerät sowie Luft- und Raumfahrttechnik entstanden ein paar wichtige Nahverkehrsflugzeuge, die sich durch ihre ausgezeichneten Kurzstarteigenschaften bewährten.

Wäre Dornier nicht durch Erbschaftsstreitigkeiten und testamentarischen Wirrwarr zuerst zu Daimler-Benz geraten, mit MBB zur DASA vereinigt, und später mit der beinahe bankrotten holländischen Fokker zusammengeführt worden, Dornier hätte in Deutschland einen Boeingähnlichen Erfolg hinlegen können.

Schließlich aber wurde der Konzern zerschlagen, Teile davon an EADS überführt, Teile an den amerikanischen Fairchild Konzern. Als Fairchild Dornier 2002 schließlich insolvent wurde, war es mit Dornier vorbei. 2005 wurden die Firmenreste versteigert.

DO-228

Die Do-228, komfortabel, zuverlässig, hat STOL-Eigenschaften.

DO-328

Der Do-328Jet gilt als der Rolls-Royce unter den Regionalflugzeugen. Er ist aber so teuer, dass der wirtschaftliche Erfolg ausblieb.

Dieses Flugzeug ist hochkomfortabel, aber teuer. Es fasst bis zu 33 Passagiere und ist als Turboprop wie auch als Jet erhältlich. Der Erstflug fand bereits im Jahr 1991 statt. Gleichwohl sind hier schon technische Finessen an Bord, wie sie im Flugzeugbau erst wieder bei der Boeing 787 zu finden sind. Wegen der komplizierten Eigentumsverhältnisse bei Dornier wurde die Produktion eingestellt.

DORNIER

	DO-228	DO-328	DO-328JET
Länge	15,03 m	21,28 m	21,22 m
Spannweite	16,97 m	20,98 m	20,98 m
Flügelfläche	32 m^2	40 m^2	40 m^2
MTOW	5700 kg	13 990 kg	13 990 kg
Höchstgeschwindigkeit	472 km/h	650 km/h	620 km/h
Reisegeschwindigkeit	315 km/h	620 km/h	756 km/h
Reichweite	1343 km	1350 km	1850 km
Dienstgipfelhöhe	8535 m	10 670 m	10 670 m
Besatzung	2	2	2
Passagiere	15	30–33	30–33
Triebwerke	2	2	2
Erstflug	28.03.1981	06.12.1991	20.01.1998

Der Verkauf der Do-328Jet nach China war ein Prestigeerfolg.

Die Saab 340 wurde von der schwedischen Firma Saab zusammen mit dem amerikanischen Flugzeugbauer Fairchild entwickelt. Allerdings zog sich Fairchild 1984 aus dem Projekt zurück. 2005 wurde die Produktion eingestellt.

Das schwedische Unternehmen wurde 1937 gegründet, um Flugzeuge wie den deutschen Ju-86 Bomber in Lizenz zu bauen. 1940 begann die Entwicklung eigener Maschinen, allerdings überwiegend für das Militär. Zwei große Würfe gelang der Firma jedoch auch auf dem zivilen Mittelstreckenmarkt, die Saab 340 und die Saab 2000. Saab ist auch wichtiger Zulieferer für Airbus.

SAAB 340
Von diesem 30-Sitzer wurden zwischen 1983 und 1999 459 Stück gebaut. Er hat eine Reichweite von 1490 km.

SAAB 2000
50 Sitzer, von dem zwischen 1994 und 1999 nur 64 Stück gebaut wurden. Er hat eine Reichweite von 2868 km.

SAAB

	SAAB 340	SAAB 2000
Länge	19,73 m	27,2 m
Spannweite	21,44 m	24,76 m
Flügelfläche	41,8 m²	55,7 m²
MTOW	13 000 kg	22 800 kg
Höchstgeschwindigkeit	525 km/h	682 km/h
Reisegeschwindigkeit	463 km/h	594 km/h
Reichweite	1490 km	2868 km
Dienstgipfelhöhe	8200 m	9448 m
Besatzung	2	2
Passagiere	33–37	50–58
Triebwerke	2	2
Erstflug	26.03.1983	25.01.1992

Mit der Saab 2000 haben die Schweden die Saab 340 weiterentwickelt und den Rumpf verlängert.

Embraer

Mit Riesenschritten holt Embraer (Empresa Brasilieira de Aeronáutica) auf und drängt mit immer größeren Maschinen in den Regionalmarkt.

Die brasilianische Firma Embraer ist der drittwichtigste Flugzeugbauer der Welt. Er ist sowohl auf militärische als auch auf Regionalflugzeuge spezialisiert, die allerdings immer größer werden. Manche ihrer Maschinen werden sogar schon in China in Lizenz gebaut. Sowohl Turboprop als auch Jets befinden sich in der Produktpalette des Herstellers:

TURBOPROPS:
EMB110–19 Sitze
EMB120–30 Sitze

JETS:
ERJ-135–37 Sitze
ERJ-140–44 Sitze
ERJ-145–50 Sitze
Embraer 170–78 Sitze
Embraer 175–86 Sitze
Embraer 190–106 Sitze
Embraer 195–118 Sitze

EMBRAER-170-SERIE / ERJ-FAMILY

	170	175	190	195	ERJ-135	ERJ-140	ERJ-145
Länge	29,9 m	31,68 m	36,24 m	38,65 m	26,3 m	28,45 m	29,87 m
Spannweite	26 m	26 m	26 m	28,72 m	20 m	20,4 m	20,4 m
Flügelfläche	51,18 m^2	51,18 m^2	51,18 m^2	95,5 m^2	49 m^2	49 m^2	49 m^2
MTOW	35 990 kg	37 500 kg	50 300 kg	50 790 kg	22 500 kg	21 100 kg	21 900 kg
Höchstgeschwindigkeit	870 km/h	870 km/h	870 km/h	870 km/h	850 km/h	834 km/h	833 km/h
Reisegeschwindigkeit	850 km/h	850 km/h	850 km/h	850 km/h	800 km/h	830 km/h	790 km/h
Reichweite	3889 km	3889 km	4260 km	3334 km	3241 km	3019 km	2870 km
Dienstgipfelhöhe	12 500 m	12 500 m	12 500 m	12 500 m	11 200 m	11 200 m	11 200 m
Besatzung	2	2	2	2	2	2	2
Passagiere	70–78	78–86	98–106	108–118	37	44	48–50
Triebwerke	2	2	2	2	2	2	2
Erstflug	19.02.2003	23.12.2004	30.08.2005	03.07.2006	04.07.1998	27.06.2000	11.08.1995

BOMBARDIER

Ein Klassiker auf dem Markt für Kurzstrecken in abgelegenen Regionen ist die Twin Otter. Ob nun Offshorebohrinseln versorgt werden müssen, oder entlegene Ortschaften im Norden Kanadas, Wissenschaftler in der Antarktis oder Inseln im Pazifischen Ozean, die Twin Otter ist groß genug, 20 Passagiere über 1000 km zu ihrem Ziel zu bringen. Hier in Vancouvers Waterfront Airport.

Bombardier Aerospace ist das Auffangbecken vergangener Flugzeuglegenden. Am Anfang stand Canadian Vickers, ein 1911 gegründetes Lizenzwerk des britischen Rüstungskonzerns Vickers. 1944 wurde der Konzern geteilt, während sich Canadian Vickers fortan um den Schiffsbau kümmerte, entwickelte Canadair Flugzeuge. So entstanden dort Lizenzbauten von DC-3 und DC-4. Aus Canadair wurde schließlich Bombardier Aerospace. In Bombardier ging ein anderer Konzern auf, der ebenfalls weit in die britische Industriegeschichte zurückreichte, De Havilland Canada (DHC). 1962 übernahm DHC Avro Canada. In den 1980er Jahren wurde der DHC zuerst an Boeing verkauft, später ging er an Bombardier Aerospace.

Jüngst erwarb die kanadische Firma Viking von Bombardier die Rechte, die DHC-6 weiter zu bauen. Dabei benutzt Viking zwar die grundlegenden Pläne von De Havilland, aber mit der DHC-400 wird ein ganz neues Flugzeug auf den Markt kommen.

DHC-6 TWIN OTTER

Länge	15,77 m
Spannweite	19,81 m
Flügelfläche	39 m²
MTOW	5700 kg
Höchstgeschwindigkeit	360 km/h
Reisegeschwindigkeit	338 km/h
Reichweite	1300 km
Dienstgipfelhöhe	3400 m
Besatzung	2
Passagiere	20
Triebwerke	2
Erstflug	20.05.1965

Längst tritt Bombardier mit seiner CRJ-Serie als Konkurrent in der Mittelstrecke auf.

DHC-6

Berühmtestes Passagierflugzeug von De Havilland Canada ist wohl die unverwüstliche DHC-6 Twin Otter, die auf allen Wüsten-, Urwald- und Eispisten zwischen Nord- und Südpol zu Hause ist. Mit Schwimmern ausgerüstet, verbindet sie die Inseln des Südpazifik oder der Malediven genauso wie die einsamen Seen der arktischen Tundra.

DHC-8

Die DHC-8 oder „Dash 8" läuft auch unter der Bezeichnung „Q Series". Es gibt sie in vier verschiedenen Versionen, von Dash 8Q-100 bis zur Q-400. In der größten Version finden 78 Passagiere Platz.

Canadair Regional Jet CRJ

Überaus erfolgreich sind die Regionaljets aus der CRJ-Serie.

Q-Serie

	Dash 8Q-100	Dash 8Q-200	Dash 8Q-300	Dash 8Q-400
Länge	22,3 m	22,3 m	25,7 m	32,84 m
Spannweite	25,9 m	25,9 m	27,4 m	28,42 m
Flügelfläche	54,3 m^2	54,3 m^2	54,3 m^2	63,1 m^2
MTOW	16 465 kg	16 465 kg	19 505 kg	29 257 kg
Höchstgeschwindigkeit	490 km/h	500 km/h	560 km/h	648 km/h
Reisegeschwindigkeit	440 km/h	446 km/h	532 km/h	629 km/h
Reichweite	2000 km	2000 km	1600 km	2825 km
Dienstgipfelhöhe	7620 m	7620 m	7620 m	7620 m
Besatzung	2	2	2	2
Passagiere	39	39	56	78
Triebwerke	2	2	2	2
Erstflug	20.06.1983	02.04.1995	15.05.1987	31.01.1998

Canadair Regional Jet

	CRJ-100	CRJ-200	CRJ-700	CRJ-900	CRJ-1000
Länge	26,77 m	26,77 m	32,51 m	36,4 m	39,13 m
Spannweite	21,23 m	21,23 m	23,24 m	24,85 m	26,18 m
Flügelfläche	48 m^2	48 m^2	68,83 m^2	70,61 m^2	n/a
MTOW	23 134 kg	23 995 kg	33 995 kg	36 515 kg	41 050 kg
Höchstgeschwindigkeit	880 km/h	880 km/h	876 km/h	881 km/h	900 km/h
Reisegeschwindigkeit	860 km/h	860 km/h	885 km/h	850 km/h	870 km/h
Reichweite	1850 km	3713 km	3676 km	2472 km	2761 km
Dienstgipfelhöhe	12 496 m	12 496 m	12 496 m	12 496 m	12 496 m
Besatzung	2	2	2	2	2
Passagiere	50	50	75	86	104
Triebwerke	2	2	2	2	2
Erstflug	10.05.1991	10.05.1991	27.05.1999	21.02.2001	03.11.2008

ATR

Die ATR-42 ist ein weltweit beliebtes Regionalverkehrsflugzeug, von dem bisher über 400 gebaut wurden. Es versieht seinen Dienst in der Karibik genau so wie in Ozeanien oder im Urwald Südamerikas.

Auf Französisch stehen die drei Buchstaben für *Avions de Transport Régional*, auf Italienisch heißt es *Aerei da Trasporto Regionale*. ATR ist ein binationaler Flugzeugbauer, dessen Vorgänger die französische Aérospatiale und die italienische Alenia waren. Mitte der 1980er Jahre stellte ATR zwei sehr erfolgreiche Flugzeuge vor, die seither etwa tausendmal verkauft wurden, die ATR-42 mit 50 Sitzen und die ATR-72 mit 72 Sitzen.

Noch erfolgreicher ist die größere ATR-72. American Eagle Airlines fliegen 45 Maschinen davon, die indische Kingfisher hat 32 Exemplare bestellt. Das französisch-italienische Konsortium bringt immer mehr Versionen auf den Markt.

ATR-42/-72

	ATR 42-300	ATR 42-500	ATR 72-200	ATR 72-500
Länge	22,67 m	22,67 m	27,16 m	27,16 m
Spannweite	24,57 m	24,57 m	27,06 m	27,06 m
Flügelfläche	55 m^2	55 m^2	61 m^2	61 m^2
MTOW	16700 kg	18600 kg	22000 kg	22500 kg
Höchstgeschwindigkeit	491 km/h	556 km/h	510 km/h	510 km/h
Reisegeschwindigkeit	470 km/h	560 km/h	490 km/h	490 km/h
Reichweite	1150 km	1550 km	1400 km	1330 km
Dienstgipfelhöhe	8800 m	8800 m	8000 m	8000 m
Besatzung	2	2	2	2
Passagiere	50	50	72	74
Triebwerke	2	2	2	2
Erstflug	16.08.1984	16.09.1994	27.10.1988	01.06.1997

FOKKER

Anton Herman Gerard Fokker, auch Anthony Fokker genannt, wurde 1890 in der niederländischen Kolonie Batavia, dem heutigen Java, geboren. Er studierte Automobil- und Flugzeugbau in Deutschland und gründete in Schwerin eine Flugzeugfabrik. Fokker baute Jagdflugzeuge für die deutsche Luftwaffe. Während des Ersten Weltkrieges hatte Fokker Hochkonjunktur. Er stattete Manfred von Richthofen mit Flugzeugen aus, mit denen dieser seine Luftsiege errang. Nach dem Ersten Weltkrieg verbot der Versailler Vertrag Deutschland den Flugzeugbau. Fokker besann sich auf seine niederländischen Wurzeln und verlegte innerhalb von sechs Wochen die gesamte Fabrik per Eisenbahn nach Holland.

Nach dem Zweiten Weltkrieg begann die Entwicklung von Passagierflugzeugen. Mit der Fokker F-27 „Friendship" gelang der Firma ein Riesenerfolg. 786 Flugzeuge wurden weltweit von dem Regionalflugzeug verkauft. Ein weiterer Hit wurde die Fokker 100, ein zweistrahliger Jet, von dem 283 Stück verkauft wurden.

Doch mittlerweile war es um die Firma Fokker schlecht bestellt. Die Zusammenarbeit mit VFW in Bremen erbrachte gerade einmal 19 Flugzeuge des Typs VFW 614. Auch die Zusammenarbeit mit der DASA und mit Daimler-Benz konnte Fokker nicht vor dem Bankrott retten. Seit März 1996 ist Fokker insolvent.

Die Flugzeuge aber fliegen weiter. Eine Auffanggesellschaft übernahm die Wartung und Ersatzteilbevorratung.

FOKKER

	Fokker F-27	F-27-500	F-28-1000	F-28-2000	F-28-3000	F-28-4000	Fokker 70	Fokker 100
Länge	23,5 m	25,5 m	27,4 m	29,61 m	27,4 m	29,61	30,91 m	35,53 m
Spannweite	29 m	29 m	23,58 m	23,58 m	25,07 m	25,07 m	28,08 m	28,08 m
Flügelfläche	70 m^2	70 m^2	76,4 m^2	76,4 m^2	78,97 m^2	78,97 m^2	93,5 m^2	93,5 m^2
MTOW	19 050 kg	20 410 kg	29 485 kg	29 485 kg	33 110 kg	33 110 kg	36 740 kg	45 810 kg
Höchstgeschwindigkeit	483 km/h	480 km/h	849 km/h	849 km/h	843 km/h	843 km/h	856 km/h	845 km/h
Reisegeschwindigkeit	450 km/h	473 km/h	820 km/h	820 km/h	815 km/h	815 km/h	734 km/h	755 km/h
Reichweite	1468 km	1315 km	2090 km	2593 km	1650 km	2590 km	2000 km	3167 km
Dienstgipfelhöhe	9935 m	8991 m	10 675 m	10 675 m	10 675 m	10 675 m	10 600 m	11900 m
Besatzung	2	2	2	2	2	2	2	2
Passagiere	44	52	65	85	65	85	80	85–107
Triebwerke	2	2	2	2	2	2	2	2
Erstflug	24.11.1955	01.11.1957	09.05.1967	02.06.1972	01.03.1977	20.10.1978	01.07.1994	30.11.1986

HOW TO LAUNCH AN AIRCRAFT

Wie wird ein neues Flugzeug entwickelt?

Bedarfsanalyse
- welcher Markt?
- wieviele Paxe?
- Reichweite?
- Kurzstarteigenschaften?
- Hot and High?
- Konkurrenzprodukte?
- Verbrauch und Akzeptanz der Konkurrenz?
- beliebt bei Piloten?

Antrieb und Gewichte
- welche neuen Materialien?
- Gewichtseinsparung?
- schwerere, aber starke Triebwerke?
- leichtere, weniger starke Triebwerke?
- Schub/Gewichtsverhältnis
- gewünschte Reiseflughöhe
- Wartungs- und Betriebskosten

Aufhängung der Triebwerke
- hinten am Rumpf
  - einfachere Flügel- und Klappenkonstruktion
  - verringerte Stall-Speed*
  - vergrößerter Auftrieb der Tragflächen
  - größere Biegemomente
  - Verstärkungen der Konstruktion
- unter den Tragflächen
  - Gewicht verringert Biegemomente
  - Strömungsverhältnisse eher ungünstig
  - aufwändigere Klappenkonstruktion

Flügelkonstruktion
- abhängig von Nutzlast und MTOW
  - ideale Flügelfläche
- Anflug- und Landegeschwindigkeit
  - Spannweite

Versuchsreihen
Kompromiss:
Preis/Leistung?
Unterscheidung zur Konkurrenz?
Verkaufschancen?
Gewinnerwartung?

* Stall Speed = die Geschwindigkeit, bei deren Unterschreitung ein Strömungsabriss erfolgt, weil der Flügel einen zu großen Anstellwinkel gegenüber der anströmenden Luft aufweist.

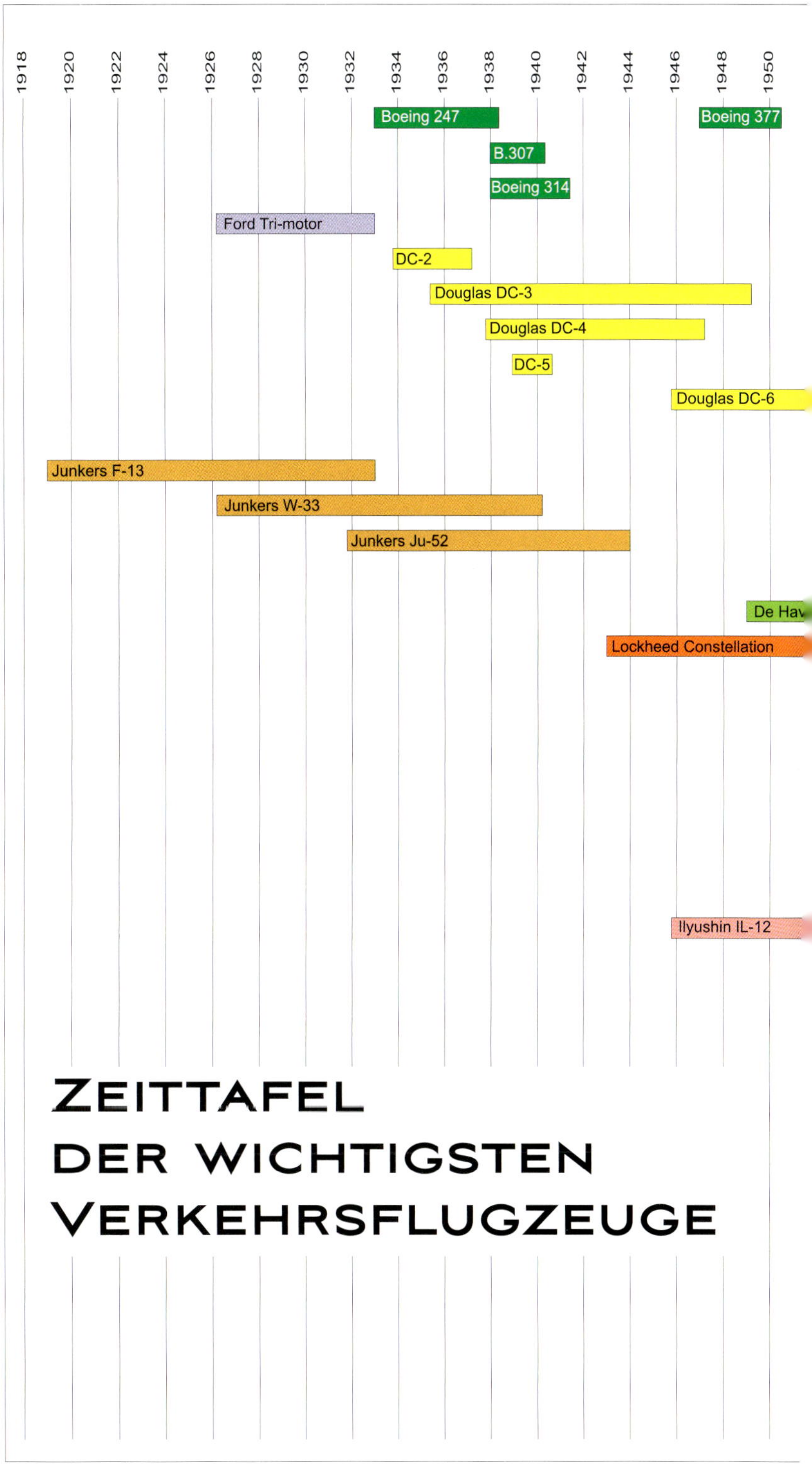

ZEITTAFEL DER WICHTIGSTEN VERKEHRSFLUGZEUGE

1950–1959

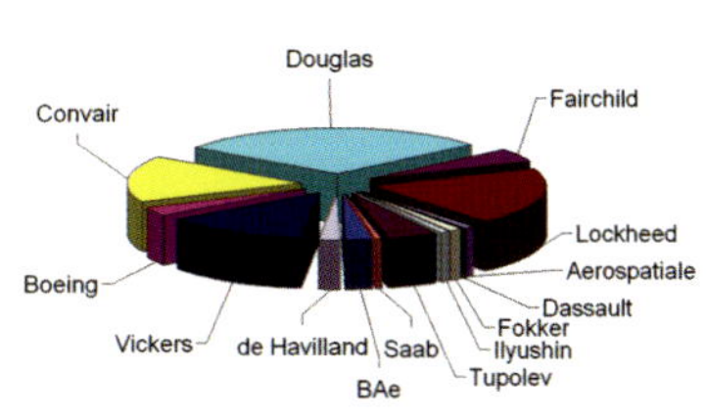

1960–1969

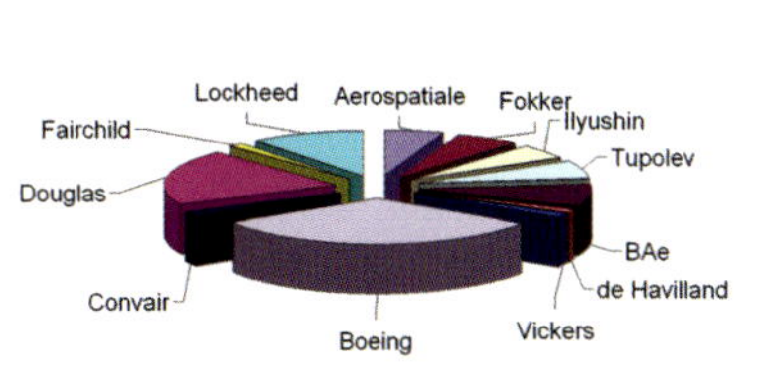

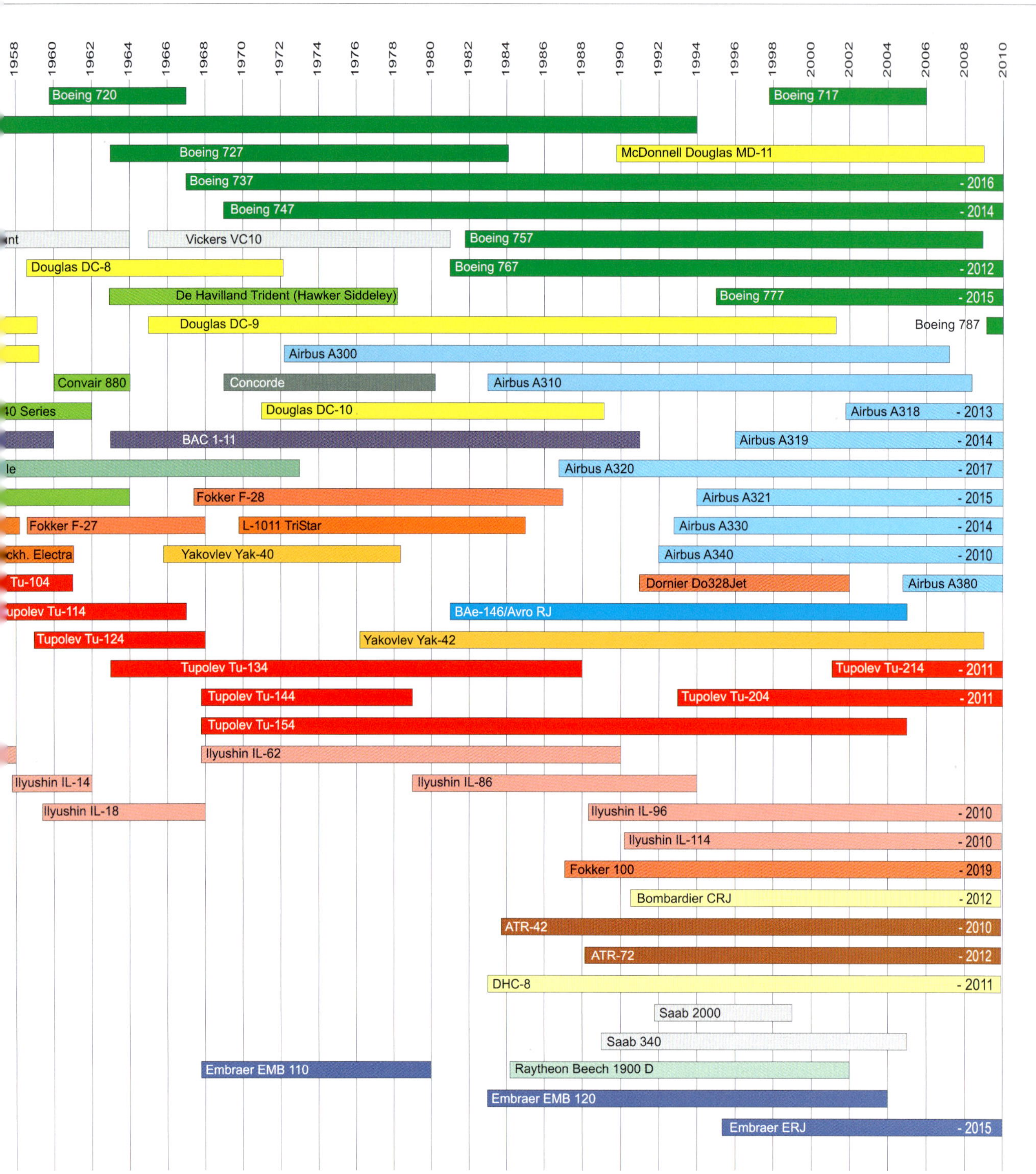

1958
1960
1962
1964
1966
1968
1970
1972
1974
1976
1978
1980
1982
1984
1986
1988
1990
1992
1994
1996
1998
2000
2002
2004
2006
2008
2010
Boeing 720
Boeing 717
Boeing 727
McDonnell Douglas MD-11
Boeing 737 - 2016
Boeing 747 - 2014
nt
Vickers VC10
Boeing 757
Douglas DC-8
Boeing 767 - 2012
De Havilland Trident (Hawker Siddeley)
Boeing 777 - 2015
Douglas DC-9
Boeing 787
Airbus A300
Convair 880
Concorde
Airbus A310
40 Series
Douglas DC-10
Airbus A318 - 2013
BAC 1-11
Airbus A319 - 2014
le
Airbus A320 - 2017
Fokker F-28
Airbus A321 - 2015
Fokker F-27
L-1011 TriStar
Airbus A330 - 2014
ckh. Electra
Yakovlev Yak-40
Airbus A340 - 2010
Tu-104
Dornier Do328Jet
Airbus A380
upolev Tu-114
BAe-146/Avro RJ
Tupolev Tu-124
Yakovlev Yak-42
Tupolev Tu-134
Tupolev Tu-214 - 2011
Tupolev Tu-144
Tupolev Tu-204 - 2011
Tupolev Tu-154
Ilyushin IL-62
Ilyushin IL-14
Ilyushin IL-86
Ilyushin IL-18
Ilyushin IL-96 - 2010
Ilyushin IL-114 - 2010
Fokker 100 - 2019
Bombardier CRJ - 2012
ATR-42 - 2010
ATR-72 - 2012
DHC-8 - 2011
Saab 2000
Saab 340
Embraer EMB 110
Raytheon Beech 1900 D
Embraer EMB 120
Embraer ERJ - 2015

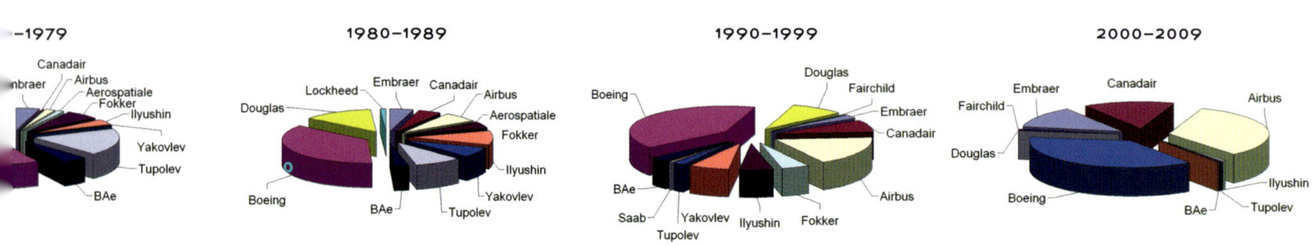

-1979
Canadair
nbraer
Airbus
Aerospatiale
Fokker
Ilyushin
Yakovlev
Tupolev
BAe
1980–1989
Lockheed
Embraer
Canadair
Airbus
Douglas
Aerospatiale
Fokker
Ilyushin
Yakovlev
Tupolev
BAe
Boeing
1990–1999
Douglas
Fairchild
Boeing
Embraer
Canadair
Airbus
Fokker
Ilyushin
Yakovlev
Tupolev
Saab
BAe
2000–2009
Canadair
Embraer
Fairchild
Airbus
Douglas
Ilyushin
Tupolev
BAe
Boeing

CONCORDE

Um es vorwegzunehmen, die Concorde fliegt nicht mehr. Sie steht im Museum als Star unter den Passagiermaschinen. Denn dieses Flugzeug wird wohl für immer das eleganteste, formschönste und schnellste sein, was jemals Passagiere über den Atlantik getragen hat. Sie war aber auch laut, unwirtschaftlich und störanfällig. Wäre es am 25.7.2000 in Paris nicht zu dem tragischen Unfall gekommen, die Maschine würde vielleicht heute noch fliegen.

Der Flug von London nach New York und zurück kostete fast 10 000 DM (5000 Euro) und dauerte etwa 3,5 Stunden. Da machte es den Kunden weniger aus, dass man in dem Flugzeug kaum aufrecht stehen konnte, dass die Sitze schmaler waren als heute in der Economy Class eines A320 und dass in den Overhead Bins kaum Platz für Handgepäck war. Auch der wiederholte Verlust von Teilen des Höhen- oder Seitenruders über dem Ozean führte kaum zu öffentlichen Bedenken.

Die Produktion hatte 1969 begonnen, 20 Maschinen wurden hergestellt, nur 16 davon gingen in den Airline-Betrieb zu Air France und British Airways. Unbemerkt war der elegante Vogel in die Jahre gekommen. Der Bord-Komfort war bei Weitem nicht mehr zu vergleichen mit dem eines neuen Airbus A340 oder einer Boeing 777, ganz zu schweigen von der A380 oder der erwarteten Boeing 787.

Und doch hatte die Concorde ihre Daseinsberechtigung. Man konnte in London oder Paris am Vormittag zu einer Besprechung nach New York oder Washington abfliegen, kam dort zu Beginn der Geschäftszeit an und konnte am Abend des selben Tages wieder zu Hause sein, wenn es denn erforderlich war.

Auch das Erlebnis, an einem Morgen zwei Sonnenaufgänge zu sehen, lässt sich seitdem für Normalsterbliche nicht mehr wiederholen.

CONCORDE

Länge	61,66 m
Spannweite	25,6 m
Flügelfläche	358 m²
MTOW	186 880 kg
Höchstgeschwindigkeit	2330 km/h
Reisegeschwindigkeit	1320 km/h
Reichweite	7250 km
Dienstgipfelhöhe	18 300 m
Besatzung	3
Passagiere	100
Triebwerke	4
Erstflug	02.03.1969

AIR FRANCE

THE ACTIVE WORLD FLEET

A/C Sitze	Flugzeug-Modell	Sitze	Klasse	Flugzeugfirma	Motoren	max. Geschwindigkeit km/h	KTS	max. Reichweite km	NM	max. Startmasse kg	lbs	Flügelspannweite m	feet	Länge m	feet	Indienststellung Jahr	Anzahl gefertigt

TURBOPROP

Zu den Turboprops zählt man propellergetriebene Regionalflugzeuge mit schmalem Rumpf, die zwischen zehn und 80 Passagiere befördern können.

A/C Sitze	Flugzeug-Modell	Sitze	Klasse	Flugzeugfirma	Motoren	km/h	KTS	km	NM	kg	lbs	m	feet	m	feet	Jahr	Anzahl gefertigt
15–19	AN-12	14	1	ANTONOV	4	777	420	5700	3078	61000	134481	38,0	124,7	33,1	108,6	1960	835
	BE1900D	19	1	RAYTHEON	2	495	267	2900	1566	7530	16601	16,6	54,5	17,63	57,8	1982	438
	EMB110	19	1	EMBRAER	2	460	248	2000	1080	5900	13007	15,33	50,3	15,1	49,5	1972	500
20–39	AN-38	26	1	ANTONOV	2	405	219	2200	1188	8800	19400	15,67	51,4	22,06	72,4	1991	
	DHC8-100	30	1	BOMBARDIER	2	490	265	2040	1102	16465	36299	25,91	85,0	22,25	73,0	1983	291
	EMB120	30	1	EMBRAER	2	550	297	1500	810	11990	26433	19,78	64,9	20,0	65,6	1983	
40–59	ATR-42	42	1	ATR	2	490	265	5040	2721	18600	41006	24,57	80,6	22,67	74,4	1984	417
	AN-24	50	1	ANTONOV	2	500	270	2400	1296	21000	46297	29,2	95,8	25,53	83,8	1965	1114
	DHC8-300	50	1	BOMBARDIER	2	532	287	1612	870	19505	43001	27,43	90,0	25,68	84,3	1985	215
	Fokker 50	50	1	FOKKER	2	532	287	2055	1110	20820	45900	29,0	95,1	25,25	82,8	1983	205
	AN-140	52	1	ANTONOV	2	575	310	2100	1134	19150	42218	24,51	80,4	22,61	74,2	1997	32
60–79	IL-114	64	1	ILYUSHIN	2	500	270	4800	2592	23500	51808	30,0	98,4	26,88	88,2	1990	27
	ATR-72	70	1	ATR	2	526	284	2665	1439	22000	48501	27,05	88,7	27,17	89,1	1988	551
	DHC8-400	70	1	BOMBARDIER	2	648	350	2400	1296	28690	63250	28,24	92,7	32,34	106,1	1998	302

NARROWBODY-JET

Narrowbody-Jets haben üblicherweise vier bis sechs Sitze nebeneinander mit einem Mittelgang. Man nennt sie deshalb auch „single-aisle".

A/C Sitze	Flugzeug-Modell	Sitze	Klasse	Flugzeugfirma	Motoren	km/h	KTS	km	NM	kg	lbs	m	feet	m	feet	Jahr	Anzahl gefertigt
20–39	328JET	30	1	F. DORNIER/ AvCraft	2	620	335	1850	999	13990	30842	20,98	68,8	21,22	69,6	1998	113
	ERJ-135	37	1	EMBRAER	2	834	450	3138	1694	20000	44092	20,04	65,7	26,34	86,4	1998	331
40–59	ERJ-140	44	1	EMBRAER	2	834	450	3019	1630	21100	46517	20,04	65,7	28,45	93,3	2000	74
	CRJ-200	50	1	BOMBARDIER	2	860	464	3713	2005	23995	52899	21,23	69,7	26,77	87,8	1991	900
	ERJ-145	50	1	EMBRAER	2	833	450	2870	1550	22000	48501	20,04	65,7	29,87	98,0	1995	700
60–79	ERJ-170	70	1	EMBRAER	2	870	470	3889	2100	37200	82011	26,0	85,3	29,9	98,1	2002	754
	CRJ-700	78	1	BOMBARDIER	2	876	473	3676	1985	33995	74945	23,24	76,2	32,51	106,7	1999	322
	ERJ-175	78	1	EMBRAER	2	870	470	3889	2100	38790	85516	26,0	85,3	31,68	103,9	2003	178
	B737-100	85	2	BOEING	2	917	495	3440	1857	49940	110098	28,35	93,0	28,65	94,0	1967	30
	CRJ-900	86	1	BOMBARDIER	2	881	476	3660	1976	37995	83764	24,85	81,5	36,4	119,4	2001	252
80–99	BAe-146-100	94	1	BRITISH AEROSPACE	4	767	414	3000	1620	38100	83995	26,21	86,0	26,2	86,0	1982	30
	B737-200	96	2	BOEING	2	917	495	4200	2268	58100	128087	28,35	93,0	30,53	100,2	1967	982
	ERJ-190	98	1	EMBRAER	2	870	470	4260	2300	51800	114198	28,72	94,2	36,24	118,9	2004	334
	RRJ-95	98	1	SUKHOI	2	964	521	4420	2387	45880	101147	27,8	91,2	29,82	97,8	2008	
	ERJ-195	108	1	EMBRAER	2	870	470	3334	1800	52290	115279	28,72	94,2	38,65	126,8	2004	63
100–119	B737-500	103	2	BOEING	2	907	490	5200	2808	53400	117726	28,35	93,0	31,01	101,7	1990	389
	Fokker 100	103	2	FOKKER	2	845	456	3167	1710	45810	100993	28,08	92,1	35,53	116,6	1967	279
	CRJ-1000	104	1	BOMBARDIER	2	870	470	3131	1691	41050	90499	26,18	85,9	39,13	128,4	2008	24
	B717	106	2	BOEING	2	811	438	2545	1374	49899	110007	28,45	93,3	37,81	124,0	1998	156
	B737-600	108	2	BOEING	2	852	460	7200	3888	65150	143630	34,3	112,5	31,24	102,5	1998	69
	BAe-146-200	112	1	BRITISH AEROSPACE	4	767	414	2910	1571	42185	93001	26,21	86,0	28,6	93,8	1982	98
	A318	115	2	AIRBUS	2	840	454	5950	3213	68000	149913	34,1	111,9	31,45	103,2	2002	70
	BAe-146-300	116	1	BRITISH AEROSPACE	4	790	427	2817	1521	42185	93001	26,21	86,0	30,99	101,7	1981	61

A/C Sitze	Flugzeug-Modell	Sitze	Klasse	Flugzeugfirma	Motoren	max. Geschwindigkeit km/h	KTS	max. Reichweite km	NM	max. Startmasse kg	lbs	Flügelspannweite m	feet	Länge m	feet	In-dienststellung Jahr	Anzahl gefertigt
120–169	B737-300	123	2	BOEING	2	907	490	4400	2376	61250	135032	28,88	94,8	33,4	109,6	1984	1114
	A319	124	2	AIRBUS	2	840	454	6800	3672	75500	166447	34,1	111,9	33,84	111,0	1996	1520
	DC-9	125	2	McDONNELL DOUGLAS	2	898	485	2880	1555	54885	120999	28,47	93,4	40,72	133,6	1965	1077
	MD-90	163	2	McDONNELL DOUGLAS	2	809	437	4425	2389	70760	155997	32,87	107,8	46,51	152,6	1993	117
	B737-700	128	2	BOEING	2	852	460	7630	4120	69400	152999	34,3	112,5	33,63	110,3	1997	1273
	B727-200	145	2	BOEING	2	990	535	4450	2403	95.030	209503	32,92	108,0	46,49	152,5	1963	876
	B737-400	146	2	BOEING	2	907	490	5000	2700	62.820	138493	28,88	94,8	36,4	119,4	1988	486
	B707-320	147	2	BOEING	2	990	535	9256	4998	116.575	257001	44,42	145,7	46,61	152,9	1958	540
	A320	150	2	AIRBUS	2	840	454	5700	3078	77.000	169754	34,1	111,9	37,57	123,3	1987	3245
	B737-800	162	2	BOEING	2	852	460	6650	3591	79010	174185	34,3	112,5	39,47	129,5	1998	2326
	TU-154M	164	2	TUPOLEV	3	950	513	4000	2160	100000	220460	37,55	123,2	47,9	157,2	1968	921
170–229	B737-900	177	2	BOEING	2	852	460	6660	3596	79016	174199	34,3	112,5	42,11	138,2	2001	279
	B757-200	178	2	BOEING	2	900	486	7870	4249	115665	254995	38,05	124,8	47,32	155,2	1982	997
	A321	180	2	AIRBUS	2	840	454	5600	3024	93500	206130	34,1	111,9	44,51	146,0	1994	664
	DC-8	189	2	BOEING	2	887	479	8950	4833	162025	357200	45,23	148,4	57,12	187,4	1959	556
	TU-204-100	212	2	TUPOLEV	2	850	459	6500	3510	103000	227074	42,0	137,8	46,0	150,9	1989	26

WIDEBODY-JET

Widebody-Jets haben in der Economy Class üblicherweise sieben bis zehn Sitze nebeneinander, die von zwei Gängen getrennt werden. Man nennt diese deshalb auch „twin-aisle".

A/C Sitze	Flugzeug-Modell	Sitze	Klasse	Flugzeugfirma	Motoren	km/h	KTS	km	NM	kg	lbs	m	feet	m	feet	Jahr	Anzahl gefertigt
230–309	B767-200/200ER	181	3	BOEING	2	851	460	12223	6600	179170	394998	47,6	156,2	48,5	159,1	1981	250
	B767-300/300ER	218	3	BOEING	2	851	460	11306	6105	186880	411996	47,6	156,2	54,9	180,1	1986	724
	A310-300	220	3	AIRBUS	2	897	484	9580	5173	157000	346122	43,9	144,0	46,66	153,1	1983	170
	A300-600	231	3	AIRBUS	2	890	481	6968	3762	165000	363759	44,84	147,1	54,08	177,4	1984	317
	B757-300	240	2	BOEING	2	989	534	6455	3485	122470	269997	38,05	124,8	54,47	178,7	1999	55
	B767-400ER	245	3	BOEING	2	851	460	10454	5645	204120	450003	51,9	170,3	61,4	201,4	1999	37
	DC-10 (MD-10)	250	2	McDONNELL DOUGLAS	3	982	530	12055	6509	263085	579997	50,4	165,4	55,5	182,1	1971	446
	A330-200	256	3	AIRBUS	2	913	493	12500	6749	230000	507058	60,3	197,8	45,0	147,6	1998	461
	L-1011-Classic	256	2	LOCKHEED	2	973	525	6820	3683	211375	465997	47,34	155,3	54,17	177,7	1970	200
	A350-900	285	3	AIRBUS	2	900	486	13890	7500	245100	540347	61,1	200,5	65,2	213,9	2012	169
	A330-300	295	3	AIRBUS	2	989	534	10500	5670	230000	507058	60,3	197,8	63,6	208,7	1993	347
	MD-11(ER)(P)	298	2	McDONNELL DOUGLAS	3	945	510	13408	7240	285989	630491	51,66	169,5	61,21	200,8	1990	33
	B787-8	296	2	BOEING	2	993	536	15200	8207	233000	513672	58,8	192,9	55,5	182,1	2009	
310–399	A340-300	295	3	AIRBUS	4	880	475	13350	7208	271000	597447	60,3	197,8	63,6	208,7	1992	219
	B777-200/ER	305	3	BOEING	2	896	484	14300	7721	297560	656001	60,9	199,8	63,7	209,0	1995	568
	A340-500	313	3	AIRBUS	4	905	489	16050	8666	368000	811293	60,3	197,8	67,9	222,8	2003	33
	B777-300/ER	368	3	BOEING	2	896	484	11029	5955	297560	656001	60,9	199,8	73,9	242,5	1998	347
	A340-600	380	3	AIRBUS	4	905	489	13900	7505	368000	811293	63,45	208,2	75,3	247,0	2001	103
400–499	B747-400/ER	416	3	BOEING	4	913	493	14205	7670	412775	910004	64,4	211,3	70,6	231,6	1988	528
	B747-8	430	3	BOEING	4	920	497	14815	7999	439985	969991	68,5	224,7	76,4	250,7	2009	21
Over 500	A380-800	555	3	AIRBUS	4	995	537	15200	8207	560000	1234576	79,8	261,8	73,0	239,5	2008	187
																	32368

In dieser Tabelle sind nur die wichtigsten Flugzeugtypen aufgelistet.

VERKEHRS-
FLUGHÄFEN
DER WELT

Flughäfen der Welt

Schätzungsweise 49 000 Flughäfen gibt es weltweit mit etwa 40 Mio. kommerziellen Flügen jährlich. Durchschnittlich pro Flughafen also mal gerade weniger als zwei Flüge pro Tag. Ein Spitzenreiter wie Atlanta mit fast 1 Mio. Flugbewegungen hat etwa 3000 Flüge pro Tag oder zwei bis drei Flüge pro Minute. Schlusslicht in der Statistik der großen interkontinentalen Passagierflughäfen sind die Fehlplanung Mirabel in Montreal und der Flughafen der Osterinsel mit gerade mal ein bis zwei Flügen täglich.

Die ersten Flughäfen entstanden in direkter Stadtlage mit oft komplizierten Landebedingungen wie Kai Tak in Hongkong und erheblicher Lärmbelästigung für die Anlieger. Spätestens in den 1980er Jahren stießen sie an ihre Kapazitätsgrenzen. Die heutigen Großflughäfen werden abseits der Städte auf riesigen Arealen errichtet, mit Blick auf weitere rasante Expansion. Die Architektur ist oft atemberaubend wie die Konstruktion der Pisten, die immer häufiger auf künstlicher Landgewinnung im Meer erfolgt.

Woher die Namen kommen

Zunächst benannte man Flughäfen nach ihrer geografischen Lage. Zunehmend ehrt man (wichtige) Persönlichkeiten. Pioniere der Luftfahrt haben es hier schwer. Die Wright-Brüder taufen einen Kleinflughafen in Dayton, Lindbergh den Flughafen von San Diego. Elli Beinhorn und Montgolfier (Ballonflieger) gehen gar leer aus, während der australische Flugpionier Kingford Smith (Sydney) und der relativ unbekannte Marineflieger O'Hare (Chicago) unsterblich werden.

Galilei und Kopernikus benennen die Flughäfen in Pisa und Breslau, Leonardo da Vinci den Flughafen Fiumicino von Rom. Kartografen wie Mercator sind bisher nicht berücksichtigt.

Ganz schlecht sieht es für die Dichter und Denker aus. Es gibt weder einen Goethe- noch einen Schiller-, Shakespeare-, Dickens- oder Victor-Hugo-Airport. Auch Musiker haben es schwer, John Lennon heißt der Flughafen in Liverpool, Wolfgang Amadeus Mozart in Salzburg, Chopin in Warschau oder Louis Armstrong in New Orleans, während Namen wie Bach, Beethoven, Händel oder Vivaldi fehlen. Bei Philosophie oder Naturwissenschaften sieht es nicht besser aus. Dafür gibt es Straßennamen.

Als Filmschauspieler haben es John Wayne (Orange

Interkontinentales Streckennetz der British Airways in die Ballungsräume der Welt

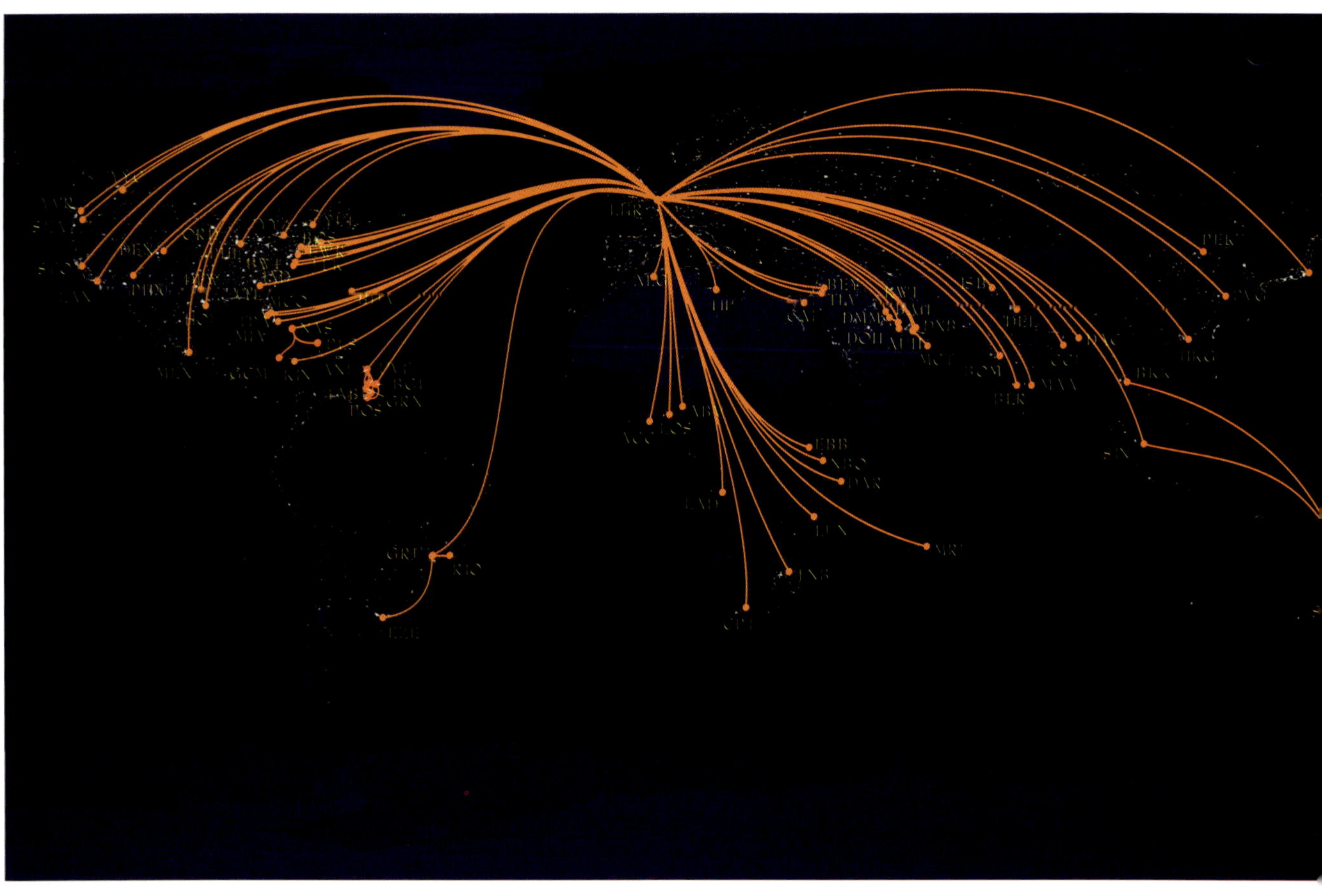

County California) und Ronald Reagan (Washington) geschafft, Letzterer wohl eher als Präsident.

Denn Airports sind eine Domäne der (Lokal-)Politiker. Wer kennt als Fluggast die Bürgermeister Hartsfield und Jackson, die dem Atlanta-Airport den Namen gaben? Oder Ebert Douglas (Charlotte), den Senator McCarran (Las Vegas) oder den ehemaligen Ministerpräsidenten Bayerns Franz Josef Strauß?

Für Staatspräsidenten sind die Aussichten unterschiedlich. Einen Stalin-Airport (verständlich) gibt es genauso wenig wie einen Flughafen Winston Churchill, F. D. Roosevelt benennt einen Mini-Flughafen in den holländischen Antillen, während CDG (Paris) heute als Flughafen bekannter ist als der Namensgeber Charles de Gaulle.

In Amerika scheint es als republikanischer Präsident viermal leichter zu sein als für einen Demokraten, in den aviatorischen Olymp zu gelangen. George Bush sonnt sich in Houston, Jimmy Carter und Bill Clinton sind noch in der Warteschleife.

Manchmal wendet sich auch das politische Blatt. Jan Smuts (Apartheidpolitiker) musste Oliver Tambo in Johannesburg weichen, und Nelson Mandela hat noch eine Chance: Kapstadts Flughafen hat noch keinen Namen.

Vorausgesetzt, folgende neue Idee setzt sich nicht durch. Flughäfen könnten ähnlich wie Fußballstadien ihre Namen vermieten. Ein Stadion mit 1,6 Mio. Besuchern jährlich bringt etwa 5 Mio. Euro Werbeeinnahmen, etwa 3 Euro pro Besucher. 3 Mrd. Passagiere oder 6 Mrd. Startende und Landende entsprächen 18 Mrd. Euro Werbeeinnahmen. Warten wir also, was die Zukunft bringt.

Platz	Land	Stadt (Airport)	Airport Name	insges. Passagiere	Woher die Namen kommen
1	USA	ATLANTA GA	Hartsfield-Jackson	90039280	Benannt nach zwei früheren Bürgermeistern von Atlanta
2	USA	CHICAGO IL	O'Hare	69353876	Amerikanisches Fliegerass aus dem Zweiten Weltkrieg
3	UK	LONDON	Heathrow	67056379	Benannt nach einem ehemaligen Ort Hetherow aus dem Jahr 1675
4	Japan	TOKYO	Narita	66754829	Benannt nach der Stadt Narita mit 90000 Einwohnern
5	France	PARIS	Charles de Gaulle	60874681	Benannt nach General Charles de Gaulle
6	USA	LOS ANGELES CA	Los Angeles International	59497539	
7	USA	DALLAS/FORT WORTH TX	Dallas Fort Worth	57093187	
8	China	BEIJING	Capital Airport	55937289	
9	Germany	FRANKFURT	Rhein-Main Airport	53467450	Der Flughafen liegt am Zusammenfluss von Rhein und Main.
10	USA	DENVER CO	Denver International	51245334	
11	Spain	MADRID	Madrid Barajas	50824435	Die Stadt Barajas liegt gleich nebenan.
12	China	HONG KONG	Chek Lap Kok	47857746	Name der Insel auf der der Airport gebaut wurde
13	USA	NEW YORK NY	JFK	47807816	Nach dem ermordeten Präsidenten John Fitzgerald Kennedy benannt
14	Netherlands	AMSTERDAM	Schiphol	47430019	Vor der Landgewinnung lag hier eine Bucht. Wegen einiger Schiffsunglücke wurde die Gegend „Ship Hole" genannt.
15	USA	LAS VEGAS NV	McCarran	43208724	Benannt nach dem Senator McCarran
16	USA	HOUSTON TX	George Bush Intercontinental	41709389	Benannt nach Präsident George Bush senior
17	USA	PHOENIX AZ	Sky Harbor	39891193	Es gibt fünf Flughäfen mit dem gleichen Namen in den USA.
18	Thailand	BANGKOK	Suvarnabhumi	38603490	Eine Erinnerung an das Goldene Königreich Suvarnabhumi
19	Singapore	SINGAPORE	Changi	37694824	Name der Region
20	VAE	DUBAI	Dubai International	37441440	
21	USA	SAN FRANCISCO CA	San Francisco International	37234592	
22	USA	ORLANDO FL	Orlando International	35660742	
23	USA	NEWARK NJ	Liberty International	35360848	Reaktion auf die Terroranschläge vom 11. September 2001
24	USA	DETROIT MI	Metropolitan Wayne County	35135828	Benannt nach dem County, in dem es liegt
25	Italy	ROME	Leonardo da Vinci	35132224	Nach dem großen Forscher und Künstler benannt
26	USA	CHARLOTTE NC	Douglas International	34739020	Nach dem Bürgermeister Ben Elbert Douglas benannt
27	Germany	MUNICH	Franz Josef Strauß Airport	34530593	Langjähriger bayerischer Ministerpräsident
28	UK	LONDON	Gatwick	34214740	1241 stand hier ein Farmhaus, dessen Name sich von „goat wik" ableitete (Ziegenfarm).
29	USA	MIAMI FL	Miami International	34063531	
30	USA	MINNEAPOLIS MN	Minneapolis-Saint Paul International	34056443	

Country	IATA	ICAO	Airport Name	Pax (2008)	Terminals	Runways	Longest RWY m	ft	opening
Canada									
	YEG	CYEG	**Edmonton** International Airport	6437334	2	2	3353	11001	1960
	YHZ	CYHZ	**Halifax** Stanfield International	3578931	1	2	2682	8799	1942
	YLW	CYLW	**Kelowna** International	1389883	1	1	2713	8901	1946
	YMX	CYMX	**Montreal**-Mirabel International	200000	1	1	3658	12001	1975
	YOW	CYOW	**Ottawa** Macdonald-Cartier International	4339225	2	3	3050	10007	1950
	YQB	CYQB	**Quebec** Jean Lesage International	1026090	1	2	2743	8999	1939
	YQR	CYQR	**Regina** International	1005270	1	2	2408	7900	1930
	YQT	CYQT	**Thunder Bay** International	626351	1	2	1890	6201	1939
	YQX	CYQX	**Gander** International	n/a	1	3	3109	10200	1938
	YUL	CYUL	**Montreal**-Trudeau International	12813199	3	3	3353	11001	1941
	YVR	CYVR	**Vancouver** International	17852459	4	4	3505	11499	1930
	YWG	CYWG	**Winnipeg** James Armstrong Richardson International	3570033	1	2	3353	11001	1928
	YXE	CYXE	**Saskatoon** John G. Diefenbaker International	1135113	2	2	2530	8301	1929
	YXS	CYXS	**Prince George**	417484	1	3	3490	11450	1941
	YXU	CYXU	**London** International	449745	1	2	2682	8799	1939
	YXY	CYXY	Erik Nielsen **Whitehorse** International	n/a	1	3	2895	9498	n/a
	YYC	CYYC	**Calgary** International Airport	12500000	1	3	3863	12674	1939
	YYJ	CYYJ	**Victoria** International	1538417	1	3	2134	7001	1914
	YYZ	CYYZ	**Toronto** Pearson International	32334831	3	5	3389	11119	1939
USA									
	ABQ	KABQ	**Albuquerque** International Sunport	6467263	1	4	3048	10000	1939
	ALB	KALB	**Albany** International	3100000	1	2	2591	8501	1910
	ANC	PANC	Ted Stevens **Anchorage** International	523500	2	3	3531	11585	1951
	ATL	KATL	Hartsfield-Jackson **Atlanta** International	90039280	2	5	3624	11890	1926
	AUS	KAUS	**Austin**-Bergstrom International	8261310	1	2	3733	12247	1999
	BHM	KBHM	**Birmingham**-Shuttlesworth International	322689	1	2	3658	12001	1931
	BNA	KBNA	**Nashville** International (Berry Field)	10000000	1	4	3362	11030	1937
	BOI	KBOI	**Boise**	3158000	1	2	3048	10000	1926
	BOS	KBOS	Gen. Edward Lawrence Logan International **(Boston)**	26102651	4	6	3073	10082	1923
	BUF	KBUF	**Buffalo** Niagara International	5526301	2	2	2690	8825	1926
	BUR	KBUR	Bob Hope **(Burbank)**	6000000	1	2	2099	6886	1930
	BWI	KBWI	Thurgood Marshall **(Baltimore-Washington)**	20488881	1	4	3201	10502	1947
	CLE	KCLE	**Cleveland**-Hopkins International	11106194	1	3	3034	9954	1925
	CLT	KCLT	**Charlotte**/Douglas International	34732584	2	4	3048	10000	1936
	CMH	KCMH	**Port Columbus** International	7719000	1	2	3086	10125	1929
	CVG	KCVG	**Cincinnati**/Northern Kentucky International	17000000	3	4	3658	12001	1947
	DAL	KDAL	**Dallas** Love Field	7500000	2	3	2682	8799	1917
	DCA	KDCA	Ronald Reagan **Washington** National	18600000	3	3	6869	22536	1941
	DEN	KDEN	**Denver** International	51435575	1	6	4877	16001	1995
	DFW	KDFW	**Dallas**-Fort Worth International	57093000	5	7	4085	13402	1953
	DTW	KDTW	Coleman A. Young International **(Detroit)**	35144841	4	6	3659	12005	1929
	ELP	KELP	**El Paso** International	3302764	1	3	3664	12021	1929
	EWR	KEWR	**Newark** Liberty International	35299719	3	3	3353	11001	1928
	FLL	KFLL	**Fort Lauderdale**-Hollywood International	22621500	6	3	2743	8999	1953
	GEG	KGEG	**Spokane** International (Geiger Field)	3400000	1	2	2744	9003	1941
	HNL	PHNL	**Honolulu** International	21505855	3	6	3749	12300	1927
	HOU	KHOU	William P. Hobby **(Houston)**	9000000	1	4	2317	7602	1927
	IAD	KIAD	**Washington** Dulles International	23876780	3	5	3505	11499	1962
	IAH	KIAH	George Bush Intercontinental **(Houston)**	41698832	5	5	3658	12001	1969
	IND	KIND	**Indianapolis** International	8150000	1	3	3414	11201	1931
	JAX	KJAX	**Jacksonville** International	6002698	1	2	3048	10000	1968
	JFK	KJFK	John F. Kennedy International **(New York)**	47790485	8	4	4442	14573	1942
	KOA	PHKO	**Kona** International	3216642	1	1	3353	11001	1970
	LAS	KLAS	McCarran International **Las Vegas**	44074707	3	4	4423	14511	1942
	LAX	KLAX	**Los Angeles** International	59542151	9	4	3685	12090	1930
	LGA	KLGA	La Guardia **(New York)**	25300000	4	2	2135	7005	1929
	LIH	PHLI	**Lihue** (Lihu'e)	2955394	1	2	1981	6499	1949
	MCI	KMCI	**Kansas City** International	10469892	3	3	3292	10801	1956
	MCO	KMCO	**Orlando** International	35622252	4	4	3659	12005	1974
	MDW	KMDW	**Chicago** Midway International	18868388	1	5	1988	6522	1923
	MEM	KMEM	**Memphis** International	10532095	1	4	3389	11119	1929
	MHT	KMHT	**Manchester**-Boston Regional	4100000	1	2	2819	9249	1927
	MIA	KMIA	**Miami** International	34063531	1	4	3962	12999	1928

USA/CANADA

⊛ *intercontinental airports*

MKE	KMKE	General Mitchell International **(Milwaukee)**	7956968	1	5	3258	10689	1920
MSP	KMSP	**Minneapolis**-St. Paul International	34056443	2	4	3354	11004	1921
MSY	KMSY	Louis Armstrong **New Orleans** International	7944397	1	3	3080	10105	1910
OAK	KOAK	Metropolitan **Oakland** International	11500000	2	4	3048	10000	1928
OGG	PHOG	**Kahului**	6517710	1	2	2132	6995	1919
OKC	KOKC	Will Rogers World **(Oklahoma City)**	3740000	1	4	2988	9803	1930
OMA	KOMA	Eppley Airfield **(Omaha)**	4300000	1	3	2896	9501	1959
ONT	KONT	**Ontario** International	6200000	3	2	3718	12198	1923
ORD	KORD	**Chicago** O'Hare International	69353654	5	7	3962	12999	1943
ORF	KORF	**Norfolk** International	3800000	1	2	2744	9003	1920
PBI	KPBI	**Palm Beach** International	6476303	1	3	3050	10007	1936
PDX	KPDX	**Portland** International	14654222	1	3	3353	11001	1940
PHL	KPHL	**Philadelphia** International	31768000	7	4	3202	10505	1925
PHX	KPHX	**Phoenix** Sky Harbor International	39891193	4	3	3139	10299	1930
PIT	KPIT	**Pittsburgh** International	8710291	2	4	3505	11499	1923
PVD	KPVD	Theodore Francis Green State **(Providence)**	4692974	1	2	2184	7165	1931
RDU	KRDU	**Raleigh**-Durham International	10000000	2	3	3048	10000	1929
RIC	KRIC	**Richmond** International	3634544	1	3	2744	9003	1927
RNO	KRNO	**Reno**-Tahoe International	4430000	1	3	3353	11001	1929
RSW	KRSW	Southwest Florida International **(Fort Myers)**	7603845	1	2	3658	12001	1973
SAN	KSAN	**San Diego** International	18125633	3	1	2865	9400	1928
SAT	KSAT	**San Antonio** International	8031405	2	3	2591	8501	1941
SDF	KSDF	**Louisville** International (Standiford Field)	4000000	1	3	3624	11890	1941
SEA	KSEA	**Seattle**-Tacoma International	32196528	3	3	3627	11900	1944
SFO	KSFO	**San Francisco** International	37405467	4	4	3618	11870	1927
SJC	KSJC	Norman Y. Mineta **San José** International	9717717	3	3	3353	11001	1940
SLC	KSLC	**Salt Lake City** International	20790400	2	4	3659	12005	1911
SMF	KSMF	**Sacramento** International	10400000	4	2	2622	8602	1967
SNA	KSNA	John Wayne – Orange County **(Santa Ana)**	8989603	2	2	1738	5702	1923
STL	KSTL	Lambert-**St. Louis** International	14431471	2	4	3359	11020	1920
TPA	KTPA	**Tampa** International	18867541	1	3	3353	11001	1914
TUL	KTUL	**Tulsa** International	3261560	1	3	3048	10000	1928
TUS	KTUS	**Tucson** International	4429905	2	3	3352	10997	1919

ANCHORAGE ANC

Anchorage

Das Drehkreuz nach Fernost im Kalten Krieg. Der kürzeste Weg von Europa nach Ostasien führt über die Sowjetunion, die keine Überflugrechte erteilt. Der Umweg über Südostasien bedeutet bis zu 24 Stunden Flugzeit, der bei Geschäftsleuten (damals) verhasste Flug mit der Aeroflot beschert eine Nacht im Moskauer Flughafenhotel. Die günstigste Variante führt über Alaska, was sich die Fluggesellschaften teuer bezahlen lassen. In den 1990er Jahren versiegt die Quelle. Heute spekuliert der Flughafen auf neue Verbindungen mit dem rohstoffreichen Sibirien und mit Sachalin.

Calgary

Einer der acht kanadischen Airports mit United States border preclearance. Die US-Passkontrolle, Zollformalitäten etc. finden konzentriert in den wenigen Flughäfen im Abflugland statt und nicht auf hunderten von Flughäfen in den USA (dies betreibt die USA auch in Irland, den Bahamas und den Bermudas).

CALGARY YYC

ATLANTA ATL

Boston

Spektakulär auf einer Halbinsel gelegen, ist Boston der wichtigste Flughafen Neuenglands. Niemand rechnete damit, dass aus dieser fliegerischen Idylle zwei nach Los Angeles startende Maschinen am 11. September 2001 entführt wurden und das World Trade Center zerstörten.

Atlanta Hartsfield-Jackson Airport

Der Hartsfield-Jackson Airport ist der größte Flughafen der Welt mit 6 Concourses (Flughallen), 176 Gates, fast 1 Mio. Flugbewegungen im Jahr und einer verblüffenden Stimulanz für die wartenden Fluggäste. Zwischen Dezember 2006 und März 2007 wurden immerhin 30 Personen wegen „indecent exposure involving reported sex acts in aiport bathrooms" festgenommen, darunter einige Prominente.

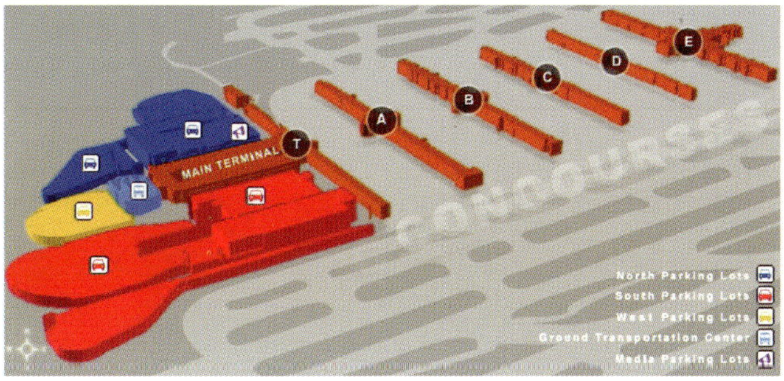

Atlanta war zeitweilig der verkehrsreichste Airport der USA. Das Transportsystem ist hocheffektiv.

BOSTON BOS

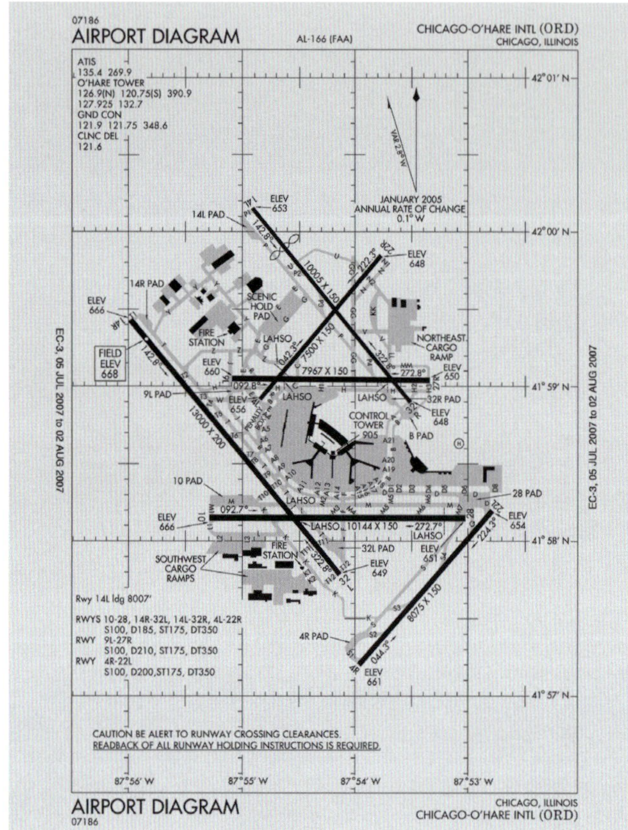

CHICAGO O'HARE

Der Großflughafen der „Windy City" (nicht so benannt wegen Turbulenzen am Boden, sondern in der Politik) gilt nach Passagiererhebungen seit nunmehr zehn Jahren als „Best Airport in North America". Trotzdem kommt es auf dem Haupt-Hub (Drehkreuz) der United Airlines immer wieder zu Verzögerungen. 6 Mrd. Dollar und eine Erweiterung um vier Runways (dann elf insgesamt), soll helfen, die Kapazität von O'Hare auf über 100 Mio. Passagiere jährlich aufzustocken.

VANCOUVER

Den Bau inszenierte Charles Lindbergh. Er weigerte sich 1927 Vancouver anzufliegen, weil es keinen angemessenen Flughafen gab. Zwei Jahre später begann der Bau.

Am 11. September 2001 mussten zahlreiche interkontinentale Flüge nach Kanada umgeleitet werden (Operation Yellow Ribbon). Praktisch alle aus Asien eintreffenden Flüge mussten in Vancouver landen, da es nirgendwo sonst an der kanadischen Westküste eine ausreichende Landebahn gibt.

DALLAS FORT WORTH

DFW ist von seiner Ausdehnung der zweitgrößte Flughafen der Welt, eine eigene Stadt (DFW Airport, TX) mit eigener Postleitzahl und öffentlichem Dienst. Er wurde erst 1974 als damals teuerster Flughafen weltweit für den Passagierverkehr freigegeben. DFW profitiert von dem umstrittenen Wright-Amendment von 1979, das die Reichweite der Flüge vom Konkurrenzflughafen Love Field extrem einschränkt. Hauptsitz der American Airlines.

NEW YORK JOHN F. KENNEDY

1948 gegründet, 1963 einen Monat nach der Ermordung in Dallas umbenannt, steht JFK seitdem als Synonym für das fliegerische Tor zur Welt, für die Faszination Flughafen. Wer über JFK nach New York reist, kommt durch das Hauptportal, Newark (bis 1980 frequentierter als JFK) ist da eher der Lieferanteneingang. JFK ziert die Route Map fast jeder renommierten internationalen Airline. JFK hat weniger als die Hälfte der Flüge Atlantas, dafür aber Flair.

Auch in der Architektur setzt JFK Zeichen, Skidmore, Owings & Merrill (Sears Tower & Jin Mao Tower) entwarfen das Ankunftsgebäude, der Finne Eero Saarinen das Terminal der TWA.

Etwa 1 Mio. Reisende haben von 1976 bis 2000 das besondere Erlebnis einer Ankunft in New York mit der Concorde. Lediglich die Strecken Paris–JFK und London–JFK erweisen sich für den Überschalljet als profitabel.

JFK fasziniert auch die Mafia. 1978 wird bei einem Raubüberfall auf eine Lufthansa die damals sagenhafte Summe von 5 Mio. Dollar erbeutet. Bei der Verteilung der Beute kommt es zu Meinungsverschiedenheiten. Bis 1984 werden 13 Mitglieder durch den Lucchese Clan liquidiert. Martin Scorsese hat die Story verfilmt. Daraus wurde der Kinohit „Goodfellas" (Gute Kerle).

Ein Dutzend schwerer Abstürze überschattet die Geschichte des Flughafens.

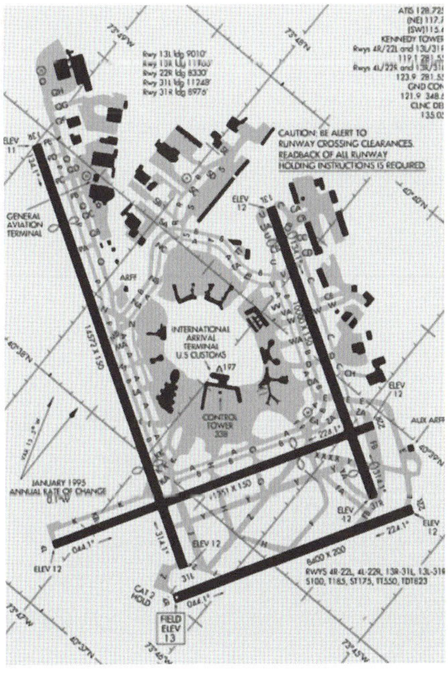

LAX
Los Angeles International

Flughafen der Filmmetropole mit spektakulärem architektonischem Wahrzeichen. Das Theme Building ist eine fliegende Untertasse im Stil des Populuxe der 1960er Jahre (eröffnet 1961). Die 360-Grad-Drehmechanik des Restaurants musste bald wegen immenser Unterhaltskosten eingestellt werden. 1997 wurde der Innenraum von Disney Engineering aufwendig neugestaltet. Die Aussichtsterrasse auf dem Dach kann seit 9/11 aus Sicherheitsgründen nicht mehr genutzt werden.

Das X in LAX hat übrigens keine Bedeutung. Ursprünglich waren die Flughafencodes zweistellig. Als eine dritte Stelle benötigt wurde, hängte man einfach ein X an.

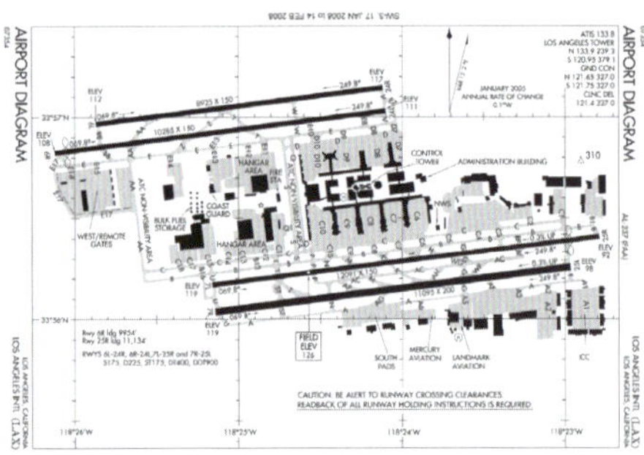

San Francisco International

Die Lage der parallelen Runways mit einem Abstand von weniger als 250 m (820 Fuß) ist nicht unproblematisch. Bei schlechtem Wetter kann oft nur eine Landebahn benutzt werden, und es kommt dann zu erheblichen Verspätungen. Viele Low-Cost-Gesellschaften weichen deshalb auf andere Flughäfen in der Umgebung aus.

Ein weiterer Ausbau des Flugfeldes in die San Francisco Bay ist geplant, scheitert bisher aber am Widerstand der Umweltschützer.

MIAMI MIA

Miami International

Von Panama nach Sao Paulo über Miami. Lange Zeit war MIA Drehkreuz für Südamerika- oder Karibik-Reisende. Wer in Mittel- oder Südamerika von A nach B wollte, musste häufig den Umweg von einigen tausend Meilen über das nördliche Miami in Kauf nehmen.

Die Flugverbindungen im südlichen Teil des Kontinents haben sich verbessert. Nach dem 11. September 2001 haben sich die Visa-Bedingungen in den USA verschärft, weshalb nun auch europäische Fluggesellschaften ihre Hubs von Miami verlagert haben. Dadurch hat die internationale Bedeutung Miamis erheblich abgenommen.

Phoenix

Wichtiges Drehkreuz in Arizona. Aufgrund der stabilen Wetterlage ist Phoenix einer der größten Flughäfen der Welt mit ausschließlich parallelen Landebahnen.

PHOENIX PHX

Toronto

Der größte Flughafen Kanadas erlangte im Jahre 2007 mit der tödlichen Immigration des polnischen Arbeiters Dziekanski traurige Berühmtheit. Seine Maschine landete mit 2 Stunden Verspätung, seine Mutter durfte ihn am vereinbarten Treffpunkt nicht abholen und erhielt auch keine Information, weshalb sie den Flughafen wieder verließ. Dann gab es auch noch Visa-Probleme. Dziekanski sprach kein Englisch, und die Mitarbeiter beauftragten die Dolmetscher-Dienste nicht. Die Situation eskalierte, als Dziekanski zu randalieren begann. Ein Polizist benutzte den Taser (eine Elektroschockpistole), und Dzienkanski verstarb kurze Zeit später.

TORONTO YYZ

Ein anderer Fluggast filmte den Vorfall. Die Polizei konfiszierte den Film zunächst, musste ihn aber kurz darauf freigeben. Der Film schockierte Millionen Fernsehzuschauer und Internetnutzer. Die Benutzung des Tasers ist spätestens seit diesem Tag heftig umstritten.

TORONTO YYZ

WASHINGTON DULLES

Das Hauptterminal ist ein weiteres Meisterwerk Eero Saarinens und wurde später am Flughafen Taipei kopiert. Der heute wichtige interkontinentale Flughafen konnte in den 1960ern und 1970ern wegen seiner unkomfortablen Lage – er liegt 42 km vom Stadtzentrum entfernt – nur wenige Destinationen wirtschaftlich anfliegen. Die Bürger Washingtons bezeichneten ihn als „white elephant“, ein Luxusgut mit hohen Kosten und geringem Nutzen.

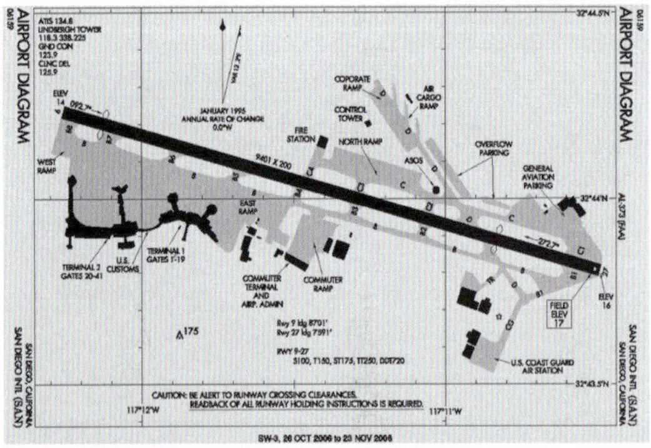

SAN DIEGO

Eine Runway mitten in der Stadt für fast 20 Mio. Passagiere, San Diego ist der „busiest single-runway“ Airport der USA. Allerdings dürfen Maschinen nur von 6:30 Uhr bis 23:30 Uhr starten und landen. Bei etwa 230 000 Flugbewegungen im Jahr bedeutet dies, dass alle 98 Sekunden ein Start oder eine Landung stattfinden. Fluggäste bewundern die in Reihe landenden Maschinen.

Beim Anflug einer 727 kam es 1978 zu einem spektulären (gefilmten) Zusammenstoß mit einer kleinen Cessna. 137 Menschen fanden den Tod.

Der Miami International Airport ist das wichtigste Drehkreuz im Südosten der USA. Er ist gleichzeitig das Tor zur Karibik.

Seattle

Seattle-Tacoma International Airport liegt 20 km südlich von Seattle und 20 km nördlich von Tacoma. Anläßlich der Weltausstellung 1962 wurde der Flughafen zum interkontinentalen Airport ausgebaut. Die Stadt Tacoma hatte dazu 100 000 US-Dollar beigesteuert. Das war an die Bedingung geknüpft, dass der Name der Stadt für alle Zeiten mit dem Airport verbunden sein musste. Als der Airport 1983 nach dem verstorbenen Senator Henry Jackson benannt werden sollte, empfanden dies die Bürger von Tacoma als Beleidigung und verhinderten dies vor Gericht.

Denver

Errichtet auf ewigen Jagdgründen, denn hier begruben die Indianer ihre Toten. Um den Fortschritt nicht aufzuhalten vereinbarte man einen Kompromiss: Auf einer Brücke zwischen den beiden Terminals spielt 24 Stunden am Tag indianische Totenmusik. Die 34 Dachspitzen aus beschichtetem Segeltuch erinnern an Indianerzelte oder die Rocky Mountains.

Flächenmäßig ist Denver mit 140 km^2 der größte Flughafen der USA, er verfügt über eine Sonnenenergieanlage, die jährlich bis zu 3,5 Mio. Kilowatt-Stunden Energie liefern kann und über 2000 Tonnen CO_2-Emission einspart sowie über die längste Runway der USA. Der Flughafen liegt in über 1600 m Höhe. Voll beladene Jumbos und A380 können so in der dünnen Luft sogar in den Sommermonaten starten und landen.

Las Vegas McCarran

44 Mio. Zocker jährlich können schon an den einarmigen Banditen am Flughafen beginnen. Ob der Umsatz der etwa 1300 „Michael Gaughan Airport slots“ höher ist als der des Flughafens (nicht unwahrscheinlich), konnte nicht in Erfahrung gebracht werden.

Detroit

Detroit ist das große Drehkreuz der North West Airlines mit riesigem eigenen Terminal (Edward H. McNamara Terminal). Eine Expressbahn befördert die Gäste innerhalb des 1,6 km langen Gebäudes von A nach B. Beeindruckend ist auch der unterirdische Lichttunnel zwischen den beiden Concourses.

Der berühmteste Flug (Pan Am 103), der Detroit nicht erreichte, explodierte 1988 über Lockerbie in Schottland.

DETROIT DTW

EDMONTON YEG

Edmonton

Edmonton hat wie viele kanadische Flughäfen eine US-amerikanische „pre-clearance facility", d. h., der US-Zoll wird bereits vor dem Abflug in Kanada erledigt. Damit können Flugzeug und Passagiere nach der Ankunft in den USA als Inlandsflug behandelt werden. Für kanadische Airlines hat dies den Vorteil, dass sie bei der Auswahl ihrer Destinationen nicht nur auf Zollflughäfen in den USA beschränkt sind.

Honolulu

Honolulu International ist einer der meistfrequentierten Flughäfen der USA mit vier Runways, der erste sogenannte Reef Runway war die erste Offshorelandebahn der Welt. Heute können auch A380 und 747 landen. Darüber hinaus gibt es zwei Wasserstartbahnen für Wasserflugzeuge.

Die Bilder gingen 1988 um die Welt. Flug 243 der Aloha Airlines ist auf dem kurzen Weg von Hilo nach Honolulu mit 95 Passagieren und Besatzungsmitgliedern. In 7300 m Höhe löst sich ein kleines Stück (Materialermüdung) im Rumpfdach. Durch den plötzlichen Druckabfall vergrößert sich das Loch sofort auf etwa 5,5 m Länge. Sechs Sitzreihen sind komplett im Freien. Trotzdem landet die 737 sicher. Eine Stewardess wird aus dem Flugzeug gesogen. Alle anderen Passagiere überleben.

HONOLULU HNL

HONOLULU HNL

Das „Cabrio von Aloha Airlines" ging als der spektakulärste Zwischenfall in die Geschichte der Luftfahrt ein. Auch die Piloten trauten ihren Augen nicht, als sie nach der Landung die Kabine betraten.

Country	IATA	ICAO	Airport Name	Pax (2008)	Terminals	Runways	Longest RWY m	Longest RWY ft	Opening
Mexico & Central America									
Belize									
	BZE	MZBZ	Philip S.W.Goldson International **(Belize)**	n/a	1	1	2957	9701	n/a
Costa Rica									
	SJO	MROC	Juan Santamaría International **(San José)**	3 300 000	3	1	3012	9882	1923
El Salvador									
	SAL	MSLP	Cuscatlan International **(San Salvador)**	2 000 000	1	2	3200	10 499	1976
Guatemala									
	GUA	MGGT	La Aurora International **(Guatemala City)**	n/a	2	1	3000	9843	1944
Honduras									
	TGU	MHTG	Toncontin International **(Tegucigalpa)**	n/a	1	1	2163	7096	1921
Mexico									
	ACA	MMAA	General Juan N. Álvarez International **(Acapulco)**	1 088 000	1	2	3302	10 833	n/a
	CUN	MMUN	**Cancún** International	12 646 451	3	2	3500	11 483	n/a
	CZM	MMCZ	**Cozumel** International	511 043	1	2	3098	10 164	n/a
	GDL	MMGL	Don Miguel Hidalgo y Costilla International **(Guadalajara)**	7 193 200	2	2	4000	13 123	1966
	MEX	MMMX	**Mexico City** International	26 210 217	2	2	3952	12 966	n/a
	MID	MMMD	Manuel Crescencio Rejón International **(Mérida)**	1 000 000	1	2	3200	10 499	n/a
	MZT	MMMZ	General Rafael Buelna International **(Mazatlàn)**	819 200	1	1	2700	8858	n/a
	NTR	MMAN	General Mariano Escobedo International **(Monterrey)**	5 250 000	3	2	3000	9843	n/a
	PVR	MMPR	Licenciado Gustavo Díaz Ordaz Int **(Puerto Vallarta)**	3 139 100	2	1	3100	10 171	n/a
	SJD	MMSD	**Los Cabos** International **(San José del Cabo)**	2 901 200	4	1	3000	9843	n/a
	TIJ	MMTJ	General Abelardo L. Rodríguez International **(Tijuana)**	3 968 700	2	1	2960	9711	n/a
Nicaragua									
	MGA	MNMG	Augusto Sandino International **(Managua)**	n/a	1	1	2442	8012	1968
Panama									
	PTY	MPTO	Tocumen International **(Panama City)**	4 549 170	1	2	3050	10 007	1947
Caribbean Islands & Bermuda									
Antigua & Barbuda									
	ANU	TAPA	**St. John's** V.C. Bird International, Antigua	1 100 000	1	1	2744	9003	1949
Bahamas									
	FPO	MYGF	Grand Bahama International Airport **(Freeport)**	n/a	1	1	3359	11 020	n/a
	NAS	MYNN	Lynden Pindling International Airport **(Nassau)**	n/a	1	2	3358	11 017	n/a
Barbados									
	BGI	TBPB	**Bridgetown** Adams International, Barbados	n/a	2	1	3361	11 027	1939
Bermuda									
	BDA	TXKF	L.F. Wade International Airport **(Hamilton)**	1 000 000	1	1	2961	9715	1948
Cayman Islands									
	GCM	MWCR	**Cayman** Owen Roberts International	n/a	1	1	2139	7018	1954
Cuba									
	HAV	MUHA	José Martí International Airport **(Havana)**	3 471 920	5	1	4000	13 123	1930
	VRA	MUVR	Juan Gualberto Gómez Airport **(Varadero)**	n/a	1	1	3502	11 490	1989
Dominican Republic									
	POP	MDPP	Gregoria Luperon International **(Puerto Plata)**	1 600 000	1	1	3081	10 108	n/a
	PUJ	MDPC	**Punta Cana** International	3 500 000	1	1	3100	10 171	n/a
	SDQ	MDSD	Las Américas International **(Santo Domingo)**	3 500 000	3	1	3355	11 007	1959
Haiti									
	PAP	MTPP	Toussaint Louverture **Port-au-Prince** International	n/a	1	1	3040	9974	1965
Jamaica									
	KIN	MKJP	Norman Manley **Kingston** International	1 730 000	1	1	2713	8901	n/a
	MBJ	MKJS	**Montego Bay** Sangster International	3 378 000	1	1	2662	8734	1947
Martinique									
	FDF	TFFF	Martinique Aimé Césaire International **(Fort-de-France)**	n/a	1	1	3300	10 827	1950
	PTP	TFFR	Pointe-à-Pitre International **(Guadalupe)**	2 500 000	1	1	3505	11 499	n/a
Netherlands Antilles									
	AUA	TNCA	Queen Beatrix International **(Aruba)**	n/a	1	1	2814	9232	1933
	BON	TNCB	Flamingo International **(Bonaire)**	650 000	1	1	2880	9449	1936
	CUR	TNCC	Hato International **(Curaçao)**	n/a	1	1	3410	11 188	1945
Puerto Rico									
	SJU	TJSJ	Luis Muñoz Marín International **(San Juan)**	10 500 000	2	2	3049	10 003	1955
Saint Martin									
	SXM	TNCM	Princess Juliana International **(St. Maarten)**	1 662 226	1	1	2180	7152	1943
Trinidad & Tobago									
	POS	TTPP	Piarco International **(Port of Spain)**	2 566 200	1	1	3200	10 499	1931
	TAB	TTCP	Crown Point International **(Tobago)**	n/a	1	1	2744	9003	1940

Mexico, Central America, Caribbean Islands & Bermuda

intercontinental airports

Der Flugverkehr in Mittel- und Südamerika ist deutlich geringer als in Nordamerika. Aufschlussreich ist der Fluggast-Einwohner-Indikator. Während er in den USA meist deutlich über zehn liegt (also zehn Fluggastbewegungen auf einen Einwohner) liegt er in Mittel- und Südamerika außerhalb der Tourismusgebiete bei etwa eins oder einem Zehntel der USA!

Die Verbindungen der Hauptstädte mit den wichtigen europäischen und nordamerikanischen Flughäfen waren immer gut, Iberia und American Airlines haben Direktverbindungen von Europa bzw. USA in alle lateinamerikanischen Länder. Verbindungen innerhalb Mittel- und Südamerika sind traditionell schwierig. TAM, TACA und LAN bauen ihr lateinamerikanisches Streckennetz aus. Früher musste man häufig über Miami reisen. Auch Copa Airlines mit Drehkreuz in Panama bietet günstige Alternativen.

Havana

1961 bombardieren kubanische Exilanten (und US-Amerikaner) den Flughafen im Zusammenhang mit der Invasion in der Schweinebucht. Die CIA hatte unter allen möglichen Vorwänden und mit allerlei Tricks einen politischen Grund für die Rückeroberung Kubas nach der Revolution gefunden. Angeführt vom honorigen CIA-Mann E. Howard Hunt (er war auch wichtiger Initiator der Watergate-Affäre und wollte Castro töten), scheiterte die Invasion kläglich. Einige US-Unternehmen auf Kuba wurden enteignet.

Die Amerikaner waren nachtragend. Seit 1962 landen aufgrund des Kuba-Embargos keine US-Maschinen in Havanna. Amerikaner kommen nur mit komplizierten Zwischenstopps über Toronto oder Mexiko auf die Insel. Andere Länder teilen sich das Geschäft. José Martí ist einer der größten karibischen Airports.

MEXICO CITY MEX

MEXICO CITY

Der größte „hot-and-high"-Flughafen der Welt. Mexico City liegt auf fast 2300 m Höhe. Die Luftdichte nimmt in größeren Höhen ab und verringert somit den Auftrieb. Größere Flugzeuge brauchen dadurch länger zum Abheben. Viele Starts mit Großraumflugzeugen finden daher in den kühleren Nachtstunden statt. Mexico City verfügt über zwei fast 4000 m lange Runways, die sich viel zu eng nebeneinander in ein dicht besiedeltes Wohngebiet zwängen. Die Enge ist das Hauptproblem des größten Flughafen Lateinamerikas. Die maximale Kapazität von 32 Mio. Passagieren ist fast erreicht, und ein Ausbau ist eigentlich kaum möglich. Konkrete Pläne, einen Ausweichflughafen zu bauen, sind deshalb derzeit nicht in Sicht.

MEXICO CITY MEX

SAN JOSÉ SJO

SAN JOSÉ JUAN SANTA-MARÍA

Nach Panama zweitgrößter Flughafen Mittelamerikas mit turbulenter Modernisierung. Lange Zeit bemühte sich Alterra Partners mit unbefriedigendem Erfolg und in erheblichen finanziellen Anspannungen um den pünktlichen Ausbau von Juan Santamaría. Im Juli 2009 zog Costa Rica die Notbremse und beauftragte Houston Airport System.

TEGUCIGALPA

Toncontin ist ein Flughafen mit langer Geschichte und viel zu kurzer Landebahn, maximal für die 757 zugelassen. Viele Flüge werden bei schwierigem Wetter nach San Salvador umgeleitet. 2008 raste eine A320 über die Landebahn hinaus und fünf Menschen starben. Die Ursache waren neben Rückenwind und einer nassen Bahn fliegerische Fehler wie zu spätes Aufsetzen.

TEGUCIGALPA TGU

Panama City

Tocumen ist der größte Flughafen Mittelamerikas und Drehkreuz der Copa Airlines. Die Passagierzahlen steigen seit Jahren im zweistelligen Bereich. Nach der derzeitigen Erweiterung von „Muelle Norte“ soll die Kapazität auf 10 Mio. Reisende (vor allem Transitgäste) steigen.

PANAMA CITY PTY

NASSAU NAS

Nassau Bahamas Lynden Pindling

Von hier aus gibt es Verbindungen zu 20 Regionalflughäfen des Inselparadieses. Geduld ist gefragt. Wegen der vielen verlorenen Gepäckstücke und der zahlreichen Verspätungen entstand der Spruch: „If you have some time to spare, welcome to Bahamasair.“

Bermuda L.F. Wade

Benannt nach Frederick Wade und nicht, wie viele deutsche Passagiere denken, nach dem nackten Beinteil unter den Bermuda-Shorts. Bermuda ist einer der geeigneten Notlandeplätze für das Space Shuttle.

Montego Bay

Einer der modernsten Flughäfen der Karibik mit Kapazität für bis zu 9 Mio. Passagiere und zudem karibisches Drehkreuz vieler Airlines. Montego Bay ist heute bei Weitem wichtiger als der Hauptstadtflughafen Kingston.

BERMUDA BDA

MONTEGO BAY MBJ

Country	IATA	ICAO	Airport Name	Pax (2008)	Terminals	Runways	Longest RWY m	ft	opening
Argentina									
	AEP	SABE	Aeroparque Jorge Newbery **(Buenos Aires)**	5665808	1	1	2100	6890	1947
	BRC	SAZS	Teniente Luis Candelaria International **(Bariloche)**	724010	1	1	2200	7218	n/a
	COR	SACO	Ingeniero Taravella International **(Córdoba)**	981143	2	2	3200	10499	n/a
	EZE	SAEZ	Ministro Pistarini International **(Buenos Aires)**	8012794	3	3	3300	10827	1949
	USH	SAWH	Malvinas Argentinas International **(Ushuaia)**	n/a	1	1	2800	9186	1995
Bolivia									
	CBB	SLCB	Jorge Wilstermann International **(Cochabamba)**	800000	1	2	3798	12461	n/a
	LPB	SLLP	El Alto International **(La Paz)**	833212	1	1	4000	13123	n/a
	VVI	SLVR	Viru Viru Internacional **(Santa Cruz)**	985794	1	1	3500	11483	1984
Brazil									
	BSB	SBBR	**Brasília** International – President Juscelino Kubitschek	10443393	1	2	3200	10499	1960
	CGH	SBSP	Congonhas Airport **(Sao Paulo)**	13672301	1	2	1940	6365	1936
	FOR	SBFZ	Pinto Martins International **(Fortaleza)**	3613634	1	1	2545	8350	n/a
	GIG	SBGL	Antonio Carlos Jobim International **(Rio de Janeiro)**	10352616	2	2	4000	13123	1923
	GRU	SBGR	Governor André Franco Montoro International **(Sao Paulo)**	20400304	2	2	3700	12139	1985
	MAO	SBEG	Eduardo Gomes International **(Manaus)**	2021668	1	1	2700	8858	1976
	REC	SBRF	Guararapes International **(Recife)**	4679457	1	1	3315	10876	n/a
	SDU	SBRJ	Santos Dumont Airport **(Rio de Janeiro)**	1600000	1	1	1323	4341	1944
Chile									
	ANF	SCFA	Cerro Moreno International **(Antofagasta)**	n/a	1	1	2599	8527	1954
	IPC	SCIP	Mataveri International Airport **(Easter Island)**	n/a	1	1	3318	10886	1967
	PUQ	SCCI	Carlos Ibanez Del Campo International **(Punta Arenas)**	n/a	1	3	2790	9154	1950
	SCL	SCEL	Comodoro Arturo Merino Benítez International **(Santiago de Chile)**	9017718	2	2	3800	12467	1967
Colombia									
	BAQ	SKBQ	Ernesto Cortissoz International **(Barranquilla)**	1207115	2	1	3000	9843	1920
	BOG	SKBO	Aeropuerto Internacional El Dorado **(Bogotá)**	6000000	2	2	3800	12467	1959
	EOH	SKMD	Aeropuerto Enrice Olaya Herrera **(Medellín)**	1125253	1	1	2510	8235	1923
	MDE	SKRG	José María Córdova International **(Medellín)**	2367555	2	1	3557	11670	n/a
Ecuador									
	GPS	SEGS	Seymour Airport **(Galapagos)**	n/a	1	1	2401	7877	1942
	GYE	SEGU	José Joaquin de Olmedo International **(Guayaquil)**	3477800	1	1	2790	9154	n/a
	UIO	SEQU	Mariscal Sucre International **(Quito)**	3900000	1	1	3120	10236	1960
French Guyana									
	CAY	SOCA	**Cayenne**-Rochambeau Airport	600000	1	1	3200	10499	n/a
Guyana									
	GEO	SYCJ	Cheddi Jagan International **(Georgetown)**	n/a	1	2	2270	7448	1945
Paraguay									
	ASU	SGAS	Silvio Pettirossi International **(Asunción)**	593911	1	1	3353	11001	n/a
Peru									
	CIX	SPHI	Capitan José Quinones Gonzales International **(Chiclayo)**	n/a	1	1	2519	8264	n/a
	CUZ	SPZO	Alejandro Velasco Astete International **(Cuzco)**	1252478	1	1	3397	11145	n/a
	LIM	SPIM	Jorge Chávez International **(Lima)**	8285688	1	1	3507	11506	1960
Uruguay									
	MVD	SUMU	Carrasco General Cesáreo L. Berisso International **(Montevideo)**	2000000	1	2	3200	10499	1947
Surinam									
	PBM	SMJP	Johan Adolf Pengel International **(Paramaribo)**	100000	1	1	3480	11417	1941
Venezuela									
	CCS	SVMI	Simón Bolívar International **(Caracas)**	8357446	3	2	3500	11483	1945
	MAR	SVMC	La Chinita International **(Maracaibo)**	2384856	1	2	3000	9843	1969
	PMV	SVMG	Del Caribe International General Santiago Marino Airport **(Porlamar)**	1005377	2	2	3200	10499	1974
	VLN	SVVA	Arturo Michelena International **(Valencia)**	n/a	1	1	3300	10827	1991

⊛ *intercontinental airports*

SOUTH AMERICA
Barranquilla
BAQ
Maracaibo
MAR
Valencia
VLN
Caracas
CCS
Porlamar
PMV
Medellin
EOH
MDE
Bogotá
BOG
Georgetown
GEO
Paramaribo
PBM
Cayenne
CAY
Quito
UIO
Guayaquil
GYE
Galapagos
GPS
Manaus
MAO
Fortaleza
FOR
Recife
REC
Chiclayo
CIX
Easter Island
IPC
Lima
LIM
Cuzco
CUZ
La Paz
LPB
Cochabamba
CBB
Santa Cruz
VVI
Brasília
BSB
Rio de Janeiro
GIG
SDU
Sao Paulo
CGH
GRU
Antofagasta
ANF
Asunción
ASU
Córdoba
COR
Montevideo
MVD
Buenos Aires
AEP
EZE
Santiago de Chile
SCL
Bariloche
BRC
Punta Arenas
PUQ
Ushuaia
USH

CARACAS

Einer der wenigen Airports, der zumindest zeitweise sowohl von der British Airways als auch der Air France mit der Concorde angeflogen wurde. Die Idee der schnellen Verbindung an ein Drehkreuz in Südamerika konnte sich jedoch nicht durchsetzen.

LIMA

Der neu gebaute Flughafen mit dem Passagierterminal der peruanisch geleiteten Architektengruppe Arquitectonica wird mehrfach seit 2005 zum besten Flughafen Südamerikas gewählt.

SAO PAULO CONGONHAS

Als Entlastung des viel zu kleinen Congonhas Airports wurde 1985 der größte Flughafen Brasiliens gebaut: Guarulhos. Er bedient internationale Strecken, Congonhas dagegen nur noch innerbrasilianische und ist zudem nach dem Unglück der TAM im Jahre 2007 mit 199 Toten schwer in die Kritik geraten. Darf ein Flughafen mitten in einem dichtbesiedelten Stadtviertel liegen?

RIO DE JANEIRO

Der wichtige internationale Flughafen von Rio ist Antonio Carlos Jobim mit einer Kapazität von 15 Mio. Passagieren. Spektakulärer mit seinem komplexen Anflug auf der extrem kurzen Landebahn und dem Zuckerhut als Hindernis ist der Stadtflughafen Santos Dumont. Ein Pilot muss recht nah an die Bergkette heranfliegen, beidrehen und sinken und schließlich sportlich auf der 1323 m langen Piste landen.

La Paz

Bis zur Umbenennung 1999 war es möglich, von JFK nach JFK zu fliegen. Bis dahin hieß El Alto (die Höhe oder der Hohe) Aeropuerto John F. Kennedy. Mit 4061 m Höhe ist er einer der höchstgelegensten Airports der Welt. Beeindruckend sind die vor sich hinrostenden Flugzeugwracks abseits der Piste.

Santiago de Chile

Schaffen es die Dichter doch noch? Seit Langem gibt es die Diskussion, den Flughafen Comodoro Arturo Merino Benítez (benannt nach dem ersten Kommandanten der Luftwaffe) in Pablo Neruda (Literatur-Nobelpreisträger 1971) umzubenennen. Den Reisenden erwartet ein hochfunktionaler moderner Flughafen mit atemberaubender Kulisse der nahen Anden.

Ushuaia

Der südlichste Flughafen der Welt und wichtige Station für Antarktisreisende. Ushuaia kann Flugzeuge wie die 747 und selbst die Concorde empfangen. Eines kann man vom Malvinas Airport allerdings nicht, die Malvinas (die von Argentinien beanspruchten Falkland-Inseln) anfliegen. Das geht nur mit LAN Airlines einmal die Woche aus dem benachbarten chilenischen Punta Arenas oder einmal im Monat über das argentinische Rio Gallegos.

Mataveri Easter Island

Der entlegenste Flughafen der Welt (2600 km von Mangareva und 3760 km von Santiago entfernt) und seit 1984 gerüstet für eine Notlandung des Space Shuttle im Pazifik. Die Landebahn teilt die kleine Insel. Der Flugverkehr hat exponentiell zugenommen. 1967 bei der Gründung war es ein Flug monatlich, ab den 1970er Jahren ein Flug wöchentlich, und heute ist es ein Flug täglich. Die Arbeitszeiten am Flughafen sind dennoch überschaubar. Das Flughafenpersonal mit Zollbeamten, Security und Lost & Found begibt sich gegen 10 Uhr vom nahe gelegenen Ort Hanga Roa zum Flughafen und geht kurz vor 14 Uhr in den wohlverdienten Feierabend.

Buenos Aires

Hochausgerüstete Taschendiebe: 2007 entwendeten Sicherheitsmitarbeiter Mobiltelefone, Laptops und Juwelen, nachdem Sie das Gepäck gründlich durchleuchtet hatten. Einige der Ezeiza-Mitarbeiter beließen es bei Mundraub und klauten nur Schokolade.

Country	IATA	ICAO	Airport Name	Pax (2008)	Terminals	Runways	Longest RWY m	ft	opening
Albania									
	TIA	LATI	**Tirana** International Airport Nënë Tereza	250 000	1	1	2734	8970	1958
Armenia									
	EVN	UDYZ	Zvartnots International Airport **(Yerevan)**	1 500 000	1	1	3840	12 598	1961
Austria									
	INN	LOWI	**Innsbruck**-Kranebitten	969 474	1	1	2000	6562	1948
	VIE	LOWW	**Vienna** International Schwechat	19 747 289	3	2	3600	11 811	1938
Azerbaijan									
	GYD	UBBB	Heydar Aliyev International Airport **(Baku)**	n/a	2	2	3200	10 499	n/a
Belarus									
	MSQ	UMMS	**Minsk** International Airport	1 010 695	1	1	3641	11 946	1982
Belgium									
	BRU	EBBR	**Brussels** Zaventem	19 000 000	1	3	3638	11 936	1940
Bosnia & Herzegovina									
	SJJ	LQSA	**Sarajevo** International	506 398	2	1	2641	8665	1969
Bulgaria									
	BOJ	LBBG	**Burgas**	1 936 853	1	1	3200	10 499	1927
	SOF	LBSF	**Sofia**-Vrazhdebna	3 000 000	2	1	3600	11 811	1935
	VAR	LBWN	**Varna**	1 432 703	1	1	2500	8202	1916
Croatia									
	ZAG	LDZA	Pleso Airport **(Zagreb)**	2 192 453	1	1	3252	10 669	1928
Cyprus									
	LCA	LCLK	**Larnaca** International	5 500 000	1	1	2980	9777	1974
Czech Republic									
	PRG	LKPR	Ruzyně International **(Prague)**	13 000 000	4	3	3715	12 188	1937
Denmark									
	CPH	EKCH	**Copenhagen** Airport	22 000 000	3	3	3600	11 811	1925
Estonia									
	TLL	EETN	**Tallinn** Ülemiste	1 800 000	1	1	3070	10 072	1936
Finland									
	HEL	EFHK	**Helsinki**-Vantaa	13 500 000	2	3	3440	11 286	1952
France									
	CDG	LFPG	**Paris**-Charles de Gaulle	60 851 998	3	4	4215	13 829	1974
	ORY	LFPO	**Paris**-Orly	26 000 000	2	2	3650	11 975	1932
Georgia									
	TBS	UGTB	**Tbilisi** International	650 000	1	2	3000	9843	1995
Germany									
	FRA	EDDF	**Frankfurt** Rhein-Main Airport	53 472 915	2	4	4000	13 123	1936
	MUC	EDDM	**Munich** Franz Josef Strauß Airport	34 552 189	2	2	4000	13 123	1992
Greece									
	ATH	LGAV	**Athens** International „Elefthérios Venizélos“	16 466 491	2	2	4000	13 123	2001
Hungary									
	BUD	LHBP	**Budapest** Ferihegy International	8 443 053	3	2	3707	12 162	1950
Iceland									
	KEF	BIKF	**Keflavík** International	1 991 338	1	2	3065	10 056	1943
Ireland									
	DUB	EIDW	**Dublin** Airport	24 000 000	2	2	2637	8652	1940
Italy									
	CIA	LIRA	**Rome**-Ciampino Airport	5 500 000	1	1	2207	7241	1916
	FCO	LIRF	Aeroporto internazionale Leonardo da Vinci **(Rome)**	35 226 351	5	4	3900	12 795	1961
	LIN	LIML	**Milan** Linate Airport	10 000 000	1	2	2442	8012	1937
	MXP	LIMC	**Milan** Malpensa Airport	24 000 000	2	2	3920	12 861	1919
Latvia									
	RIX	EVRA	**Riga** International	3 690 549	1	1	2550	8366	1993
Lithuania									
	VNO	EYVI	**Vilnius** International „Tarptautinis Vilniaus Oro Uostas“	2 048 439	2	1	2515	8251	1991
Luxembourg									
	LUX	ELLX	**Luxembourg**-Findel	1 696 011	2	1	4000	13 123	1945
Macedonia									
	SKP	LWSK	**Skopje** Airport „Alexander the Great“	652 815	1	1	2450	8038	1928
Moldova									
	KIV	LUKK	**Chişinău** International Airport	847 900	1	1	3590	11 778	1926
Netherlands									
	AMS	EHAM	**Amsterdam** Airport Schiphol	48 000 000	1	6	3800	12 467	1920
Norway									
	OSL	ENGM	**Oslo** Airport, Gardermoen	19 344 459	1	2	3600	11 811	1920

EUROPE

✪ *intercontinental airports*

Poland									
	WAW	EPWA	Frédéric-Chopin-Airport **(Warsaw)**	9600000	4	2	3690	12106	1910
Portugal									
	FNC	LPMA	Madeira Airport **(Funchal)**	2446924	1	1	2781	9124	1964
	LIS	LPPT	**Lisbon** Portela Airport	14000000	2	2	3805	12484	1942
Romania									
	OTP	LROP	Henri Coandă International **(Bucharest)**	5064230	1	1	3500	11483	1968
Russia									
	DME	UUDD	**Moscow** Domodedovo	18755098	2	3	3794	12448	1964
	LED	ULLI	**St. Petersburg** Pulkovo	5121222	2	2	3780	12402	1932
	SVO	UUEE	**Moscow** Sheremetyevo	15213979	2	2	3700	12139	1959
	VKO	UUWW	**Moscow** Vnukovo	5117000	1	2	3000	9843	1941
Serbia									
	BEG	LYBE	**Belgrade** Nikola Tesla Airport	2650048	2	1	3400	11155	1927
Slovakia									
	BTS	LZIB	M.R. Štefánik Airport **(Bratislava)**	2218545	1	2	3190	10466	1951
Slovenia									
	LJU	LJLJ	**Ljubljana** Jože Pučnik Airport	1673050	2	1	3300	10827	1963
Spain									
	MAD	LEMD	**Madrid**-Barajas Airport	50846104	4	4	4470	14665	1928
	BCN	LEBL	**Barcelona** Airport	30208134	4	3	3352	10997	1918
Sweden									
	ARN	ESSA	**Stockholm**-Arlanda Airport	18136105	4	3	3301	10830	1960
Switzerland									
	ZRH	LSZH	**Zurich** Kloten	22100000	2	3	3700	12139	1953
Turkey									
	ESB	LTAC	Esenboğa International **(Ankara)**	5692133	1	2	3750	12303	1955
	IST	LTBA	Atatürk International **(Istanbul)**	28500000	2	3	3000	9843	1912
Ukraine									
	KBP	UKBB	Boryspil International **(Kiev)**	6700000	5	2	4000	13123	1959
United Kingdom									
	BHX	EGBB	**Birmingham** International	9627600	3	1	2599	8527	1939
	GLA	EGPF	**Glasgow** International	8178900	1	2	2658	8720	1932
	LGW	EGKK	**London**-Gatwick Airport	34178600	2	2	3159	10364	1958
	LHR	EGLL	**London**-Heathrow Airport	66909900	5	2	3901	12799	1930
	MAN	EGCC	**Manchester** Airport	21219500	3	2	3200	10499	1938
	STN	EGSS	**London**-Stansted Airport	22337500	1	1	3048	10000	1942

Reykjavik Keflavik

Der malerisch gelegene Airport wurde im Zweiten Weltkrieg vom US-Militär gebaut. In den 1960er und 1970er Jahren kam es zu Marathon-Demonstrationen. Jedes Jahr setzte sich ein Protestmarsch von Reykjavík zur immerhin 50 km entfernten Air Base in Bewegung (darunter auch die spätere Präsidentin Vidgis Finnbogadóttir) und forderte „Island raus aus der Nato". Heute wird Keflavík als internationaler Flughafen benutzt, während alle Inlandflüge aus Reykjavík starten.

REYKJAVIK/KEFLAVIK KEF

COPENHAGEN CPH

Copenhagen

Höchstes Passagieraufkommen in Skandinavien und wichtigstes Drehkreuz der SAS. Kopenhagen verfügt über eine eindrucksvolle Duty-free-Shoppingmall mit Spezialgeschäften von Lego bis zu Bettfedern.

Stockholm Arlanda

Größter Flughafen in Schweden, etwa 40 km von Stockholm und mit guter Schnellbahnanbindung. Eines der drei Drehkreuze der SAS.

Arlanda war in den letzten 25 Jahren häufig Zeuge schwerer Zwischenfälle mit unvorstellbar großem Glück für die Passagiere. Der spektakulärste Unfall ereignete sich 1991, als bei einer MD81 kurz nach dem Start beide Triebwerke wegen mangelhafter Enteisung ausfielen. Das Flugzeug schaffte die Rückkehr zum Flughafen nicht, streifte einige Bäume, crashte auf einer Lichtung und brach in drei Teile. Alle 129 Menschen überlebten den Absturz.

STOCKHOLM ARN

Dublin

Hauptquartier von Air Lingus und dem größten europäischen No-Frills-Carrier Ryanair. Dublin bekam einen kräftigen Schub durch ein neues amerikanisch-irisches Abkommen im Jahre 1993. 1945 war vereinbart worden, dass Flüge von Irland in die USA nur von Shannon fliegen durften (dem letzten Stopp vor der Atlantik-Überquerung) und nur nach Boston, Chicago und New York. 1971 drohten die USA der Air Lingus, die Landerechte für New York zu entziehen, sollten US Airlines nicht in Dublin landen dürfen. Das Abkommen von 1993 verlangte dann, dass 50 % aller Flüge von Irland von Shannon durchgeführt werden mussten. Seit 2007 dürfen die USA nun (Open Sky) von sämtlichen Flughäfen angeflogen werden. Sehr zum Vorteil von Dublin und zum Nachteil von Shannon.

DUBLIN DUB

London Heathrow LHR

London Heathrow LHR

Heathrow

Wenn Fluggäste über schlecht organisierte Großflughäfen sprechen, ist Heathrow meist oberstes Gesprächsthema. Nicht erst seit der Eröffnung von Terminal 5. Extrem lange Wege in niedrigen bedrückenden Gängen, verlorenes Gepäck, nicht erreichte Anschlussflüge. Heathrow setzt Maßstäbe.

Ein Passagier berichtet seine persönliche Statistik: „Ich bin etwa 5000-mal in meinem Leben geflogen, davon etwa 200-mal nach Heathrow. Mein Gepäck ging 15-mal verloren, davon 11-mal in Heathrow (dem geschäftigsten Lost & Found der Welt), 4-mal habe ich einen Anschluss trotz ausreichender Übergangszeit verpasst und musste in einem der ‚charmanten' Flughafenhotels übernachten, 3-mal davon in Heathrow. Einmal traf ich aus Singapur ein. Immerhin in der First Class. Meine Übergangszeit betrug 70 Minuten. Ein engagierter Mitarbeiter der Singapore Airlines nahm mich bei der Hand und sagte: „We need to rush." Er begleitete mich den ganzen Weg, führte mich an Schlangen und anderen Hürden, die Heathrow so errichtet, vorbei. Völlig entkräftet erreichten wir nach etwa 75 Minuten das (mittlerweile geschlossene) Gate."
Welcome to Britain.

London Heathrow LHR

AMSTERDAM

Mit durchschnittlich 3 m unter dem Meeresspiegel ist Schiphol der niedrigste Flughafen Europas, im Polder des seit 1848 trockengelegten Haarlemmeers: die Schiphol oder Schiffshölle. Im Zweiten Weltkrieg wurde der Flughafen von den deutschen Invasoren bombardiert und weitgehend zerstört. Heute ist Schiphol fünftgrößter Flughafen Europas (nach Passagierzahlen) und seit 2008 Teil der 50 „Fenster" des Canons van Amsterdam, einer Liste der 50 wichtigsten historischen Ereignisse, neben der Nachtwache Rembrandts, der Ermordung des Filmemachers Theo van Gogh und Bijlmermeer.

Letzterer wurde international bekannt durch das verheerende Unglück der Frachtmaschine der EL AL, die nach Abriss zweier Triebwerke kurz nach dem Start in Schiphol nicht mehr steuerbar in einen Wohnblock krachte und neben der Besatzung 43 Anwohner am Boden, meist Immigranten tötete. Entgegen erster Versicherungen hatte die Maschine nicht nur Blumen und Parfüm geladen, sondern auch über 200 kg einer Chemikalie zur Herstellung des Nervengases Sarin. Überdurchschnittlich viele Kinder wurden mit Missbildungen geboren.

BRUSSELS ZAVENTEM

Der Flughafen der deutschen Besatzer. Im Ersten Weltkrieg errichteten die Besatzer einen Zeppelinlandeplatz, im Zweiten Weltkrieg dann den Fliegerhorst Melsbroeck. Nach dem Krieg wurde dieser nach und nach zum größten Verkehrsflughafen Belgiens ausgebaut. Durch die Insolvenz der Sabena 2001 erlitt Zaventem einen dramatischen Einbruch. Die Passagierzahlen sanken von fast 22 Mio. im Jahre 2000 auf etwas über 14 Mio. im Jahre 2001 und konnten sich bis 2008 nur auf etwa 18,5 Mio. Passagiere erholen.

ZURICH KLOTEN

Nach schwierigen Jahren infolge der Swissair-Insolvenz 2001 hat Kloten in den letzten Jahren wieder aufgeholt und ist heute immerhin drittwichtigstes Drehkreuz der Lufthansa nach deren Übernahme der Swiss.

VIENNA SCHWECHAT

Ein Flughafen für Österreich, die Slowakei und Ungarn. Nach Fertigstellung der Autobahn ist Bratislava (das selbst einen Flughafen besitzt) in nur 20 Minuten erreichbar. Der Flughafen war lange Zeit Hauptumsteigeplatz für Flüge nach Osteuropa. 1985 stürmte die Terrorgruppe um Abu Nidal in die Warteschlange der EL AL mit Handgranaten und Maschinenpistolen. Vier Menschen starben und 40 wurden verletzt.

Frankfurt Main

Der erste Rhein-Main-Flughafen entstand in Griesheim (bei Darmstadt) im Jahre 1907. 1933 begannen die Nazis mit der Rodung im Stadtwald für einen Zeppelin- und Militärflughafen. Von Frankfurt aus starteten die Bomber nach Frankreich. Nach der Einnahme und Instandsetzung durch die Amerikaner wurde Frankfurt einer der Abflughäfen der Berliner Luftbrücke. Von 1950 bis 1970 verhundertfachte sich der Passagierverkehr. Die dringend benötigte neue Startbahn West konnte wegen massiver Umweltproteste erst 1984 fertiggestellt werden. Heute ist Frankfurt mit über 70 000 Mitarbeitern größter lokaler Arbeitgeber Deutschlands. Frankfurt Airport hat alles, was eine Stadt braucht. Von 1978 bis 2000 gab es sogar eine Diskothek im Flughafen, das dem Studio 54 in New York nachempfundene „Dorian Gray". Für den Bau der neuen Nordbahn wird ein ganzes Chemiewerk verlegt.

FRANKFURT MAIN FRA

FRANKFURT MAIN FRA

Munich

Bevor der neue Großflughafen in München-Erding in Betrieb genommen wurde, dauerten die Tests mit dem Gepäcksystem zwei Jahre. Und vor der Eröffnung begann ein halbjähriger Dauerbetrieb mit 24 Stunden am Tag. Der gesamte Flugbetrieb wurde mit Mietwagen und Transportern simuliert, jede Parkposition und Be- und Entladestation ausgiebig getestet. Die Inbetriebnahme 1992 verlief dann reibungslos. Der kleine Stadtflughafen München-Riem wurde um Mitternacht des einen Tages geschlossen, der etwa 30 km entfernte Flughafen Franz Josef Strauß morgens um 5 Uhr eröffnet.

Seither hat München weltweit einen erstklassigen Ruf als Consultant für Organisation und Neueröffnungen.

MUNICH MUC

MUNICH MUC

Der Münchner Franz-Josef-Strauß-Flughafen ist berüchtigt für seine Nebellagen.

PARIS CDG

Paris Charles de Gaulle

Futurisme à la française. Schon das Terminal 1 aus den frühen 1970er Jahren bestach durch Innovation. Eine Art mehrstöckiges Raumschiff mit Rolltreppen im Innenraum und spinnenbeinförmig angelegten Satelliten, was schnellste Wege zum Gate ermöglicht. Selbst die etwas kosmische musikalische Untermalung der Ansagen ist einzigartig. Ab den 1980er Jahren wurde nach und nach Terminal 2 in den Blöcken A bis G beidseits längs einer Straße errichtet – nicht minder architektonisch interessant, aber leider überschattet durch den Einsturz von Terminal 2E im Jahre 2004 mit vier Toten (Wiedereröffnung 2008).

Überhaupt ist die Geschichte des Flughafens von dramatischen Zwischenfällen gekennzeichnet. Schon die Eröffnung 1974 wurde durch einen Absturz der Turkish Airlines überschattet. Im Jahre 2000 verunglückte die Concorde wegen eines Metallteils auf der Piste und tötete alle 113 Passagiere an Bord. 2009 funktionierten die Pitot-Rohre (Geschwindigkeitsmessung) einer A330 auf dem Flug von Rio nach CDG nicht mehr. Das Cockpit erhielt unterschiedliche Messungen, und die Maschine stürzte mit 229 Menschen im Atlantik ab. Die fehlerhaften Teile waren französischer Bauart und deren Auswechselung von Airbus schon lange vorher angemahnt. Nach dem Unglück tauschte man die Teile aus, natürlich zunächst wieder gegen das französische Fabrikat. Erst nach einem weiteren Zwischenfall überlegte die Air France, das störungsfrei funktionierende amerikanische Konkurrenzprodukt einzusetzen.

Als äußerst problematisch sowie gefährlich wird die Verwendung der französischen Sprache im Luftverkehr angesehen. Im Mai 2000 stießen eine Frachtmaschine und eine Passagiermaschine auf dem Rollfeld zusammen – ein Toter. Der Tower hatte die Anweisungen an die Passagiermaschine in französischer, an die Frachtmaschine in englischer Sprache gegeben. Der getötete Copilot konnte die Anweisung an die andere Maschine nicht verstehen. Danach wollte man französische Anweisungen auf französischen Flughäfen verbieten. Der politische Aufschrei, die Piloten könnten von ihrer Muttersprache entfremdet werden, verhinderte das sinnvolle Verbot. Bis heute (2009) besteht Gefahr für die Flugsicherheit durch das Verwenden der französischen Sprache im internationalen Flugverkehr.

PARIS CDG

PARIS CDG

Barcelona

Barcelona unterhält Verbindungen hauptsächlich in Europa und nach Nordamerika. Die verkehrsreichste Strecke der Welt bis 2008 war die Luftbrücke (Puente Aeréo) mit Madrid. Heute verkehrt ein Hochgeschwindigkeitszug, der für die Strecke von Zentrum zu Zentrum gerade mal 2 Stunden und 35 Minuten benötigt. Mit Anfahrt und Check-in schlägt er das Flugzeug um Längen. Insbesondere aber auch in der Umweltbilanz, der CO_2-Ausstoß pro Fluggast beträgt 71 kg, pro Bahngast 13,8 kg.

Madrid

Mit einer Kapazität von 70 Mio. Passagieren ist Barajas heute der viertgrößte Flughafen Europas. 2006 eröffnete Terminal 4 mit einer Fläche von über 1,1 Mio. m^2 und Kosten von über 7 Mrd. Euro, neidisch beäugt von den Briten. Schließlich wurde das spektakuläre Gebäude von dem englischen Stararchitekten Richard Rogers entworfen, der auch den Terminal 5 in Heathrow plante. Nur, der größere Wurf steht in Madrid. Am 30. Dezember 2006 zündete die ETA eine Bombe in einem Parkhaus. Zwei Kolumbianer wurden getötet. Perverserweise machte die ETA hinterher den spanischen Staat für die Toten verantwortlich, weil man das Gebäude trotz Bombenwarnung nicht rechtzeitig evakuiert hatte.

Funchal Madeira

Bis 2000 war Madeira ein gefürchteter Airport mit kurzer Landebahn und gefährlicher Steilküste. Eine Tap Portugal verunglückte 1977 mit 131 Toten. Heute ist die Piste aufwendig verlängert auf 2777 m, auf Betonstützen, die bis zu 59 m hoch ragen.

MILANO MXP

MILAN MALPENSA

Bis 1998 Großflughafen weit außerhalb Mailands mit hauptsächlich interkontinentalen Flügen. Innereuropäische Strecken bevorzugten den Nebenflughafen Linate nahe des Mailänder Zentrums und mussten selbst nach dem schweren Unglück der SAS mit 114 Toten zum Umzug gezwungen werden. Bis zur EXPO 2015 ist der Bau einer dritten Piste vorgesehen. Derzeit gibt es aber massiven Widerstand der betroffenen Anwohner.

ROME FIUMICINO

Der verkehrsreichste Flughafen Italiens war in den 1960er bis 1980er Jahren wegen oberflächlicher Kontrollen bevorzugtes Terrain für Terroristen und Flugzeugentführer. 1973 töteten palästinensische Terroristen 30 Passagiere mit Phosporbomben an Bord einer Pan Am, 1985 erschossen wiederum Palästinenser 16 Passagiere im Flughafengebäude, und 1986 explodierte Plastiksprengstoff auf dem Weg von Rom nach Athen. Der Kapitän konnte zwar notlanden, aber vier Passagiere wurden durch die zerstörte Außenhaut in die Tiefe gerissen.

ROME FCO

ISTANBUL ESB

ISTANBUL

220 Check-in-Schalter, 74 Passkontrollschalter, eine Fläche von 250 000 m², das sind die Kenndaten des neuesten Terminals, der 2001 auf dem Riesenflughafen in Betrieb genommen wurde. Der Atatürk-Flughafen wurde für 27 Millionen Passagiere pro Jahr gebaut. Erwartet werden bei den derzeitigen Zuwächsen jedoch 50 Millionen pro Jahr.

ATHENS

Der 2001 fertiggestellte Flughafen Eleftherios Venizelos gilt als einer der modernsten und effizientesten in Südosteuropa, aber auch als einer der teuersten, was Ladenmieten und Landegebühren betrifft. Die bekanntesten Sicherheitsmitarbeiter sind Herkules und Ulysses, zwei Roboter zur Entfernung von suspekten Gegenständen. Im Jahre 2002 wurde eine britische Reisegruppe von 14 flugzeugbegeisterten Flugzeug-Spottern verhaftet und wegen Spionage zu ein bis drei Jahren Gefängnis verurteilt. Allerdings waren sie vorher von den Behörden gewarnt worden.

ATHENS ATH

BUDAPEST

Wie alle Flughäfen in dieser Region stammt auch Budapest Ferihegy aus der gleichen Zeit. 1977 wurde ein neuer Tower gebaut, der dem in Boston ähnelt. Budapest hatte während des Kalten Krieges eine besondere politische Rolle. Der Airport wurde oft zum Umsteigen und Weiterflug in den Ostblock benutzt, aber auch zu informellen Treffen von Politikern beider Blöcke. Nach 1989 ging das Verkehrsaufkommen stark zurück. Erst mit der Ankunft der Billigfluggesellschaften erlebt Ferihegy eine Renaissance. Seit 2005 ist der Airport privatisiert, größter Anteilseigner ist die Firma Hochtief AirPort.

ST. PETERSBURG

In den 1930er Jahren trug der Flughafen noch den Namen der Ortschaft Shosseynaya, neben der er gebaut wurde. Während es in vielen Teilen Russlands bei Strafe verboten ist, Flughäfen, Bahnhöfe oder bestimmte Gebäude und technische Einrichtungen zu fotografieren, veranstaltet der Pulkovo Airport neuerdings im Hochsommer Spotter-Festivals für Flugzeug-Freaks und lädt Fotografen aus der ganzen Welt dazu ein. Leitmotiv sind die White Nights, die hellen, langen Nächte, in denen St. Petersburg in einem ganz besonders prächtigen Licht erstrahlt.

PRAGUE

Die 70-jährige Geschichte des Ruzyně-Flughafens in Prag ist sehr wechselhaft. Zehn verschiedene Flughafenbetreiber waren für Stillstand oder Entwicklung verantwortlich, Fluggesellschaften kamen und gingen. Erst um die Jahrtausendwende nahm der Flughafen ein modernes Gesicht an. Im James-Bond-Film „Casino Royale" gibt es eine Szene, die angeblich auf dem Flughafen von Miami spielt. Sie wurde aber in Prag gefilmt. Da dabei eine Maschine von Virgin Atlantic zu sehen ist, hat British Airways für die Bordversion des Films jede Szene herausgeschnitten, in dem das Flugzeug der Konkurrenz zu sehen war.

MOSCOW

Moskau Sheremetyevo ist seit 1959 in Betrieb. Staatlich betrieben, galt er über Jahrzehnte als einziger Zugang zur Sowjetunion. Da er zur Zeit des Kalten Krieges erbaut wurde, gab es geheime Räume, Gänge, unscheinbare Türen. Alle Gates waren verwanzt, hoffte man doch, abfliegenden Gästen als letzte Möglichkeit vertraulich ausgetauschte Informationen zu entlocken. 1996 wurde Moskaus zweiter wichtiger Airport Domodedovo von einem privaten Konsortium ausgebaut. In wenigen Jahren lief er Sheremetyevo den Rang als größten Airport Russlands ab. Domodedovo ist hochmodern und besitzt schon seit 2005 Ganzkörperscanner, die aber nur selektiv eingesetzt werden.

Country	IATA	ICAO	Airport Name	Pax (2008)	Terminals	Runways	Longest RWY m	ft	opening
Algeria	ALG	DAAG	Houari Boumedienne **(Algiers)**	7183340	2	2	3500	11483	1940
	TMR	DAAT	**Tamanrasset** – Hadj Bey Akhamok	n/a	1	2	3600	11811	n/a
Angola	LAD	FNLU	Aeroporto Quatro de Fevereiro **(Luanda)**	1000000	1	2	3716	12192	n/a
Benin	COO	DBBB	**Cotonou** Cadjehoun Airport	500000	1	1	2400	7874	n/a
Botswana	GBE	FBSK	Sir Seretse Khama International Airport **(Gaborone)**	300000	1	1	3000	9843	n/a
Burkina Faso	OUA	DFDD	**Ouagadougou** Airport	500000	1	2	3028	9934	n/a
Burundi	BJM	HBBA	Aéroport International de **Bujumbura**	100000	1	1	3600	11811	n/a
Cameroon	DLA	FKKD	**Douala** International Airport	n/a	1	1	2853	9360	n/a
	NSI	FKYS	**Yaoundé** Nsimalen International Airport	220000	1	1	3400	11155	n/a
Cape Verde	RAI	GVNP	**Praia** International Airport	n/a	1	1	2096	6877	2005
	SID	GVAC	Amílcar Cabral International Airport (**Sal** International)	n/a	1	2	3272	10735	1949
Central African Republic	BGF	FEFF	**Bangui** M'Poko International Airport	70000	1	1	2600	8530	n/a
Chad	NDJ	FTTJ	**N'Djamena** International	n/a	1	1	2800	9186	n/a
Comores	HAH	FMCH	Prince Said Ibrahim International **(Moroni)**	n/a	1	1	2900	9514	n/a
Egypt	CAI	HECA	**Cairo** International	14360175	3	4	4000	13123	n/a
	HRG	HEGN	**Hurghada** International	6743199	1	1	4000	13123	n/a
	LXR	HELX	**Luxor** International	2168700	1	1	3000	9843	n/a
	SSH	HESH	**Sharm el-Sheikh** International	7758859	3	2	3081	10108	1968
Equatorial Guinea	SSG	FGSL	**Malabo** International Airport	n/a	1	1	2940	9646	n/a
Ethiopia	ADD	HAAB	Bole International **(Addis Ababa)**	6295713	2	2	3800	12467	n/a
Gabon	LBV	FOOL	**Libreville** Leon M'ba International Airport	n/a	1	1	3000	9843	n/a
Gambia	BJL	GBYD	Yundum International (**Banjul** International)	1000000	1	1	3600	11811	n/a
Ghana	ACC	DGAA	Kotoka International Airport **(Accra)**	1100000	1	1	3403	11165	n/a
Guinea	CKY	GUCY	Gbessia International (**Conakry** International)	n/a	1	1	3300	10827	n/a
Guinea-Bissau	OXB	GGOV	Osvaldo Vieira International Airport **(Bissau)**	n/a	1	1	3200	10499	n/a
Ivory Coast	ABJ	DIAP	Felix Houphouet Boigny International **(Abidjan)**	n/a	2	1	3000	9843	n/a
Kenya	NBO	HKJK	Jomo Kenyatta International **(Nairobi)**	5104791	1	1	4117	13507	1958
	MBA	HKMO	Moi International **(Mombasa)**	n/a	1	2	3350	10991	1942
Kongo DR	FIH	FZAA	N'Djili International Airport **(Kinshasa)**	800000	1	1	4700	15420	n/a
Kongo (Republik Kongo)	BZV	FCBB	Maya-Maya Airport **(Brazzaville)**	451000	1	1	3300	10827	n/a
Liberia	MLW	GLMR	James Spriggs Payne Airport **(Monrovia)**	n/a	1	1	1829	6001	n/a
Libya	BEN	HLLB	Benina International **(Benghazi)**	n/a	1	2	3576	11732	n/a
	TIP	HLLT	**Tripoli** International	3070200	2	2	3600	11811	1952
Madagascar	TNR	FMMI	Ivato International **(Antananarivo)**	750000	1	1	3100	10171	n/a
Malawi	LLW	FWKI	**Lilongwe** International	n/a	1	1	3391	11125	n/a
Mali	BKO	GABS	**Bamako** Senou International	700000	1	1	2706	8878	1974
Mauritania	NKC	GQNN	**Nouakchott** International	n/a	1	1	3010	9875	n/a
Mauritius	MRU	FIMP	Sir Seewoosagur Ramgoolam International **(Mauritius)**	2609805	1	1	3370	11056	1945
Morocco	AGA	GMAD	Al Massira International **(Agadir)**	1455194	1	1	3200	10499	n/a
	CMN	GMMN	Mohammed V International **(Casablanca)**	6209711	3	2	3720	12205	1943
	RAK	GMMX	**Marrakech** – Menara Airport	3100495	1	1	3100	10171	1943
Mozambique	MPM	FQMA	**Maputo** International Airport	n/a	1	2	3660	12008	n/a
Namibia	WDH	FYWH	**Windhoek** Hosea Kutako International	700000	1	2	4673	15331	n/a
Niger	NIM	DRRN	Diori Hamani International **(Niamey)**	150000	1	2	3000	9843	1963
Nigeria	ABV	DNAA	Nnamdi Azikiwe International **(Abuja)**	2746300	1	1	3609	11841	n/a
	LOS	DNMM	Murtala Muhammed International **(Lagos)**	5136697	3	2	3900	12795	1979
	PHC	DNPO	**Port Harcourt** International	n/a	1	1	3001	9846	n/a
Rwanda	KGL	HRYR	**Kigali** International Airport	250000	1	1	3500	11483	n/a
São Tomé & Principe	TMS	FPST	**São Tomé** International Airport	n/a	1	1	2220	7283	n/a
Senegal	DKR	GOOY	**Dakar**-Yoff/Léopold Sédar Senghor International	2205000	1	2	3490	11450	1942
Seychelles	SEZ	FSIA	Seychelles International Airport **(Victoria)**	n/a	1	1	2987	9800	1972
Sierra Leone	FNA	GFLL	**Freetown**-Lungi International Airport	n/a	1	1	3200	10499	n/a
Somalia	MGQ	HCMM	Aden-Adde International Airport **(Mogadishu)**	n/a	1	1	3018	9902	n/a
South Africa	BFN	FABL	**Bloemfontein** Airport	n/a	1	2	2559	8396	n/a
	CPT	FACT	**Cape Town International**	8970000	5	2	3201	10502	n/a
	DUR	FADN	**Durban International**	4458715	1	1	2439	8002	n/a
	JNB	FAJS	OR Tambo International **(Johannesburg)**	18501628	3	2	4418	14495	1952
	PLZ	FAPE	**Port Elizabeth** Airport	1491591	1	3	1980	6496	1929
Sudan	KRT	HSSS	**Khartoum** International Airport	n/a	1	1	2980	9777	n/a
Tanzania	DAR	HTDA	Julius Nyerere International Airport **(Dar-es-Salaam)**	n/a	1	2	3000	9843	n/a

intercontinental airports

Togo	LFW	DXXX	**Lomé**-Tokoin Airport – (Gnassingbé Eyadéma International)	350 000	1	1	3001	9846	n/a
Tunisia	DJE	DTTJ	**Djerba** – Zarzis International	2 626 742	1	1	3100	10 171	n/a
	MIR	DTMB	Habib Bourguiba International **(Monastir)**	4 314 040	1	1	2903	9524	1942
	TUN	DTTA	**Tunis** – Carthage International	4 068 233	1	2	3200	10 499	1941
Uganda	EBB	HUEN	**Entebbe** International Airport	720 000	2	2	3658	12 001	n/a
Zambia	LUN	FLLS	**Lusaka** International Airport	n/a	1	2	3692	12 113	n/a
Zimbabwe	HRE	FVHA	**Harare** International Airport	600 000	2	1	4725	15 502	n/a

Casablanca

Der größte Flughafen Marokkos wurde von den Amerikanern 1943 während des Zweiten Weltkrieges gebaut. Nach dem Machtverlust der Franzosen drängte König Muhammed V. auch auf einen Rückzug der amerikanischen Streitkräfte. Seit 1963 ist damit der Flughafen ganz in marokkanischer Hand.

Cairo

Drehkreuz der Egypt Air (Star Alliance) und zweitgrößter Flughafen Afrikas. Kairo wird seit 2004 von der deutschen Fraport betrieben. Die geografische Lage der Stadt macht Kairo zum natürlichen Drehkreuz zwischen Europa, Afrika und dem Mittleren Osten.

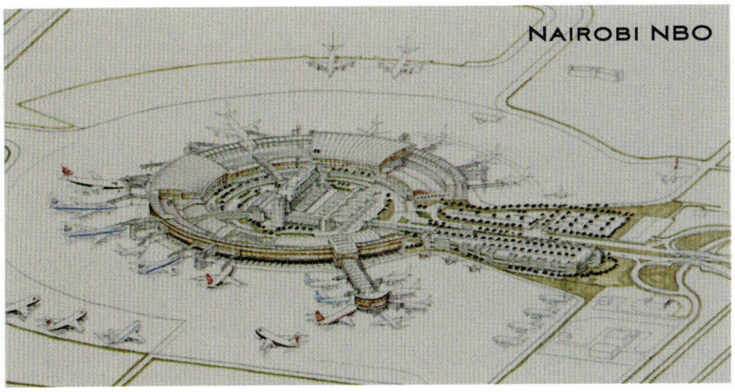

Nairobi

Der verkehrsreichste Flughafen in Zentralafrika war 1974 Zeuge des schwersten Lufthansa-Unglücks. Eine nicht sauber abgearbeitete Checkliste führte zum Versagen der Krüger-Klappen am vorderen Teil der Tragflächen eines erst vier Jahre alten Jumbos der ersten Baureihe. Das Flugzeug bekam nicht genügend Auftrieb, schlug kurz nach dem Start auf und zerbrach in drei Teile. 98 der 157 Menschen an Bord überlebten den Absturz. Es war der erste Crash einer 747 überhaupt. Boeing baute im Anschluss danach akustische und optische Signale ein, die bei einer fehlerhaften Konfiguration warnen.

Tripoli

Spannungen zwischen den USA und Libyen gipfelten im Anschlag auf Pan Am 103 über Lockerbie. Europa und die USA verhängten Sanktionen, die natürlich auch massiv den Flughafen von Tripoli betrafen. 2003 entschloss sich Libyen zu einem radikalen Kurswechsel, vernichtete seine Waffenfabriken und zahlte eine Entschädigung von 3 Mrd. Dollar an die Angehörigen des Pan-Am-Fluges. Die neue Politik sollte auch dem internationalen Flughafen zugutekommen.

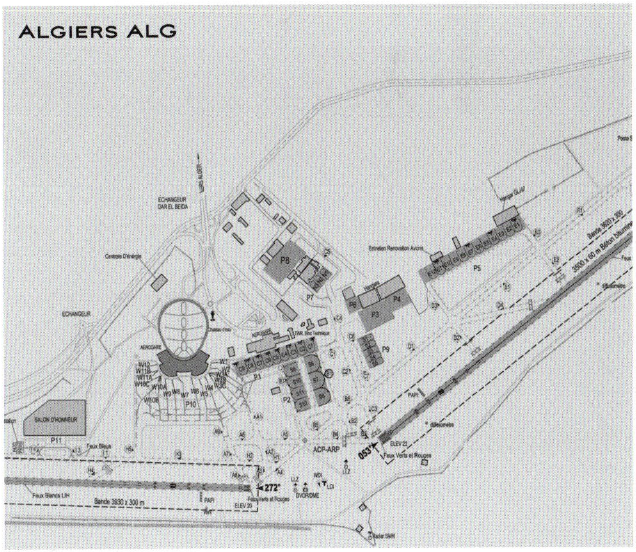

Algiers

Einer der modernsten Flughäfen Afrikas in einem Land mit instabiler Geschichte. An Heiligabend 1994 wurde ein Airbus A300 von vier islamischen Terroristen gekapert, drei Passagiere erschossen. Bei der Landung in Marseille stürmte ein Spezialkommando die Maschine und tötete alle Luftpiraten.

LAGOS

Lange Zeit einer der korruptesten Flughäfen der Welt: Flugzeuge wurden schon auf dem Flugfeld überfallen, Zollstempel kosteten Bestechungsgeld, Gebühren wurden erhoben, die es gar nicht gab. Der FAA platzte 1993 endgültig der Kragen. Sie suspendierte sämtliche Flüge zwischen Lagos und den USA. Nach der Wahl Olusegun Obasanjos 1999 verbessert sich die Situation zusehends.

MOGADISHU

Deutscher Herbst 1977, der Arbeitgeberpräsident H. M. Schleyer ist von der RAF entführt. Um den Forderungen der Entführer Nachdruck zu verleihen, entführen palästinensische Terroristen die Lufthansa Landshut auf dem Weg von Mallorca nach Frankfurt. Die Maschine macht zahlreiche Zwischenstopps. Bei dem letzten im Jemen erschießen die Entführer den Kapitän Jürgen Schumann. Als letzte Station wird Mogadischu angeflogen. Die somalische Regierung willigt in eine dramatische, aber erfolgreiche Befreiungsaktion der deutschen Spezialeinheit GSG 9 ein. Drei der vier Entführer sterben, alle Passagiere überleben, die meisten unverletzt. Die Terroristen der RAF, die freigepresst werden sollten, verüben noch in derselben Nacht Selbstmord. Schleyer wird am nächsten Tag ermordet in einem Kofferraum gefunden.

JOHANNESBURG

Ebenfalls ein „hot-and-high"-Airport. Johannesburg liegt 1700 m über dem Meeresspiegel. Das schränkt das maximale Abfluggewicht ein. Für den Flug Johannesburg–Washington D.C. reicht die Betankung nicht aus, also müssen die Flugzeuge in Dakar, Senegal, zwischenlanden. In Washington kann der Rückflug knapp über dem Meeresspiegel starten. Technisch ist der 15-stündige Rückflug daher kein Problem. In den 1980er Jahren mussten wegen der Sanktionen gegen die Apartheid-Politik viele Fluggesellschaften ihre Flüge nach Südafrika einstellen. South African Airlines durfte die meisten afrikanischen Länder nicht überfliegen und musste mit speziellen 747 SP lange Umwege in Kauf nehmen. Für die Fußball-WM wurde durch Umbauten die Kapazität erhöht.

CAPE TOWN

Bis 2017 soll die Kapazität des Flughafens auf etwa 15 Mio. Passagiere ausgebaut werden. Bisher besitzt nur das internationale Terminal Fluggastbrücken. Acht nationale und 16 internationale Gesellschaften fliegen die Stadt am Kap der Guten Hoffnung an. Kapstadt ist einer der wenigen Airports, die einen drei Meter breiten Bannstreifen um das Gepäckband einhalten. Der darf erst betreten werden, wenn man den eigenen Koffer sieht.

MIDDLE EAST

⊛ *intercontinental airports*

Country	IATA	ICAO	Airport Name	Pax (2008)	Terminals	Runways	Longest RWY m	ft	opening
Bahrain	BAH	OBBI	**Bahrain** International	7000000	1	2	3956	12979	1932
Iran	IKA	OIIE	Imam Khomeini International **(Tehran)**	n/a	1	1	4249	13940	2004
Iraq	BGW	ORBI	**Baghdad** International	n/a	2	2	4000	13123	1982
Israel	TLV	LLBG	Ben Gurion International **(Tel Aviv)**	11081231	4	3	3657	11998	1936
Jordan	AMM	OJAI	Queen Alia International **(Amman)**	4000000	2	2	3660	12008	1983
Kuwait	KWI	OKBK	**Kuwait** International	7226345	2	2	3500	11483	n/a
Libanon	BEY	OLBA	**Beirut** Rafic Hariri International	4004972	1	3	3800	12467	1954
Oman	MCT	OOMS	**Muscat** International (Masqat)	4002121	1	1	3589	11775	1972
Qatar	DOH	OTDB	**Doha** International	15000000	1	1	4572	15000	1960
Saudi Arabia	DMM	OEDF	King Fahd International **(Dammam)**	3900000	2	2	4000	13123	1999
	JED	OEJN	King Abdulaziz International **(Jeddah)**	13000000	4	3	3800	12467	1981
	RUH	OERK	King Khalid International **(Riyadh)**	20000000	4	2	4205	13796	1990
Syria	DAM	OSDI	**Damascus** International	3500000	1	2	3600	11811	1973
UAE	AUH	OMAA	**Abu Dhabi** International	9026000	3	1	4100	13451	1982
	DXB	OMDB	**Dubai** International	36592307	4	2	4000	13123	1960
Yemen	ADE	OYAA	**Aden** International	n/a	1	1	3100	10171	n/a
	SAH	OYSN	El Rahaba Airport (**Sana'a** International)	n/a	2	1	3252	10669	n/a

Der mittlere Osten versucht seit etwa 50 Jahren, in fundamentalistischem Umfeld normalen Flugverkehr aufrechtzuerhalten. Stundenlange Sicherheitskontrollen in Israel, Korkenzieherflüge im Irak, Bomben und Entführungen schrecken die Reisenden und stellen Herausforderungen an Sicherheitskräfte und Geheimdienste dar. Gleichzeitig bilden sich luxuriöse Touristenparadiese z.B. in den Emiraten mit exponentiell zunehmenden Flugverbindungen und einem Rundumservice wie in 1001 Nacht. Durch seine strategisch günstige Lage zwischen Europa und Südostasien bzw. Australien setzen die Fluggesellschaften am Golf auf Reisende, die den langen Flug mit einem kurzen Luxusaufenthalt in einem der Emirate unterbrechen wollen. So wetteifern denn Dubai mit Abu Dhabi, Bahrain, Dammam und Doha mit immer neuen Attraktionen und noch mehr Luxus und noch größerem Duty-free-Angebot um die Kunden. Aber auch die Airlines unterbieten sich gegenseitig und locken die Europäer mit attraktiven Preisen und immer mehr Komfort in den Flugzeugen.

TEL AVIV TLV

TEL AVIV

Verblüffenderweise ist dies einer der sichersten Flughäfen der Welt. Trotz vieler Versuche konnten keine Entführungen oder andere Überfälle auf Ben Gurion realisiert werden. Ein ausgeklügeltes Sicherheitssystem sorgt für die Passagiere.

1972 kam es dennoch zu einem Massaker. Mitglieder der japanischen Roten Armee, aus Paris kommend, schossen mit Maschinengewehren aus ihrem in Paris nicht kontrolliertem Gepäck in eine Menge von Pilgern aus Puerto Rico. 25 Menschen wurden getötet (Lod-Airport-Massaker). Einer der Terroristen wurde 1985 in einem Gefangenenaustausch befreit, heute genießt er politisches Asyl nach libanesischem Recht, weil er an „Widerstandsoperationen" gegen Israel teilgenommen hat.

Während die meisten Flughäfen der Welt viel Glas verbauen und fast palastähnliche Terminals hochziehen, erinnert der Airport in Tel Aviv eher an eine Bunkeranlage, die Sehschlitze im Tower entsprechen eher Schießscharten mit Panzerglas.

TEL AVIV TLV

BEIRUT BEY

BEIRUT

1968 wurde eine Maschine der EL AL in Rom gekapert und zur Landung in Algier gezwungen. Die letzten Passagiere wurden nach 40 Tagen freigelassen. Im Dezember des gleichen Jahres gab es einen Anschlag auf eine EL-AL-Maschine in Athen. Israel reagierte zwei Tage später und zerstörte in einem Luftangriff 14 Zivilflugzeuge am Beiruter Flughafen. Ein schwerer Schlag für die libanesische Luftfahrt. Lebanese International Airways ging in den Bankrott. Der Flughafen ist heute zu Ehren des bei einem Bombenattentat getöteten Politikers Rafik Hariri benannt.

TEHRAN IKA

TEHRAN

Revolutionäre Mühlen mahlen langsam. Planung und Aufbau begannen schon vor 1979 in Anlehnung an Dallas Fort Worth. Dann musste das amerikanische Architektenteam gegen einheimische ausgewechselt werden, zwischenzeitlich konsultierte man Franzosen. Bald darauf wurde ein türkisch-österreichisches Konsortium beauftragt, und immerhin 25 Jahre später war der Flughafen bezugsfertig.

BAGHDAD

Starten und Landen auf dem ehemaligen Saddam Airport ist noch immer ungewöhnlich. Um dem Beschuss von Kurzstreckenwaffen zu entgehen, fliegen die Gesellschaften das „corkscrew maneuver", eine Art Spirale über dem Flugfeld.

BAGHDAD BGW

JEDDAH

Der Pilgerflughafen in der Nähe von Mekka ist berühmt durch sein zeltähnliches Hadsch-Terminal, dem viertgrößten Terminal überhaupt. Es wurde für ausländische Mekka-Reisende gebaut. Der Entwurf stammt von Skidmore, Owings und Merrill. Weil die Gegend um Mekka und Medina für Muslime als heiliger Boden gilt, dürfen nichtmuslimische Flugzeugbesatzungen nur unter strengsten Auflagen landen. Sie dürfen sich dort nicht frei bewegen, müssen während der Zeit am Boden ihre Pässe abgeben. Da die Pilger auf ihrem Rückflug sehr viel Handgepäck – von Wasserkanistern bis Fernseher – dabeihaben, rechnen die Crews pauschal mit 25 % Gewicht mehr als angegeben.

RIYADH RUH

RIYADH

Größter Flughafen Saudi Arabiens mit über 20 Mio. Passagieren und Landemöglichkeit für das Space Shuttle.

Zentrum des Flughafens ist eine riesige Moschee mit einer Kuppel von mehr als 33 m Durchmesser und Platz für 5000 Gläubige. Die Minarette überragen mit 39 m das Flughafengebäude, nicht aber den Tower mit 81 m.

JEDDAH JED

BAHRAIN

Der internationale Flughafen des Inselreiches ist heute wichtiges Drehkreuz der Gulf Air. In den 1930er Jahren landeten vor Bahrain die Empire Seaplanes auf ihrem Weg von England in die Kolonien. In den 1950ern flog der British-Airways-Vorgänger BOAC über Bahrain nach Fernost und Australien. Ab 1976 gab es regelmäßig Flüge mit der Concorde nach London.

BAHRAIN BAH

DUBAI DXB

DUBAI

Dubai liebt den Superlativ. Der internationale Flughafen mit einem der beeindruckendsten Duty-free-Shops der Welt hat seine Passagierzahlen gerade von 10 Mio. (1999) auf fast 40 Mio. (2008) nahezu vervierfacht und baut seine Kapazität bis 2011 auf etwa 80 Mio. Gäste aus. Dennoch entsteht schon ein neuer Flughafen, der Al Maktoum International Airport (Dubai World Central) mit sechs 4500 m langen Pisten und einer Kapazität von sage und schreibe 120 Mio. Passagieren. Messestadt, Wohnstadt für 800 000 Menschen, kombinierter See-Luft-Frachtverkehr mit dem 6-fachen Frachtaufkommen Frankfurts – das alles in einem Land mit 1,3 Mio. Einwohnern.

DUBAI DXB

DUBAI DXB

Country	IATA	ICAO	Airport Name	Pax (2008)	Terminals	Runways	Longest RWY m	ft	opening
Afghanistan	KBL	OAKB	**Kabul** International Khwaja Rawash	n/a	1	1	3500	11483	1960
Armenia	EVN	UDYZ	Zvartnots International Airport **(Yerevan)**	1500000	1	1	3840	12598	1961
Azerbaijan	GYD	UBBB	Heydar Aliyev International **(Baku)**	n/a	2	2	3200	10499	1980
Bangladesh	DAC	VGZR	Zia International **(Dhaka)**	5000000	2	1	3200	10499	1981
Bhutan	PBH	VQPR	**Paro** Airport	50000	1	1	1985	6512	n/a
Brunei	BWN	WBSB	Brunei International **(Bandar Seri Begawan)**	1300000	1	1	3658	12001	1953
Cambodia	PNH	VDPP	**Phnom Penh** International	1700000	2	1	3000	9843	2003
	REP	VDSR	Siem Reap-**Angkor** International	1500000	2	1	2550	8366	2006
PR China	CAN	ZGGG	**Guangzhou** Baiyun International	33435472	1	2	3800	12467	2004
	HGH	ZSHC	**Hangzhou** Xiaoshan International	12673198	1	1	3600	11811	2000
	HKG	VHHH	**Hong Kong** International	47898000	2	2	3800	12467	1998
	KMG	ZPPP	**Kunming** Wujiaba International	15877814	1	1	3400	11155	1923
	PEK	ZBAA	**Beijing** Capital International	55938136	3	3	3800	12467	1958
	PVG	ZSPD	**Shanghai** Pudong International	28235691	2	3	4000	13123	1999
	SHA	ZSSS	**Shanghai** Hongqiao International	22877404	n/a	n/a	n/a	n/a	n/a
	SZX	ZGSZ	**Shenzhen** Bao'an International	21400509	3	1	3400	11155	1991
	TSN	ZBTJ	**Tianjin** Binhai International	4637299	1	2	3600	11811	n/a
	XIY	ZLXY	**Xi'an** Xianyang International	11921919	1	1	3000	9843	1991
Georgia	TBS	UGTB	**Tbilisi** International	650000	1	2	3000	9843	1995
India	BLR	VOBL	**Bangaluru** International	10120000	1	1	4000	13123	2008
	BOM	VABB	Chhatrapati Shivaji International **(Mumbai)**	25860000	4	2	3445	11302	n/a
	CCU	VECC	Netaji Subhash Chandra Bose International **(Kolkata)**	7460000	2	2	3627	11900	1924
	DEL	VIDP	Indira Gandhi International **(Delhi)**	23970000	5	3	4430	14534	1945
	MAA	VOMM	**Chennai** International	10600000	2	2	3658	12001	1954
	TRV	VOTV	**Trivandrum** International	2100000	2	1	3398	11148	1932
Indonesia	DPS	WADD	Ngurah Rai International **(Denpasar, Bali)**	5500000	2	1	3000	9843	1931
	JGK	WIII	Soekarno-Hatta International **(Jakarta)**	32172114	3	2	3660	12008	1985
	JOG	WARJ	Adisucipto (or Adisutjipto) International **(Yogyakarta)**	n/a	1	2	2200	7218	1945
	SUB	WARR	Juanda International (**Surabaya**, Java)	10000000	2	1	3000	9843	1964
Japan	HND	RJTT	Haneda Airport **(Tokyo)**	66000000	2	3	2999	9839	1931
	KIX	RJBB	Kansai International **(Osaka)**	17000000	2	2	4000	13123	1994
	NGO	RJGG	Chūbu Centrair International **(Nagoya)**	10800000	2	1	3500	11483	2000
	NRT	RJAA	Narita International **(Tokyo)**	36000000	2	2	4000	13123	1978
Kazakhstan	ALA	UAAA	**Almaty** International	1250000	2	2	4000	13123	1935
Korea, North	FNJ	ZKPY	Sunan International **(Pyongyang)**	n/a	1	2	3802	12474	n/a
Korea, South	ICN	RKSI	Incheon International **(Seoul)**	30000000	1	3	4000	13123	2001
Kyrgyzstan	FRU	UAFM	Manas International **(Bishkek)**	226000	1	1	4200	13780	1974
Laos	LPQ	VLLB	**Luang Prabang** International	n/a	1	1	2200	7218	n/a
	VTE	VLVT	Wattay International **(Vientiane)**	n/a	n/a	1	3000	9843	n/a
Macau	MFM	VMMC	**Macau** International	5000000	1	1	3360	11024	1995
Malaysia	BKI	WBKK	**Kota Kinabalu** International	4300000	2	1	2987	9800	1943
	KUL	WMKK	**Kuala Lumpur** International	25000000	2	2	4050	13287	1998
Maledives	MLE	VRMM	**Malé** International	2100000	1	1	3200	10499	1966
Mongolia	ULN	ZMUB	Chinggis Khaan International **(Ulan Bator)**	n/a	1	2	3100	10171	1961
Myanmar	RGN	VYYY	**Yangon** International Airport	n/a	1	1	3414	11201	1947
Nepal	KTM	VNKT	Tribhuvan International **(Kathmandu)**	2300000	2	1	3050	10007	1949
Pakistan	ISB	OPRN	Benazir Bhutto International **(Islamabad)**	4800000	2	1	3287	10784	1960
	KHI	OPKC	Jinnah International Airport **(Karachi)**	27000000	2	2	3400	11155	1929
	LHE	OPLA	Allama Iqbal International **(Lahore)**	3100000	2	2	3310	10860	2003
Philippines	MNL	RPLL	Ninoy Aquino International **(Manila)**	22253158	3	2	3737	12260	1937
Russia	AER	URSS	**Sochi** International	1800000	1	2	2890	9482	1945
	IKT	UIII	**Irkutsk** Airport	1100000	2	1	3565	11696	1928
	KJA	UNKL	Yemelyanovo International **(Krasnojarsk)**	n/a	2	1	3700	12139	1980
	OMS	UNOO	Tsentralny Airport **(Omsk)**	600000	1	3	2876	9436	n/a
	OVB	UNNT	**Novosibirsk** Tolmachevo Airport	2100000	2	3	3605	11827	1957
Singapore	SIN	WSSS	**Singapore** Changi Airport	36000000	4	3	4000	13123	1981
Sri Lanka	CMB	VCBI	Bandaranaike International/Katunayake International **(Colombo)**	5000000	1	1	3350	10991	1934
Taiwan	TPE	RCTP	Taiwan Taoyuan International **(Taipei)**	23000000	2	2	3660	12008	1979
Tajikistan	DYU	UTDO	**Dushanbe** Airport	n/a	1	1	3100	10171	1964
Thailand	BKK	VTBS	Suvarnabhumi International **(Bangkok)**	43000000	1	2	4000	13123	2006
Turkmenistan	ASB	UTAA	**Ashgabat** Airport (Saparmurat Turkmenbashy International)	n/a	1	3	3800	12467	1994
Uzbekistan	TAS	UTTT	**Tashkent** International (Yuzhniy)	2000000	2	2	4000	13123	2001
Vietnam	HAN	VVBN	Noi Bai International **(Hanoi)**	5500000	1	2	3800	12467	1965
	SGN	VVTS	Tan Son Nhat International **(Ho Chi Minh City)**	7000000	2	2	3800	12467	1930

ASIA

Omsk OMS
Novosibirsk OVB
Krasnojarsk KJA
Irkutsk IKT
Ulan Bator ULN
Sochi AER
Tbilisi TBS
Baku GYD
Yerevan EVN
Ashgabat ASB
Bishkek FRU
Almaty ALA
Tashkent TAS
Dushanbe DYU
Islamabad ISB
Kabul KBL
Lahore LHE
Delhi DEL
Karachi KHI
Mumbai BOM
Kathmandu KTM
Paro PBH
Kolkata CCU
Dhaka DAC
Bangaluru BLG
Chennai MAA
Trivandrum TRV
Colombo CMB
Malé MLE
Beijing PEK
Tianjin TSN
Pyongyang FNJ
Seoul ICN
Nagoya NGO
Osaka KIX
Tokyo NRT HND
Xi'an XIY
Shanghai PVG SHA
Hangzhou HGH
Kunming KMG
Guangzhou CAN
Shenzen SZX
Taipei TPE
Hong Kong HKG
Macau MFM
Luang Prabang LPQ
Hanoi HAN
Yangon RGN
Vientiane VTE
Bangkok BKK
REP Angkor
PNH Phnom Penh
Ho Chi Min City SGN
Manila MNL
Kota Kinabalu BKI
Bandar Seri Begawan BWN
Kuala Lumpur KUL
Singapore SIN
Jakarta JGK
Surabaya SUB
Yogyakarta JOG
Denpasar DPS

Kabul

1960 von den Sowjets gebaut. Während der kurzen Blütezeit Afghanistans mit Öffnung zum Westen war Kabul Ziel zahlreicher internationaler Airlines. Nach der sowjetischen Invasion 1979 versank das Land in Terror und Bürgerkrieg. Heute versuchen NATO, ISAF und Amerikaner, das Land zu stabilisieren und Kabul Airport als Nabelschnur zur Welt offenzuhalten.

Karachi

Als die Reichweiten der Flugzeuge noch begrenzt und der Überflug der Sowjetunion verboten waren, landeten alle wichtigen Airlines auf ihren Flügen nach Fernost auch in Karatschi.

Am 12. Oktober 1999 hatte Captain Hussein der PIA A300 von Colombo nach Karatschi einen berühmten Passagier, Pervez Musharraf. Der soeben entlassende Armeechef war politischer Intimfeind des Premiers Nawaz Sharif. Während der Landung entzog Sharif die Landeerlaubnis, der Captain versuchte nun, mit dem verbleibenden Sprit im nahegelegenen Nawabshah zu landen. Dort im Anflug richtete ihm die Flugsicherung aus, der Flughafen sei für ihn geschlossen, er solle sich „um die Landung in einem anderen Land kümmern". Captain Hussein erklärte, er müsse nun landen oder mit 190 Passagieren abstürzen. Zwischenzeitlich hatte Musharraf-treues Militär den Flughafen von Karatschi eingenommen und befahl Captain Hussein, nach Karachi zurückzufliegen und mit dem letzten Tropfen Sprit dort zu landen. General Musharraf übernahm daraufhin die Regierung. Nawaz Sharif wurde wegen Transportgefährdung und versuchtem Mord angeklagt, später begnadigt und ins Exil verbannt.

Karatschi und natürlich ganz Pakistan leiden unter dem alltäglichen Terror der Taliban. Ein „normales Leben" wird dort bis auf Weiteres nicht möglich sein.

Delhi

Delhi, früher ein Albtraum aus Desorganisation und Bürokratie ist heute auf dem Weg zu einem modernen Flughafen mit internationalem Standard. Während der muslimischen Pilgerzeit wird sogar ein eigenes Haddsch-Terminal eröffnet, um den Passagierverkehr zu entzerren. 2008 wurde mit 4500 m einer der längsten Runways Asiens eröffnet. Die neue Welt hat sich noch nicht überall etabliert. Wer den Airport durch die Türe „Private Taxis" verlässt, zahlt den dreifachen Preis plus Trinkgeld. Zumindest in der Korruption der Taxifahrer ist Delhi noch weltführend.

Mumbai

Mumbai ist ohne Zweifel der modernste Airport in Indien mit beeindruckenden Plänen für die Zukunft. Laut Forbes ist Mumbai aber auch der Flughafen mit den meisten Verspätungen in der ganzen Welt. Umsteiger sollten also großzügig Zeit einplanen.

Der Airport entstand aus zwei zusammengelegten Flughäfen, Sahar und Santa Cruz. Während der Monsun-Periode bevölkern unzählige Vögel den Flughafen, und zwölf speziell angestellte Vogelschützer im Schichtbetrieb und zwei Hightech-Vogelscheuchen haben alle Hände voll zu tun.

KUALA LUMPUR

Seit 1998 ist Sepang der neue Prestige-Airport, sehr chic, allerdings 60 km von Kuala Lumpur entfernt. Da verflog die anfängliche Begeisterung recht schnell angesichts der langen Anreise, und die einheimischen Kunden bevorzugten wieder den alten Flughafen Sultan Abdul Aziz Shah im Stadtteil Subang, gerade mal 16 km von der Stadtmitte entfernt.

Um den Verlust von Passagieren auf den Inlandsflügen zu stoppen, war Malaysia Airlines nun gezwungen, das Inlandsnetz von beiden Airports zu bedienen, denn die internationalen Verbindungen bedurften ja der nationalen Anschlussflüge. Ein Verlust von 100 Mio. Euro war die Folge. Aber es kam noch schlimmer. In einer B 777 von Kuala Lumpur nach Perth entdeckte man eine halbe Stunde nach dem Start eine lebende Ratte in der ersten Klasse (Ticketpreis 2400 Euro). Der Captain drehte sofort um und landete wieder in Sepang. Crew, Passagiere und Gepäck wurden in ein anderes Flugzeug verladen und starteten Stunden später wieder zu ihrem Flug nach Australien. Die Ratten bevölkerten zu Hunderten den Flughafen!

SINGAPORE

Singapurs Airport Changi setzt seit jeher Maßstäbe. Während Reisende sonst versuchen, ihre Zeit auf dem Flughafen zu minimieren, lädt Changi dazu ein, einen Extratag anzuhängen. Swimmingpools, Shower, Fitnessräume, Ruhezonen zum Schlafen, Bars, Themen-Restaurants aus ganz Asien, Wasserfälle, Bambusgärten und eine Voliere für tropische Schmetterlinge. Natürlich gibt es überall kostenloses Internet, Wireless LAN und Besprechungsräume. Ein exzellentes Nahverkehrssystem verbindet den Flughafen mit der Stadt. Changi gilt als einer der komfortabelsten und in seiner qualitativen Konsistenz über viele Jahrzehnte als der beste Flughafen der Welt.

JAKARTA

Designt von Paul Andreu (dem Architekten des Flughafens Charles de Gaulle, Paris). Der in seiner Architektur indonesisch inspirierte Flughafen mit vielen Gärten und leider auch zeitraubenden Wegen ist heute hoffnungslos überlastet. Geplant für 18 Mio. Passagiere müssen heute über 30 Mio. pro Jahr abgefertigt werden. Ein anderes großes Problem ist die gelegentliche Überflutung des Flughafenzubringers, der nur 1 m über dem Meeresspiegel liegt und durch Marschland führt.

JAKARTA JGK

BEIJING PEK

BEIJING

Die Größe und Perfektion des größten Airports in China ist so beeindruckend wie die chinesischen Olympics. Glänzender Marmor überall und gute Beschilderung machen die Navigation für den Passagier einfach. Zwischen den drei Terminals verkehrt eine Bahn, die durch einen unterirdisch angelegten Garten fährt. Seit der Olympiade 2008 gibt es einen Airport-Express in die Stadt.

Derzeit gibt es in China 147 Flughäfen, bis 2020 soll es 244 geben, Kostenpunkt 64 Mrd. Dollar. 81% der Bevölkerung leben dann im 100-km-Umkreis eines Flughafens.

BANGKOK

Lange verrufen als eine gigantische Fehlkonstruktion gehört Suvarnabhumi vom Konzept her zu einem der besten Flughäfen Asiens. Problem bereitet aber der hohe Grundwasserspiegel, ständig müssen Aufschüttungen und Betonflächen nachgebessert werden.

2008 besetzten aufgebrachte Demonstranten für Wochen den Flughafen, worauf 350 000 Touristen in Thailand testsaßen.

Duty-Free-Shops sind nicht vom übrigen Bereich deutlich abgegrenzt. So warnt das irische Außenministerium, dass Kunden, die eine unbezahlte Ware in der Hand halten, und ein paar Schritte zur Seite gehen, um jemandem Platz zu machen, Gefahr laufen, als Ladendiebe verhaftet zu werden. Und in einer dänischen Reisewarnung liest man, „Wer ohne Kassenzettel bei einer Kontrolle mit neuer Ware angetroffen wird, kann leicht für Wochen in einem thailändischen Gefängnis verschwinden, es sei denn er gibt einen Diebstahl zu und bezahlt eine saftige Strafe.“

BANGKOK BKK

BANGKOK BKK

Shanghai Pudong

Shanghai Pudong wurde weit außerhalb der Stadt gebaut. Das ist für die ankommenden Passagiere aber kaum spürbar. Mit dem Maglev Train, der deutschen Magnetschwebebahn, die zum Stolz von Shanghai geriet, ist man in 7 Minuten und 20 Sekunden mitten in der Stadt. Allerdings dauert der Fußweg von der Gepäckausgabe zum Bahnsteig mindestens ebenso lang.

SHANGHAI PVG

HONG KONG CLK

Hong Kong

Unvergessen ist der alte Airport Kai Tak, der den beeindruckendsten Anflug der Welt hatte. Er führte zunächst entlang der Berge, im Sinkflug scheinbar in die Hochhäuser und Wohntürme auf einen Felsen zu, um dann im letzten Moment mit einer 45-Grad-Kurve auf der einzigen schmalen Landebahn aufzusetzen, die ins Meer hinausführte. Jumbos wurden wie Cessnas geflogen, und bisweilen endete ein Anflug schon mal im Wasser.

Für 20 Mrd. Dollar gebaut, sollte der neue Airport Chek Lap Kok 1998 als ein logistisches Meisterwerk eröffnet werden. Vom Fluginformationssystem bis zum Baggage-Handling sollten alle Systeme durch einen 600 Mio. Euro teuren Zentralcomputer gesteuert werden. 20 000 Gepäckstücke stündlich, ein Flugsicherungssystem, das den Fluglotsen Prioritäten nach Bodenbewegungen und Wirbelschleppen empfiehlt und den gelandeten Maschinen sogar Flugsteige nach Höhe der Kühlungskosten der Warteräume für die Passagiere zuweist.

Die Inbetriebnahme wurde logistisch eine Titanic-Jungfernfahrt. Die Gates gerieten durcheinander, ratlose Piloten versperrten Flugsteige und Parkplätze, Flüge starteten schließlich entweder ohne Passagiere oder ohne Gepäck. Auf einem Flughafenmodell musste die Einsatzplanung Plastikmodelle hin- und herschieben um den Überblick zu behalten, wer gerade wo war, Tankfahrzeuge irrten auf dem Vorfeld umher und fragten die ratlosen Cockpitbesatzungen, wer gerade Sprit bestellt hatte, und auf dem Rollfeld verdarb wertvolle Fracht in der feuchten Hitze, nachdem eine falsche Eingabe die Stückgutlisten löschte. Das Schalterpersonal geriet in Panik, als das System keine Bordkarten mehr ausdruckte, und machte noch mehr falsche Eingaben, was alle Rechner, einschließlich der Flugsicherungscomputer zum Absturz brachte. Schließlich wurde zusätzliches Personal zum Dienst gerufen, das von Hand Bordkarten ausstellte und Gepäckstücke zu den um Stunden verspäteten Maschinen trug. Ein halbes Jahr lang dauerte es, bis die letzten Störungen beseitigt waren.

HONG KONG KAI TAK

Taipei

Taiwan Taoyuan International ist der ehemalige Chiang Kai-shek International. Im Zuge der diplomatischen Annährung ließ man den Namen, den die Chinesen als ständige Provokation empfanden, fallen. Eine weitere Besonderheit ist, dass im Airport ein totales Fotografierverbot verhängt wurde. Viele internationale Besucher, seien es Politiker oder Industrielle, möchten aus politischen Gründen nicht, dass ihr Besuch in Taiwan bekannt wird.

Seoul

Seoul Incheon erhielt 2009 die Auszeichnung als bester Flughafen der Welt. Der Airport wurde erst nach der Olympiade von 1988 gebaut, als die Welt Südkorea als Reiseland entdeckt hatte. An dem Flughafen wird noch immer gebaut, eine vierte Runway ist in der Planung. Incheon befinden sich 70 km außerhalb der Stadt auf einer Insel im Meer, auf halbem Weg liegt der Inlandsflughafen Gimpo.

SEOUL ICN

TAIPEI TPE

HO CHI MINH CITY SGN

Ho Chi Minh City

Von 1975 bis 2006 gab es keine amerikanische Airline, die Ho-Chi-Minh-Stadt (das ehemalige Saigon) anflog. Zu tief saß wohl der Schmerz auf beiden Seiten. Die Europäer haben Vietnam aber längst als Reiseland entdeckt. Vietnam Airlines gehört zu den beliebtesten Airlines Asiens, und Ho-Chi-Minh reagiert mit dem Bau neuer Terminals auf den Boom.

Osaka

Der Ballungsraum um Osaka ist dicht besiedelt. Eine Erweiterung des alten Itami Airports ist unmöglich, weil die Stadt den Flughafen längst umschließt. Also setzte man den neuen Mega-Airport Kansai International ins Wasser. Pessimisten befürchteten, das schwere Material würde zu einem schnellen Versinken der Insel führen. Tatsächlich sinkt die Insel immer langsamer als berechnet. Von 50 cm pro Jahr ist man jetzt bei 7 cm pro Jahr. Dieser Prozess wird durch hydraulische Stützen ausgeglichen, auf denen die Struktur der Terminals steht. Das Kobe-Erdbeben der Stärke 7, dessen Epizentrum nur 20 km weit weg im Meer lag, konnte dem Airport dank der intelligenten Bauweise mit beweglichen Verbindungen nichts anhaben. Nicht einmal die Fensterscheiben gingen zu Bruch. Aber auch die Marktkräfte zerrten am Erfolg des Airports. Hohe Landegebühren sollten die Baukosten rasch wieder einfahren. Eben diese hielten jedoch die Airlines davon ab, nach Osaka zu fliegen. Erst als große Nachlässe gewährt wurden, nahm der internationale Luftverkehr den Airport an.

OSAKA KIX

Tokyo Haneda

Haneda sollte einst geschlossen und von Narita ersetzt werden. Wegen des erbitterten Widerstandes blieb nichts anderes übrig, als Haneda als zweiten Airport weiterzubetreiben. Dazu musste er jedoch umfassend ausgebaut werden. Wegen seiner Stadtnähe ist er auch beliebter als Narita. Mittlerweile werden von Haneda aus die Nachbarländer wieder angeflogen, und man denkt auch über eine vierte Runway an einem Ort nach nach, wo keine Bauern ihre Äcker besetzen können. Das Wasser an dieser Stelle ist etwa 20 m tief, wie beim Kansai Airport in Osaka.

Heute erinnert Haneda eher an einen City-Bahnhof mit angeschlossenem Einkaufszentrum. Bunte Geschäfte, freitragende Rolltreppen und Restaurants lassen vergessen, dass man sich überhaupt auf einem Flughafen befindet.

Tokyo Narita

Die unglückliche Planung dieses Flughafens geht in die 1960er Jahre zurück. Haneda platzt aus allen Nähten, in der Bucht von Tokyo ist kein Platz, und Landaufschüttung ist zu kostspielig. Der geeignete Ort für einen neuen internationalen Flughafen schien Narita, etwa 60 km von Tokyo entfernt.

Die Bauphase klingt wie Bürgerkrieg. Die mit der Enteignung nicht einverstandenen Bauern protestierten, der Streit eskalierte mit fünf Toten und 3800 Verletzten, und Narita konnte 1978 lediglich mit einer Landebahn (statt drei) eröffnet werden. Die zweite Landebahn wurde erst 2002 „fertiggestellt" bzw. vor dem eingezäunten Grundstück des sich hartnäckig weigernden Geflügelzüchters Shoji Shimamura nach 2100 m Länge gestoppt, zu kurz, um mit Langstreckenmaschinen darauf zu landen. Der Flughafen Haneda musste doch erweitert werden und Narita wurde zu einem der teuersten Airport-Desaster. Noch heute wundern sich Fluggäste über die peniblen Kontrollen schon bevor man das Terminal erreicht und die noch immer stattfindenden Demonstrationen.

Am 1. Dezember 1999 erhielten Shimamura und seine Mitstreiter eine schriftliche Entschuldigung des Transportministers. Mittlerweile plant die Regierung einen dritten Großflughafen.

Country	IATA	ICAO	Airport Name	Pax (2008)	Terminals	Runways	Longest RWY m	ft	opening
Australia	ADL	YPAD	**Adelaide** Airport	7000000	2	2	3100	10171	1927
	BNE	YBBN	**Brisbane** Airport	18523979	2	2	3560	11680	1928
	CBR	YSCB	**Canberra** International	2600000	1	2	3273	10738	1927
	CNS	YBCS	**Cairns** Airport	3856418	2	2	3196	10486	1942
	MCY	YBMC	**Sunshine Coast** Airport	910000	1	2	1803	5915	1961
	MEL	YMML	Tullamarine Airport **(Melbourne)**	24772000	4	2	3657	11998	1970
	OOL	YBCG	**Gold Coast** Airport	4100000	2	2	2342	7684	1939
	PER	YPPH	**Perth** Airport	7116194	2	2	3444	11299	1944
	SYD	YSSY	Kingsford Smith **(Sydney)**	30100000	3	3	3962	12999	1933
Australia – Christmas Island	XCH	YPXM	**Christmas Island** Airport	n/a	1	1	2103	6900	1974
Australia – Tasmania	HBA	YMHB	**Hobart** Airport	1873000	1	1	2251	7385	1956
Fiji	NAN	NFFN	**Nadi** International	1400000	1	2	3273	10738	1939
Guam (am.)	GUM	PGUM	Antonio B. Won Pat International **(Guam)**	2870000	1	2	3053	10016	1943
Irian Jaya (West Papua)	DJJ	WAJJ	Sentani Airport **(Jayapura)**	n/a	1	1	2183	7162	1942
Kiribati	CXI	PLCH	**Cassidy** International	n/a	1	1	2103	6900	n/a
Marshall Islands	KWA	PKWA	Bucholz AAF **(Kwajalein)**	n/a	1	1	2032	6667	1945
	NAJ	PKMJ	Marshall Islands International **(Majuro)**	n/a	1	1	2407	7897	1945
Mariana Islands	YAP	PTYA	**Yap** International	n/a	1	1	1829	6001	1943
Mariana Islands (am.)	SPN	PGSN	**Saipan** International (Mariana Ils.)	n/a	1	1	2652	8701	1934
Micronesia, Federated States of	PNI	PTPN	**Pohnpei** International	n/a	1	1	1829	6001	n/a
	TKK	PTKK	**Chuuk** International	n/a	1	1	1831	6007	n/a
Nauru	INU	ANAU	**Nauru** International	200000	2	1	2150	7054	1943
New Caledonia (fr.)	NOU	NWWW	La Tontouta International **(Noumea)**	460000	1	1	3250	10663	n/a
New Zealand	AKL	NZAA	**Auckland** Airport	13202772	2	2	3635	11926	1965
	WLG	NZWN	**Wellington** International	5177634	1	1	2026	6647	1929
	CHC	NZCH	**Christchurch** International	6037729	1	3	3287	10784	1950
	DUD	NZDN	**Dunedin** International	700000	1	1	1900	6234	1962
New Zealand – Cook Islands	RAR	NCRG	**Rarotonga** International	n/a	1	1	2328	7638	1975
Palau	ROR	PTRO	Roman Tmetuchl International **(Palau)**	n/a	1	1	2195	7201	n/a
Papua New Guinea	POM	AYPY	Jacksons International **(Port Moresby)**	1000000	2	2	2750	9022	1940
Polynesia (fr.)	PPT	NTAA	Tahiti Faa'a International **(Papeete)**	1380000	1	1	3463	11362	1961
	BOB	NTTB	**Bora Bora** Airport /Motu Mute Airport	315000	1	1	1500	4921	1943
Samoa	APW	NSFA	Faleolo International **(Apia)**	n/a	1	1	3000	9843	1984
Samoa (am.)	PPG	NSTU	**Pago Pago** International/Tafuna International (am. Samoa)	130000	1	2	3048	10000	1950
Solomon Islands	HIA	AYPY	**Honiara** International	n/a	1	1	2200	7218	1943
Tonga	TBU	NFTF	Fua'amotu International **(Nuku'alofa)**	200000	1	2	2681	8796	1940
Tuvalu	FUN	NGFU	**Funafuti** International	n/a	1	1	1524	5000	1943
Vanuatu	VLI	NVVV	Bauerfield International **(Port Vila)**	260000	1	1	2600	8530	1981

Wenn man sagen kann, dass das Leben auf der südlichen Halbkugel geruhsamer ist als auf der nördlichen Hemisphäre, dann trifft das ganz besonders auf die Region von Australien und Ozeanien zu. Den Namen Pazifik prägte Ferdinand Magellan, weil ihm das Wasser nach der Umrundung von Kap Hoorn so friedlich vorkam. Gleichwohl toben auch hier große Hurrikane und Taifune, die die Airlines zu großräumigen Umwegen zwingen. Daher ist es wichtig, dass es auch in Ozeanien eine große Zahl von möglichen Ausweichflughäfen gibt.

Melbourne

Tullamareena war ein Aborigine, der gegen die britischen Siedler Widerstand leistete. 1838 wurde er wegen angeblichem Diebstahl eines Schafes verhaftet und eingeperrt. Doch mithilfe seiner Brüder entkam er bereits in der folgenden Nacht, wobei das Gefängnis in Flammen aufging. Tullamareena wurde einige Zeit später wieder gefangen, per Schiff nach Sydney gebracht und vor Gericht gestellt. Doch der Prozess musste fallen gelassen werden, weil der Aborigine kein Englisch verstand. 700 km von seinem Zuhause entfernt, wurde er freigelassen. Heute ist der Airport von Melbourne nach ihm benannt.

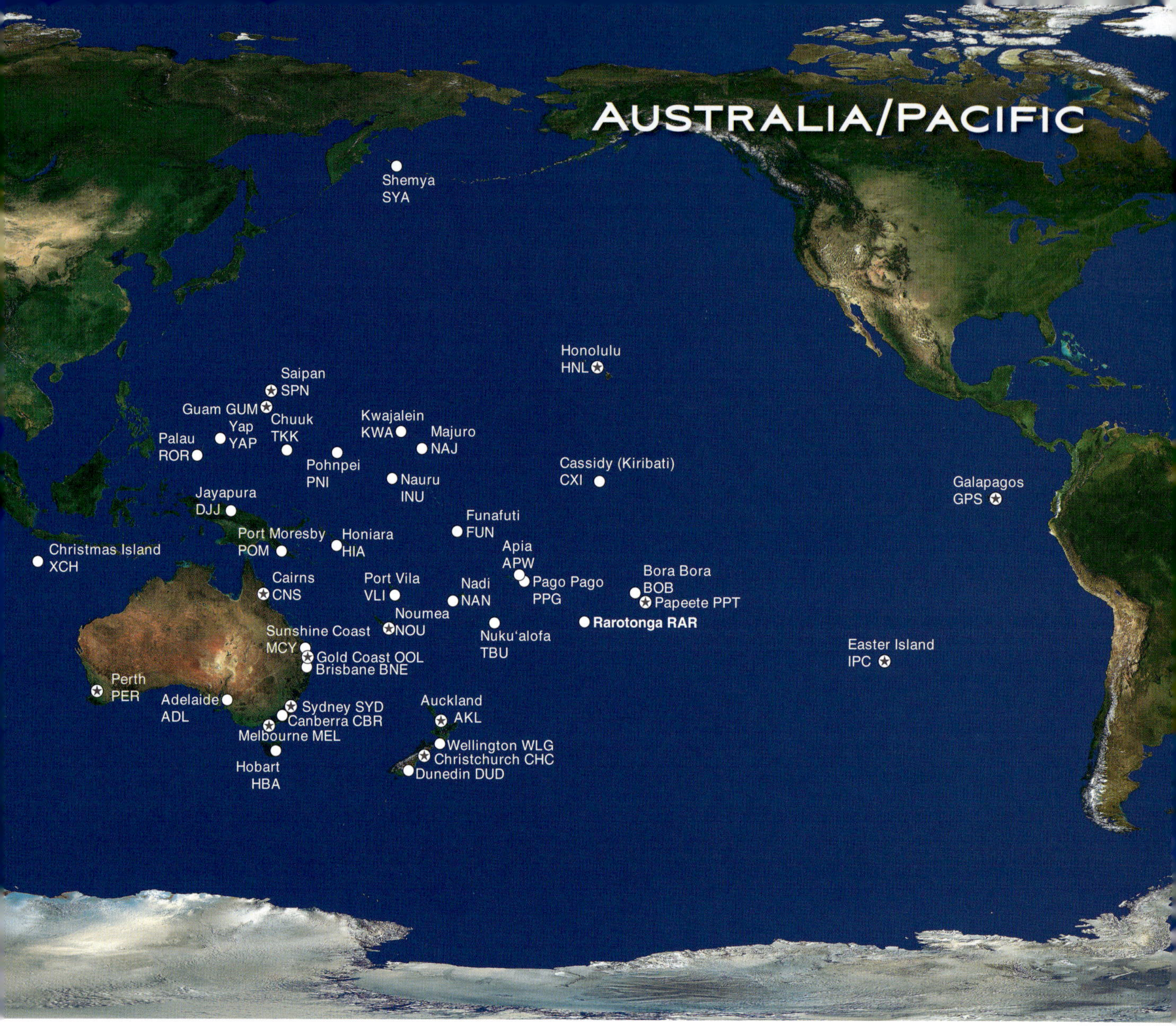

SYDNEY

Der Namensgeber, Sir Charles Edward Kingsford-Smith, war ein australischer Flugpionier. 1917 flog er im Ersten Weltkrieg in der Dardanellenschlacht zusammen mit Engländern, Neuseeländern und Franzosen Angriffe gegen türkische Truppen, in deren Verlauf er abgeschossen wurde, aber überlebte. Später flog er als einer der ersten Airline-Piloten in Australien. Seine wahrscheinlich größte Leistung war der Solo-Flug von Kalifornien nach Australien im Jahr 1928. Die erste Teilstrecke führte ihn in 27 Stunden von Oakland nach Hawaii. Die zweite Etappe nach Fiji war 5000 km lang und dauerte fast 35 Stunden. Bis nach Brisbane waren es dann noch einmal 20 Stunden.

Der wichtigste Airport in Australien hat ein strenges Nachtflugverbot von 23 bis 6 Uhr. Da bisweilen das Wetter in der erlaubten Zeit einen Start oder eine Landung nicht zulässt, kann es durchaus passieren, dass Reisende an ihrem geplanten Reisetag nicht fliegen können. Verstöße werden mit bis zu einer halben Mio. Dollar geahndet.

GUAM GUM

NADI (FIJI)

Nadi International war vom ersten Tag an ein wichtiges Drehkreuz im Pazifik.

2500 km nach Auckland, 3500 km nach Australien, ebenso weit nach Tahiti und 5000 km nach Hawaii. Der Airport mit der 3300 m langen Piste erwies sich auch als ausreichend, um 2008 die Notlandung eines nagelneuen A380 der Qantas auf dem Weg von Los Angeles nach Sydney zu verkraften. Ein Passagier mit Diabetesschock musste dringend in das nächste Krankenhaus gebracht werden. Da danach einer der Bordcomputer nicht mehr gestartet werden konnte, verzögerte sich der Weiterflug so lange, bis die Crew ihre maximal zulässige Arbeitszeit überschritten hatte. Die 337 Passagiere mussten in verschiedenen Hotels auf Fiji untergebracht werden. Es gibt Schlimmeres im Leben!

GUAM

Guam hat den Status „Non-incorporated organized US Territory". Passkontrolle und Sicherheitscheck ist Sache der amerikanischen Transport Security Agency (TSA). Das kann penibel sein wie das Beispiel der Continental Micronesia zeigt. Sie fliegt von Guam nach Honolulu mit Zwischenlandungen in Chuuk, Pohnpei, Kosrae, Kwajalein und Majuro. Bei jeder Landung steigen Passagiere zu oder aus. Die TSA verlangt dann, dass alle Passagiere der linken Sitzreihen aussteigen müssen, mit dem gesamten Gepäck. Dann wird diese Hälfte des Flugzeugs durchsucht. Danach müssen die Passagiere in den Sitzreihen rechts mit allem Gepäck auf die freie Seite wechseln und die andere Hälfte wird durchsucht, bis alle Passagiere wieder auf ihre alten Sitze zurückdürfen. Das passiert bei jedem Stopp! Der Sinn ist schwer zu begreifen.

NADI NAN

TONGA TBU

PORT MORESBY

Port Moresby ist ein wichtiges Drehkreuz für Neuguinea, die Salomonen und natürlich für die Inselwelt von Papua-Neuguinea. Es gibt auch Direktverbindungen nach Tokyo, Hongkong, Singapur, Manila und Kuala Lumpur sowie in das nahe Australien.

TONGA

Fua'amotu International bedient die Tongainseln, liegt auf der Hauptinsel Tongatapu, 35 km von der Hauptstadt Nuku'alofa. Obwohl der Airport immerhin Direktverbindungen nach Sydney, Auckland, Samoa und Fiji hat, muss jeder Flugbetrieb 24 Stunden vorher angemeldet werden. Danach richten sich dann die Dienstzeiten des Personals.

PORT MORESBY POM

AUCKLAND

Der Airport der langen Wege. Auckland war einmal ein unverdächtiger Flughafen. Ankommende und abfliegende Passagiere nutzten die gleichen Räume, Shops, Restaurants und Gänge. Nach dem 11. September 2001 war das schlagartig zu Ende. Zuerst wurden an allen Gates mit Abflügen in die USA zusätzliche Screening Areas eingerichtet. Man errichtete Trennwände und führte die Menschenströme über zeitraubende Umwege, was zu massiver Kritik der Vielflieger führte. Die Lösung soll ein zweigeschossiger Pier sein, der jetzt im Bau ist. Aber auch danach werden die ankommenden Passagiere auf langem Weg zur Passkontrolle geführt, bevor sie zur Gepäckausgabe weitergehen. Die Passagiere sollen nicht vor dem Gepäck ankommen und die Gepäckausgabe überfüllen.

TAHITI

Der Flughafen von Papeete wurde wegen der steilen Felsen auf das vorgelagerte Korallenriff gebaut. Von Tahiti aus gibt es Verbindungen nach Santiago de Chile, zu der Osterinsel, nach Honolulu, Los Angeles, New York, Paris, Sydney, Auckland und Tokyo. Und natürlich auf die umliegenden Inseln und Atolle.

DISTANCES

statute miles
kilometers

		AMS Amsterdam	ANC Anchorage	ATH Athens	ATL Atlanta	AKL Auckland	BKK Bangkok	PEK Beijing	EZE Buenos Aires	CAI Cairo	CCS Caracas	ORD Chicago	DEL Delhi	DEN Denver	DXB Dubai	FRA Frankfurt	HKG Hong Kong	HNL Honolulu
Amsterdam	AMS		4489	1357	4401	11269	5727	4877	7107	2044	4873	4120	3961	4812	3215	228	5773	7256
Anchorage	ANC	7224		5595	3417	7047	6016	3961	8327	6142	5347	2846	5712	2405	6311	4677	5081	2777
Athens	ATH	2184	9004		5700	10846	4933	4738	7276	688	5826	5463	3103	6169	2035	1130	5293	8353
Atlanta	ATL	7083	5499	9173		8096	9158	7185	4999	6373	1933	606	7985	1199	7599	4614	8399	4502
Auckland	AKL	18136	11341	17455	13029		5933	6463	6421	10292	8212	8184	7764	7352	8824	11304	5688	4389
Bangkok	BKK	9217	9682	7939	14738	9548		2056	10490	4529	10565	8562	1832	8403	3050	5599	1049	6591
Beijing	PEK	7849	6375	7625	11563	10401	3309		11983	4691	8936	6579	2371	6348	3638	4853	1234	5062
Buenos Aires	EZE	11438	13401	11710	8045	10334	16882	19285		7360	3173	5603	9817	5922	8497	7132	11458	7558
Cairo	CAI	3289	9885	1107	10256	16563	7289	7549	11845		6352	6149	2741	6855	1503	1817	5042	8840
Caracas	CCS	7842	8605	9376	3111	13216	17003	14381	5106	10223		2505	8831	3063	7845	5020	10167	6020
Chicago	ORD	6630	4580	8792	975	13171	13779	10588	9017	9896	4031		7484	888	7246	4343	7794	4244
Delhi	DEL	6375	9193	4994	12851	12495	2948	3816	15799	4411	14212	12044		7721	1359	3811	2331	7416
Denver	DEN	7744	3870	9928	1930	11832	13523	10216	9531	11032	4929	1429	12426		7771	5039	7486	3365
Dubai	DXB	5174	10157	3275	12229	14201	4908	5855	13675	2419	12625	11661	2187	12506		3013	3684	8531
Frankfurt	FRA	367	7527	1819	7426	18192	9011	7810	11478	2924	8079	6989	6133	8109	4849		8310	7450
Hong Kong	HKG	9291	8177	8518	13517	9154	1688	1986	18440	8114	16362	12543	3751	12048	5929	13374		5568
Honolulu	HNL	11677	4469	13443	7245	7063	10607	8146	12163	14227	9688	6830	11935	5415	13729	11990	8961	
Houston	IAH	8066	5256	10200	1109	11933	14877	11579	8146	11294	3637	1489	13475	1387	13145	8420	13432	6283
Jakarta	CGK	11354	11315	9791	16753	7665	2285	5216	15215	8950	19167	15781	4978	15139	6544	11108	3243	10823
Johannesburg	JNB	8987	16110	7107	13581	12191	8995	11698	8129	6235	11047	14016	7995	13406	6389	8658	10672	19195
London	LHR	372	7224	2430	6775	18353	9588	8175	11111	3536	7472	6362	6743	7516	5506	655	9646	11647
Los Angeles	LAX	8977	3774	11150	3132	10467	13309	10060	9841	12241	5821	2808	12896	1387	13420	9344	11684	4113
Madrid	MAD	1460	8333	2383	6977	19594	10206	9226	10062	3355	7010	6761	7269	8061	5658	1419	10525	12667
Mexico City	MEX	9220	6082	11312	2140	10958	15754	12455	7377	12389	3579	2713	14677	2327	14346	9566	13073	6111
Moscow	SVO	2152	6997	2243	8658	16211	7107	5810	13481	2911	9917	7997	4366	8798	3710	2031	7147	11319
New York	JFK	5863	5448	7952	1223	14207	13964	11003	8501	9035	3394	1191	11777	2617	11022	6204	12991	8019
Paris	CDG	399	7545	2111	7071	18533	9460	8211	11076	3212	7635	6682	6577	7854	5245	449	9608	11978
Perth	PER	14146	13269	12266	18110	5348	5303	7974	12592	11254	17622	17632	7858	16285	9027	13850	6008	10889
Rio de Janeiro	RIO	9535	13106	9722	7630	12273	16100	17326	1989	9899	4521	8528	14069	9426	10329	9551	17683	13348
Rome	FCO	1297	8476	1088	8105	18430	8887	8167	11135	2152	8343	7762	5943	8953	4348	958	9299	12942
San Francisco	SFO	8808	3248	10956	3442	10486	12767	9516	10382	12027	6265	2971	12403	1556	13041	9172	11148	3861
Santiago de Chile	SCL	11982	12656	12567	7556	9674	17663	19022	1141	12825	4886	8528	16925	8829	14777	12080	18694	11034
Shanghai	PVG	8930	6933	8576	12326	9345	2894	1098	19595	8385	15290	11357	4300	10802	6460	8880	1254	7928
Singapore	SIN	10517	10726	9048	16034	8409	1410	4474	15884	8266	18359	15059	4152	14595	5847	10285	2556	10800
Sydney	SYD	16653	11803	15305	14943	2165	7503	8935	11790	14402	15360	14857	10422	13435	12040	16494	7372	8153
Tahiti	PPT	15549	8727	17661	8935	4094	12519	11565	9012	18609	9598	9136	15121	7881	17308	15912	11384	4395
Tokyo	NRT	9342	5526	9555	11024	8806	4649	2140	18305	9613	14127	10097	5921	9313	7994	9392	2964	6146
Toronto	YYZ	6006	4880	8148	1189	13866	13652	10586	8953	9247	3864	702	11661	2116	11103	6360	12569	7482
Washington D.C.	IAD	6223	5401	8317	859	13845	14175	11138	8396	9402	3307	948	12080	15115	11376	6566	13121	7752

Johannesburg JNB	London LHR	Los Angeles LAX	Madrid MAD	Mexico City MEX	Moscow SVO	New York JFK	Paris CDG	Perth PER	Rio de Janeiro RIO	Rome FCO	San Francisco SFO	Santiago de Chile SCL	Shanghai PVG	Singapore SIN	Sydney SYD	Tahiti PPT	Tokyo NRT	Toronto YYZ	Washington D.C. IAD
5584	231	5578	907	5729	1337	3643	248	8790	5925	806	5473	7445	5549	6535	10348	9662	5805	3732	3867
10010	4489	2345	5178	3779	4348	3385	4688	8245	8144	5267	2018	7864	4308	6665	7334	5423	3434	3032	3356
4416	1510	6928	1481	7029	1394	4941	1312	7622	6041	676	6808	7809	5329	5622	9510	10974	5937	5063	5168
8439	4210	1946	4335	1330	5380	760	4394	11253	4741	5036	2139	4695	7659	9963	9285	5552	6850	739	534
7575	11404	6504	12175	6809	10073	8828	11516	3323	7626	11452	6516	6011	5807	5225	1345	2544	5472	8616	8603
5589	5958	8270	6342	9789	4416	8677	5878	3295	10004	5522	7933	10975	1798	876	4662	7779	2889	8483	8808
7269	5080	6251	5733	7739	3610	6837	5102	4955	10766	5075	5913	11820	682	2780	5552	7186	1330	6578	6921
5051	6904	6115	6252	4584	8377	5282	6882	7824	1236	6919	6451	709	12176	9870	7326	5600	11374	5563	5217
3874	2197	7606	2085	7698	1809	5614	1996	6993	6151	1337	7473	7969	5210	5136	8949	11563	5973	5746	5842
6864	4643	3617	4356	2224	6162	2109	4744	10950	2809	5184	3893	3036	9501	11408	9544	5964	8778	2401	2055
8709	3953	1745	4201	1686	4969	740	4152	10956	5299	4823	1846	5299	7057	9357	9232	5677	6274	436	589
4968	4190	8013	4517	9120	2713	7318	4087	4883	8742	3693	7707	10517	2672	2580	6476	9396	3679	7246	7506
8330	4670	862	5009	1446	5467	1626	4880	10119	5857	5563	967	5486	6712	9069	8348	4897	5787	1315	1452
3970	3421	8339	3516	8914	2305	6849	3259	5609	6418	2702	8103	9182	4014	3633	7481	10755	4967	6899	7069
5380	407	5806	882	5944	1262	3855	279	8606	5935	595	5699	7506	5518	6391	10249	9887	5836	3952	4080
6631	5994	7260	6540	8123	4441	8072	5970	3733	10988	5778	6927	11616	779	1588	4581	7074	1842	7810	8153
11927	7237	2556	7871	3797	7033	4983	7443	6766	8294	8042	2399	6856	4926	6711	5066	2731	3819	4649	4817
9023	4834	1379	5006	763	5894	1417	5026	10588	5021	5682	1635	4646	7573	9930	8596	4873	6643	1280	1190
5320	7284	8985	7556	10488	5781	10054	7177	1875	9589	6728	8680	9707	2752	546	3428	6995	3620	9817	10157
	5621	10385	5019	9076	5679	7969	5410	5173	4448	4785	10553	5734	7320	5381	6862	9423	8438	8304	8134
9046		5456	773	5541	1563	3451	216	9009	5740	899	5367	7227	5755	6765	10573	9550	5974	3556	3677
16713	8781		5845	1553	6078	2475	5669	9316	6298	6354	337	5569	6485	8770	7488	4095	5451	2175	2288
8077	1244	9407		5642	2129	3589	660	9078	5053	829	5811	6648	6394	7078	10983	9874	6707	3774	3816
14606	8917	2499	9080		6653	2090	5725	10108	4762	6362	1881	4085	8025	10321	8068	4272	7004	2015	1864
9139	2515	9782	3426	10707		4661	1529	7597	7163	1493	5877	8768	4266	5248	9011	9755	4676	4653	4867
12825	5554	3983	5776	3364	7501		3635	11627	4792	4277	2586	5097	7392	9537	9950	6289	6745	366	228
8707	348	9123	1062	9213	2461	5850		8863	5697	685	5583	7240	5771	6667	10527	9765	6048	3751	3861
8325	14499	14993	14610	16267	12226	18712	14264		8418	8298	9154	7915	4355	2420	2041	5842	4919	11264	11543
7158	9238	10136	8132	7664	11528	7712	9168	13547		5691	6609	1823	11360	9791	8408	6745	11518	5130	4796
7701	1447	10226	1334	10239	2403	6883	1102	13354	9159		6146	7379	5710	6249	10155	10449	6169	4415	4505
16983	8637	542	9352	3027	9458	4162	8985	14732	10636	9891		5906	6150	8446	7417	4188	5124	2259	2419
9228	11631	8962	10699	6574	14111	8203	11652	12738	2934	11875	9505		11691	10200	7060	4935	10666	5332	4995
11780	9262	10437	10290	12915	6865	11896	9288	7009	18282	9189	9897	18815		2357	4870	6756	1118	7107	7453
8660	10887	14114	11391	16610	8446	15348	10729	3895	15757	10057	13593	16415	3793		3907	7333	3324	9323	9656
11043	17016	12051	17675	12984	14502	16013	16942	3285	13531	16343	11937	11362	7838	6288		3806	4846	9663	9743
15165	15369	6590	15891	6875	15699	10121	15715	9402	10855	16816	6740	7942	10873	11801	6125		5863	6101	6063
13580	9614	8773	10794	11272	7525	10855	9733	7916	18536	9928	8246	17165	1799	5349	7799	9436		6415	6753
13364	5723	3500	6074	3243	7488	589	6037	18128	8256	7105	3636	8581	11438	15004	15551	9819	10324		346
13090	5918	3682	6141	3000	7833	367	6214	18577	7718	7250	3893	8039	11994	15540	15680	9757	10868	557	

LAS VEGAS
FLY
TWA

Wings to your Vacation
NORTHWEST
AIRLINES
GLACIER · DUDE RANCHES · PACIFIC NORTHWEST

Wichtige Fluggesellschaften der Welt

Air Canada

CANADA

1937 als Trans-Canada Airlines in Winnipeg gegründet
1947 Umzug nach Montreal
1988 privatisiert
1997 Gründungsmitglied der Star Alliance

2001 Vereinigung mit der nach Air Canada zweitgrößten kanadischen Fluggesellschaft Canadian Airlines
2003 wegen finanzieller Schwierigkeiten unter Gläubigerschutz
2004 Flottenmodernisierung mit Airbus

Tochtergesellschaften: Canada Cargo, Air Canada Jazz (eine der größten Regionalfluggesellschaften der Welt), Air Canada Jetz (fliegt Geschäftsleute und Sportprofiteams in Premium A320 mit lediglich 64 Sitzen der Business Class). Inlandsdienste werden überwiegend über die Tochtergesellschaften abgewickelt. Schwerpunkte: Kanada, USA, Karibik, Europa

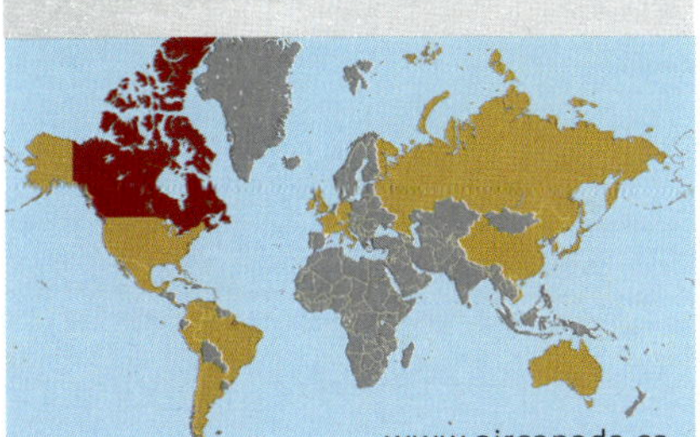

www.aircanada.ca

Air North

CANADA

Operiert aus Whitehorse im Yukon
Liniendienst, Charterflüge, Fracht
Fliegt vor allem robuste, klassische Flugzeuge, die exzellent gewartet sind
Schwerpunkte sind westliches Kanada von Vancouver bis Inuvik am Eismeer

www.flyairnorth.com

Kenn Borek Airlines

CANADA

1970 von Kenn Borek, einem Ölbohrer, mit einer Twin Otter gegründet.
2001 Weltruhm durch die spektakuläre Rettung Dr. Ron Shemenskis von der Amundsen-Scott Südpolstation bei Temperaturen von bis zu –67 °C.

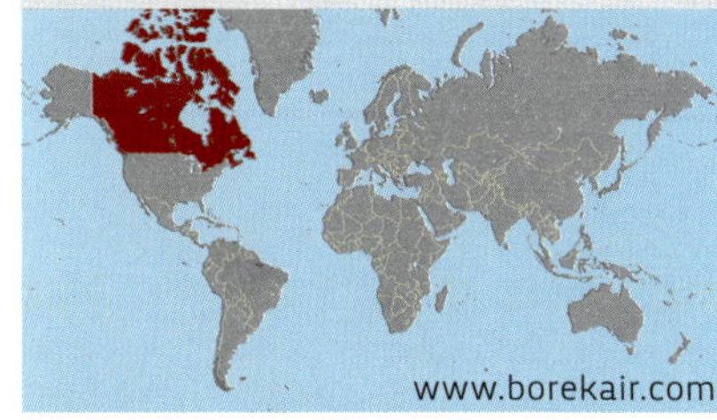

www.borekair.com

Canadian North

CANADA

1998 kauft die Norterra, eine Holding im Besitz der Inuit, die Gesellschaft von der Canadian Airlines.

Das Logo vereint Eisbär, Mitternachtssonne und Polarlicht, Symbole für die entlegenen Ziele im Norden Kanadas.

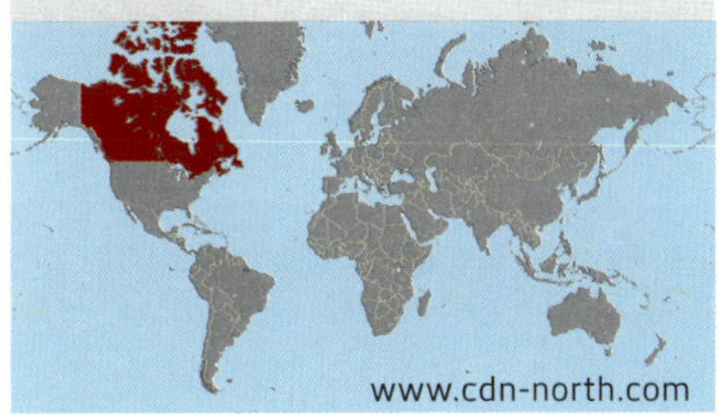

www.cdn-north.com

First Air

CANADA

1946 Gründung unter dem Namen Bradley Air Service für Charterflüge
1958 Beginn des regulären Flugbetriebs
1971 Aufbau der nördlichsten Basis der Welt in Eureka, 1000 km vom Nordpol

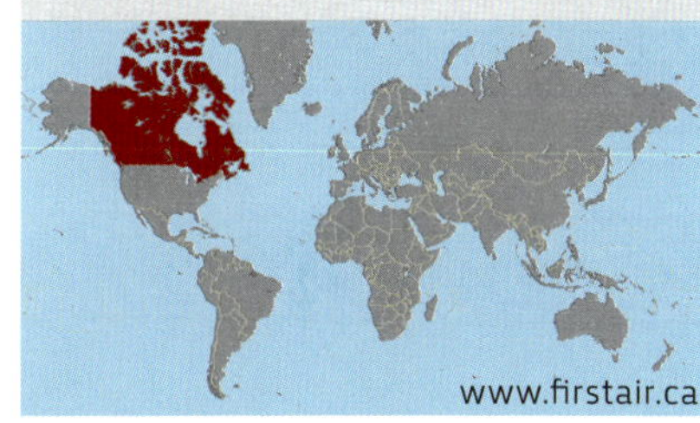

www.firstair.ca

Air Transat

CANADA

1987 als Charterfluggesellschaft mit Sitz in Montreal gegründet von Mitarbeitern der Quebec Air.
1991 Linienflüge hauptsächlich für Urlaubsreisende
1993 Übernahme der Nationair
1996 Übernahme der STAR Europe
1999 Umstieg auf Airbus-Flugzeuge
2009 befördert drei Millionen Passagiere pro Jahr

Schwerpunkte: Florida, Mexiko, Karibik, Europa, hier besonders der Mittelmeerraum. Air Transat unterhält eigene Ferienressorts für Pauschalreisende.

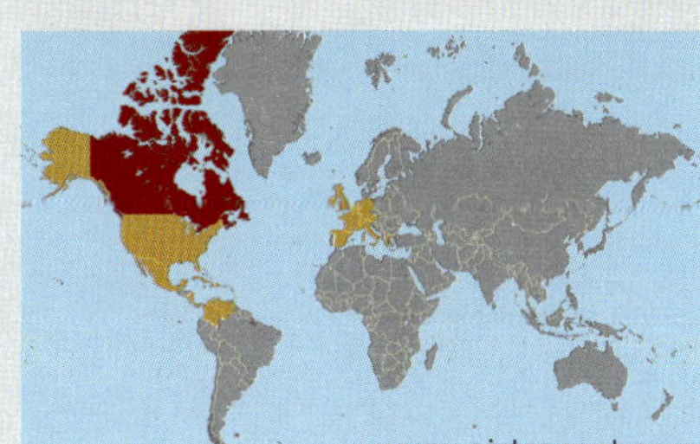

www.airtransat.com

Westjet

CANADA

1996 gegründet als erfolgreicher Low-Cost Carrier mit Sitz in Calgary
2004 von der Air Canada wegen Spionage angeklagt, einigte man sich 2006 auf einen Vergleich, wonach Westjet die Verfahrenskosten der Air Canada übernahm und 10 Mio. Can. Dollar an wohltätige Organisationen bezahlen musste.

Westjet ist die zweitgrößte kanadische Airline nach Air Canada mit Schwerpunkten in fast allen kanadischen Städten, Mexiko, Karibik und den USA, inklusive Hawaii. Westjet beherrscht ein Drittel des kanadischen Reisemarktes.

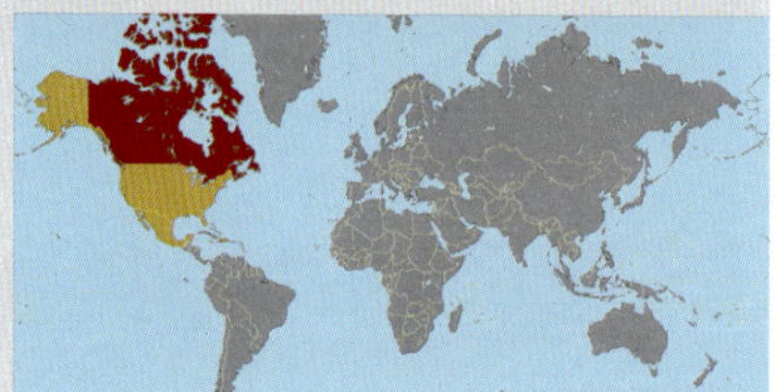

www.westjet.com

Air Wisconsin

USA

1965 gegründet, in den 80er Jahren größte US-Regionalfluggesellschaft unter Codeshare United Express.
1993 von privaten Investoren aufgekauft
2006 neue Kooperation als exklusiver Zubringer der US Airways

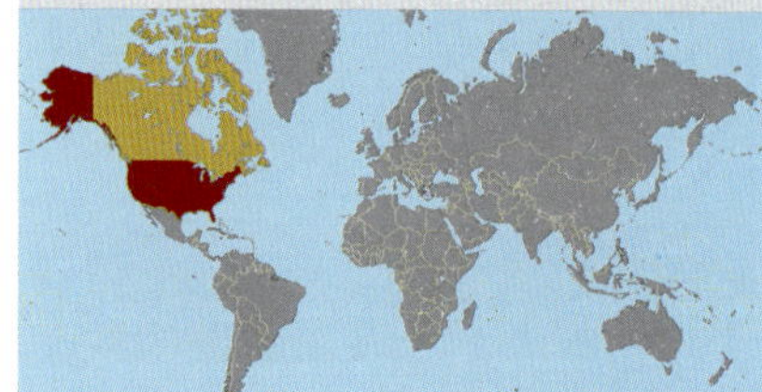

www.airwis.com

AirTran

USA

1993 ursprünglich als Billigflieger unter dem Namen ValuJet gegründet
1996 Wartungsmängel, Absturz in den Everglades, Entzug der Fluglizenz
1997 ValueJet kauft AirTran und ändert seinen Namen

www.airtran.com

American Eagle Airlines

USA

1984 gegründet und heute mit ca. 270 Flugzeugen (Turboprop und kleine Jets) größter Regionalfluganbieter der USA, u.a. Hubs in Chicago O'Hare, Dallas FW, Los Angeles LAX, Miami, Boston Logan und la Guardia

www.aa.com

Atlantic Southeast

USA

1979 gegründete Regionalfluggesellschaft im exklusiven Dienst der Delta Airways
2005 an SkyWest verkauft

Vertrag mit Delta Air Lines läuft aber bis 2020.

www.flyasa.com

Alaska Airlines

USA

1931 Gründung durch Linius McGee, Transport von Trapperfellen
1934 verkauft an Alaska Star Airlines
1944 Regierungsaufträge für Transport von Truppen und Materialunterstützung beim Bau des Alaska Highway.
1948 nach dem Zweiten Weltkrieg Unterstützung bei der Berliner Luftbrücke.
1961 erste Jets, Convair CV-880
1986 Kauf der Horizon Air und der Jet America Airlines
1987 Verschmelzung der Gesellschaften zu Alaska Airlines

Nach 2000 eine der größten Fluggesellschaften der USA

Schwerpunkt: von Alaska bis Florida, Mexiko, Hawaii

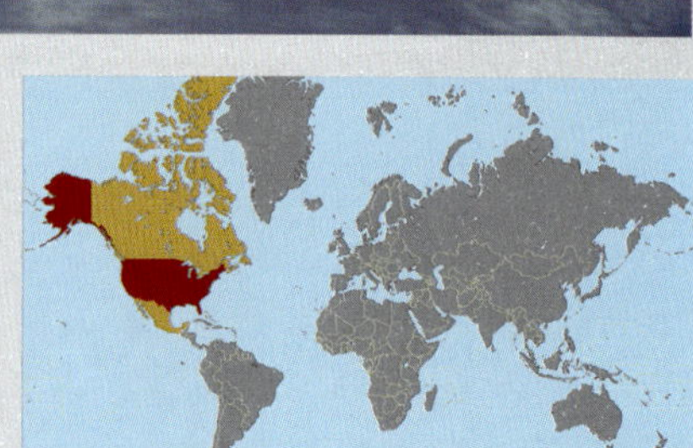

www.alaskaair.com

AMERICAN AIRLINES

USA

AmericanAirlines®

1930er Jahre Zusammenschluss von insgesamt 82 kleinen Airlines, u. a. Embry-Riddle Company, Colonial Airways, Colonial Air Transport, Colonial Western Airways, Canadian Colonial Airways, Universal Aviation Corporation, Northern Air Lines, Robertson Aircraft Corporation, Central Airlines, Southern Air Transport System, St. Tammany-Gulf Coast Airways, Gulf Air Lines und Standard Airlines zu American Airways Corporation.

1934 American Airlines mit Sitz in Chicago, Illinois, Midway Airport. Regierungsverträge für die Luftpostbeförderung anfangs wichtigste Einkommensquelle

1945 Zusammenschluss mit American Overseas Airline AOA und Routen in die ganze Welt

1970er Jahre größte Luftfahrtgesellschaft der Welt

1999 Gründungsmitglied der Oneworld Alliance

11. September 2001 zwei Maschinen entführt und in das World Trade Center und in das Pentagon gesteuert

12. November 2001 Airbus A300 stürzt im New Yorker Stadtteil Queens ab

Fünf Drehkreuze: Dallas, Chicago, Miami, St. Louis, San Juan (Puerto Rico)

Schwerpunkte: USA, Lateinamerika, Europa

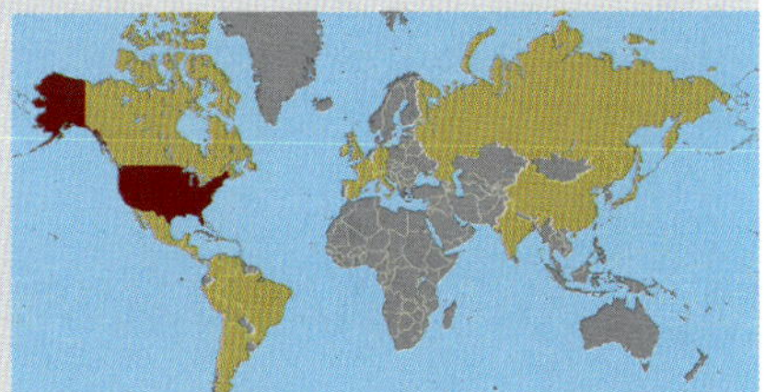

www.aa.com

HAWAIIAN

USA

HAWAIIAN AIRLINES

1929 von einem Reeder gegründet

Anfangs nur Rundflüge um die Inseln, dann Inter-Island-Verkehr

Seit dem ersten Tag unfallfrei

In den 1980er Jahren Routen zu allen wichtigen Zielen im gesamten pazifischen Raum.

Heute führende Airline in Hawaii

Die Fluggesellschaft verbucht den ersten Platz in der amerikanischen Pünktlichkeitsstatistik. Sie ist außerdem führend in der Sicherheitsstatistik und erhält die höchsten nationalen Noten in der Kundenbewertung.

www.hawaiianair.com

CHAUTAUQUA AIRLINES

USA

CHAUTAUQUA AIRLINES
A REPUBLIC AIRWAYS COMPANY

1973 gegründet und heute unter unterschiedlichen „Flaggen" als regionaler Commuter (Zubringer) tätig, z.B. als US Airways Express, Delta Connection, United Express und Continental Express.

www.flychautauqua.com

Frontier Airlines

USA

1994 neu gegründet in Denver, Colorado; bescheidener Anfang mit zwei Boeing 737 und 180 Mitarbeitern
2000 bereits 25 Boeings und 2000 Mitarbeiter
2000 Umstellung auf Airbus A318 und A319

Neue Bemalung der Leitwerke mit heimischen Tieren
Corporate Identity: a whole different animal

Zielgruppe: Die Kinder von heute sind die Kunden von morgen.
Schwerpunkte: USA, Kanada, Mexiko

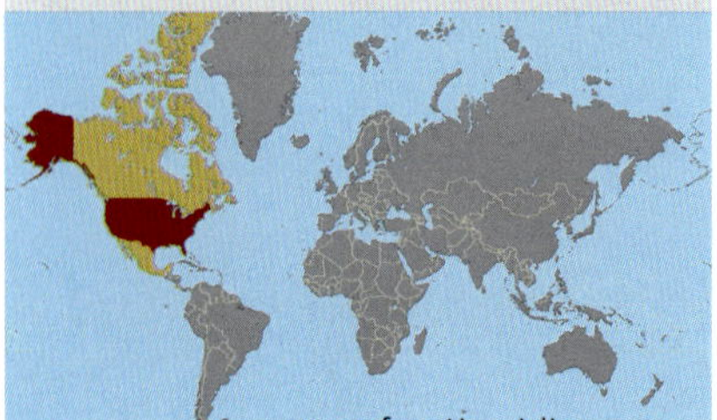

www.frontierairlines.com

JetBlue Airways

USA

1998 gegründet mit Sitz in New York JFK. Bestellung von 25 Airbus A320 für vier Mrd. Dollar
Optionen für weitere 25 Stück
Erste Airline in den USA mit Satelliten-TV an jedem Sitz
2007 Deutsche Lufthansa erwirbt 19 % der Anteile der JetBlue
2009 JetBlue erwirbt das TWA Terminal in JFK
2009 JetBlue bietet Fliegen mit Monats-Flatrate (599 Dollar)

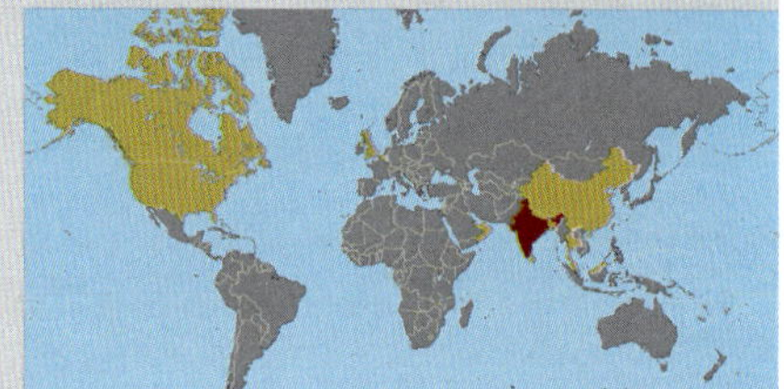

www.jetblue.com

Continental Airlines

USA

1934 in El Paso gegründet.
1953 Zusammenschluss mit Pioneer Airways
Verlegung des Hauptsitzes nach Los Angeles
Während des Vietnamkrieges stark in Truppentransport eingebunden
Dichtes Netz im Pazifik
Ableger Continental Air Micronesia.
1983 Bankrott
1984 erfolgreiche Neugründung als New Continental
1990 zum zweiten Mal insolvent, Gläubigerschutz
1995 wieder erfolgreich
Starkes Netzwerk in Lateinamerika und Karibik
Continental hat heute fast 400 Jets in Betrieb.

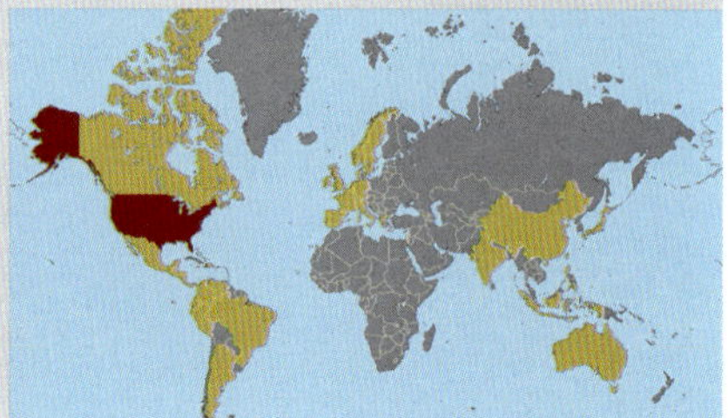

www.continental.com

Horizon Air

USA

1981 Gründung in Seattle
Wachstum durch Kauf mehrerer Airlines oder Verdrängung vom Markt
1986 wird Alaska Airlines neuer Eigentümer
2007 Horizon Air erhält vom Magazin Air Transport World den Preis für die beste Regionalfluggesellschaft der Welt.

Schwerpunkt: vorrangig Nordwesten der USA

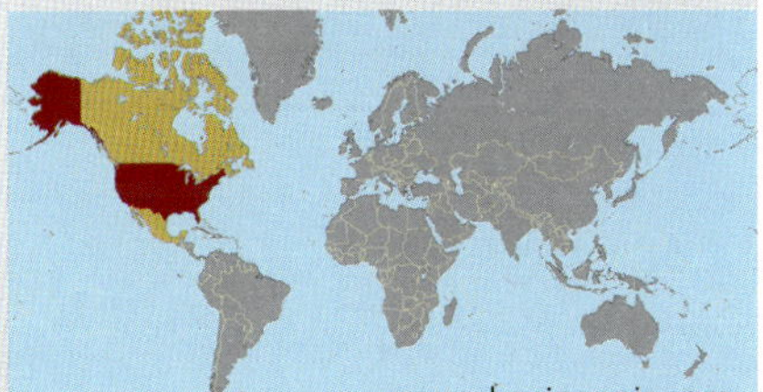

www.horizonair.com

Comair

USA

1976 gegründet mit Sitz in Orlando, Cincinnati.
COMAIR arbeitet als regionaler Zubringer für Delta Airlines.
Kam nach einem Absturz wegen Vereisung 2009 in die Schlagzeilen.

www.comair.com

Delta

USA

1924 Gründung als Agrarfluggesellschaft „Huff-Daland Dusters" in Macon, Georgia
1926 Umzug nach Monroe, Louisiana
1927 Haupteinnahmequelle Postaufträge der Regierung
1930 Verlagerung auf Passagierverkehr im Mississippi-Delta der Südstaaten
1945 Umzug nach Atlanta, Georgia

1991 Kauf der maroden Pan American Airways
2005 Gläubigerschutz, Entlassung von 9000 Mitarbeitern Neustrukturierung
2009 Übernahme von Northwest Airlines

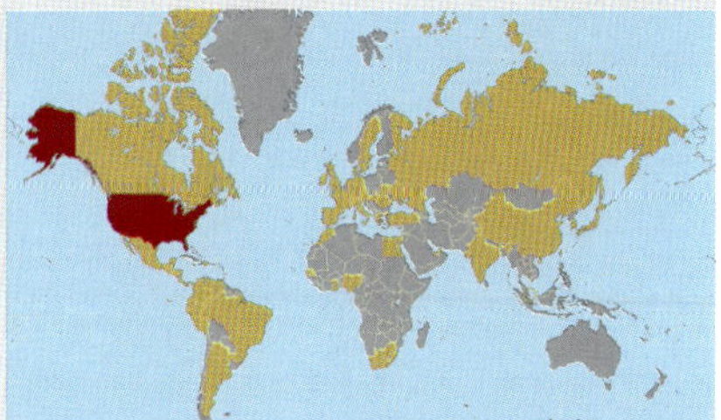

www.delta.com

United Airlines

USA

1926 wird United Airlines gegründet und ist damit eine der ältesten Fluggesellschaften der Welt. Sie flog zunächst nur Postrouten von Washington nach Nevada und dann über Jahrzehnte nur im amerikanischen Inland.
Während des Zweiten Weltkrieges wurden in eigenen Werften über 5700 Flugzeugen zu Bombern umgerüstet und 7000 Techniker für die Air Force ausgebildet.
United war Erstkunde von Boeing 737, 747 und 777.

1983 erstmals internationale Routen
1995 wachsende wirtschaftliche Probleme
1997 Gründungsmitglied der Star Alliance
2001 Am 11. September wird UA 175 in den Südturm des World Trade Centers gesteuert, UA 93 stürzt nach beherztem Eingreifen der Passagiere bei Pittsburg ab.
2002 Gläubigerschutz. 170 Flugzeuge werden stillgelegt und 20 000 Mitarbeiter entlassen.

Hartnäckig halten sich Gerüchte, United Airlines könnte angesichts der weltweiten Konsolidierungswelle eines Tages mit Continental Airlines zusammen gehen. Ein erster Schritt in diese Richtung ist bereits getan, als Continental 2009 die Allianz wechselte und ihr Vielfliegerprogramm mit United Airlines abstimmte.

Sitz von United Airlines in Chicago

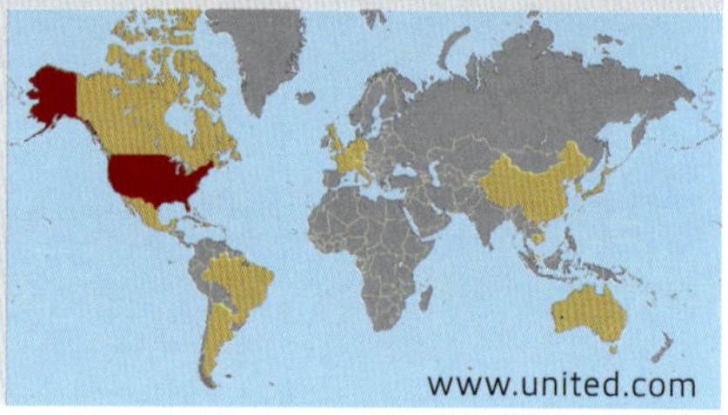

Virgin America

USA

Einer der jüngsten Low-Cost Carrier begann im Jahre 2007 in San Francisco. Die Virgin Group hält nur 25 % der Anteile, da nach amerikanischem Gesetz nicht mehr als 25 % einer US-Luftfahrtgesellschaft in ausländischer Hand sein darf.

Northwest

USA

1926 gegründet
1939 starke Tradition im Asiengeschäft
1949 bis 1986 neuer Auftritt als Northwest Orient Airlines
1986 Expansion nach Europa
2005 Chapter 11
2008 Northwest Merger mit Delta Air Lines
2010 Northwest wird weiter in Delta integriert

Northwest ist der letzte große Betreiber von DC-9. Laut Delta Air Lines sollen diese auch nach der vollständigen Integration weiterfliegen. Möglicherweise werden sogar stillgelegte Maschinen reaktiviert.

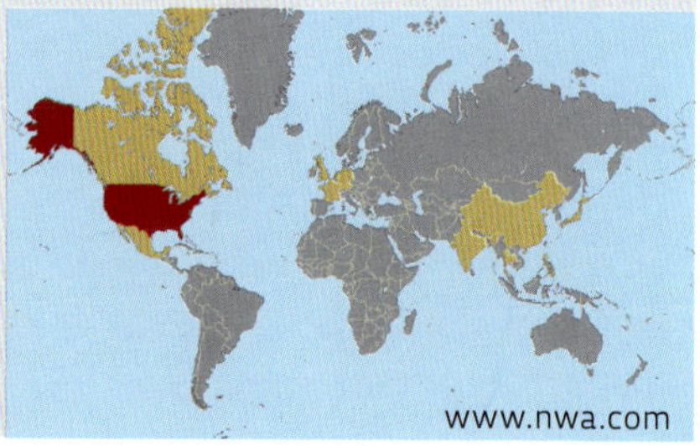

US AIRWAYS

USA

U·S AIRWAYS

1938 Gründung der All-American Airways mit Sitz in Pittsburgh durch Zusammenschluss von zahlreichen regionalen Mikro-Airlines.
1952 Namensänderung in Allegheny Airlines
1968 Übernahme Lake Central Airlines
1972 Übernahme Mohawk Airlines
1979 neuer Name USAir, Schwerpunkt waren die Neuengland-Staaten
1980 Zukauf von Pacific Southwest und Piedmont Airlines

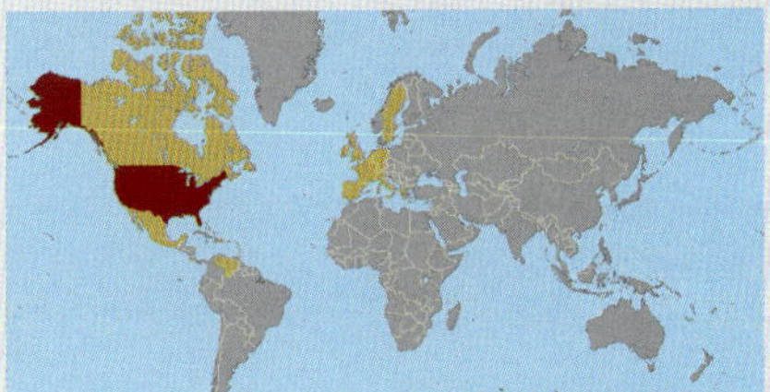

www.usairways.com

1990 Expansion nach Europa
1996 neuer Name US Airways
1996 Bestellung von 400 Airbus Flugzeugen
2005 Übernahme durch America West Airlines, aber Beibehaltung der Marke US Airways

SOUTHWEST AIRLINES

USA

SOUTHWEST.COM

1971 Gründung in Dallas (Love Field)
Nur ein Flugzeugtyp (Boeing 737)
Geschäftsprinzip: Internetbuchung, Fuel-Hedging, schnelle Umkehrzeiten, keine Sitzplatzbuchung
Service: entweder abgeschafft, minimiert oder nur gegen Bezahlung erhältlich

Flugbegleiter müssen die Maschine nach der Landung selbst reinigen
Füllige Passagiere müssen zwei Tickets kaufen
Bezüglich Flotte zweitgrößte Airline der Welt nach American Airlines.

www.southwest.com

SKYWEST AIRLINES

USA

SkyWest AIRLINES

1972 gegründet, Sitz in St. George, Utah
Regionalairline, fliegt für Delta, Midwest, AirTran und United Airlines

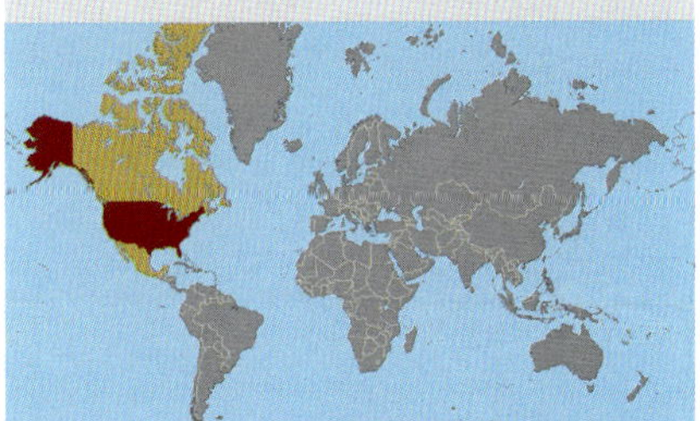

www.skywest.com

AEROMEXICO

MEXICO

1934 gegründet als Aeronaves de México
1940 Aufkauf kleinerer Konkurrenten
1959 Verstaatlichung
1971 neuer Name AeroMexico
1988 Bankrott und Neubeginn
2005 Privatisierung

www.aeromexico.com

MEXICANA

MEXICO

Weil Banditen immer wieder die Lohntransporte zu Mexikos Ölfeldern überfielen, fing man an, das Geld über deren Köpfe hinweg einzufliegen. Daraus entstand 1924 die Airline. Sie ist eine der ältesten Airlines der Welt.

1924 Übernahme der 1921 gegründeten Compañia Mexicana de Transportación
1926 Postdienste
1976 größter Boeing-727-Betreiber außerhalb der USA
1935 erste Verbindung nach Los Angeles
1989 Teilverstaatlichung

1990 Umstieg auf Airbus
2000 Mitglied der Star Alliance
2005 Reprivatisierung

www.mexicana.com

MEXICANACLICK

MEXICO

1975 als Aerocaribe gegründet
1990 von Mexicana gekauft
2005 Aerocaribe wird Billigfluggesellschaft und in Click Mexicana und 2009 in MexicanaClick umgetauft.

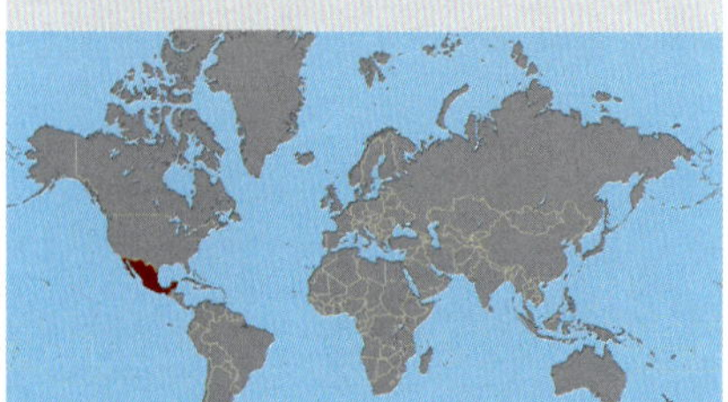

www.clickmx.com

CUBANA

CUBA

1929 Gründung der Compañía Nacional Cubana de Aviación Curtiss mit Unterstützung der Pan Am
1950 Flüge nach New York
1959 Revolution und westliche Isolierung
1962 Sowjetische Maschinen ersetzen die westlichen.

Cubana hatte so ziemlich jeden russischen Flugzeugtyp in seiner Flotte, der jemals gebaut wurde

Bezahlung mit Zuckerrohr

www.cubana.cu

Air Jamaica

JAMAICA

1968 von Air Canada gegründet
1974 Strecken nach Europa
1981 Umstellung auf Airbus
1988 teilweise Zerstörung der Flotte durch Hurrikan Gilbert
1994 Privatisierung
1995 neue Corporate Identity
2004 Verstaatlichung
2009 die amerikanische Spirit Airlines kauft Air Jamaica

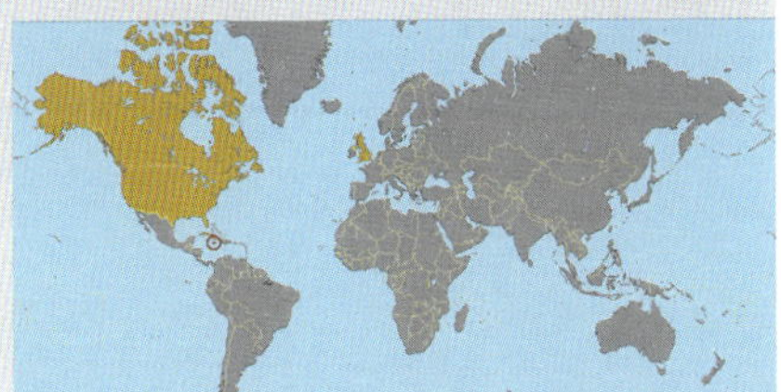

www.airjamaica.com

LIAT

ANTIGUA

Gegründet 1956 wird LIAT betrieben von den Regierungen von Dominica, Santa Lucia, St. Vincent, Grenada, Antigua, St. Kitts/Nevis, Barbados, Guayana, Jamaica sowie Trinidad und Tobago

www.liatairline.com

TACA

EL SALVADOR

1931 vom Neuseeländer Lowell Yerex nach Entlassung aus deutscher Kriegsgefangenschaft in Tegucigalpa gegründet
1937 bis 1941 größte Frachtairline der Welt, TACA beförderte mehr Fracht als alle US Airlines zusammen
Gründung zahlreicher Tochterfirmen
1945 Enteignung vieler lateinamerikanischer Tochterfirmen
1947 zwischen TWA und Pan Am aufgerieben
1951 Reorganisation
1969 Rückschlag im Bürgerkrieg
1970 Umstellung von BAC 1-11 auf Boeing
1989 Aufbau eines multinationalen Konsortiums
1998 Umstellung auf Airbus

www.taca.com

Copa Airlines

PANAMA

1944 in Panama City gegründet
1947 Aufnahme Flugbetrieb
1965 erste Auslandsstrecken
1984 Umstellung von Convair auf Boeing
1989 Invasion der USA in Panama
1990 Reorganisation der Airline
1998 Einstieg der Continental Airlines
2003 Strecken bis nach Argentinien und Chile
2005 Kauf der kolumbianischen AeroRepública

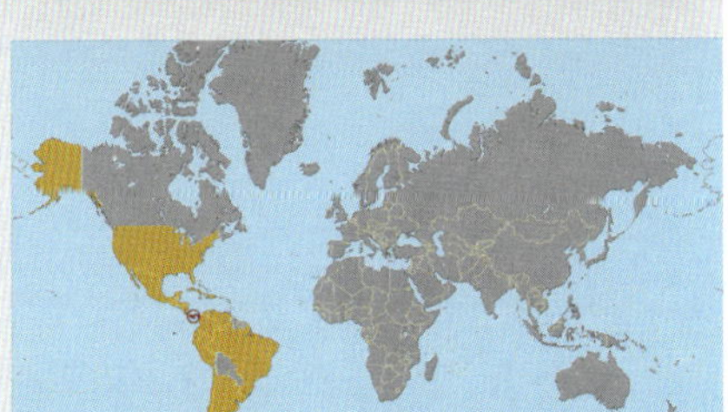

www.copaair.com

Aeroperlas Regional

PANAMA

Panamas regionale Airline mit Drehkreuzen in Panama City und David

www.aeroperlas.com

BAHAMASAIR

BAHAMAS

1936 gegründet, bietet Bahamasair Flüge zwischen den Inseln und eine Verbindung nach Florida.

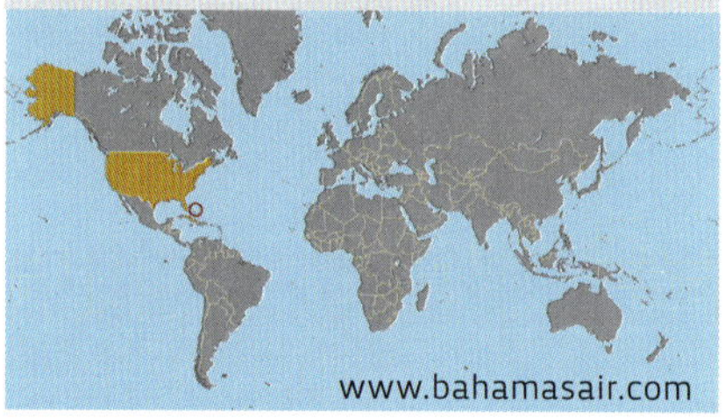

www.bahamasair.com

SURINAM AIRWAYS

SURINAME

Surinam Airways verbindet die ehemals holländischen Inseln mit der Karibik, Venezuela und Florida und natürlich mit dem ehemaligen Mutterland Niederlande.

www.surinamairways.net

AEROPOSTAL

VENEZUELA

Kleine Fluggesellschaft Venezuelas mit langer Geschichte (seit 1929) und Verbindungen in die Karibik, Peru, Kolumbien und die USA

www.aeropostal.com

CONVIASA

VENEZUELA

Nachfolger der VIASA, 2004 gegründet. Staatlich. Fliegt außer zu inländischen Zielen nach Damaskus und Teheran

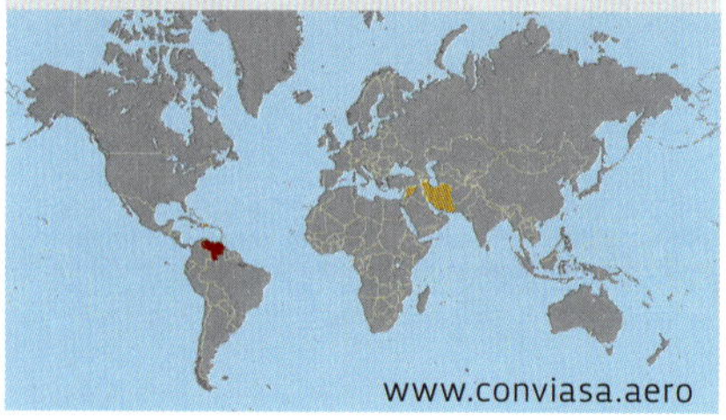

www.conviasa.aero

TAME

ECUADOR

Ecuadorianische Inlandsfluggesellschaft mit Verbindungen zu den Galapagos-Inseln.

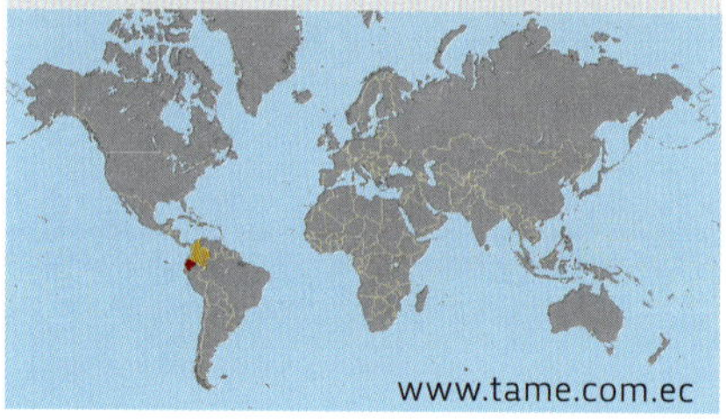

www.tame.com.ec

SATENA

COLUMBIA

Die Servicio Aéreo a Territorios Nacionales SATENA wird von der kolumbianischen Luftwaffe betrieben. Sie bietet regulären Passagierservice auf Inlandsstrecken, gilt als zuverlässig und ist beliebt.

www.satena.com

AVIANCA

COLUMBIA

1919 zunächst als SCADTA in Barranquilla gegründet
1933 in Bogotá als Avianca neu gegründet
1939 Einstieg Pan Am
1979 bis 1990 mehrere Totalverluste durch Terrorismus und Bandenkriege
2001 Zusammenschluss mit Konkurrent ACES
2004 Bankrott und Neuanfang

www.avianca.com

AERO CONDOR

PERU

Inlandscharterflüge, Rundflüge, Fracht- und Ambulanzflüge. Linienflüge mit 737 wurden nach mehreren Unfällen wegen Wartungsmängeln untersagt.

www.aerocondor.com.pe

STAR PERU

PERU

Fliegt ausschließlich im Inland, hat auch Urwaldziele im Programm
Trägt kunstvolle Motive mit folkloristischen Szenen und Kulturdenkmälern auf dem Leitwerk

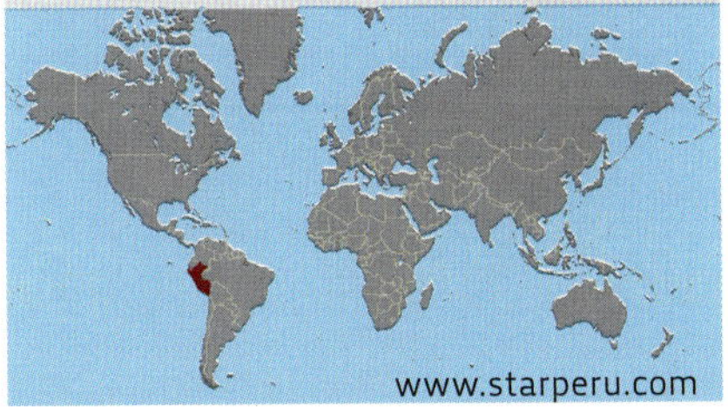

www.starperu.com

AEROSUR

BOLIVIA

Dichtes Inlandsnetz in Bolivien, einige Destinationen in den angrenzenden Nachbarländern sowie nach Miami Lineas Aereas Canedo bietet für Aerosur auch Nostalgieflüge mit Douglas DC-3 für Touristen an.

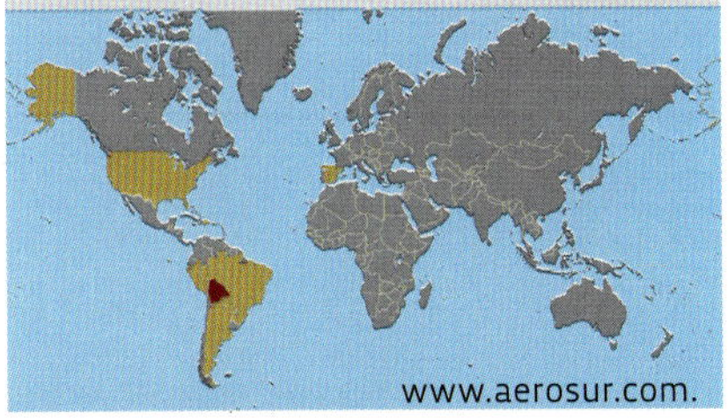

www.aerosur.com.

GOL TRANSPORTES AEREOS

BRAZIL

2001 in São Paulo gegründet
Low-Cost-Carrier mit minimalem Service
Eroberte in zehn Jahren 50 % des Inlandsmarktes
2004 Börsengang
2005 Großbestellung bei Boeing
2006 internationale Strecken
2006 Gründung Low-Cost-Tochterfirmen in Mexiko
2007 Kauf der bankrotten VARIG
VARIG fliegt fortan unter eigenem Namen, aber auf Rechnung von GOL internationale Langstrecken

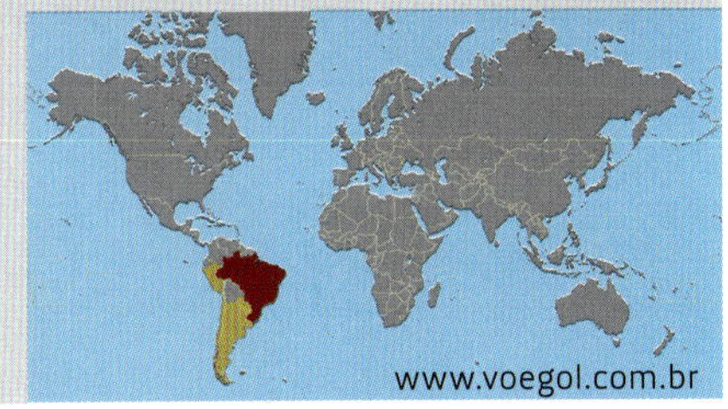

www.voegol.com.br

TAM LINHAS AEREAS

BRAZIL

1961 in São Paulo mit vier Cessnas gegründet
1966 Umstellung auf zweimotorige Maschinen

1985 TAM beschafft Fokker 27
1990 Umstieg auf Fokker-100-Jets
1998 Umstieg auf Airbus
2008 Mitgliedschaft Star Alliance
Offizielle Geschäftphilosophie:
Regel 1: Der Kunde hat immer recht.
Regel 2: Sollte er einmal nicht recht haben, siehe Regel 1

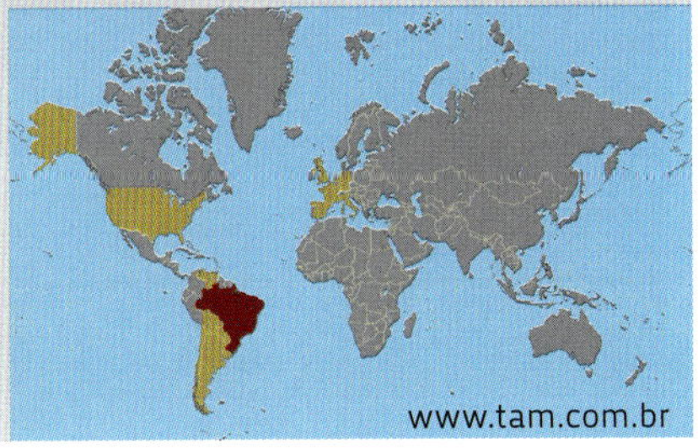

www.tam.com.br

VARIG

BRAZIL

VARIG hatte eine große Vergangenheit, nach Bankrott vom Low Coster GOL gerettet.
Fliegt nur noch in Südamerika

www.varig.com.br

PLUNA

URUGUAY

1936 Gründung
1980 sogar Verbindungen nach Madrid
Heute nur noch Flüge in die Nachbarländer Uruguays

www.pluna.com.uy

LAN ARGENTINA

ARGENTINA

2005 als Ableger der LAN-Gruppe gegründet
Starke Konkurrenz für Aerolineas Argentinas
Erfrischend effektiver Auftritt

www.lan-argentina.com

AEROLINEAS ARGENTINAS

ARGENTINA

1950 Gründung der Airline in Buenos Aires
1950 Beschaffung von 14 Comet
Bis 1960 Serienverlust von sechs Comet-Maschinen
1960 bis 1970 Ersatz durch Boeing, BAC und Avro
1975 Beschaffung Boeing 747
1990 Privatisierung
1998 Einstieg von American Airlines
2001 Drohender Bankrott. Rückzug der Amerikaner. Einstellung aller internationalen Verbindungen
2008 Wiederverstaatlichung

www.aerolineas.com.ar

SKY AIRLINE

CHILE

2001 in Santiago gegründet
Von einem deutschen Auswanderer betrieben
Nur Inlandsstrecken
14 Destinationen

www.skyairline.cl

LAN AIRLINES

CHILE

1929 Gründung als LAN Chile (Línea Aérea Nacional)
1989 Privatisierung
2001 Neuer Name LAN Airlines (Latin American Network)
Gleichzeitig Expansion
Mitglied Oneworld Alliance
Die ehemalige LAN Chile betreibt mittlerweile Tochtergesellschaften in Ecuador, Peru und Argentinien. Diese sind im Anstrich nicht von der Muttergesellschaft zu unterscheiden. Das erleichtert den bedarfsgerechten Einsatz des Flugzeugpools.

www.lan.com

AIR GREENLAND

GREENLAND

Transport von Post, Fracht und Menschen im entlegendsten, unwirtlichsten und kältesten Teil der Welt ist das Hauptgeschäft von Air Greenland. Außer ihren Starrflüglern betreibt die Airline auch Hubschrauber.

ICELANDAIR

ICELAND

1937 gegründet als Flugfélag Akureyrar
1940 Umbenennung in Flugfélag Íslands
1973 Zusammenschluss mit Loftleidir
Neuer Name Icelandair
Günstige Flüge von Luxemburg in die USA
Zwischenlandung in Island
1999 statt von Luxemburg aus nun Direktflüge zwischen Island und vielen Hauptstädten Europas

AIR ICELAND

ICELAND

Inlandsfluggesellschaft Islands. 1997 Fusion mit Icelandair Domestic. Unterhält auch Verbindungen nach Grönland und zu den Färöern.
Wartungs- und Kompetenzzentrum für Fokker 50.

AER LINGUS

IRELAND

1936 in Dublin gegründet
1945 Exklusivrechte für Flüge nach England
1958 Erste Transatlantikflüge
1965 Umstellung auf Jets
1970 Beschaffung von Boeing 747
1994 Umstellung auf Airbus
2007 Ausstieg aus Oneworld Alliance

RYANAIR

IRELAND

1985 in Dublin gegründet
Größte Billig-Fluggesellschaft Europas
Drittgrößte Fluggesellschaft Europas hinter Air France-KLM und Lufthansa
Nur Boeing 737, enge Bestuhlung
Keine verstellbaren Sitze
Alle Extras und jeder Service ist kostenpflichtig, sogar der Check-in am Schalter
Gepäckbeförderung nur gegen Aufpreis
27 Basen in ganz Europa
Ca. 800 Routen in ca. 25 Ländern

Michael O'Leary machte sich als unkonventioneller Querdenker mit messerscharfem Geschäftssinn einen Namen.

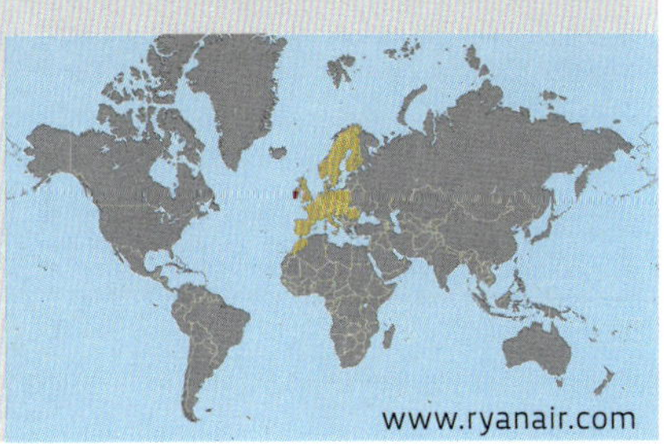

AER ARANN

IRELAND

1970 als Inselhüpfer zu den Aranischen Inseln in der Gälischen Bucht vor Irlands Westküste gegründet, verbindet sie mittlerweile alle irischen, englischen und bretonischen Städte miteinander.

FLYBE

UNITED KINGDOM

Flybe hat 1969 auf den Kanalinseln begonnen und ist nun in Exeter zu Hause. Wegen zahlreicher Flugstornierungen in der Vergangenheit erhielt sie den Spitznamen „Flymaybe".

VIRGIN ATLANTIC

UNITED KINGDOM

Der Gründer, Sir Richard Branson, liegt ständig im Clinch mit British Airways. Als BA 1997 den Union Jack von ihren Flugzeugen entfernte, versah Branson alle seine Maschinen mit der britischen Flagge und der Aufschrift „British Flagg Carrier".

Nach einem anderen gewonnenen Rechtsstreit mit dem Rivalen wurde BA dazu verurteilt, 611 000 Pfund an Branson und seine Airline zu bezahlen. Der Milliardär verteilte dieses Geld an seine Angestellten als „BA Bonus".

THOMAS COOK AIRLINES

UNITED KINGDOM

1999 Fusion von Flying Colours Airlines und der Caledonian Airways zur JMC Airlines
Sitz Manchester
2003 Umbenennung in Thomas Cook UK
2007 Fusion Thomas Cook und MyTravel
2008 Integration von MyTravel Airways
Thomas Cook fliegt für Touristikunternehmen.

EASYJET

UNITED KINGDOM

1995 Gründung durch zypriotischen Reedersohn Stelios Haji-Ioannou
Nach Southwest Airlines und Ryanair drittgrößte Billigfluggesellschaft der Welt
Anfangs nur Boeing 737
Seit 2002 Airbus A319
20 verschiedene Drehkreuze in ganz Europa
E-mail statt Tickets

air greenland
EXIT

Bei eisigen Temperaturen wird der Airbus A330 in Kangerlussuaq gewartet.

MONARCH

UNITED KINGDOM

Englische Ferienfluggesellschaft mit Zielen in Europa, USA, Karibik, Afrika und Indien

THOMSONFLY

UNITED KINGDOM

1962 in Luton gegründet als Euravia
1964 Namensänderung in Britannia Airways
1965 Übernahme durch Thomson Travel (TUI)
2005 Namensänderung in Thomsonfly
2008 gemeinsame Flotte mit First Choice Airways
2009 Überführung in Thomson Airways Allianz mit TUI Airlines. Zu dieser Gruppe gehören TUIfly, Thomson Airways, TUIfly Nordic, Jetairfly, Jet4you, Corsairfly und Arkefly. Die gesamte Flotte umfasst etwa 160 Flugzeuge.

BRITISH AIRWAYS

UNITED KINGDOM

1924 Zusammenschluss der vier britischen Flugunternehmen Instone Air Line, Handley Page Transport, Daimler Airways und British Marine Air Navigation Co Ltd zu den Imperial Airways
1935 Zusammenschluss weiterer Flugunternehmen zu den British Airways
1939 Zusammenschluss und Verstaatlichung von Imperial und British Airways zur British Overseas Airways Corporation BOAC
1946 Gründung der British South American Airways BSAA

1946 Gründung der British European Airways BEA
1949 Eingliederung der BSAA
1972 Zusammenschluss von BOAC und BEA zur British Airways BA
1987 Privatisierung
1988 Übernahme der British Caledonian Airways
1992 Gründung der Deutsche BA
1993 Kauf der Brymon Airways
1995 Gründung der British Asia Airways in Taiwan
2002 aus Brymon Airways wird British Airways Citiexpress
2006 aus BA Citiexpress wird BA Connect
2006 Deutsche BA wird an Air Berlin verkauft
2007 BA Connect geht an Flybe
2008 Inbetriebnahme des Terminal 5 in Heathrow endet mit 28 000 verlorenen Koffern und 300 stornierten Flügen
2008 BA gibt den Zusammenschluss mit Iberia bekannt
2008 Pläne für Zusammenschluss mit American Airlines
2009 Gründung der Open Skies Airline

BMI British Midland

UNITED KINGDOM

1949 Gründung der Derby Aviation Limited
1964 Zukauf der Mercury Airlines
Neuer Name British Midland Airways BMA
Sitz in East Midlands Airport
1970 Transatlantikflüge mit Boeing 707
1994 SAS hält 40 % der Anteile an BMA
1999 Einstieg der Lufthansa
2001 Neuer Name BMI
2009 Lufthansa sichert sich über ihre Londoner Holding alle Anteile an der BMI

www.flybmi.com

Loganair

UNITED KINGDOM

Schottische Regionalairline, spezialisiert auf Shetland- und Orkneyinseln. Benutzt zu Landung und Start bei Ebbe am Strand

www.loganair.co.uk

Cimber Sterling

DENMARK

1950 von einem Flugkapitän als Lufttaxiunternehmen gegründet. Liniendienst ab 1966.
Ab 1995 Zusammenarbeit mit SAS.
2008 Teilweise Übernahme der insolventen Sterling Airlines.

www.cimber.com

Norwegian Air Shuttle

NORWAY

1993 gegründeter Low Coster, der das Netzwerk der Braathens Airlines übernommen hat. Hat Portraits berühmter norwegischer Persönlichkeiten wie Roald Amundsen am Leitwerk.

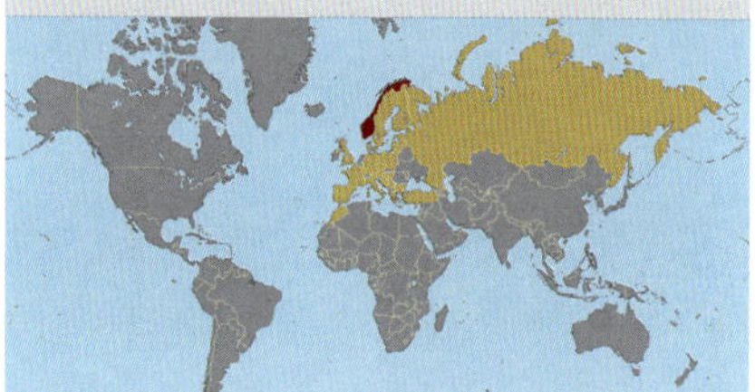

www.norwegian.no

Wideroe

NORWAY

1934 Gründung als Widerøes Flyveselskap ASA
Lufttaxi, Fotoflüge, Ambulanzflüge, Reklameflüge
1935 Umzug nach Kirkenes
1958 neuer Sitz in Tromsø
1960 Bau zahlreicher Flughäfen mit 800 m langen Pisten
1960 Erster DHC-6 Twin Otter
1981 Erster DHC-7
1992 Erster DHC-8
1999 Verkauf an SAS

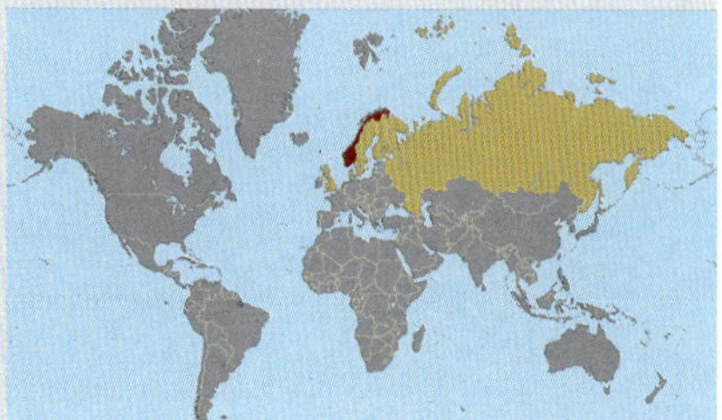

www.wideroe.no

Skyways

SWEDEN

1976 gegründet von Salenia Aviation
1991 Merger Avia
Zu 75 % in Besitz von Salenia, 25 % von SAS
Pflegt ein sehr dichtes Streckennetz in Schweden und arbeitet als Zubringer für SAS
Loganair

www.skyways.se

SAS Scandinavian Airlines

SWEDEN

1946 Zusammenschluss der führenden Fluggesellschaften von Norwegen, Schweden und Dänemark zu einer Partnerschaft
1951 wird daraus die Scandinavian Airlines System SAS

Turi Widerøe, erste Pilotin bei einer westlichen Fluggesellschaft

1954 erste transpolare Route von Kopenhagen – Søndre Stromfjord – Los Angeles
1957 erste Polarroute nach Tokyo via Anchorage
1986 Gründung der Spanair
1997 Gründungsmitglied der Star Alliance
2008 Verkauf der Spanair
2009 mögliche Übernahme durch Lufthansa

Blue 1

FINLAND

1987 als Air Botnia von der Pakari-Familie gegründet, flog Blue1 zuerst für die Finnair, bis sie von der SAS gekauft wurde. Seit 2004 gehört sie der Star Alliance an.

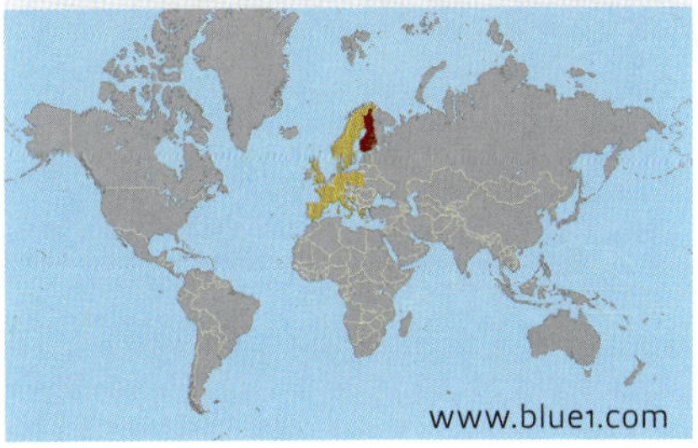

Estonian Air

ESTONIA

Als Air Botnia wurde diese Airline 1991 von der Pakari-Familie gegründet. Zuerst stand sie in Diensten der Finnair, später wurde sie an die SAS verkauft. Jetzt ist sie Mitglied der Star Alliance

Finnair

FINLAND

1923 gegründet als Aero O/Y
1946 Verstaatlichung
1953 neuer Name Aero O/Y Finnair
1960 Beschaffung der Caravelle

1962 Übernahme der finnischen Kar-Air
1975 Beschaffung McDonnell Douglas DC-10-30
1979 regionales Tochterunternehmen Finnaviation

1983 erster Nonstop-Flug von Europa nach Japan
1988 erster Nonstop-Flug von Europa nach Beijing
1990 Erstkunde der McDonnell Douglas MD-11
1990 allmähliche Umrüstung der Mittelstreckenflotte auf Airbus
1999 Mitglied Oneworld Alliance
2004 Beschaffung von Embraer für Kurzstrecken
2005 Bestellung von Airbus-Langstreckenjets

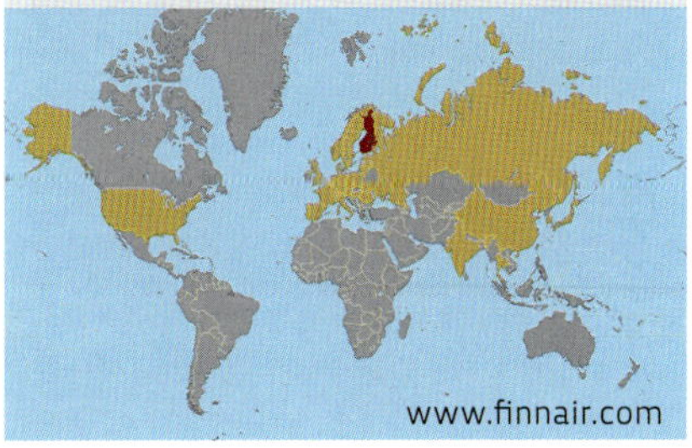

LOT POLISH AIRLINES

POLAND

1929 Gründung durch Staat
Totalverlust der Flotte im Zweiten Weltkrieg
1949 Neuanfang mit Iljuschin, Antonov und Tupolev
1989 Umstellung auf Boeing
2003 Mitglied Star Alliance
2004 Gründung Low-Cost-Tochter Centralwings
2008 Beschaffung Embraer CSA

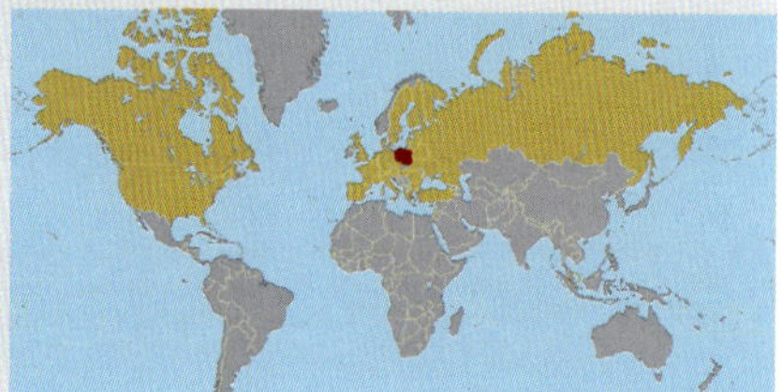

www.lot.com.pl

SKYEUROPE

SLOVAKIA

Die SkyEurope galt zeitweise als bester Low-Coster Osteuropas. Die ungarische Tochter wurde 2007 eingestellt. 2009 bekam SkyEurope Solvenzprobleme. Ob SkyEurope sich finanziell erholt, ist ungewiss.

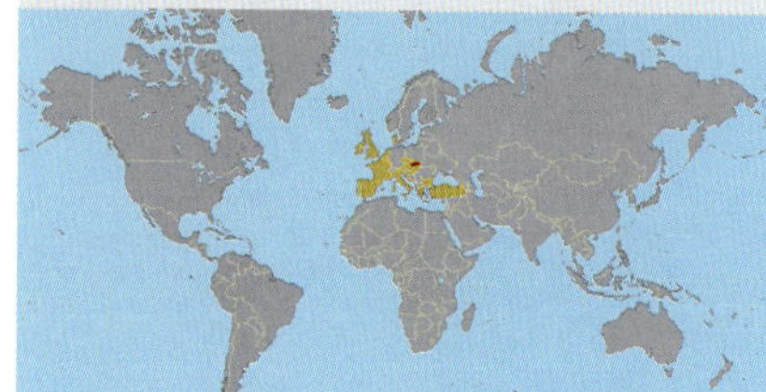

www.skyeurope.com

CSA CZECH AIRLINES

CZECH REPUBLIC

1923 Gründung durch Staat
1930 erste Auslandsrouten
1938 Auflösung der CSA durch deutsche Besatzung
1945 Neugründung mit sowjetischen Flugzeugen
2007 Gründung der Billigtochter click4sky
2009 mögliche Übernahme durch Air France/KLM

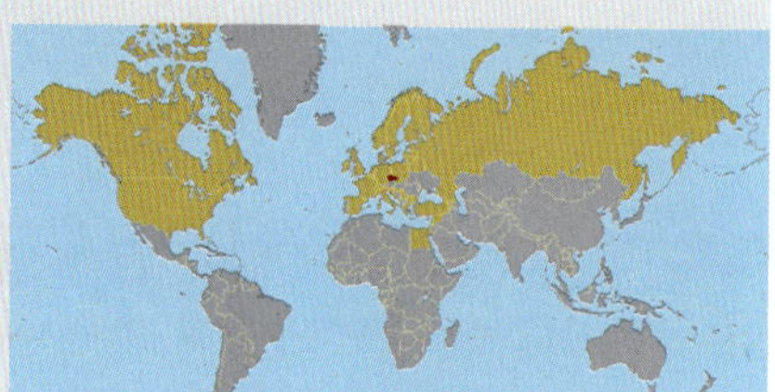

www.czechairlines.com

WIZZ AIR

HUNGARY

Wizz Air ist in Ungarn zu Hause. Der Low-Coster fliegt vor allem Ziele in Osteuropa an. Doch seit 2009 ist er immer häufiger auf deutschen Regionalflughäfen zu sehen.

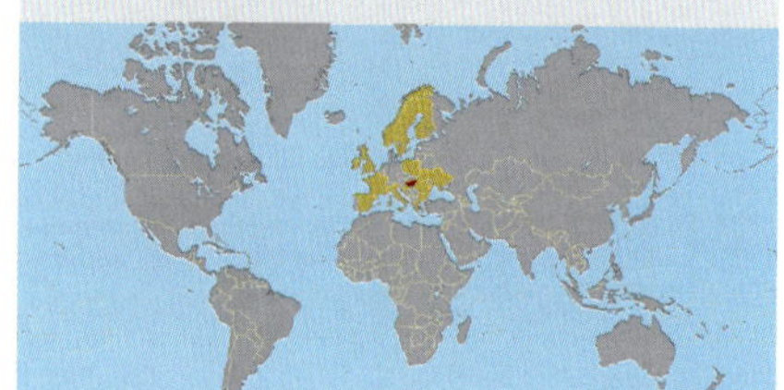

www.wizzair.com

MALEV HUNGARIAN AIRLINES

HUNGARY

1918 Gründung als Luftpostdienst
1946 Auflösung und Neugründung durch Russland
1954 Rückzug der Russen vom Management
1966 erste Tupolev-Jets
1992 Privatisierung
2007 Übernahme durch die russische AiRUnion
Mitglied Oneworld Alliance

www.malev.hu

HEMUS AIR

BULGARIA

Die Airlines des ehemaligen Balkans wurden als Konkursmasse 2002 an private Investoren verkauft. Das Unternehmen hat Erfolg, ist auf Wachstumskurs und hat bereits zwei weitere Airlines geschluckt: Bulgaria Air und Viaggio Air.

www.hemus.air

TAROM

ROMANIA

1945 Gründung der TARS mithilfe der Sowjetunion
1954 Rückzug der Russen vom Management
1954 Umbenennung in TAROM
1966 erste Tupolev-Jets
1968 Beschaffung BAC 1-11
1990 Umstellung auf westliche Flugzeuge
2000 Rückzug aus dem Interkontinental-Geschäft
2007 Ausbau des nationalen Netzes

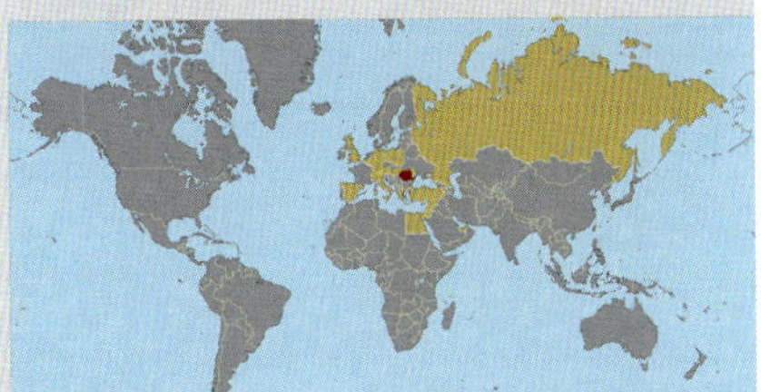

www.tarom.ro

ONUR AIR

TURKEY

Türkisches Charterflugunternehmen. Fliegt seit 2004 auch türkische Inlandsstrecken im Liniendienst. Hauptgeschäft ist allerdings der Transport von Pauschalreisenden zwischen Europa und Türkei.

www.onurair.com.tr

THY TURKISH AIRLINES

TURKEY

1933 Gründung als Türkıye Devlet Hava Yollari (THY)
1947 erste Auslandsrouten
1967 erste Jets
1972 erste DC-10 außerhalb der USA
1974 Beschaffung Boeing 727
1974 Gründung der Tochter Cyprus Turkish Airlines (KTHY)
1986 erste Routen in die USA
1989 Gründung der Türk Hava Taşımacılık (THT)
1989 Gründung der Sun Express zusammen mit Lufthansa
1994 Eingliederung der THT in die THY
2005 neue Corporate Identity
2008 Gründung der Billigtochter AnadoluJet
2008 Übernahme von 49 % an B&H Airlines
2008 Mitgliedschaft Star Alliance

www.thy.com

SUN EXPRESS

TURKEY

Gemeinschaftsunternehmen von Lufthansa und Turkish Airlines, 1989 gegründet. Zwischendurch Teil der Condor Flugdienst. Sehr beliebtes Unternehmen

www.sunexpress.com.tr

CYPRUS AIRWAYS

CYPRUS

1947 Gründung mithilfe der BEA
Vom ersten Tag an nur Auslandsstrecken
Wichtigste Route: Nicosia–Athen–Rom–London
Bis 1974 alle wichtigen europäischen Städte
1974 türkische Invasion, Zerstörung der Flotte
Nicosia Airport unter UN-Verwaltung
1975 Eröffnung Larnaca Airport als Hauptbasis
1980 Mehrheit der Aktien in Staatsbesitz
1984 Umstellung auf Airbus

www.cyprusairways.com

Eurocypria

CYPRUS

1990 durch Cyprus Airways als Chartertochter gegründet. 2006 an die zyprische Regierung verkauft. Flüge zu über 70 Zielen in 20 Ländern.

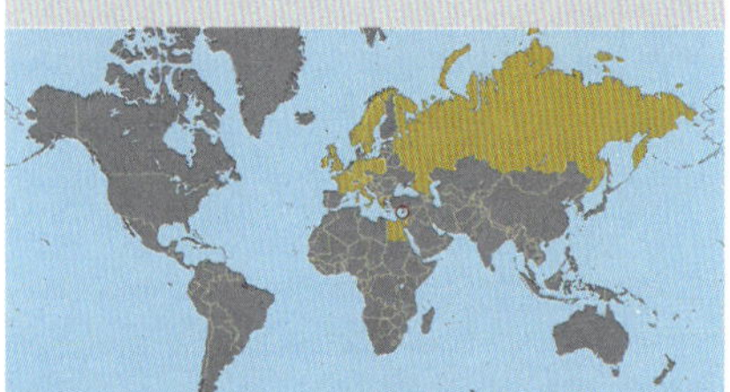

www.eurocypria.com

Aegean Airlines

GREECE

1987 Gründung als Aegean Aviation
Geschäftsflüge mit kleinen Business-Jets
1994 Beschaffung von Learjets
1999 Erweiterung zur heutigen Aegean Airlines
Zusammenschluss mit Air Greece
2001 Fusion mit Cronus Airlines
2005 Partner der Lufthansa
2010 Beitritt zur Star Alliance
Erfolgreichste Airline Griechenlands

www.aegeanair.com

Olympic Airlines

GREECE

Nachfolger erfolgloser staatlicher Airlines. 1956 von Onassis in Olympic umbenannt und zu einem Juwel gemacht
2009 Verkehr vorübergehend eingestellt. Soll neu formiert werden als Pantheon Airways und 2010 als Olympic Air weiterfliegen

www.olympicairlines.com

MAT Macedonian Airlines

MACEDONIA

1994 gegründet. Da es in Griechenland eine Airline gleichen Namens gibt (ohne Flugzeuge), ist MAT den Griechen ein Dorn im Auge. 2009 von Eurocontrol wegen rückständigen Zahlungen von Streckengebühren teilweise gegroundet

www.mat.com.mk

Montenegro Airlines

MONTENEGRO

1994 gegründet, Flugbetrieb beginnt
1997 Verbindungen zwischen Podgorica und Städten im Herzen Europas sowie auf dem Balkan. Linien- und Charterverkehr

www.montenegro-airlines.cg.yu

BH Airlines

BOSNIA-HERZEGOVINA

1994 beim Zerfall Jugoslawiens als Air Bosna gegründet. 2003 wegen krimineller Machenschaften gegroundet. 2005 unter neuem Management als BH Airlines neu aufgestellt

www.bhairlines.ba

Croatia Airlines

CROATIA

1989 Gründung als Zagreb Airlines
Frachtflüge für UPS mit Cessna 402
1990 Namensänderung Croatia Airlines
1991 erste Route Zagreb–Split
1992 Balkankrieg. Kein Flugbetrieb
1993 Flottenerweiterung
1996 erste Airline nach Sarajevo
1997 Umstellung auf Airbus
2004 Mitglied Star Alliance
2009 Croatia Airlines feiert ihren 20-millionsten Passagier

www.croatiaairlines.hr

ADRIA AIRWAYS

SLOVENIA

1961 als Inex Adria Airways gegründet
1986 nach Merger mit Adria Aviopromet in Adria Airways umbenannt
1991 Für die Dauer des Balkankrieges wurden die Flugzeuge in Klagenfurt abgestellt.

INTERSKY

AUSTRIA

Österreichische Airline mit deutschem Heimatflughafen in Friedrichshafen Privatbesitz. Fliegt mit DHC-8 zum Low-Cost-Tarif Flugziele in Kern-Europa sowie im Mittelmeerraum an

AUSTRIAN AIRLINES

AUSTRIA

1957 Gründung der OELAG
1963 erster Jet Sud-Aviation Caravelle
1962 Einführung DC-9
1990 Expansion nach Afrika und China
1998 Übernahme der Tyrolean Airways

2000 Mitgliedschaft Star Alliance
2002 Kauf von Rheintalflug
2002 Übernahme Lauda Air
2002 Fusion Tyrolean Airways und Rheintalflug zu Austrian Arrows

2008 Wegen hoher Verschuldung von der Regierung zum Verkauf ausgeschrieben
Lufthansa gewinnt Bieterverfahren
Übernahme steht unter Vorbehalt der EU-Genehmigung

SWISS INTERNATIONAL AIR LINES

SWITZERLAND

1983 als Crossair gegründet
2001 Insolvenz der Swissair
2002 Crossair wird gesellschaftsrechtliche Grundlage der neuen Swiss Mithilfe von Staat und Banken übernimmt Crossair Flugzeuge, Piloten und Einrichtungen der ehemaligen Swissair
2005 schrittweise Übernahme durch die Lufthansa
2005 Gründung der Regionaltochter Swiss European
2006 Mitglied Star Alliance
2007 Lufthansa besitzt 100 % der Swiss

2008 Übernahme der Edelweiss Airlines
2008 Übernahme der Servair
2008 Gründung der Private Air durch Swiss European
2009 Swiss gilt als beste Airline Europas

Helvetic

SWITZERLAND

2003 aus Odette Airways entstanden. Nach Einstellung zahlreicher Destinationen in Nordeuropa, Konzentration auf Ziele im Balkan und am Mittelmeer. Flugzeugverleih u. a. auch an Swiss. Charterflüge

Luxair

LUXEMBOURG

1948 Gründung als Luxembourg Airlines Company
1961 Umstrukturierung
Neuer Name Luxair
Expansion der Routen in alle Hauptstädte der EG
1967 erster Düsenjet Caravelle
1969 Ausbau der Flotte mit Boeing und Embraer
2006 Restrukturierung
2006 Beschaffung Bombardier Dash-8Q-400

Cirrus Airlines

GERMANY

1995 gegründet. Seit 2000 Partner der Lufthansa. Ein Teil der Flotte fliegt im Auftrag von Lufthansa und Swiss. Partnerschaft mit Air Moldova
2008 Verlegung des Hauptsitzes von Saarbrücken nach München

Condor

GERMANY

1955 Gründung der Deutschen Flugdienst GmbH
1956 erste Charterflüge
1961 Übernahme der Condor-Luftreederei
1961 neuer Name Condor-Flugdienst
1962 Langstreckenflüge nach Thailand, Sri Lanka, Kenia
1969 Fusion mit Südflug
1991 Einführung Business Class
2009 geplante Übernahme durch Thomas Cook

Air Berlin

GERMANY

1978 Gründung durch zwei amerikanische Piloten.
Wegen des Viermächtestatus Sitz in Miami
1981 Palma de Mallorca wird wichtigstes Ziel
Charterflüge ans Mittelmeer
nach Wiedervereinigung Zulassung in Deutschland
2006 Börsengang
2006 Übernahme der dba
2007 Übernahme der LTU
2007 Beteiligung an Schweizer Belair zu 49 %

2007 neue Corporate Identity
2008 Kooperation mit der russischen S7-Airlines
2008 Kooperation mit chinesischer Hainan Airlines

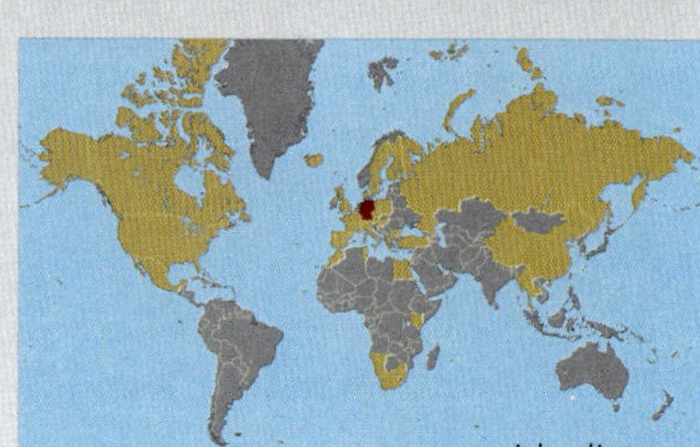

LUFTHANSA

GERMANY

Lufthansa

1926 Gründung der Vorgängergesellschaft Deutsche Luft Hansa

1951 Liquidation
1953 Neugründung der Aktiengesellschaft für Luftverkehrsbedarf LUFTAG
1954 Umbenennung in Deutsche Lufthansa AG
1960 erster Boeing-707-Service nach New York
Bis 1962 zu 100 % in Staatsbesitz
1964 Boeing 727
1966 Börsengang
1968 Boeing 737-100 wurde mithilfe der Lufthansa entwickelt
1970 Boeing 747
1979 Airbus A310
1988 neues Corporate Identity
1997 Gründungsmitglied der Star Alliance
2003 Erwerb der Air Dolomiti
2005 Kauf der Swiss International
2007 Einstieg bei der amerikanischen JetBlue mit 19 %
2008 Erwerb der Brussels Airlines
2009 Erwerb der BMI
2009 möglicher Erwerb der AUA

Im LH First Class Terminal in Frankfurt wird man von der Ankunft am Flughafen bis zum Abflug durch einen persönlichen Assistenten betreut. Der Transport zum Flugzeug erfolgt im Mercedes oder im Porsche Cayenne.

GERMANWINGS

GERMANY

germanwings
Fly high, pay low.

Deutscher Low-Coster aus Köln.
1997 als Eurowings gegründet
2002 in Germanwings umbenannt
2009 Lufthansa besitzt 100 %
Getränke und Snacks im Bordverkauf

BRUSSELS AIRLINES

BELGIUM

brussels airlines

2001 Sabena-Bankrott
2002 Gründung SN Brussels Airlines
2005 Mehrheit an Virgin Express
2007 Verschmelzung zu Brussels Airlines
2008 Gründung der AirDC im Kongo
2008 Lufthansa kauft 45 % von Brussels Airlines
2009 Mitgliedschaft Star Alliance

Brussels Airlines hat ein stark entwickeltes Netz in Europa und Afrika.

KLM

NETHERLANDS

1919 Gründung der Koninklijke Luchtvaart Maatschappij KLM auf Initiative von Albert Plesman, später Vorsitzender der niederländischen Airline

Älteste heute noch operierende Airline der Welt

1920 erste Maschinen von Fokker

1927 Aufbau der Verbindung zwischen den Niederlanden und der Kolonie Batavia, im heutigen Indonesien

1934 Aufbau der Verbindung Amsterdam–Paramaribo und Curaçao

1946 Flottenerneuerung

1960 Beschaffung der DC-8

1970 ff. Aufbau von Garuda Indonesian Airways, Philippine Airlines, VIASA in Venezuela

1988 Allianz mit Northwest Airlines

1991 Effizienzsteigerung durch Eliminierung der ersten Klasse

2004 Fusion mit Air France durch Aktientausch, trotzdem getrennter Auftritt bis auf Weiteres

2009 Übernahme von 25 % der Alitalia durch AF-KLM

2009 Verhandlungen mit CSA

KLM ist einzige Airline, die alle Typen von DC-2 bis DC-10 geflogen hat

Heute treuer Boeing-Kunde

www.klm.com

TRANSAVIA AIRLINES

NETHERLANDS

Gegründet 1965 von einem belgischen Fahrradfabrikanten als Transavia Limburg. Später bekannt als Transavia Holland. Charterflüge nach Nordamerika. Seit 2005 Low-Cost-Airline als transavia.com

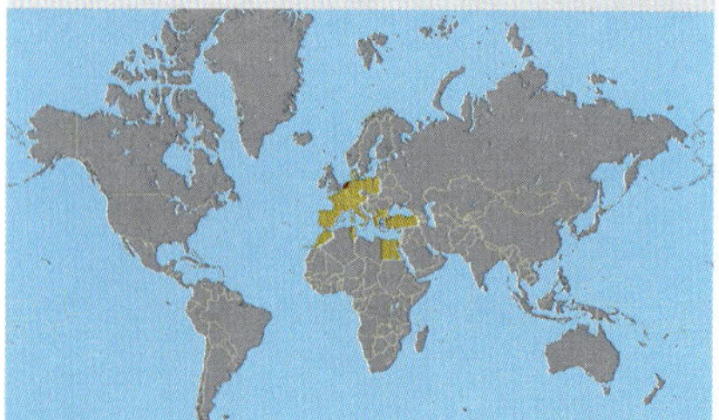

www.transavia.com

MARTINAIR HOLLAND

NETHERLANDS

Von einem niederländischen Luftwaffenpiloten 1958 gegründet. Beginn als Chartergesellschaft mit DC-3. Mit wachsendem Erfolg immer größere Modelle. Charterflüge, Linienflüge und Fracht, weltweit

www.martinair.com

REGIONAL AIRLINES

FRANCE

Große, regionale Airline im Besitz der Air France als Ergänzung zum Inlandsstreckennetz.

Air Regional fliegt in den Farben und unter dem Label der Air France

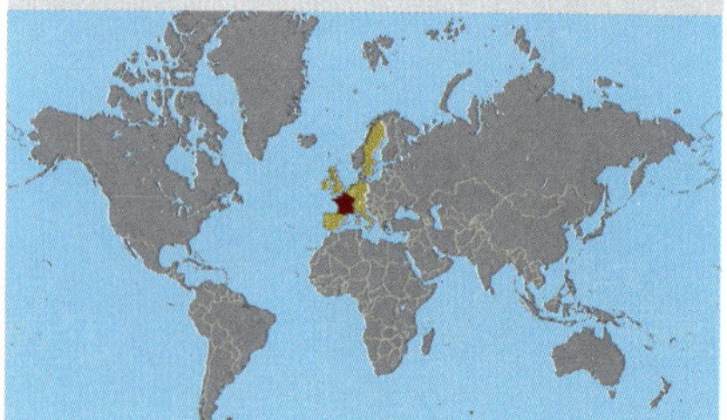

www.regional.fr

Air France

FRANCE

1933 Gründung durch Vereinigung von vier Airlines
1946 Route Paris–New York
1953 erster Jet: De Havilland Comet
1960 reiner Jet-Betrieb mit Caravelle und Boeing 707
1963 Neuverteilung der Routen durch die französische Regierung

Langstrecken wurden fortan von der UTA bedient
1974 Erstkunde Airbus A300
1976 Erstflug Concorde bei Air France
1990 Zusammenschluss mit UTA und Air Inter
2000 Gründungsmitglied SkyTeam Alliance
2004 Fusion mit KLM durch Aktientausch Trotzdem getrennter Auftritt bis auf Weiteres
2009 Übernahme von 25 % der Alitalia durch AF-KLM

Corsairfly

FRANCE

Nachfolgerin der Corsair, die 1981 von einer korsischen Familie gegründet wurde. Ist seit 2000 im Besitz des deutschen Touristikunternehmens TUI

Air One

ITALY

1983 gegründet als Aliadriatica. 1995 umbenannt. Spielte 2008 wichtige Rolle bei der Rettung der Alitalia.

Eurofly

ITALY

Charter- und Linienflüge mit Sitz in Mailand. Zweites Drehkreuz im ägyptischen Sharm-el-Sheikh. Gehört zu 30 % dem Aga Khan, der auch Eigentümer der Meridiana ist.

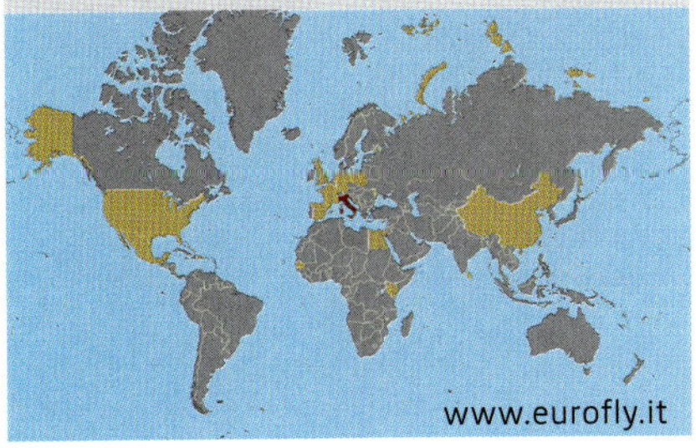

Air Dolomiti

ITALY

1989 Gründung in Triest
1991 Dash-8-300
1995 ATR-42
1998 ATR-72 und Fokker 100
1999 Lufthansa erwirbt 35 %
2001 Börsengang
2003 Lufthansa erwirbt 100 %
2009 Die BAe-146 wird nach und nach durch die Embraer 195 ersetzt.
Neuer Hub in München
Über 600 Flüge pro Woche ab München

ALITALIA

ITALY

1946 Gründung durch den italienischen Staat
1948 Erste internationale Route
1960 DC-8 und Caravelle

1956 Platz 12 im internationalen Ranking
1978 erstes Jahr mit Gewinn
1990 zweiter Hub in Mailand
2009 verschiedene Investoren sanieren die Airline
2009 Neuorganisation

MERIDIANA

ITALY

1963 Gründung durch Prinz Karim Aga Khan als Alisarda mit Sitz in Olbia
1965 erste Inlandsstrecken ab Sardinien
1974 DC-9 und Auslandsstrecken ab Sardinien
1990 Lizenz für Flüge in ganz Italien
2004 Umstieg auf Airbus
2006 Erwerb 30 % in Eurofly
2007 Passagieraufkommen 4,6 Millionen

AIR MALTA

MALTA

Staatliche Airline Maltas, 1973 gegründet. Verbindungen zu allen wichtigen Städten Europas

AIR COMET

SPAIN

Spanische Airline mit Linien- und Charterdiensten. Zusammenarbeit mit Air Europa, Spanair, AeroSur, Aerolineas Argentinas und AeroRepublica. Zahlreiche Verbindungen innerhalb Europas und nach Südamerika

IBERIA

SPAIN

1927 Gründung
1944 Verstaatlichung
1946 erste Route nach Buenos Aires
1997 Übernahme von Air Nostrum
1999 Mitglied Oneworld Alliance
2001 Privatisierung
2008 Übernahmeverhandlungen mit BA
2009 wird die Fusion mit British Airways bekannt gegeben. Sie soll 2010 abgeschlossen sein.

Iberia fliegt in fast alle lateinamerikanische Länder sowie in die Karibik.
Die Airline ist an mehreren südamerikanischen Gesellschaften beteiligt.

Air Nostrum

Spain

Regionalfluglinie der Iberia. Sitz in Valencia. Dichtes Netz in Spanien, fliegt aber auch in mehrere europäische Länder und nach Marokko

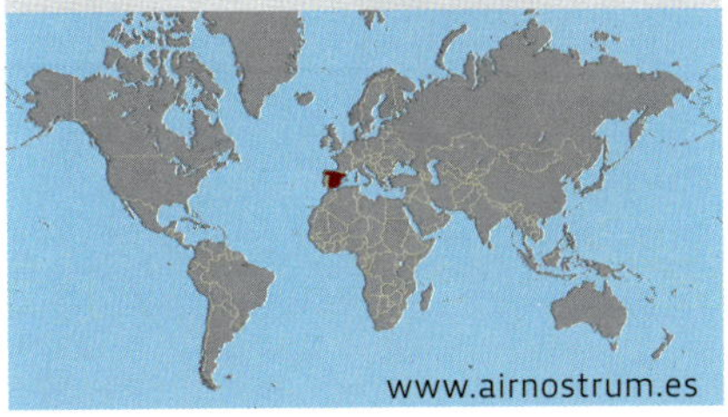

www.airnostrum.es

Spanair

Spain

1986 Gründung durch SAS
1988 europäische Charterflüge
1991 Interkontinentalflüge in die USA, Karibik, nach Argentinien
2008 tragischer Absturz in Madrid
2009 für 1 Euro an katalanische Investorengruppe verkauft
2009 neue Corporate Identity
2009 Verschlankung des Personals um ein Drittel, Streichung vieler Routen

www.spanair.com

Air Europa

Spain

Gegründet 1986 auf Mallorca, um am wachsenden Geschäft des Mallorca-Tourismus teilzuhaben. Später Flüge nach Amerika

www.air-europa.com

SATA Air Acores

Portugal

1941 als „Serviço Açoreano de Transportes Aereos" gegründet, um den Flugbetrieb zwischen den Azoreninseln sicherzustellen

www.sata.pt

SATA Internacional

Portugal

Tochtergesellschaft von SATA Açores. Verbindet die Azoren mit Europa und Nordamerika

www.sata.pt

TAP Portugal

Portugal

1945 Gründung in Lissabon
1946 erste Routen nach Angola, Maputo und Mosambik
1969 New York via Santa Maria (Azoren)
1990 Umstellung von Boeing auf Airbus
1994 20 % Anteile an Air Macau

1996 Service nach Macau
2005 Mitglied Star Alliance
2006 Übernahme des Konkurrenten Portugalia
2009 Privatisierung

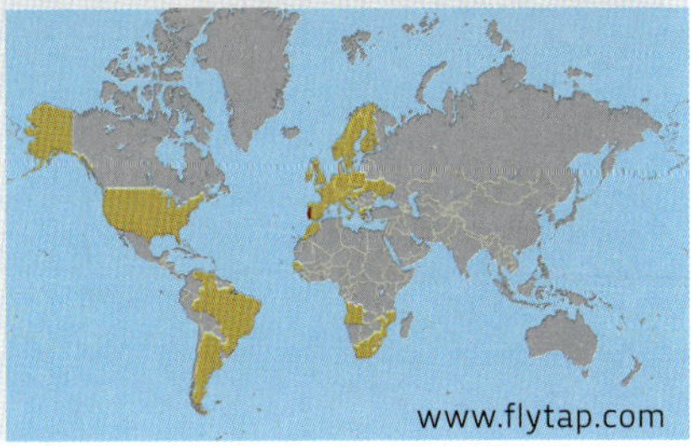

www.flytap.com

Eritrean Airlines

ERITREA

Erst lange nach der Unabhängigkeit Eritreas (1993) erhielt die Airline 2002 ihr erstes Flugzeug, eine Boeing 767. Aufgrund vieler regionaler Konflikte verzögert sich ihre Entwicklung.

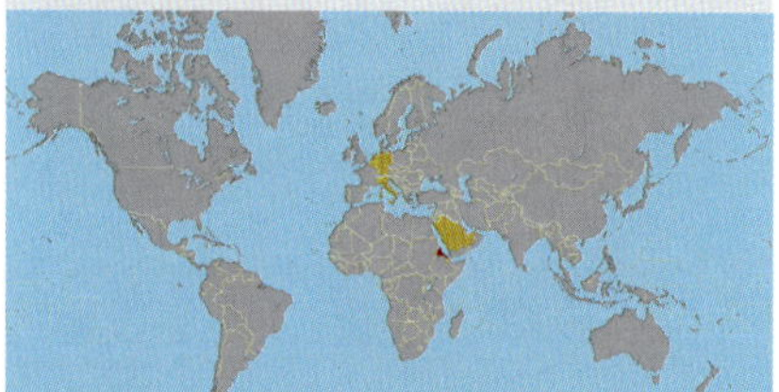

www.flyeritrea.com

Ethiopian Airlines

ETHIOPIA

1945 Gründung durch Kaiser Haile Selassi Unterstützung durch TWA
1946 erste internationale Strecke nach Kairo
1998 Transatlantik-Service
2000 Ausbau von Addis Abeba zum Schulungszentrum für zahlreiche afrikanische Airlines

Die amerikanische TWA stand 1945 Pate bei der Gründung. Heute fliegt Ethiopian in fast alle Hauptstädte Afrikas. Die Airline ist modern und sehr zuverlässig.

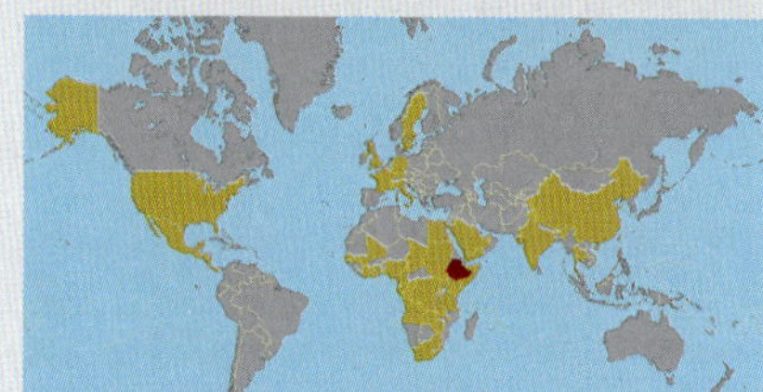

www.ethiopianairlines.com

Kenya Airways

KENYA

1977 Ostafrikanische Gemeinschaft zerbricht
1977 East African Airways wird abgewickelt
1977 Gründung der Kenya Airways in Nairobi
1991 Beginn Privatisierung
1995 Einstieg von KLM mit 26 %
2005 neue Corporate Identity
2005 African Airline of the Year Award
2007 Mitglied SkyTeam Alliance

Wichtige Beifracht auf den Passagierflügen sind Blumen und frischer Fisch.

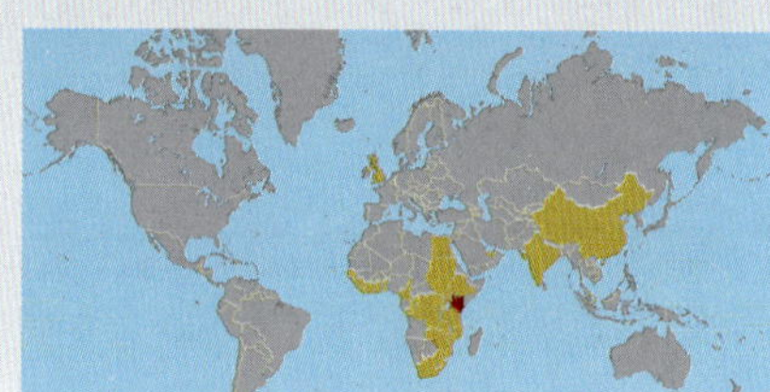

www.kenya-airways.com

Air Uganda

UGANDA

Private Airline, 2007 vom Aga Khan Fund of Economic Development gegründet. Partnerschaft mit Brussels Airlines

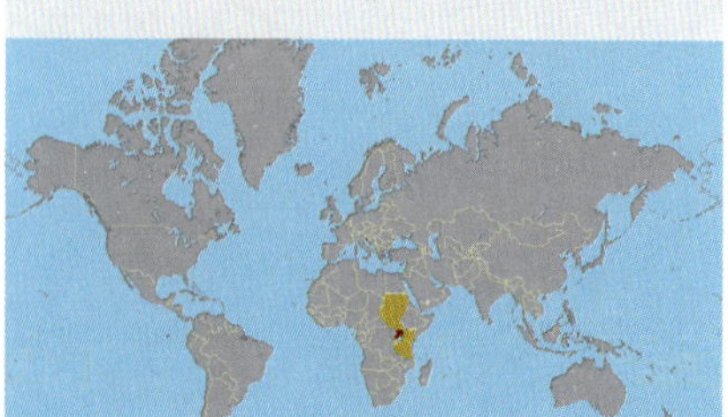

www.air-uganda.com

Air Tanzania

TANZANIA

Gründung 1977 nach Auflösung der East African Airways. 2001 privatisiert. 2008 wegen Sicherheitsmängeln und Verlusten vorübergehend eingestellt. 2009 von chinesischem Investor gekauft

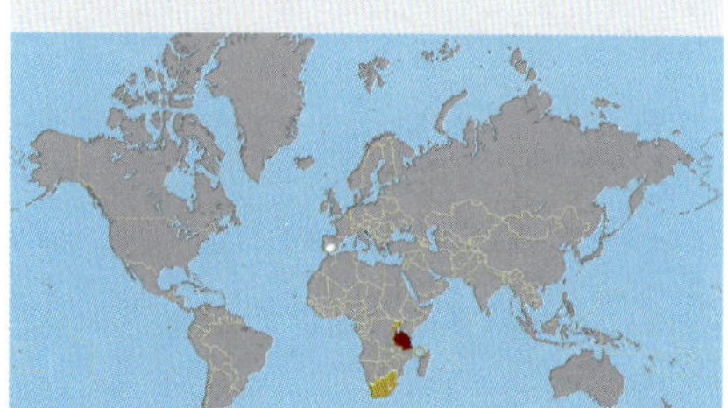

www.airtanzania.com

Precision Air

TANZANIA

Betrieb seit 1994, gegründet als Lufttaxiunternehmen für Rundflüge. Wegen hoher Nachfrage seit 1999 auch Linienflüge. 49 % in Besitz der Air Kenya.

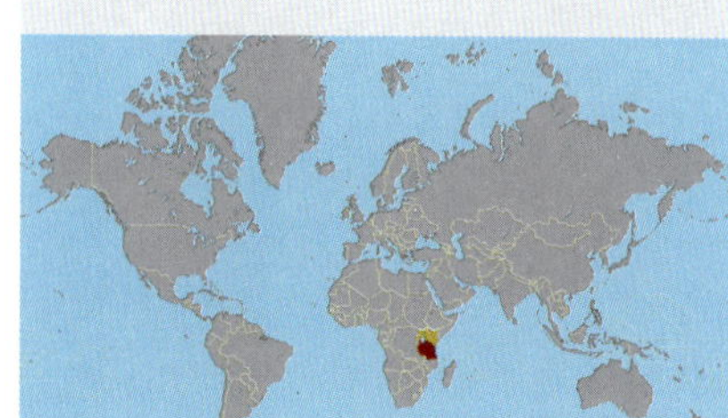

www.precisionairtz.com

AIR MALAWI

MALAWI

Staatliche Gesellschaft. 2006 wurden die meisten Verbindungen aus wirtschaftlichen Gründen eingestellt. 2006 Zusammenarbeit mit Air Zimbabwe. 2008 übernahm die südafrikanische Comair Kulula für 3500 Dollar 49 % der Airline.

LAM

MOZAMBIQUE

1936 als Direcção de Exploração de Transportes Aéreos gegründet
1980 umbenannt in Linhas Aéreas de Moçambique (LAM)
1998 teilprivatisiert. Enge Kontakte zu Portugal und den Kapverden

AIR SEYCHELLES

SEYCHELLES

1976 gegründet
1978 Beginn mit Inlandsflügen
1983 Langstrecken nach Frankfurt und London. Weitere Ziele sind u. a. Singapur, Paris und Moskau

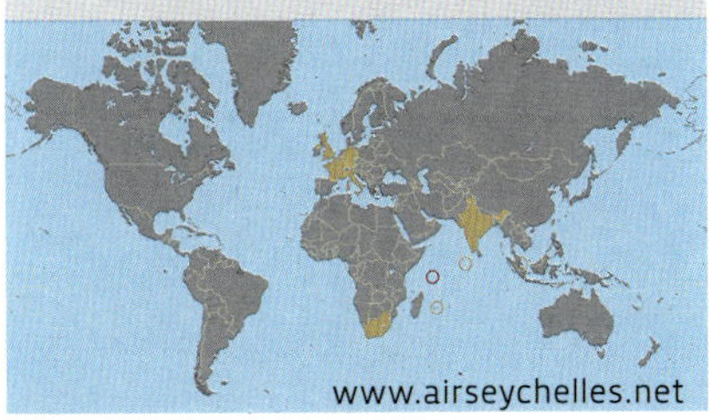

AIR MADAGASCAR

MADAGASCAR

1962 Gründung als Madair
1963 Namensänderung in Air Madagascar 44 % gehören der Air France, 39 % dem Staat
1964 Boeing 707
1979 Boeing 747
2005 staatlicher Anteil 89 %
2004 starke finanzielle Probleme
2005 Neustrukturierung
Langstrecken nach Bangkok und Paris
Regionalverkehr mit ATR-42 und ATR-72

AIR MAURITIUS

MAURITIUS

1967 gegründet, um die 600 km entfernte Nachbarinsel Rodrigues, die zum Staat Mauritius gehört, regelmäßig erreichen zu können. Ab 1977 wurden Langstrecken hinzugefügt. Wegen der hohen Nachfrage wurden sogar Boeing 747 angeschafft.

AIR AUSTRAL

REUNION

Sie verbindet das französische Inselparadies im indischen Ozean mit dem Rest der Welt. Wegen seiner strategisch günstigen Lage können mit der Boeing 777 auch Flüge von Paris nach Australien mit Zwischenlandung in Reunion durchgeführt werden.

AIR ZIMBABWE

ZIMBABWE

1967 gegründet als Air Rhodesia. Nach der Unabhängigkeit 1980 umbenannt. 2003 finanzielle Probleme. 2005 Jungfernflug auf einer neuen Strecke Dubai–Harare mit nur einem Passagier!

COMAIR

RSA

Low-Coster 2001 der Muttergesellschaft Comair South Africa. Regionale Ziele in Südafrika, Namibia, Simbabwe und Mauritius

SAA South African Airways

RSA

1929 Gründung
1934 Notverkauf an den Staat
1945 Route nach London
1953 Beschaffung der De Havilland Comet
1957 Route nach Perth
1960 Boeing 707
1971 Boeing 747
1980–1990 Rückgang wegen Apartheid-Boykott
1991 Routen in die ganze Welt
2006 Mitglied der Star Alliance

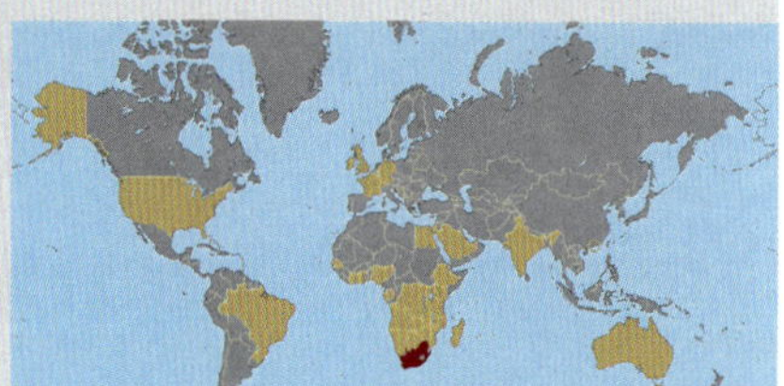

www.flysaa.com

Air Botswana

BOTSWANA

Staatliche Airline von Botswana. Defizitärer Beginn. Erstes Jahr mit positiver Bilanz war 1999, als ein gekündigter Pilot seine ATR-42 in selbstmörderischer Absicht in die geparkte Flotte stürzte und die Versicherung den Schaden bezahlen musste.

www.airbotswana.co.bw

Air Namibia

NAMIBIA

Die South West Air Transport wurde 1946 gegründet. Erst seit 1991 trägt sie den heutigen Namen. Mit mehreren geleasten Boeing 747 baute sie den Langstreckenbetrieb nach England und Deutschland auf, bevor sie auf Airbus A340 umstieg.

www.airnamibia.com.na

TAAG Angola Airlines

ANGOLA

1938 gegründet
1988 gründete als Tochterunternehmen Angola Air Charter: Ziele in Afrika und Europa

Starke Affinität zur Sowjetunion.
Langstreckenservice nach Kuba

www.taag.aero

Air Service Gabon

GABON

1965 gegründet. Verbindet Gabun mit Städten in Westafrika. Stand zumindest bis 2009 auf der schwarzen Liste der EU

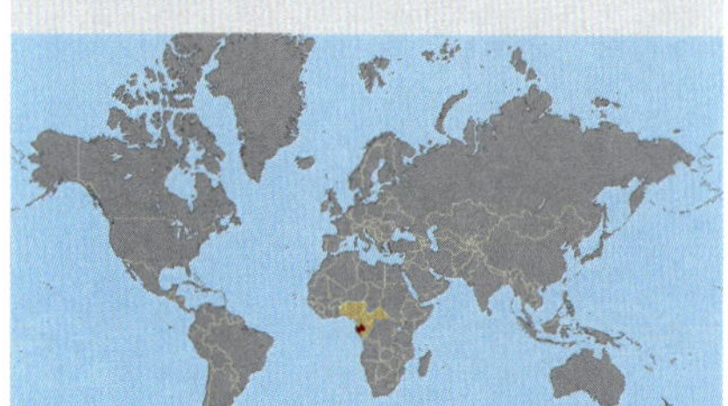

www.airservice.aero

Gabon Airlines

GABON

2007 vom Staat gegründet. Personal und Technik wird von Ethiopian Airlines betreut. Das Netzwerk besteht aus den Nachbarländern sowie Paris, Beirut, Dubai und Johannesburg.

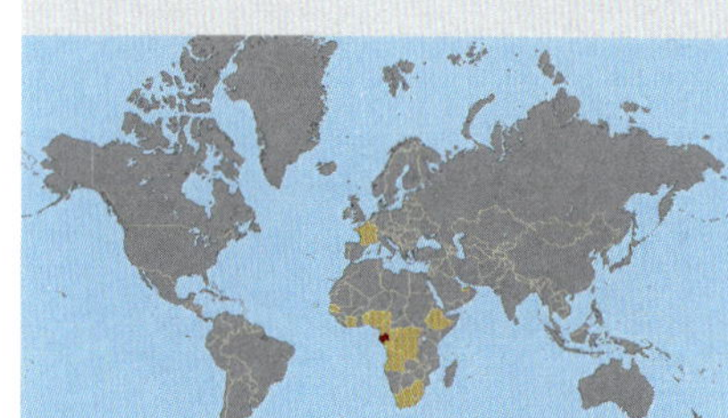

www.gabonairlines.com

Arik Air

NIGERIA

Westlich geprägte Airline mit modernem Fluggerät. Dichtes nigerianisches Inlandsnetz mit zwei Langstreckenverbindungen nach Johannesburg und London.

Virgin Nigeria Airways

NIGERIA

Sir Richard Branson ist zwar Eigentümer der Virgin Group, hält aber nur 49 % dieser nigerianischen Tochter. Die Mehrheit ist in staatlicher Hand.

Air Ivoire

IVORY COAST

Seit 1960 in Betrieb. Die Airline gehörte dem Staat Elfenbeinküste, bis die Gesellschaft 1999 in den Bankrott ging. Mithilfe eines französischen Konzerns konnte sie wiederbelebt werden.

TACV

CAPE VERDE

Wegen ihrer starken Affinität zu Portugal pflegt sie häufige Flugverbindungen zur ehemaligen Kolonialmacht und nach Brasilien.

Air Algerie

ALGERIA

1947 Gründung
1958 Caravelle erster Jet
1963 Teilverstaatlichung
1970 Gründung Inlandsairline STA
1974 100 % in Staatsbesitz
2007 Bau von neuem Wartungszentrum

Air Algerie unterhält ein dichtes Netz zu 26 Inlandsflughäfen, einem Dutzend Destinationen in Afrika und über 20 Städten in Europa.
Air Algerie befördert jählich drei Millionen Passagiere.

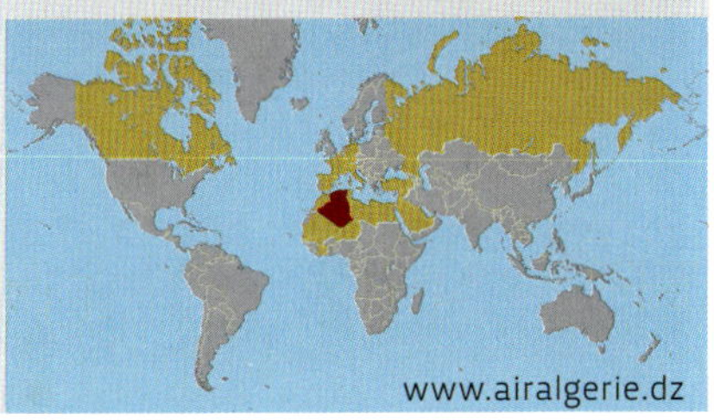

Tunisair

TUNISIA

1948 Gründung
1954 Charterflüge von Europa nach Djerba
1956 erste Nonstop-Flüge nach Paris
1961 Caravelle erster Jet
1982 Airbus A300
1991 Beteiligung an Tuninter 40 %
1991 Gründung Tochtergesellschaft Sevenair

Gründungsmitglied der „Arabesk Alliance", die sich aus Airlines aus Nordafrika und dem Nahen Osten zusammensetzt.
Tunisair fliegt seit 60 Jahren unfallfrei.

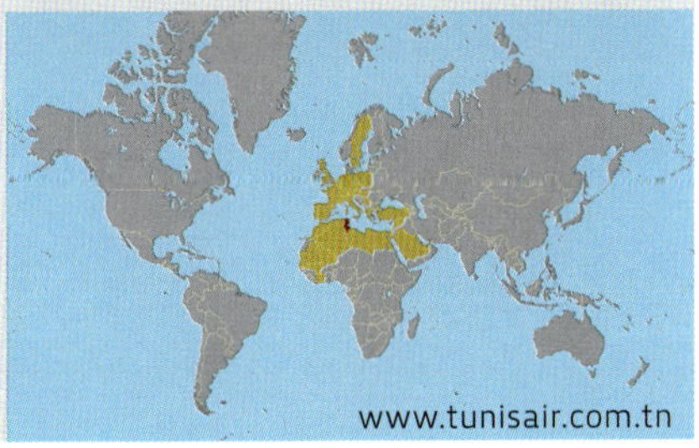

Libyan Airlines

LIBYA

1965 gegründet, wegen Boykotts nach dem Lockerbie-Attentat von 1988 20 Jahre lang auf das Inland beschränkt. Die Passagierflotte ist westlicher Bauart, die Cargo-Flotte durchweg russisch.

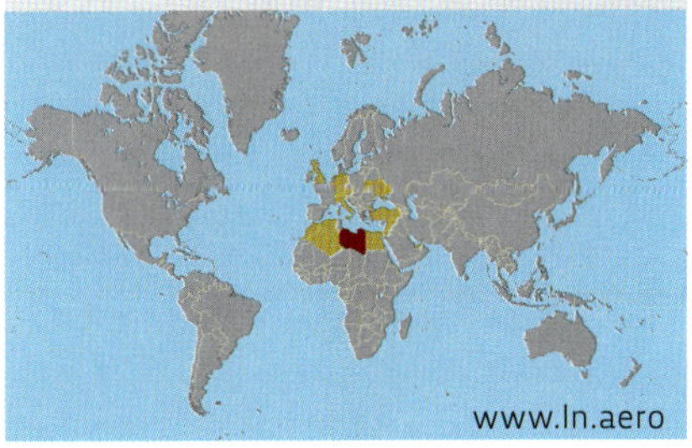

Afriqiyah Airways

LIBYA

2001 Gründung
In libyschem Staatsbesitz
2003 Umstellung auf Airbus
2009 19 Destinationen in Afrika und wichtige Städte in Europa
Destinationen sind die früheren Kolonialmächte in Europa und ihre ehemaligen Kolonien in Afrika. Alle Routen führen über Tripoli.
Planung: Routen nach Fernost
Logo: 9.9.99; Datum, an dem der Vertrag über die Afrikanische Union unterzeichnet wurde

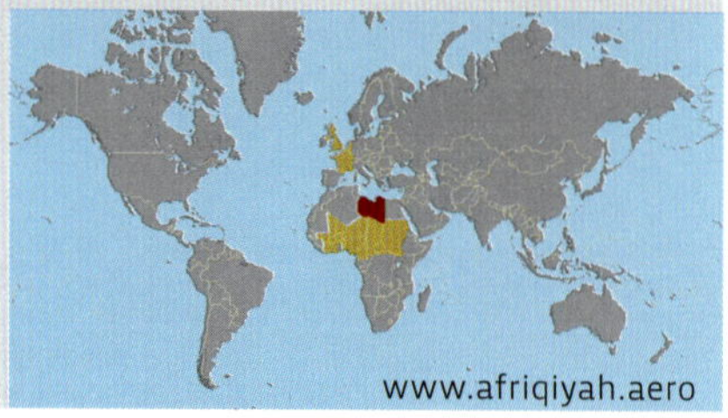

Saudi Arabian Airlines

SAUDI ARABIA

1946 Gründung als Staatliche Airline
CEO ist der Verteidigungsminister
1949 ff. Bristol, DC-3, Convair 340
1961 Boeing 720B
1965 Mitglied Arab Air Carriers Organization
1970 neuer Name: Saudia
1979 erste Direktflüge in die USA
1994 Bestellung bei Boeing für 7,5 Mrd. Dollar
1997 Umbenennung in alten Namen Saudi Arabian Airlines
2007 Boeing, Airbus und Embraer
Bisher beschaffte Saudi Arabian Airlines vor allem Großraumflugzeuge. Ab 2010 werden auch Regionaljets zur Flotte stoßen.
Vor jedem Start ruft ein Imam über Bordlautsprecher eine Sure aus dem Koran. Der Text wird auf der Leinwand in mehreren Sprachen eingeblendet. Während des Fluges erscheint in einer Ecke des Bildschirmes ein Pfeil, in welcher Richtung gerade Mekka liegt. Alkohol gibt es keinen. Die arabischen Airlines waren auch die letzten, die das Rauchen noch erlaubt hatten.

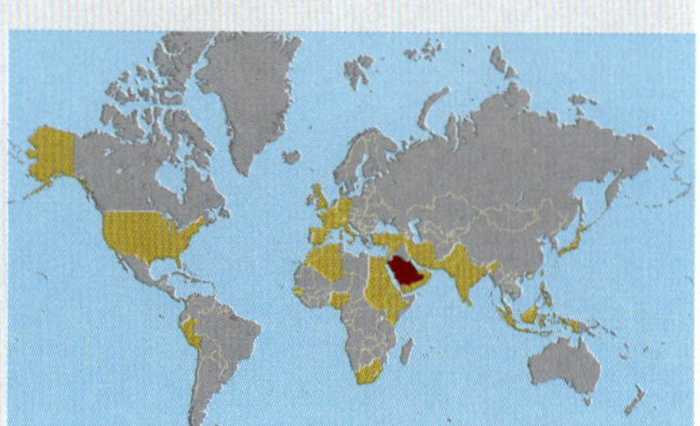

Egyptair

EGYPT

1932 Gründung unter dem Namen MisrAirwork
1933 Havilland D.H. 84 Dragon
1935 D.H. 89 Dragon Rapide

1946 zahlreiche Flugzeugtypen: Airspeed Consul, Percival Proctor, Bristol 170, North American AT-6, Avro Ansons, Vickers Viking, Dragon Rapide, Beech C-45 und AT-11

1949 Umbenennung MisrAir
1956 Zusammenschluss mit Syrian Airlines und United Arab Airlines
1958 Namensänderung in United Arab Airlines UAA
1961 bis 1971 über 20 Totalschäden
1971 Umbenennung in EgyptAir
1981 Exgeneral übernimmt die Leitung
Solide Geschäftsführung führt zum Erfolg
2007 Gründung EgyptAir Express
2008 Mitgliedschaft Star Alliance

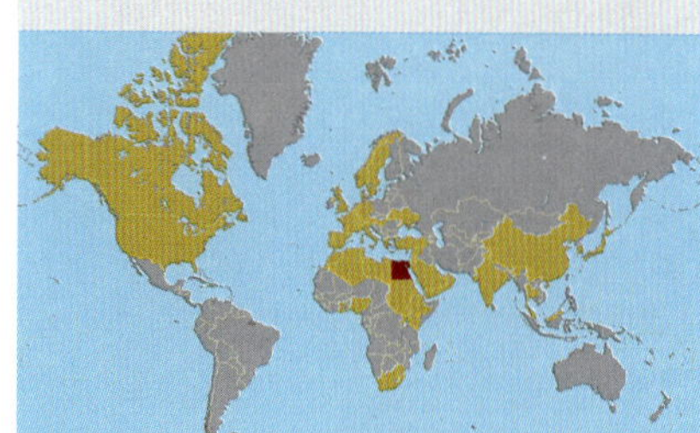

MEA Middle East Airlines

LEBANON

1945 Gründung in Beirut als gemeinsame Regionalfluggesellschaft von Pan Am und BOAC
1963 Jet-Betrieb mit Caravelles
1968 Zerstörung der Flotte durch israelischen Luftangriff
1975 bis 1990 Operation aus dem Ausland
1998 Restrukturierung
2007 Mitgliedschaft SkyTeam Alliance

Die Airline gehört zu 99 % der *Banque du Liban*.

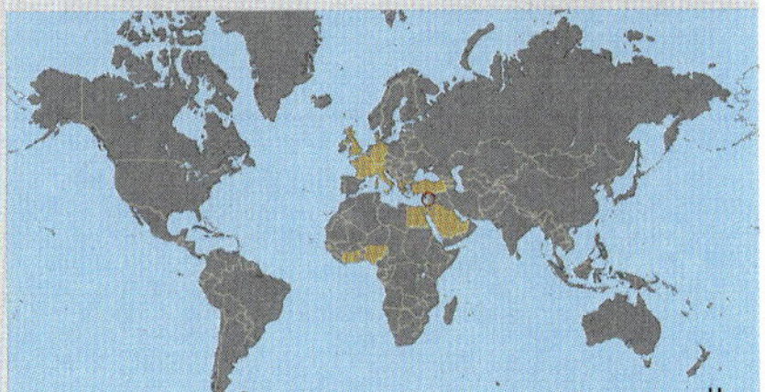

www.mea.com.lb

Arkia Israel Airlines

ISRAEL

Tochtergesellschaft der EL AL.
Entkam am 28.11.2002 in Mombasa nur knapp einem Terrorangriff mit Flugabwehrraketen. 20 Minuten später wurde das Paradise Hotel in Mombasa in die Luft gesprengt.

www.arkia.co.il

El Al Israel Airlines

ISRAEL

1948 Gründung
1949 erste Route nach Paris
1950 ff. Beschaffung De Havilland Comet, Boeing 707, DC-8
1961 erste Route nach New York
1968 mehrere Attentate auf EL AL
1970 neues Sicherheitskonzept
1977 Tochtergesellschaft Sun d'or
2000 Boeing 777
2008 Installation Raketenabwehrsystem

Alle Speisen und Getränke an Bord der EL AL sind unter der Aufsicht eines Rabbi koscher zubereitet. Flugzeuge der EL AL sind unbestätigten Angaben zufolge durchweg mit Raketenabwehrsystemen ausgerüstet.

www.elal.co.il

Royal Jordanian Airlines

JORDAN

1963 Gründung als ALIA
1965 Jet-Betrieb mit Caravelles
1986 Boeing 707
1977 Boeing 747
1964 erste Routen über den Atlantik
1990 Umstellung auf Airbus
2001 Privatisierung

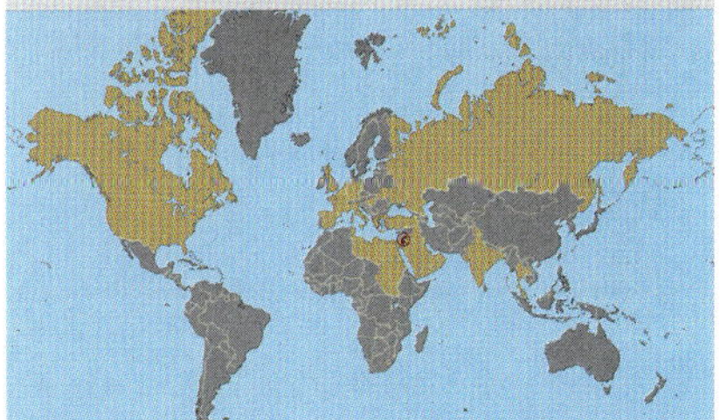

www.rj.com

Kuwait Airways

KUWAIT

1953 Gründung als Kuwait National Airways Company mit Unterstützung von BOAC
1955 neuer Name Kuwait Airways Staatliche Unterstützung
1962 unter voller staatlicher Kontrolle
1964 Vereinigung mit Trans Arabia Airlines
1964 erste Jets
1968 Boeing 707
1978 Boeing 747
1980 Bestellung von Airbus-Flugzeugen
1990 irakische Invasion zwölf Flugzeuge zerstört, fünf erbeutet

1991 Wiederaufbau mit Boeing und Airbus
2009 Privatisierung

Kuwait Airways ist einer harten Konkurrenz auf kleinem Markt ausgesetzt, den sie mit neuen Flugzeugen gewinnen möchte.

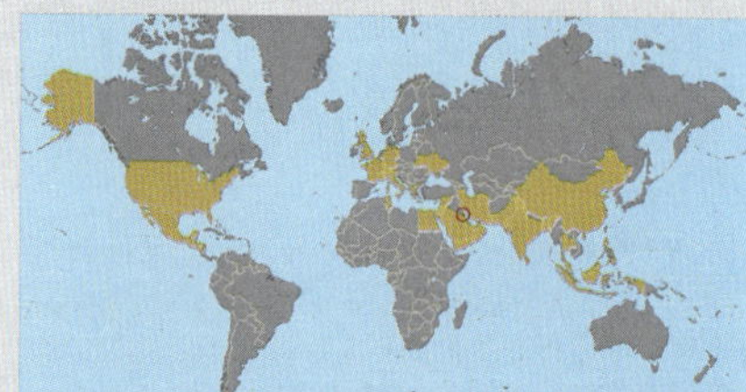

www.kuwait-airways.com

Gulf Air

BAHRAIN

1950 Gründung als Gulf Aviation
1951 Einstieg der Regierungen von Bahrain, Qatar, Abu Dhabi und Oman
1970 erste Jets BAC 1-11
1970 Vickers VC-10
1974 Lockheed Tristar
1974 neuer Name: Gulf Air
1980 Umstieg auf Boeing und Airbus
2006 Abu Dhabi, Qatar und Oman steigen aus dem Verbund aus und fördern ihre eigene Airlines.

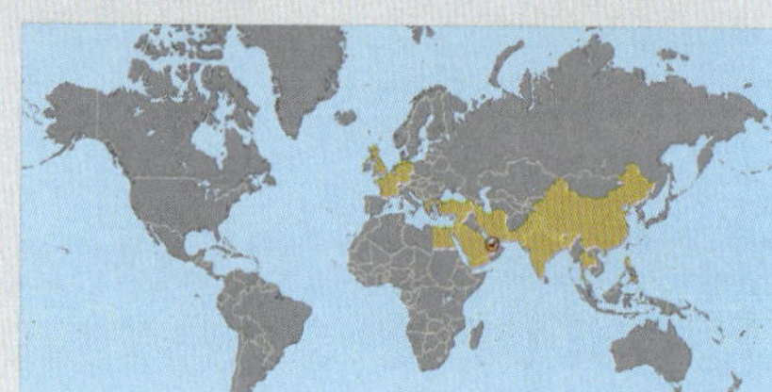

www.gulfairco.com

Qatar Airways

QATAR

1993 Gründung durch den Staat
1997 Teilprivatisierung
1997 Umstellung auf Airbus
2006 Routen in die USA Skytrax Award: Beste First Class weltweit
2008 erste erfolgreiche Flugversuche mit Erdgas anstelle von Kerosin
2009 Qatar Airways gewann den Titel „Beste Economy Class der Welt" vom Skytrax Magazine.

www.qatarairways.com

EMIRATES

UNITED ARAB EMIRATES

1985 Gründung durch Regierung
Flugzeuge anfangs von PIA geleast
1987 Ziele in Europa
1990 Ziele in Fernost und Afrika
1998 Beteiligung an Sri Lankan
Emirates wurde zu einer der am

schnellsten wachsenden Airlines der Welt, erstklassiger Service in allen Kategorien
58 Festbestellungen des Airbus A380
2000 Nonstop-Flüge nach Australien
2001 Nonstop-Flüge nach Argentinien
2008 Beginn Flugbetrieb mit A380

Nach ihrer Gründung hatte die Fluggesellschaft kaum jemand beachtet. Aber seit Ende des alten Jahrtausends mischt sie die Airline-Industrie auf. Spätestens seit ihrer Bestellung von 53 A380, 79 A350 und 31 Boeing 777 weiß jeder, dass man mit dieser Gesellschaft rechnen muss.

www.emirates.com

ETIHAD AIRWAYS

UNITED ARAB EMIRATES

2003 Gründung per königlichem Dekret
2004 Flugzeugbestellung im Wert von 8 Mrd. Dollar
2006 In 30 Monaten wuchs das Netz auf 30 Destinationen.

2005 Flüge nach Amerika
2006 Flüge nach Australien

„Wir fliegen keine Passagiere. Wir bewirten Gäste." Das sagt Etihad über sich und seinen Service. Während andere Airlines ihren Service abbauen, sehen die Araber genau darin eine Chance, Europäer in ihre

Flugzeuge zu locken. Auch Etihad möchte 10 A380 und 25 A350. Die Flughäfen am arabischen Golf werden allesamt ausgebaut, um den erwarteten Zuwachs aufnehmen zu können. Umsteigen in Dubai oder Abu Dhabi statt in Frankfurt oder London

www.etihadairways.com

AIR ARABIA

UNITED ARAB EMIRATES

Arabischer Low-Coster aus Sharjah. Erst seit wenigen Jahren auf dem Markt, fliegt aber schon zu 50 Destinationen im Mittleren Osten, Indien und Nordafrika. Betreibt eine Tochtergesellschaft Air Arabia Maroc

www.airarabia.com

OMAN AIR

OMAN

Da jedes Emirat seine Airline benötigt, gibt es seit 1981 auch eine im Oman. Sie ist zu 82 % in Staatsbesitz und konzentriert sich auf Langstrecken. Sechs bestellte Boeing 787 unterstreichen das.

www.oman-air.com

YEMENIA

YEMEN

Schon 1961 gab es die Yemen Airlines. Den neuen Namen trägt sie seit 1978. 2009 hatte sie einen tragischen Unfall vor der Küste der Komoren im Landeanflug auf Moroni.

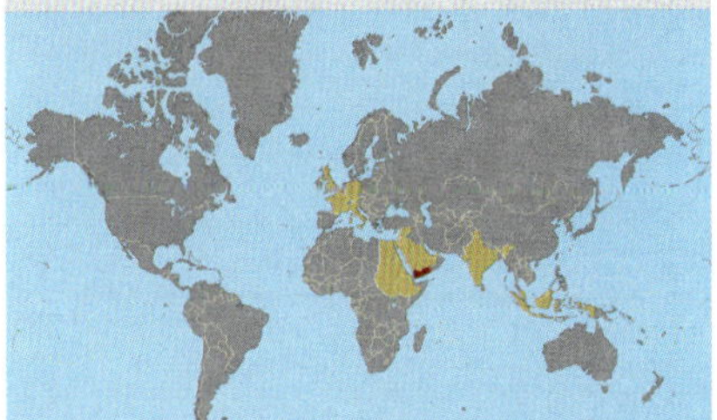

www.yemenia.com

MIAT Mongolian Airlines

MONGOLIA

Staatliche Airline der Mongolei, gegründet 1956. Teil der mongolischen Luftwaffe. Erst seit 1993 unter ziviler Verwaltung. Arbeitet mit russischen, chinesischen, amerikanischen und europäischen Flugzeugen

Rossiya Russian Airlines

RUSSIAN FEDERATION

1992 Gründung
2006 Übernahme der Pulkovo Airlines

Rossiya soll auch weitere defizitäre Gesellschaften aus der russischen AIRUnion aufnehmen. Damit unterliegen diese genau wie Aeroflot der Kontrolle des Staates. Sitz und Hauptdrehkreuz der Airline ist Moskau-Vrukova.

Aeroflot Russian Airlines

RUSSIAN FEDERATION

1990 über 10 000 Flugzeuge
1992 aufgeteilt in 300 regionale Airlines
1993 neu aufgestellt
2006 Mitgliedschaft SkyTeam Alliance

Am 23.3.1994 ließ ein Aeroflot-Kapitän seine beiden Kinder im Cockpit Platz nehmen. Unbewusst schaltete der 15-jährige Sohn den Autopiloten ab. Als das Flugzeug immer stärkere Kurven flog, traten so starke G-Kräfte auf, dass die Piloten es nicht in ihre Sitze zurückschafften. Schließlich stieg der Airbus A310 senkrecht nach oben, bis die Strömung abriss, worauf die Maschine zu trudeln begann und in einen Sturzflug überging. Der Kapitän schaffte es nun wieder in seinen Sitz und brachte den Airbus wieder unter Kontrolle, aber sie waren so dicht über dem Boden, dass die Höhe nicht ausreichte, ihn vollends abzufangen. Drei Minuten nach Abschalten des Autopiloten schlug die Maschine auf dem Boden auf.

1923 Gründung auf Beschluss der KPDSU
Es wurde ein Verein gegründet, der Spenden zum Kauf von Flugzeugen sammelte. Arbeiter mussten ihren Lohn „spenden" und erhielten dafür Aktien an der „Dobrolet".
1923 wenige Monate später wurden 15 Junkers F13 gekauft
1937 Internationale Verbindungen
1939 Größte Airline der Welt mit 4000 Flugzeugen und 400 000 Angestellten
1971 Mitgliedschaft in der IATA
1976 100-millionste Passagier

Die Crew kontrolliert vor jedem Start Fahrwerk, Ruder und Triebwerke auf Fremdkörper und Beschädigungen.

OPEN
EXIT
HAD

KD AVIA

RUSSIAN FEDERATION

Private Airline aus Kaliningrad. Wie vielen russischen Airlines machten ihnen die Finanzkrise und die rückläufigen Passagierzahlen schwer zu schaffen.

www.kdavia.eu

URAL AIRLINES

RUSSIAN FEDERATION

1993 Gründung in Jekatarinenburg
1997 privatisiert
2008 beförderte 1,5 Millionen Passagiere
Russischer Nachfolger der Aeroflot Sverdlovsk Division in Jekaterinburg. Hielt lange Zeit an den alten russischen Flugzeugmustern fest, und war mit schwindenden Passagierzahlen konfrontiert. Mehrere Versteigerungen brachten keinen Käufer. Jetzt wird die Airline neu aufgestellt, und die Tupolev gegen den Airbus getauscht.

www.uralairlines.com

S7 AIRLINES

RUSSIAN FEDERATION

1992 Gründung in Nowosibirsk als Siberia
2005 Umbenennung zu S7 Airlines
Zweitgrößte Airline Russlands
2007 Umstellung von russischen Mustern auf Airbus und Boeing für die Langstrecken
2008 Codeshare mit Air Berlin
Nach dem versehentlichen Abschuss einer Passagiermaschine vom Militär wurden alle Maschinen mit grüner Signalfarbe angestrichen. Ob das ein Zufall war, ist nicht bekannt.

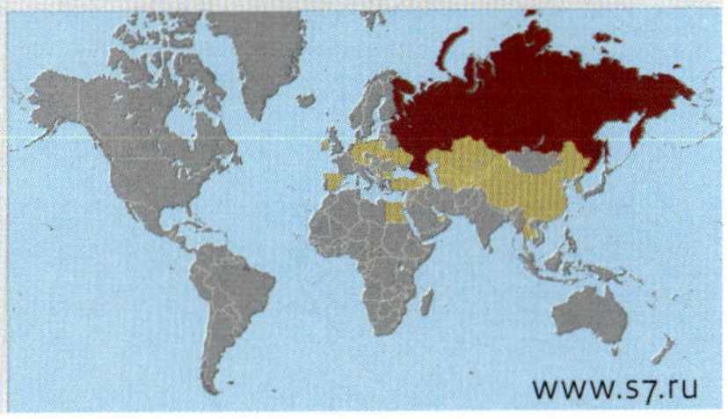

www.s7.ru

YAKUTIA

RUSSIAN FEDERATION

Russischer Nachfolger der Aeroflot Yakutsk Division. Fliegt ausschließlich im Inland und überwiegend russische Modelle

www.yakutia.aero

ARMAVIA

ARMENIA

Private Airline aus Yerevan. Am 3. Mai 2006 stürzte eine A320 bei Sotschi ab. In der Nacht vom 4. Mai brannte in Brüssel ein Flugzeughangar ab, in dem zwei weitere Flugzeuge der Armavia standen. So verlor sie an zwei Tagen drei Maschinen.

www.u8.am

AZAL AVIA

AZERBAIJAN

1992 gegründet mit russischem Gerät. Seitdem massive Flottenerneuerung mit Boeing und Airbus

www.azal.az

Air Astana

KAZAKHSTAN

2002 Gründung in Astana, Kasachstan, mit drei geleasten Boeing 737
2004 Boeing 757
2004 Fokker 50 für Domestic Service
51 % in Staatsbesitz

2008 Partnerschaft mit Lufthansa
CEO Peter Foster ist ein erfahrener Manager, der Airlines auf der ganzen Welt zum Erfolg geführt hat. Das riesige Land schreit förmlich nach touristischer Erschließung.

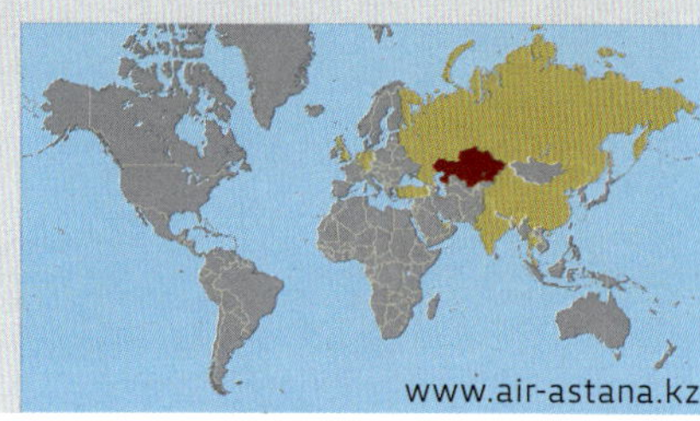

Kyrgyzstan Airlines

KYRGYZSTAN

Staatliche Airline aus Bishkek. Liniendienste im In- und Ausland. Schaffte es 2005 auf die schwarze Liste der EU. Die Airline gehört zu 81 % dem Staat, 11 % sind in privaten Händen, 8 % besitzen die Mitarbeitern.

PIA

PAKISTAN

1951 Gründung als staatliche Airline
1952 Flüge zwischen West- und Ostpakistan
1955 internationaler Flugbetrieb
1960 Boeing 707. Routen nach New York
2007 PIA auf schwarzer Liste der EU
2008 von schwarzer Liste gestrichen
Seit Jahren versucht der Staat die PIA zu privatisieren. Es finden sich jedoch keine Investoren. 2009 wurden diese Pläne endgültig aufgegeben.

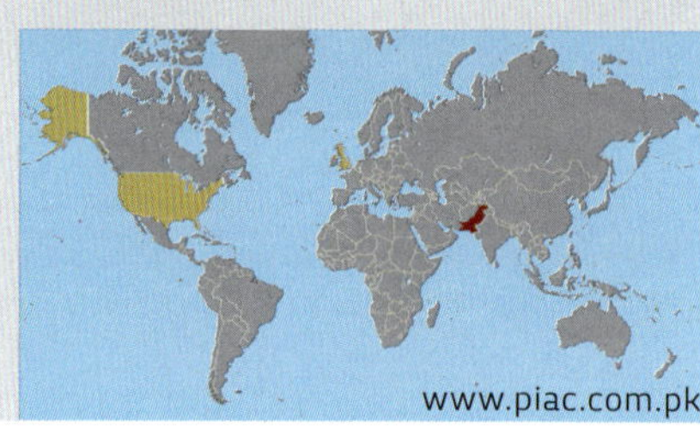

Ariana Afghan Airlines

AFGHANISTAN

1955 gegründet, im Staatsbesitz. Aufbau mithilfe von Pan Am und TWA. Von den Taliban zugrunde gerichtet. Mit Ausnahme eines Airbus A310 hat sie Einflugverbot in die EU.

Jet Airways

INDIA

1992 Gründung in Mumbai
1993 Verkehr mit Sri Lanka, Boeing 737
2007 Übernahme der Air Sahara
2007 Einrichtung eines Drehkreuzes in Brüssel für Nordamerikaflüge
2008 Allianz mit Kingfisher Airlines
2009 Als Jet Airways zwei Piloten entließ, meldeten sich 430 Piloten der Airline krank. Fünf Tage später, nach 800 Flugausfällen und Kosten von 27 Mio. Euro stellte Jet Airways die entlassenen Piloten wieder ein. Daraufhin wurden alle Piloten wieder gesund und meldeten sich wieder zum Dienst.

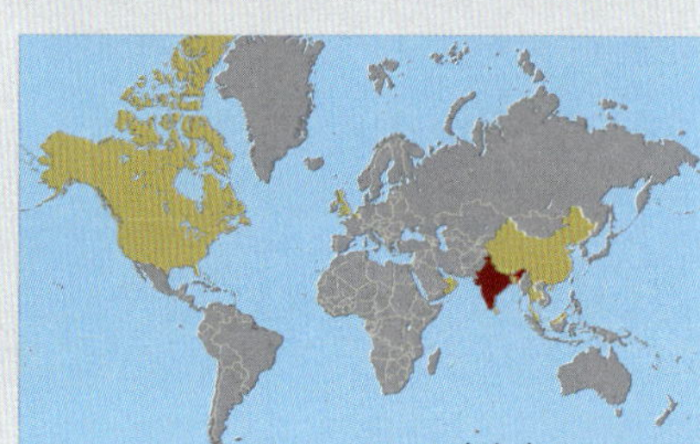

AIR INDIA

INDIA

1932 Gründung als Tata Airlines
1971 Boeing 747
2007 Zusammenschluss mit Indian Airlines
Heute ist Air India nur noch drittgrößte Airline hinter Jet Airways und Kingfisher

2010 Mitgliedschaft Star Alliance
2007 Air India und Indian Airlines schließen sich zusammen. Seitdem fliegt Air India auch wieder im Inland. Mit der Tochterfirma Air India Express soll der Low-Cost-Sektor abgedeckt werden.

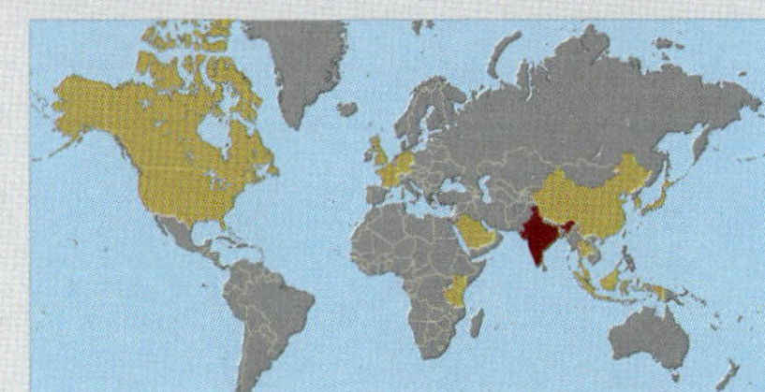

www.indian-airlines.nic.in

KINGFISHER AIRLINES

INDIA

2005 Gründung in Bangalore
Tochterfirma einer Bierbrauerei
Fast ausschließlich Domestic Flights
Nur wenige internationale Routen
2008 Übernahme des indischen Low-Costers Air Deccan
Kingfisher ist heute größte Airline Indiens
Fünf Airbus A380 sind bestellt.
Hat den Eisvogel am Leitwerk. Legt großen Wert auf Service und Luxus

www.flykingfisher.com

NEPAL AIRLINES

NEPAL

Nachfolger der Royal Nepal Airlines. Nach dem Ende der Monarchie 2008 entfiel auch der Zusatz „Royal" im Namen.
40 Destinationen im In- und Ausland

www.royalnepal-airlines.com

SRI LANKAN AIRLINES

SRI LANKA

1948 Gründung als Ceylon Airways
1949 Namensänderung in Air Ceylon
1978 erstes Tamilenattentat auf eine HS.748
1979 Namensänderung in Air Lanka
1986 zweites Tamilenattentat
1998 Namensänderung in Sri Lankan Airlines
2001 drittes Tamilenattentat. Zerstörung der halben Flotte
2002 SARS-Krise
2004 Tsunami
2007 Streckenerweiterung

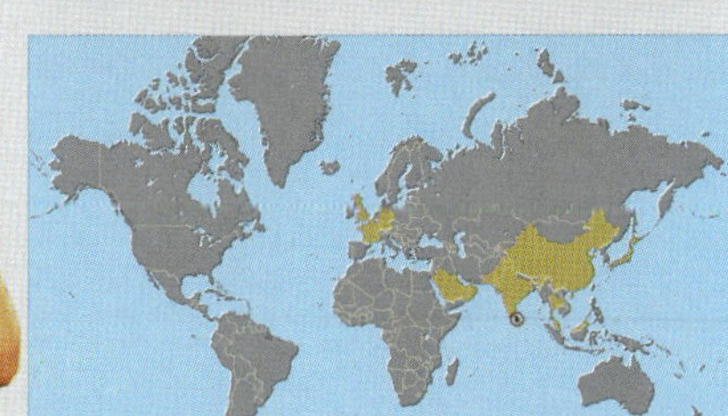

www.srilankan.lk

Air China

CHINA

1939 Gründung als CAAC
Russisches Fluggerät
1970 Langstreckenflugzeuge von Boeing und Iljuschin
1987 Reorganisation. Neuer Name: Air China
1988 Boeing 747
2001 Zusammenschluss mit China Southwest Airlines und China International Airlines
2004 Übernahme Zhejiang Airlines
2007 Beitritt Star Alliance
Mehrheitseigner bei Air Macau, Shandong Airlines und Air China Cargo. Mit 17 % beteiligt an Cathay Pacific

Hainan Airlines

CHINA

1989 Gründung durch HNA-Gruppe
Schwestergesellschaften: Shanxi Airlines, Chang'an Airlines, China Xinhua Airlines, Lucky Air, Deer Jet, Shilin Airlines, Grand China Express Air, Yangtze River Express, Hong Kong Airlines und Hong Kong Express
1993 Betriebsbeginn
2008 Strecke von Beijing nach Seattle
2009 Strecken nach Berlin
2010 Bejing–Honolulu und Seattle

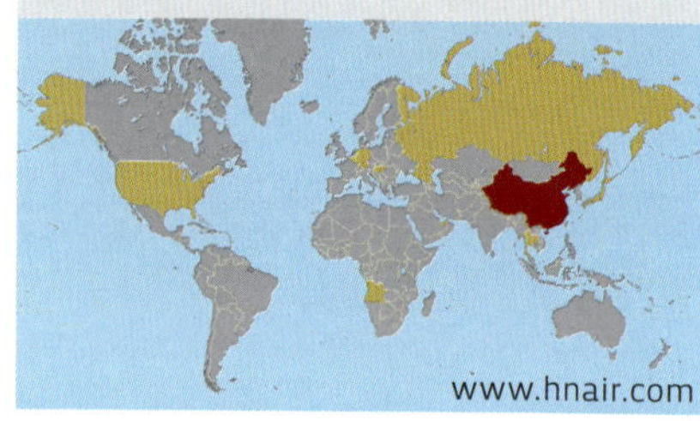

China Eastern Airlines

CHINA

1988 Gründung in Huadong
2001 Übernahme von Air Great Wall
2003 Vereinigung mir China Yunnan und China Northwest Airlines
2009 Mögliche Vereinigung mit Shanghai Airlines
Mit Shanghai Airlines würde China Eastern zu einer Mega Airline heranwachsen. Möglicher Beitritt zur Oneworld Alliance, da aber Air China 24 % der Anteile an China Eastern hält, könnte dies bedeuten, dass ein Star Alliance Mitglied Hauptanteilseigner ist.

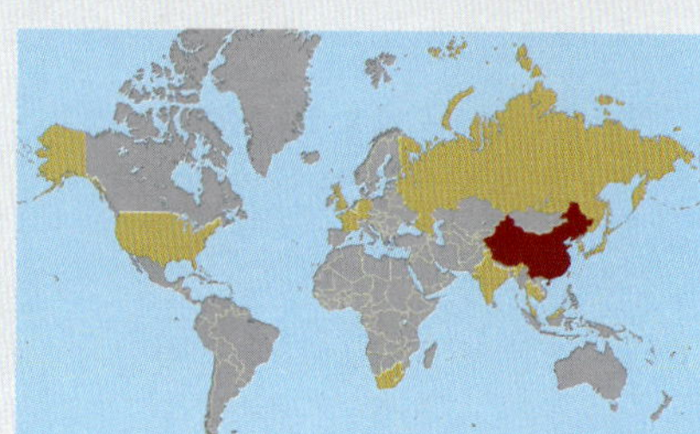

CHINA SOUTHERN AIRLINES

CHINA

1989 Gründung in Guangzhou
1997 Börsengang in New York und Hongkong
2003 Übernahme von China Northern

Airlines, Beiya Airlines, China Northern Swan, China Xinjiang Airlines
2004 Übernahme von China Northern und China Xinjiang

2004 unter den Top Ten in der Welt
2007 größte Airline Asiens
2007 Mitgliedschaft SkyTeam Alliance
2009 Niederlassung in Taiwan eröffnet
2009 Airbus A380
2009 Skytrax wählt China Southern zur besten chinesischen Airline
Hat etwa 150 Flugzeuge bestellt, darunter fünf A380

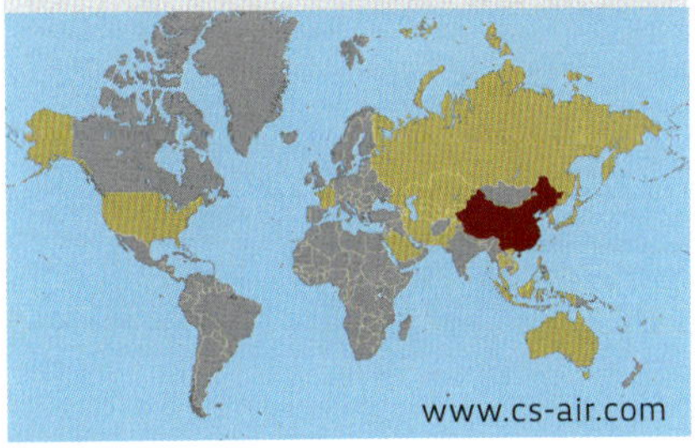

SHANGHAI AIRLINES

CHINA

1985 Gründung durch Stadt Shanghai Begrenzt auf Inlandsflüge
1997 erste international Flüge
2002 Börsengang

2006 Gründung einer Frachttochter Shanghai Airlines Cargo zusammen mit Eva Air aus Taiwan
2007 Mitgliedschaft Star Alliance

2009 bevorstehender Zusammenschluss mit China Eastern Airlines. Das würde auch das Ende der Mitgliedschaft in der Star Alliance bedeuten, denn China Eastern bemüht sich um Aufnahme in die SkyTeam Alliance

Shanghai Airlines wird sich mit China Eastern verbinden. Beide Fluggesellschaften sollen dabei ihre Identität behalten. Allerdings werden sie derselben Allianz beitreten. Air China ist in der Star Alliance, China Southern in der SkyTeam Alliance, bleibt noch Oneworld.

CHINA XINHUA AIRLINES

CHINA

Tochtergesellschaft der Hainan Airlines, Basis in Tianjin, Sitz in Haikou
Betriebsbeginn 1993

XIAMEN AIRLINES

CHINA.

1984 Gründung als erste nichtstaatliche Airline Chinas mit Sitz in Xiamen
1985 Aufnahme Flugbetrieb
1990 Eine Boeing 737 von Xiamen wurde entführt. Bei der Landung in Guangzhou kam es zum Kampf im Cockpit zwischen Piloten und Entführer. Die Maschine kam von der Bahn ab, schlitzte eine andere auf und krachte in eine dritte – 128 Tote.

1991 Zubringerdienste für China Southern Einrichtung von sechs Drehkreuzen Internationale Flüge nach Südostasien
Xiamen ist zu 60 % in Besitz von China Southern Airlines.

Biman Airlines

BANGLADESH

1972 gegründet. Niemand hätte erwartet, dass der arme Staat eine eigene Airline auf die Beine stellt. In der Tat war das erste Flugzeug ein Geschenk der Streitkräfte. 2008 bestellte Biman sogar vier Boeing 787.

www.bimanair.com

Vietnam Airlines

VIETNAM

1956 Gründung durch den Staat
1975 erste Auslandsroute
Sowjetische Flugzeugmuster
1996 Umbau des Unternehmens, Beschaffung von Boeing 777
Dienste zu vier Kontinenten

Vietnam Airlines hat alle zurückliegenden Krisen ohne Einbrüche gemeistert. Als nach dem 11. September weltweit die Passagierzahlen zurückgingen, sind sie bei Vietnam Airlines sogar angestiegen.

www.vietnamairlines.com

Lao Airlines

LAOS

1976 gegründet, fliegt die staatliche Airline von Vientiane und Luang Prabang wichtige Städte in Indochina an. Da Luang Prabang Weltkulturerbe der UNESCO ist, erwartet die Airline stark anwachsenden Tourismus.

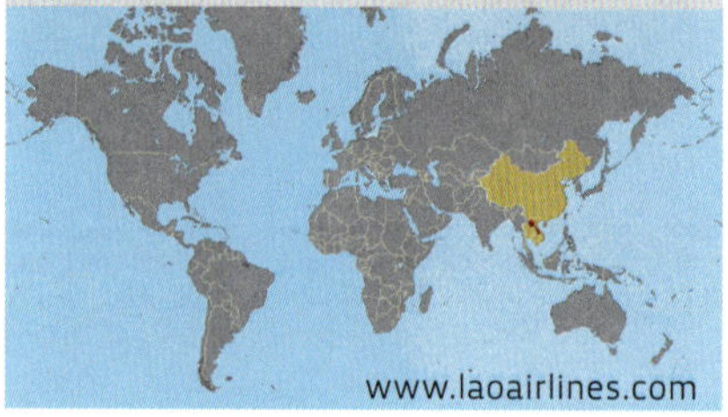

www.laoairlines.com

Orient Thai

THAILAND

1995 erste Boeing 727. Seitdem wuchs die Airline zu einer nationalen Gesellschaft heran, die national und international fliegt und sogar einen Low-Cost-Ableger hatte: Die Tochter One-Two-Go hatte einen tragischen Unfall in Phuket.

www.orient-thai.com

Thai Airways International

THAILAND

1959 Gründung mithilfe der SAS
70 % staatliches Kapital
1971 interkontinentale Flüge
1975 Eigenfinanzierung ohne Fremdkapital
1978 Airbus A300
1979 Boeing 747
1988 Vereinigung TAC und Thai Airways zu Thai Airways International
1997 Gründungsmitglied Star Alliance
2005 neues Corporated Design

Thai Airways gehört zu den besten Fluggesellschaften Asiens. Ihr Service und ihre Lounges in Bangkok sind vorbildlich. Der Sohn von König Bhumibol, Somdet Phra Boroma Orasathirat Chao Fah Maha Vajiralongkorn, fliegt selbst bisweilen einen Passagierjet von Thai Airways.

www.thaiairways.com

Bangkok Airways

THAILAND

Bangkok Airways hat drei eigene Flughäfen: Ko Samui, Sukhothai und Ko Chang. Zu den Flughäfen gehören eigene Shops und Ressorts. Natürlich fliegt die Airline auch zu allen anderen wichtigen Flughäfen Thailands.

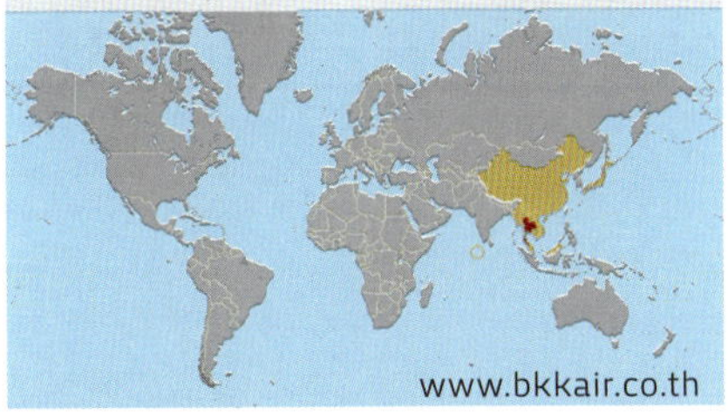

www.bkkair.co.th

AirAsia

MALAYSIA

Malaysischer Low-Coster aus Kuala Lumpur. Betriebsbeginn 1996, 2001 stark verschuldet. Für einen Ringgit an einen privaten Manager verkauft. Ab 2002 flog sie bereits Gewinne ein. Tochtergesellschaft Thai AirAsia

www.airasia.com

Singapore Airlines

SINGAPORE

1947 Gründung als Malayan Airways, Airline der Malaiischen Föderation von Penang bis Singapur mit Sitz in Kuala Lumpur.
1962 Umstrukturierung. Malaysian Airways
1965 Vereinigung mit Borneo Airways
1967 Reorganisation. Malaysia-Singapore Airlines mit Sitz in Singapur
1968 Einführung des Sarong Kebaya für die weiblichen Flugbegleiter, entworfen vom französischen Designer Pierre Balmain
1972 Trennung von Singapur. Reorganisation. Singapore Airlines wurde zu einer Airline ohne Inlandsnetz

Kleinstes Flugzeug ist die Boeing 777
Größte Boeing-777-Flotte der Welt
Erstbesteller Airbus A380
Mehrfach als beste Airline der Welt ausgezeichnet

www.singaporeair.com

Malaysia Airlines

MALAYSIA

1947 Gründung als Malayan Airways, Airline der Malaiischen Föderation von Penang bis Singapur mit Sitz in Kuala Lumpur
1962 Umstrukturierung. Malaysian Airways

1965 Vereinigung mit Borneo Airways
1967 Reorganisation. Malaysia-Singapur Airlines mit Sitz in Singapur

1972 Trennung von Singapur. Reorganisation. Malaysian Airlines System. Sitz in Kuala Lumpur
1987 Malaysia Airlines. Neues Corporate Design
2000 ff. Gründung zweier Low-Cost-Tochterfirmen: MASwings und Firefly Gründung von MASCharter Gründung Frachtunternehmen MASKargo

Malaysia Airlines wurde von Skytrax Magazine zur Fünf-Sterne-Airline gewählt und gilt als eine der besten Airlines der Welt.

www.malaysiaairlines.com

Silk Air

SINGAPORE

Regionalgesellschaft der Singapore Airlines. Gleiche technische Qualität, vereinfachter Bordservice, aber hoch zuverlässig

www.silkair.com.sg

Tiger Airways

SINGAPORE

Mit diesem Low-Coster deckt Singapore Airlines die gesamte Bedarfspalette seiner Kunden ab. Das Erfolgsprinzip: neue Flugzeuge, Zuverlässigkeit bei geringen Kosten. Und dahinter steht eine der besten Airlines der Welt.

www.tigerairways.com

Batavia Air

INDONESIA

2002 gegründet als Metro Batavia. Regionale Dienste mit einem dichten Inlandsnetz. Wegen Sicherheitsmängeln drohte der Transportminister 2007 unter anderem der Batavia Air mit Schließung.

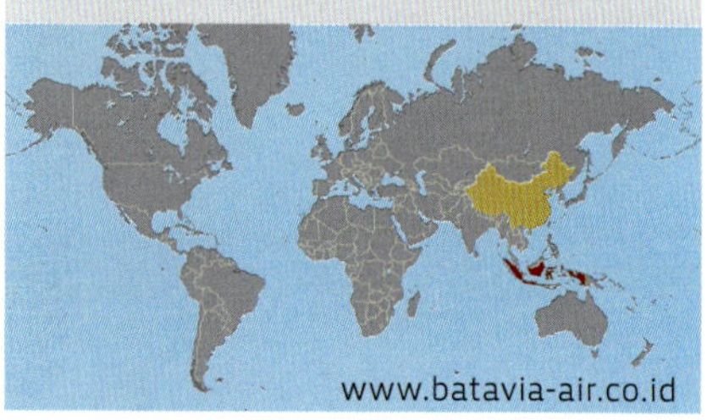

www.batavia-air.co.id

Garuda Indonesia

INDONESIA

1949 Gründung als Garuda Indonesian Airways
Einigung mit KLM über Geschäftsführung
1954 Verstaatlichung
1957 Ausweisung aller KLM-Mitarbeiter
1963 erste Jets
1973 DC-10
Garuda war bis 2009 auf der schwarzen Liste der EU.

www.garuda-indonesia.com

Lion Air

INDONESIA

Als erste Fluggesellschaft der Welt flog Lion Air 2005 die Boeing 737-900ER. Low-Coster. Fliegt in Konkurrenz zu Tiger Airways auch nach Singapur, Malaysia und Vietnam.

www.lionair.co.id

Mandala Airlines

INDONESIA

1969 von einem Luftwaffen-Obristen gegründet. Sie ist Teil des strategischen Transportkommandos Indonesiens, fliegt aber mit einem zivilen Auftrag. Nach einem tragischen Unfall wurde die Airline an einen zivilen Investor verkauft.

www.mandalaair.com

Merpati

INDONESIA

1962 gegründet als Inlandsfluggesellschaft in Ergänzung zu Garuda. 1978 von Garuda übernommen. Operiert weiter unter eigenem Label. 1993 wieder in Besitz des Staates

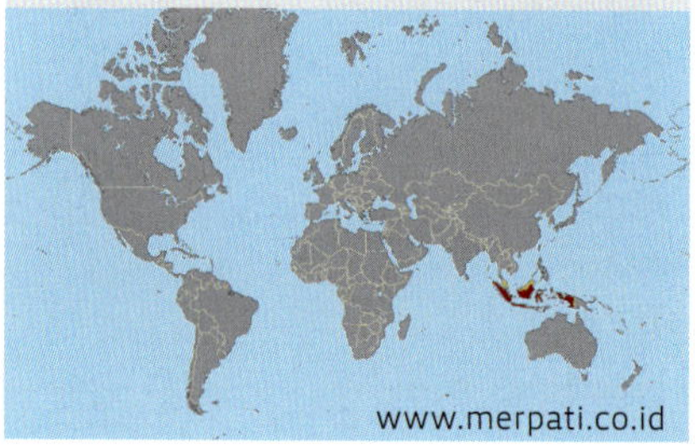

www.merpati.co.id

Royal Brunei Airlines

BRUNEI

Das ölreiche Sultanat ist begehrtes Reiseziel von Luxusurlaubern. Dafür sind die Maschinen der RBA etwas betagt. Mehrere Abflugorte wie Frankfurt, Shanghai, Sydney, Darwin oder Bali wurden in den letzten Jahren gestrichen.

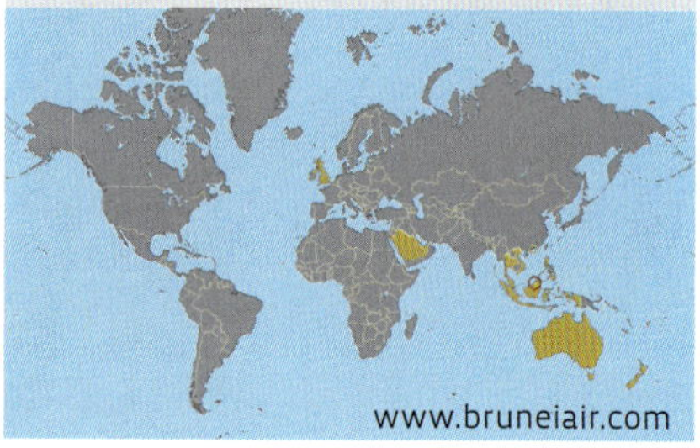

www.bruneiair.com

Philippine Airlines

PHILIPPINES

1941 Gründung durch die Bierbrauerei San Miguel in Manila und einem Piloten
1942 Unterstützung der Amerikaner durch Logistikflüge
Unterbrechung während des

Zweiten Weltkrieges
1945 Einstieg von Howard Hughes mit 28 %
1946 Flüge in die USA
1947 Flüge nach Europa

1960 Boeing 707
1972 Zwangsvereinigung mit Air Manila und Filipinas Orient Airways unter Marcos. Verstaatlichung
Lange Zeit durch Korruption ausgelaugt
1992 Reprivatisierung
2000 Lufthansa Technik übernimmt die Wartung
2005 ff. neue Flugzeuge
2009 Erste von sechs Boeing 777 wird ausgeliefert

Vorübergehend war Philippine Airlines auf der schwarzen Liste der EU. 2009 ist sie noch immer auf der Black List der FAA.

www.philippineairlines.com

Cebu Pacific Air

PHILIPPINES

Nach erfolgreichen Jahren im Inlandsdienst schickt sich die private Cebu Pacific an, den Low-Cost-Markt zu erobern. Wie bei Southwest Airlines unterhalten die Flugbegleiter die Gäste mit Ratespielen, bei denen man Freiflüge gewinnen kann.

www.cebupacificair.com

Air Macau

CHINA

Die Airline aus der ehemaligen portugiesischen Kolonie hat sich auf Verbindungen von China über Macau nach Taiwan spezialisiert. 42 Flüge pro Woche gehen nach Taipei, 30 nach Kaohsiung.

www.airmacau.com.mo

China Airlines

TAIWAN

1959 Gründung in Taipeh. Staatliche Airline Taiwans. Galt lange Zeit als die unsicherste Airline Asiens. In den letzten 20 Jahren kamen bei verschiedenen Unfällen 750 Menschen ums Leben. Allerdings hat die Airline seither ihre Flotte erneuert und ihre Arbeitsabläufe geändert. China Airlines gilt seit 2004 als sicher.

www.china-airlines.com

EVA AIR

TAIWAN

EVA AIR

1989 Gründung als Tochterunternehmen einer taiwanesischen Reederei
1991 erste internationale Flüge
1992 Boeing 747

China Airlines, die staatliche Airline Taiwans, hatte gegen Ende des vergangenen Jahrhunderts zahlreiche Unfälle. Entsprechend stieg die Nachfrage bei der sehr sicheren Eva Air. Sie wurde rasch zu einem Global Player.

CATHAY PACIFIC

CHINA/HONG KONG

CATHAY PACIFIC

1946 Gründung durch zwei Amerikaner in Hongkong
„Cathay" ist der mittelalterliche Name für China

1948 Einstieg der Handelsgruppe Swire
Erste Routen in Südostasien und Australien
1959 Übernahme Hong Kong Airways
1960 ff. Erfolgreichste Fluggesellschaft Asiens
1980 Expansion nach Europa
1985 Gründung der Tochter Dragonair
1990 Rezession
1994 neue Corporate Identity
1999 Eigentümerwechsel mit der Rückgabe Hongkongs an China. Mehrheitseigner sind mittlerweile zwei chinesische Investorengruppen

1998 nach einer temporären Einstellung des Dienstes von Philippine Airlines übernahm Cathay Pacific innerhalb von 48 Stunden Inlandsflüge zwischen fünf Städten auf den Philippinen.

DRAGONAIR

CHINA/HONG KONG

1985 gegründet. Einst erbitterter Konkurrent von Cathay Pacific. Wurde deswegen dazu gezwungen, sich auf den chinesischen Inlandsmarkt zu konzentrieren, was ihr später erst zum Vorteil geriet. 2006 Übernahme durch Cathay

AIR KORYO

NORTH KOREA

Militärische Fluggesellschaft Nordkoreas mit zivilem Auftrag. Wegen der Isolation Nordkoreas nur sechs internationale Destinationen. Hat Einflugverbot in der EU.

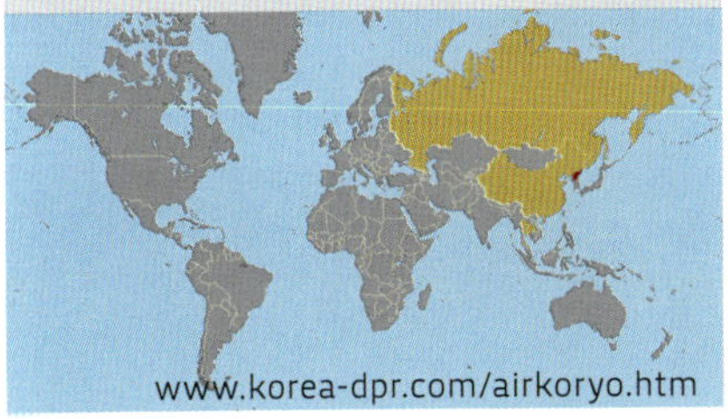

ASIANA AIRLINES

SOUTH KOREA

1988 Gründung als Seoul Air International, da die staatliche Korean Air die Nachfrage zur Olympiade nicht alleine verkraften konnte
1988 neuer Name Asiana
1990 Boeing 767. Erste Routen ins Ausland

2003 Mitgliedschaft Star Alliance
2009 „Airline Of The Year Award"

Asiana sollte eigentlich kleingehalten und auf die Nachbarländer beschränkt werden. Doch im Vorfeld der Olympischen Spiele konnte Korean Air die Nachfrage nicht selbst decken. Das ebnete den Weg für Asianas weltweites Streckennetz.

KOREAN AIR

SOUTH KOREA

1962 Gründung durch den Staat
1972 Boeing 707
1973 Boeing 747
1978 nach einem Navigationsfehler geriet eine Boeing 797 in russischen Luftraum und wurde beschossen. Sie

konnte auf einem zugefrorenen See notlanden.
1983 Abschuss einer Boeing 747, die nach einem Navigationsfehler nördlich von Sachalin vom Kurs abgekommen war (KAL 007). 296 Opfer.
1984 Namensänderung in Korean Air
1990 MD-11
2000 Gründungsmitglied SkyTeam Alliance

AIR NIPPON

JAPAN

Japanische Regionalfluggesellschaft. Air Nippon ist eine der sechs Tochterfluggesellschaften von All Nippon Airways. Sie bedient unter dem Code ANA ein dichtes Netz durch ganz Japan, einschließlich Okinawa. Auf der Strecke nach Taiwan benutzt sie aus politischen Gründen ihre Air-Nippon-Flugnummer.

JAL JAPAN AIR LINES

JAPAN

JAPAN AIRLINES

1951 Gründung als Japan Air Lines mit gemieteten Flugzeugen
1953 Umbenennung in Japan Airlines
1954 Flüge in die USA
1960 DC-8
1967 Tokyo–Moskau

1970 Boeing 747
1973 Boeing 747 wird für Inlandsflugbetrieb mit 545 Passagieren bereitgestellt
1985 Absturz einer 747 auf einem Inlandsflug mit 520 Passagieren
1987 Privatisierung und neue Corporate Identity
2000 ff. Fusionen mit Japan Asia Airways, Japan Air System, TOA Domestic Trennung in Japan Airlines Domestic und Japan Airlines International

www.jal.co.jp

ANA

JAPAN

ANA All Nippon Airways

1952 Gründung als Japan Helicopter and Airoplanes Transport Company
1960 Flüge nach Okinawa
1963 Zusammenschluss mit Fujita Airlines
1964 Boeing 727
1973 Lockheed Tristar

1978 Boeing 747
1986 internationale Flüge
1999 Mitgliedschaft Star Alliance
2004 Gründung der Low-Cost-Airline Air Next
2007 „Airline Of The World Award"

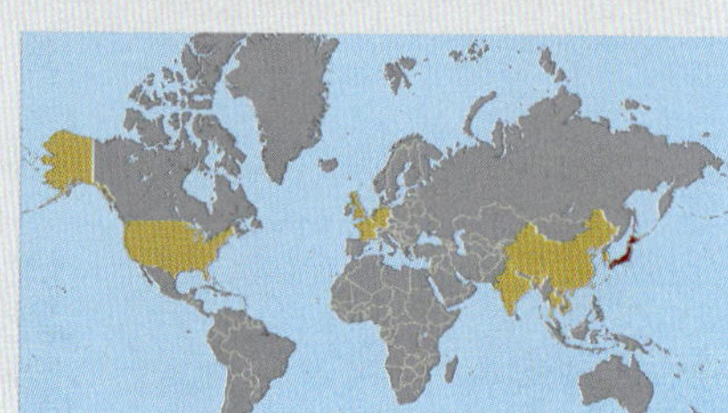

www.ana.co.jp

QANTAS

AUSTRALIA

1920 Gründung als Queensland and Northern Territory Aerial Services
1934 Catalina-Flugboote
1935 Canguroo Route: Sydney–Darwin–Singapur–Calcutta–Karatschi–Cairo–Tripoli–London

1952 Wallaby Route: Sydney–Perth–Cocos Island–Mauritius–Johannesburg
1954 Southern Cross Route: Sydney–Auckland–Nadi–Honolulu–San Francisco–Vancouver
1958 Service around the world
1959 Boeing 707
1966 Fiesta Route: Sydney–Tahiti–Mexico City–London
2009 Airbus A380

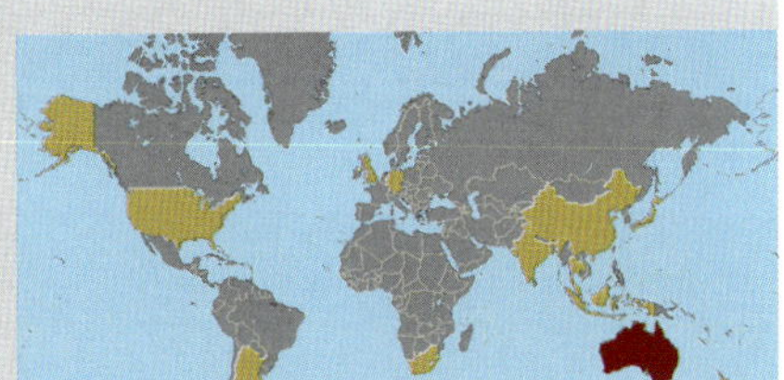

www.qantas.com.au

SKYWEST

AUSTRALIA

Ein kleines Lufttaxiunternehmen in Perth erhielt von der Zollbehörde einen Nebenjob bei der Küstenüberwachung. Daraus entstand ein Liniendienst. Die Flotte wuchs, mittlerweile bedient Skywest ganz West-Australien.

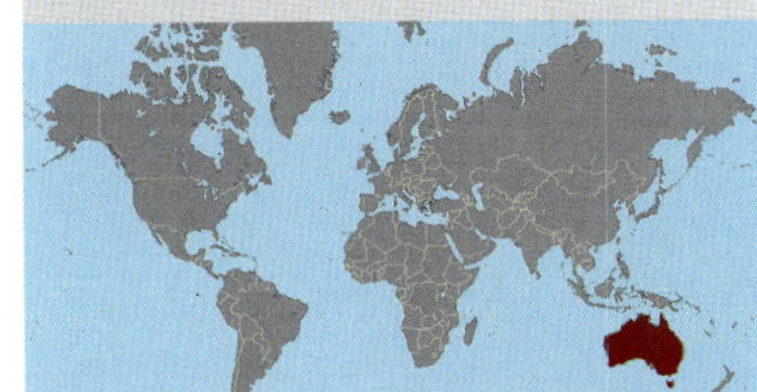

www.skywest.com.au

VIRGIN BLUE

AUSTRALIA

Australischer Low Coster aus der Virgin Group. Erfreut sich eines dichten Netzes in Australien und stieg zur zweitgrößten Airline Australiens auf. Über die Tochter Pacific Blue werden auch einige Inselstaaten im Pazifik bedient.

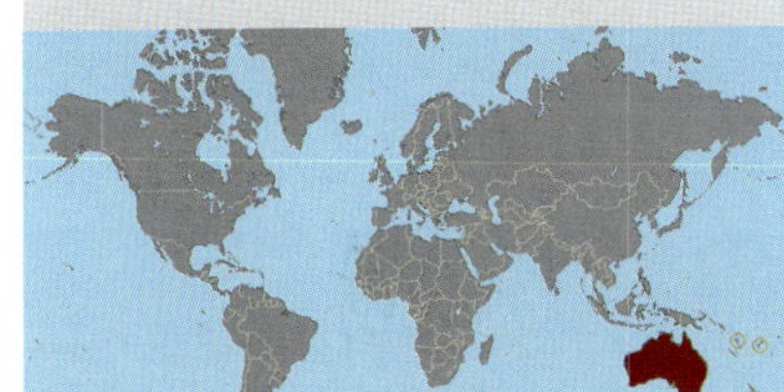

www.virginblue.com.au

AIR NIUGINI

PAPUA NEW GUINEA

Papua-Neuguineas größte Airline ist Air Niugini. Sie fliegt nur noch regional und arbeitet als Zubringer für Qantas.

www.airniugini.com.pg

SOLOMON AIRLINES

SOLOMON ISLANDS

Nur mit kleineren Flugzeugen wie der Twin Otter versorgt Solomon fast 30 Ziele auf den Salomonen. Auf den Inseln gibt es kaum befestigte Pisten.

www.solomonairlines.com.au

AIR TAHITI NUI

TAHITI

Fünf A340 scheinen zu genügen, um die Besucher aus Tokyo, Paris, Los Angeles, Sydney und Auckland ins Land zu bringen. 61% der Anteile gehören dem Staat.

www.flyatn.com

Air Vanuatu

VANUATU

1981 als New Hebrides Airways gegründet, wurde der Name natürlich nach der Unabhängigkeit in Air Vanuatu umbenannt. Destinationen: Sydney, Brisbane, Auckland und Nadi.

Air Pacific

FIJI

1947 gegründet. Während die Regierung von Fiji 51% der Anteile besitzt, sind auch die Regierungen von Nauru, Kiribati, Samoa und Tonga mit einem geringen Prozentsatz daran beteiligt.

Air Fiji

FIJI

Man könnte annehmen, das Air Fiji mit ihren kleinen Regionalfliegern die Tochter der Air Pacific sei. Sie ist jedoch selbstständig und profitiert natürlich von den Touristen, die mit den großen Bombern ins Land kommen.

Air Nauru

NAURU

Die staatliche Airline des kleinsten Flächenstaates der Welt (21 km²) heißt mittlerweile „OUR Airline". Dabei steht das OUR nicht nur für UNSER, sondern für „Oceanic United Republics". Denn Kiribati, die Salomonen und Fiji sind daran beteiligt.

Aircalin

NEW CALEDONIA

Die Neukaledonische Airline gibt es seit 1983. Sie pflegt Verbindungen nach Japan, Korea, Australien, Neuseeland und natürlich zu mehreren ozeanischen Inselstaaten.

Air New Zealand

NEW ZEALAND

1940 Gründung als staatliche TEAL (Tasman Empire Airways Limited)
1965 neuer Name Air New Zealand
1981 Boeing 747
1990 Privatisierung
2001 Rückverstaatlichung

Für die kurzen Inlandsstrecken zu den kleineren Flughäfen nutzt Air New Zealand ihre regionalen Tochterunternehmen Air Nelson, Eagle Airways und Mount Cook Airline.

Canada
WestJet
USA
AirTran
Allegiant
Frontier
Horizon
JetAmerica
USA
JetBlue
Southwest
Sun Country
Virgin America
USA3000
Iceland
Iceland Express
UK
Flybe
Jet2
Ireland
Aer Lingus
Ryanair
France
Aigle Azur
Spain
Clickair
Vueling AL
Morocco
Jet4you
Atlas Blue
Air Arabia
USA (Hawaii)
Go!
Island Air
Mokulele
Mexico
Interjet
Viva Aerobus
Vollaris
Colombia
EasyFly
Brazil
Azul Brazilian
GOL
Oceanair
WebJet

Low Cost Carrier

In den letzten 15 Jahren haben sich zahlreiche Low-Cost-Carrier etabliert. Mittlerweile ist das Netz so dicht, dass man damit um die Welt fliegen kann.

Wichtige Fluggesellschaften der Welt

Name	Country	⦿	IATA CODE	IATA NO.	ICAO	*	Base Airport	Call-Sign	Current Fleet	Planned Fleet	✈	✈	✈
North America													
Air Canada	CANADA	NA	AC	14	ACA	1937	Montreal/ Toronto/ Vancouver	AIR CANADA	3 B.747; 8 A330/A340; 18 B.777; 47 B.767; 88 A318–321; 1 B.737 Classic; 1 DC-9/MD-80/90; 15 EMB-170/175; 45 EMB-190/195	37 B.787	226	37	263
Air North Yukon's Airl.	CANADA	NA	4N	287	ANT	1977	White-horse, YT	AIR NORTH	4 B.737 Classic; 4 HS.748/Andover		8	0	8
Air Transat	CANADA	NA	TS	649	TSC	1986	Montreal	TRANSAT	6 A330/A340; 15 A300/A310		21	0	21
Canadian North	CANADA	NA		518	ANX	1990	Yellow-knife, NWT	NOR-TERRA	9 B.737 Classic; 1 F.28; 4 DHC-8		14	0	14
First Air	CANADA	NA	7F	245	FAB	1946	Ottawa/ Edmonton	FIRST AIR	1 B.767; 3 B.727; 6 B.737 Classic; 2 C-130/L.100; 1 HS.748/Andover; 9 ATR-42/72		22	0	22
Kenn Borek Air	CANADA	NA	4K		KBA	1971	Calgary	BOREK AIR	2 DC-3		2	0	2
WestJet	CANADA	NA	WS		WJA	1995	Calgary	WESTJET	1 B.737 Classic; 79 B.737 NG	33 B.737 NG	80	33	113
Virgin America	USA	NA	VX		VRD	2004	S. Francisco		29 A318–321	10 A318–321	29	10	39
JetBlue Airw.	USA, N. Y.	NA	B6	279	JBU	1998	New Y. JFK	JETBLUE	110 A318–321; 42 EMB-190/195	58 A318–321; 61 EMB	152	119	271
Alaska Airlines	USA, ALASKA	NA	AS	27	ASA	1932	Seattle/ Anchorage	ALASKA	84 B.737 NG; 35 B.737 Classic; 14 DC-9/MD-80/90	12 B.737 NG	133	12	145
US Airways	USA, ARIZONA	NA	US	37		1937	Phoenix	CACTUS	20 A330/A340; 20 B.767; 1 B.727; 69 B.757; 215 A318–321; 110 B.737; 1 DC-9/MD-80/90; 25 EMB-190/195	22 A350; 13 A330/A340; 71 A318–321; 17 EMB-190/195	461	123	584
Frontier Airlines	USA, COLORADO	NA	F9		FFT	1994	Denver-Int.	FRONTIER FLIGHT	52 A318–321; 1 B.737 Classic	11 A318–321	53	11	64
AirTran Airways	USA, GEORGIA	NA	FL	332	TRS	1992	Atlanta	CITRUS	50 B.737 NG; 4 DC-9/MD-80/90; 86 B.717	55 B.737 NG	140	55	195
ASA/Delta Connection	USA, GEORGIA	NA	EV	862		1979	Atlanta	ACEY	48 CRJ 700/900/1000; 113 CRJ 100/200; 12 ATR-42/72	2 CRJ 700/900/1000	173	2	175
Delta Air Lines	USA, GEORGIA	NA	DL	6	DAL	1929	Atlanta	DELTA	2 L.1011; 16 B.777; 102 B.767; 36 B.727; 132 B.757; 9 B.737 Classic; 78 B.737; 134 DC-9/MD-80/90	2 B.777; 3 B.737 NG; 2 DC-9/MD-80/90	509	7	516
Hawaiian Airl.	USA, HAWAII	NA	HA	173	HAL	1929	Honolulu	HAWAIIAN	18 B.767; 16 B.717; 3 DC-9/MD-80/90	6 A350; 10 A330/A340	37	16	53
United Airlines	USA, ILLINOIS	NA	UA	16	UAL	1934	Chicago/ San Francis-co/Denver	UNITED	33 B.747; 1 DC-10/MD-11; 52 B.777; 41 B.767; 1 B.727; 97 B.757; 152 A318–321; 82 B.737 Classic		459	0	459
Chautauqua Airlines	USA, INDIANA	NA	RP	363	CHQ	1973	Indianapolis	CHAU-TAUQUA	18 CRJ 100/200; 86 EMB-135/145		104	0	104
Northwest Airlines	USA, MINNESOTA	NA	NW	12	NWA	1926	Minneapo-lis-St.Paul	NORTH-WEST	32 B.747; 1 DC-10/MD-11; 32 A330/A340; 1 B.727; 67 B.757; 126 A318–321; 122 DC-9/MD-80/90	18 B.787; 7 A318–321	381	25	406
Comair/Delta Connection	USA, OHIO	NA	OH	886	COM	1976	Cincinnati/ Orlando	COMAIR	28 CRJ 700/900/1000; 117 CRJ 100/200	1 CRJ 700/900/1000	145	1	146
American Airlines	USA, TEXAS	NA	AA	1	AAL	1934	Dallas	AMERI-CAN	47 B.777; 32 A300/A310; 73 B.767; 2 B.727; 125 B.757; 89 B.737 NG; 312 DC-9/MD-80/90; 4 F.28	7 B.777; 42 B.787; 83 B.737 NG	684	132	816
American Eagle Airlines	USA, TEXAS	NA	MQ		EGF	1992	Dallas-DFW	EAGLE FLIGHT	25 CRJ 700/900/1000; 222 EMB-135/145	1 EMB-135/145	247	1	248
Continental Airlines	USA, TEXAS	NA	CO	5	COA	1934	Houston	CONTI-NENTAL	3 DC-10/MD-11; 20 B.777; 26 B.767; 2 B.727; 58 B.757; 272 B.737; 2 DC-9/MD-80/90; 1 DC-3	7 B.777; 25 B.787; 4 B.757; 26 B.737 NG	384	62	446
Southwest Airlines	USA, TEXAS	NA		526	SWA	1967	Dallas-L.F. Houston-H.	SOUTH-WEST	215 B.737 Classic; 341 B.737 NG	90 B.737 NG	556	90	646
SkyWest Airlines	USA, UTAH	NA	OO	302	SKW	1972	Salt Lake City/L.A.	SKY-WEST	90 CRJ 700/900/1000, 139 CRJ 100/200	14 CRJ 700/900/1000	229	14	243
Horizon Air	USA, WASH-INGTON	NA	QX	481	QXE	1981	Seattle-Boeing Field	HORI-ZON AIR	3 F.28; 18 CRJ 700/900/1000; 45 DHC-8	11 DHC-8	66	11	77
Air Wisconsin	USA, WISCONSIN	NA	ZW	303	AWI	1965	Appleton/ Denver/ Chicago	AIR WISCON-SIN	5 BAe 146; 70 CRJ 100/200		75	0	75

⦿ Region * Created ✈ Current Fleet ✈ Planned Fleet ✈ Total Fleet

Source: Aerotransport Data Bank, www.aerotransport.org, 12.08.2009

Name	Country	◉	IATA CODE	IATA NO.	ICAO	*	Base Airport	Call-Sign	Current Fleet	Planned Fleet	Current Fleet	Planned Fleet	Total Fleet
Central America & Caribbean													
LIAT	ANTIGUA	CR	LI	140	LIA	1956	Antigua	LIAT	17 DHC-8		17	0	17
Bahamasair	BAHAMAS	CR	UP	111	BHS	1973	Nassau	BAHAMAS	3 B.737 Classic; 1 HS.748; 6 DHC-8		10	0	10
Cubana	CUBA	CR	CU	136	CUB	1929	Havana	CUBANA	3 Il-96; 1 B.767; 2 Il-62; 2 Tu-154; 5 Yak-42; 4 Tu-204/214/234; 4 An-24	1 Yak-42; 3 An-72/74/148	21	4	25
TACA	EL SALVADOR	CA	TA	202	TAI	1931	San Salvador-Int.	TACA	29 A318–321; 1 B.737 Classic; 3 EMB-190/195	16 A318–321; 4 EMB-190/195	33	20	53
Air Jamaica	JAMAICA	CR	JM	201	AJM	1966	Kingston	JAMAICA	16 A318–321		16	0	16
AeroMexico	MEXICO	CA	AM	139	AMX	1934	Mexico City	AERO-MEXICO	4 B.777; 7 B.767; 45 B.737 NG; 2 DC-9/MD-80/90	5 B.787; 8 B.737 NG	58	13	71
Mexicana	MEXICO	CA	MX	132	MXA	1921	Mexico City	MEXICANA	2 A330/A340; 4 B.767; 74 A318–321	4 A318–321	80	4	84
Mexicana Click	MEXICO	CA	QA	723	CBE	1975	Mexico City	AERO-CARIBE	5 DC-9/MD-80/90; 5 B.717; 24 F.28; 4 F-27/FH-227	11 B.717	38	11	49
Aeroperlas Reg.	PANAMA	CA	WL	54	APP	1969	Panama	AEROPERLAS	1 ATR-42/72		1	0	1
Copa Airlines	PANAMA	CA	CM	230	CMP	1944	Panama-T.	COPA	28 B.737 NG, 13 EMB-190/195	21 B.737, 4 EMB-190/195	41	25	66
South America													
Aerolineas Argentinas	ARGENTINA	SA	AR	44	ARG	1950	Buenos Aires/ Ezeiza	ARGEN-TINA	3 B.747; 6 A330/A340; 1 A300/A310; 5 B.737 NG; 38 B.737 Classic; 5 DC-9/MD-80/90	5 A330/A340; 7 B.737 NG; 2 DC-9/ MD-80/90	58	14	72
LAN Argentina	ARGENTINA	SA	4M	469	DSM	2005	B. Aires-AEP	LAN AR	2 B.767; 10 A318–321		12	0	12
AeroSur	BOLIVIA	SA	5L	275		1992	Santa Cruz		1 B.747; 1 B.767; 5 B.727; 4 B.737		11	0	11
GOL Trans. Aer.	BRAZIL	SA			GLO	2000	Sao Paulo-C.	GOL TRANSPORTE	2 B.767, 109 B.737 NG, 13 B.737 Cl.	91 B.737 NG	124	91	215
TAM Linhas aereas	BRAZIL	SA	JJ	957	TAM	1976	Sao Paulo-Congonhas	TAM	18 A330/A340; 4 B.777; 3 B.767; 108 A318–321	22 A350; 4 A330/A340; 4 B.777; 46 A318–321	133	76	209
VARIG Log	BRAZIL	SA		183	VLO	2000			2 DC-10/MD-11; 4 B.727; 3 B.757	3 A330/A340	9	3	12
LAN Airlines	CHILE	SA	LA	45	LAN	1929	Santiago	LAN	5 A330/A340; 23 B.767; 25 A318–321; 3 B.737 Classic; 3 DC-3	38 B.787; 7 B.767; 21 A318–321	59	66	125
Sky Airline	CHILE	SA	H2	605	SKU	2001	Santiago	AEROSKY	13 B.737 Classic		13	0	13
Avianca	COLOMBIA	SA	AV	134	AVA	1933	Bogotá	AVIANCA	4 A330/A340; 8 B.767; 7 B.757; 12 A318–321; 10 DC-9/MD-80/90; 29 F.28; 28 F.27	10 A350; 6 A330/A340; 12 B.787; 39 A318–321	98	67	165
SATENA	COLOMBIA	SA	9N		NSE	1962	Bogotá	SATENA	7 ERJ		7		7
TAME	ECUADOR	SA	EQ	269	TAE	1962	Quito	TAME	4 B.727; 3 A318–321; 2 F.28; 2 EMB-170/175; 3 EMB-190/195; 1 DC-3	1 A318–321	15	1	16
Aero Condor	PERU	SA			CDP	1973	Lima/Nazca	CONDOR-PERU	1 B.737 Classic; 3 F.27; 2 An-26; 2 An-24		8	0	8
Star Perú	PERU	SA	2I	156	SRU	1998	Lima	STAR UP	5 BAe 146; 3 B.737; 8 An-24-32		16	0	16
Surinam Airw.	SURINAME	SA	PY	192	SLM	1954	Paramaribo	SURINAM	1 B.747; 2 B.737 Classic		3	0	3
PLUNA	URUGUAY	SA	PU	286	PUA	1936	Montevideo	PLUNA	3 B.737 Classic; 6 CRJ 700/900/1000		9	0	9
Aeropostal Alas	VENEZUELA	SA	VH	152	LAV	1997	Caracas-M.	AEROPOSTAL	1 B.727; 38 DC-9/MD-80/90		39	0	39
ConViasa	VENEZUELA	SA	Vo	308	VCV	2004	Caracas	CONVI-ASA	2 A330/A340, 7 B.737 Classic, 2 CRJ 700/900/1000, 3 DHC-7, 7 ATR-42/72	2 Il-96, 2 CRJ 700/900/1000	21	4	25
Europe													
Armavia	ARMENIA	CS	U8	669	RNV	1997	Yerevan-Zvartnots	ARMA-VIA	1 Il-86; 4 Yak-42; 5 A318–321; 1 Tu-134; 1 CRJ 100/200	2 Sukhoi RRJ	12	2	14
Austrian Airlines	AUSTRIA	WE	OS	257	AUA	1957	Wien	AUS-TRIAN	4 B.777; 6 B.767; 20 A318–321		30	0	30
InterSky	AUSTRIA	WE	3L	576	ISK	2001	Bern	INTERSKY	4 DHC-8		4	0	4
Azerbaijan Airlines Avia	AZERBAI-JAN	CS	J2	771	AHY	1991	Baku-Bina/ Gyandzha	AZAL	7 Yak-40; 4 B.757; 5 A318–321; 13 Tu; 1 An-140; 6 ATR-42/72	2 B.787; 2 B.767; 4 B.737 NG; 1 ATR-42/72	36	9	45
Brussels Airlines	BELGIUM	WE				2007	Brussels	B-LINE	4 A330/A340; 32 BAe 146; 4 A318–321; 11 B.737 Classic		51	0	51
VLM Airlines	BELGIUM	WE	VG	978	VLM	1992	Antwerp	RUBENS	22 F.27		22	0	22
BH Airlines	BOSNIA-HERZEGOVINA	EA	JA	995	BON	1994	Sarajevo	AIR BOSNA	1 B.737 Classic; 4 ATR-42/72		5	0	5
Hemus Air	BULGARIA	EA	DU	748	HMS	1986	Sofia	HEMUS AIR	4 BAe 146; 5 Yak-40; 1 B.737 Classic; 1 Tu-134; 1 ATR-42/72		12	0	12
Croatia Airl.	CROATIA	EA	OU	831		1989	Zagreb	CROATIA	8 A318–321; 4 DHC-8	4 A318–321; 2 DHC-8	12	6	18

◉ Region * Created ✈ Current Fleet ✈ Planned Fleet ✈ Total Fleet

Gründungsjahr der heutigen Gesellschaft kann vom Jahr der Betriebsaufnahme abweichen

Name	Country	⦿	IATA CODE	IATA NO.	ICAO	*	Base Airport	Call-Sign	Current Fleet	Planned Fleet	✈ Current	✈ Planned	✈ Total
Cyprus Airw.	CYPRUS	NE	CY	48	CYP	1947	Larnaca	CYPRUS	2 A330/A340; 9 A318-321	2 A318-321	11	2	13
CSA Czech Airlines	CZECH REPUBLIC	EA	OK	64	CSA	1923	Prague	CSA	2 A300/A310; 17 A318-321; 18 B.737 Classic; 12 ATR-42/72	9 A318-321	49	9	58
Cimber Sterling	DENMARK	WE	QI	647	CIM	1950	Soenderborg	CIMBER	5 B.737 NG; 7 CRJ 100/200; 6 ATR-42/72		18	0	18
Air Greenland	DENMARK GREENLAND	WE	GL	631	GRL	1960	Nuuk	GREENLANDAIR	1 A330/A340; 2 B.757; 6 DHC-7		9	0	9
Estonian Air	ESTONIA	EA	OV	960	ELL	1991	Tallinn	ESTONIAN	1 Yak-40; 6 B.737 Classic	3 CRJ 700/900/1000	7	3	10
Blue 1	FINLAND	WE	KF	142	KFB	1988	Helsinki-Vantaa	BOTNIA	7 BAe 146; 7 DC-9/MD-80/90; 1 ATR-42/72; 4 SAAB 2000		19	0	19
Finnair	FINLAND	WE	AY	105	FIN	1923	Helsinki-Vantaa	FINNAIR	4 DC-10/MD-11; 9 A330/A340; 7 B.757; 29 A318-321; 20 EMB	11 A350; 5 A330/A340; 3 EMB-190/195	69	19	88
Air France	FRANCE	WE	AF	57	AFR	1933	Paris	AIR-FRANS	25 B.747; 34 A330/A340; 57 B.777; 11 BAe 146; 151 A318-321; 33 F.28; 29 CRJ; 9 EMB-190/195; 5 EMB-170/175; 41 EMB-135/145; 19 ATR-42/72	12 A380; 18 B.777; 12 A318-321	414	42	456
Corsair Int.	FRANCE	WE	SS	923	CRL	1981	Paris-Orly	CORSAIR	11 B.747; 2 A330/A340		13	0	13
Regional Airlines	FRANCE	WE		977		1992	Nantes	REGIONAL EUROPE	1 F.28; 1 EMB-190/195	4 EMB-170/175; 2 EMB-190/195	2	6	8
Air Berlin	GERMANY	WE	AB	745	BER	1978	Berlin-Tegel	AIR BERLIN	12 A330/A340; 2 B.757; 49 A318-321; 51 B.737 NG; 1 B.737 Classic	28 B.787; 24 A318-321; 76 B.737 NG	115	128	243
Cirrus Airlines	GERMANY	WE	C9	251	RUS	1988	Saarbruecken	CIRRUS AIR	2 EMB-170/175; 3 Do 328 Jet	1 DHC-8	5	1	6
Condor	GERMANY	WE			CIB	1997	Berlin-Schoenef.	CONDOR BERLIN	12 A318-321		12	0	12
Condor Flugd.	GERMANY	WE		881		1955	Frankfurt	CONDOR	9 B.767, 13 B.757		22	0	22
Germanwings	GERMANY	WE	4U		GWI	1995	Cologne	GERMAN-WINGS	26 A318-321; 1 B.737 NG	4 A318-321	27	4	31
GOAL	GERMANY	WE				1998	n/a	n/a	5 A300/A310; 1 B.757; 5 B.737 Classic; 12 CRJ; 6 DHC-8		29	0	29
Lufthansa	GERMANY	WE	LH	220	DLH	1926	Frankfurt/ München	LUFT-HANSA	30 B.747; 66 A330/A340; 8 A300/A310; 91 A318-321; 67 B.737; 3 B.737	15 A380; 20 B.747; 50 A318-321; 30 C; 1 Starl.	265	116	381
Aegean Airl.	GREECE	WE	A3	390	AEE	1988	Athens	AEGEAN	6 BAe 146; 21 A318-321; 7 B.737	6 A318-321	34	6	40
Olympic Airlines	GREECE	WE	OA	50	OAL	1946	Athens	OLYMPIC	4 A330/A340; 19 B.737 Classic; 14 ATR-42/72; 4 DHC-8		41	0	41
Malev Hungarian Airways	HUNGARY	EA		182	MAH	1946	Budapest	MALEV	1 B.767; 2 Tu-154; 18 B.737 NG; 5 F.28; 1 CRJ 100/200; 4 DHC-8	4 DHC-8	31	4	35
Wizz Air	HUNGARY	EA			WZZ	2003	Budapest	WIZZAIR	22 A318-321	65 A318-321	22	65	87
Air Iceland	ICELAND	WE		882		1997		FAXI	5 F.27; 2 DHC-8		7	0	7
Icelandair	ICELAND	WE	FI	108	ICE	1937	Keflavik	ICEAIR	16 B.757; 2 DC-3	4 A330/A340; 4 B.787	18	8	26
Aer Arann	IRELAND	WE	RE	809	REA	1969		AER ARANN	10 ATR-42/72	4 ATR-42/72	10	4	14
Aer Lingus	IRELAND	WE	EI	53	EIN	1936	Dublin	SHAM-ROCK	10 A330/A340; 36 A318-321	6 A350; 4 A330/A340; 3 A318-321	46	13	59
Ryanair	IRELAND	WE		224	RYR	1985	Dublin/ Stansted	RYANAIR	202 B.737 NG	112 B.737 NG	202	112	314
Air Dolomiti	ITALY	WE		101	DLA	1989	München	DOLO-MITI	3 BAe 146; 5 EMB-190/195; 16 ATR-42/72	5 EMB-190/195	24	5	29
Air One	ITALY	WE	AP	867	ADH	1995	Rome-Fiuminico	HERON	2 A330/A340; 1 BAe 146; 18 A318-321; 21 B.737 Classic	12 A350; 12 A330/A340	42	24	66
Alitalia	ITALY	WE	AZ	55		1946	Rome-Fiuminico	ALITALIA	6 DC-10/MD-11; 10 B.777; 12 B.767; 60 A318-321; 47 DC-9/MD-80/90	48 A318-321	135	48	183
Eurofly	ITALY	WE				1989	Milan-Orio	SIRIOFLY	4 A330/A340; 9 A318-321		13	0	13
Meridiana	ITALY	WE	IG	191	ISS	1963	Firenze	MERAIR	4 A318-321; 22 DC-9/MD-80/90		26	0	26
Air Astana	KAZAKH-STAN	CS		465		2001	Astana	ASTANA-LINE	2 B.767; 4 B.757; 10 A318-321; 5 F.27	3 B.787; 6 A318-321	21	9	30
Kyrgyzstan Airlines	KYRGYZ-STAN	CS		758		1992	Bishkek	KYRGYZ	9 Tu-154; 12 Yak-40; 1 B.737 Classic; 5 Tu-134		27	0	27
Luxair	LUXEM-BOURG	WE	LG	149	LGL	1947	Luxem-bourg	LUXAIR	1 B.737 Classic; 3 B.737 NG; 8 EMB-135/145; 3 DHC-8	2 DHC-8	15	2	17
MAT Macedonian Airlines	MACE-DONIA	EA	IN	367	MAK	1994	Skopje	MAKAVIO	1 B.737 Classic		1	0	1

⦿ Region * Created ✈ Current Fleet ✈ Planned Fleet ✈ Total Fleet

Name	Country	Region	IATA CODE	IATA NO.	ICAO	Created	Base Airport	Call-Sign	Current Fleet	Planned Fleet	Current Fleet	Planned Fleet	Total Fleet
Air Malta	MALTA	WE	KM	643	AMC	1973	Luqa	AIR MALTA	12 A318-321		12	0	12
Montenegro Airlines	MONTE-NEGRO	EA		409	MGX	1994	Podgorica/Tivat	MONTE-NEGRO	11 F.28; 2 EMB-190/195	1 EMB-170/175	13	1	14
Martinair	NETHER-LANDS	WE	MP	129	MPH	1958	Amsterdam	MARTIN-AIR	4 B.747; 7 DC-10/MD-11; 6 B.767		17	0	17
Transavia	NETHERL.	WE	HV		TRA	1965	Amsterdam	TRANSAVIA	32 B.737 NG	7 B.737 NG	32	7	39
KLM Royal Dutch Airlines	NETHER-LANDS	WE	KL	74	KLM	1919	Amsterdam	KLM	21 B.747; 10 DC-10/MD-11; 10 A330/A340; 19 B.777; 1 BAe 146; 31 B.737 NG; 23 B.737 Classic	3 A330/A340; 4 B.777; 9 B.737 NG	115	16	131
Cyprus Turkish Airlines	NORTHERN CYPRUS	NE	YK	56	KYV	1974	Ercan	AIR-KIBRIS	3 A318-321; 4 B.737 NG		7	0	7
Norwegian Air Shuttle	NORWAY	WE			NAX	1993	Oslo-Fornebu	NOR SHUTTLE	15 B.737 NG; 28 B.737 Classic	46 B.737 NG	43	46	89
Wideroe	NORWAY	WE	WF	701	WIF	1934	Oslo	WIDEROE	29 DHC-8	6 DHC-8	29	6	35
LOT Polish Airlines	POLAND	EA	LO	80	LOT	1929	Warsaw-Okecie	LOT	6 B.767; 12 B.737 Classic; 16 EMB-170/175; 6 EMB-135/145; 1 Il-18	8 B.787; 12 EMB-170/175	41	20	61
SATA Air Acores	PORTUGAL	WE	SP	737	SAT	1941	Ponta Delgada	SATA	5 BAe ATP; 2 DHC-8	4 DHC-8	7	4	11
SATA International	PORTUGAL	WE	S4	331	RZO	1998	Lisbon/P. Delgada	AIR AZORES	4 A300/A310; 4 A318-321		8	0	8
TAP Portugal	PORTUGAL	WE	TP	47	TAP	1945	Lisbon	AIR POR-TUGAL	16 A330/A340; 40 A318-321	1 A330/A340; 12 A350; 4 A318-321	56	17	73
Tarom	ROMANIA	EA	RO	281	ROT	1945	Bucharest-Baneasa	TAROM	2 A300/A310; 4 A318-321; 4 B.737; 7 B.737 NG; 9 ATR-42/72; 2 An-24		28	0	28
Ural Airlines	RUSSIA	CS	U6	262	SVR	1992	Ekaterinb. Koltsovo	SVERD-LOVSK AIR	4 Il-86; 13 Tu-154; 11 A318-321; 3 An-24	7 A318-321	31	7	38
Yakutia Airlines	RUSSIA	CS		840	SYL	1925	Yakutsk	AIR YAKUTIA	10 Tu-154; 4 Yak-40; 4 B.757; 1 B.737; 3 An-12; 3 An-140; 4 An-26; 16 An-24	2 An-140	45	2	47
KD Avia	RUSSIA	CS	KD		KNI	1976	Kaliningrad	KALININ-GRAD AIR	16 B.737 Classic; 3 Tu-134		19	0	19
Aeroflot Russian Airlines	RUSSIA (GENERAL)	CS	SU	555	AFL	1992	Moscow-Sheremetyevo	AERO-FLOT	6 Il-96; 4 Il-86; 1 Il-76; 3 A330/A340; 11 B.767; 7 Il-62; 26 Tu-154; 55 A318-321; 3 Tu-134	22 A350; 7 A330/A340; 22 B.787; 1 B.767; 33 wA318-321; 30 Sukhoi RRJ	116	115	231
Rossiya Russian Airlines	RUSSIA (GENERAL)	CS	R4	948	SDM	1992	Moscow-Vnukovo	RUSSIA	4 Il-96; 2 Il-86; 3 B.767; 9 Il-62; 26 Tu-154; 6 Yak-40; 5 Tu-204/214/234; 14 A318-321; 5 B.737; 12 Tu-134; 2 Il-18	1 Il-96; 4 Il-76; 2 B.767; 4 Tu-204/214/234; 12 An-72/74/148	88	23	111
S7 Airlines	RUSSIA (GENERAL)	CS	S7	421	SBI	1992	Novosibirsk	SIBERIA AIRLINES	9 Il-86; 2 B.767; 8 A300/A310; 23 Tu-154; 26 A318-321; 2 B.737 Classic; 4 B.737 NG	27 A318-321; 10 B.737 NG	74	37	111
SkyEurope	SLOVAKIA	EA	NE		ESK	2001	Bratislava	RELAX	12 B.737 Classic; 7 B.737 NG	7 B.737 NG	19	7	26
Adria Airways	SLOVENIA	EA	JP	165	ADR	1960	Ljubljana	ADRIA	6 A318-321; 2 B.737 Classic; 4 CRJ 700/900/1000; 7 CRJ 100/200	1 CRJ 700/900/1000	19	1	20
Air Comet	SPAIN	WE	A7	352	MPD	1996	Madrid	RED COMET	6 A330/A340; 3 A318-321	2 A380; 3 A330/A340	9	5	14
Air Europa	SPAIN	WE		996	AEA	1984	Palma/Madrid	EUROPA	6 A330/A340; 2 B.767; 29 B.737 NG; 4 EMB-190/195	8 B.787; 30 B.737 NG; 7 EMB-190/195	41	45	86
Air Nostrum/Iberia Reg.	SPAIN	WE	YW	694		1994	Valencia	NOS-TRUM AIR	11 CRJ 700/900/1000; 35 CRJ 100/200; 5 ATR-42/72; 16 DHC-8	35 CRJ 700/900/1000; 10 ATR-42/72; 9 DHC-8	67	54	121
Iberia	SPAIN	WE	IB	75	IBE	1939	Madrid	IBERIA	37 A330/A340; 5 A300/A310; 3 B.727; 116 A318-321; 23 DC-9/MD-80/90	3 A330/A340; 13 A318-321	184	16	200
Spanair	SPAIN	WE		680		1986	Palma Gran Can.	SPANAIR	24 A318-321; 37 DC-9/MD-80/90; 4 B.717		65	0	65
SAS Scandinavian Airlines	SWEDEN	WE	SK	117	SAS	1918	Copenhagen/Stockholm/Oslo	SCANDI-NAVIAN	13 A330/A340; 5 BAe 146; 13 A318-321; 48 B.737 NG; 59 DC-9/MD-80/90; 9 CRJ 700/900/1000; 6 CRJ 100/200; 1 ATR-42/72; 9 DHC-8	1 B.737 NG; 6 CRJ 700/900/1000	163	7	170

◉ Region * Created ✈ Current Fleet ✈ Planned Fleet ✈ Total Fleet

Name	Country	◉	IATA CODE	IATA NO.	ICAO	*	Base Airport	Call-Sign	Current Fleet	Planned Fleet	✈	✈	✈
Skyways	SWEDEN	WE	JZ	752	SKX	1976	Linköping	SKY EXPRESS	11 F.27		11	0	11
Helvetic	SWITZERL.	WE	2L		OAW	2003	Zürich		4 F.28		4	0	4
Swiss	SWITZERL.	WE	LX	724		1975	Zürich/ Basel	SWISS	26 A330/A340; 33 A318-321; 1 B.737	8 A330/A340; 2 A318-321	60	10	70
Onur Air	TURKEY	NE	8Q		OHY	1992	Istanbul	ONUR AIR	2 A300/A310; 9 A318-321; 9 DC-9/MD-80/90		20	0	20
Sun Express	TURKEY	NE	XQ	564	SXS	1989	Antalya		3 B.757; 18 B.737 NG	6 B.737 NG	21	6	27
THY Turkish Airlines	TURKEY	NE	TK	235	THY	1933	Istanbul/ Ankara	TURKAIR	16 A330/A340; 3 B.777; 5 A300/A310; 46 A318-321; 48 B.737 NG; 3 B.737	12 B.777; 4 B.737 NG	121	16	137
British Airways	UNITED KINGDOM	WE	BA	125	BAW	1974	Heathrow/ Gatwick	SPEED-BIRD + SHUTTLE	57 B.747; 46 B.777; 21 B.767; 11 B.757; 83 A318-321; 47 B.737 Classic	12 A380; 6 B.777; 24 B.787; 16 A318-321	265	58	323
Loganair	U.K.	WE			LOG	1962	Glasgow	LOGAN			0	0	0
Thomsonfly	U.K.	WE			TOM	2003	Coventry	THOM-SON	7 B.737 Classic		7	0	7
EasyJet Airline	U.K.	WE	U2		EZY	1995	Luton	EASY	153 A318-321; 20 B.737 NG	79 A318-321	173	79	252
bmi British Midland	UNITED KINGDOM	WE	BD	236	BMA	1949	East Midlands	MID-LAND	3 A330/A340; 1 B.757; 30 A318-321; 1 B.737 Classic	3 A318-321	35	3	38
Flybe	UNITED KINGDOM	WE	BE	267	BEE	1969	Exeter	JERSEY	8 BAe 146; 14 EMB-190/195; 9 EMB-135/145; 57 DHC-8	22 DHC-8	88	22	110
Monarch Airlines	UNITED KINGDOM	WE		974	MON	1967	Luton	MO-NARCH	2 A330/A340; 4 A300/A310; 1 B.767; 3 B.757; 33 A318-321	6 B.787; 1 A318-321	43	7	50
Thomas Cook Airlines	UNITED KINGDOM	WE	MT		TCX	2000	Manchester	KESTREL	9 A330/A340; 2 B.767; 23 B.757; 22 A318-321		56	0	56
Virgin Atlantic Airways	UNITED KINGDOM	WE		932	VIR	1982	Gatwick/ Heathrow	VIRGIN	13 B.747; 26 A330/A340	6 A380; 10 A330/A340; 15 B.787	39	31	70
Africa													
Air Algerie	ALGERIA	AR	AH	124	DAH	1947	Algier	AIR ALGERIE	5 A330/A340; 5 B.767; 6 A300/A310; 8 B.727; 15 B.737 Classic; 18 B.737 NG; 1 C-130/L.100; 8 F.27; 8 ATR-42/72		74	0	74
TAAG Angola Airlines	ANGOLA	ZA	DT	118	DTA	1938	Luanda	DTA	5 B.747, 3 B.777, 4 B.737 NG, 4 B.737 Classic, 4 F.27		20	0	20
Air Botswana	BOTSWANA	ZA	BP	636	BOT	1965	Gaborone	BOTS-WANA	3 BAe 146; 5 ATR-42/72		8	0	8
TACV Cabo Verde Airlines	CAPE VERDE ISLANDS	EQ	VR	696	TCV	1958	Praia	CABO VERDE	2 B.757; 4 ATR-42/72		6	0	6
EgyptAir	EGYPT	AR	MS	77	MSR	1932	Cairo	EGYPT-AIR	10 A330/A340; 5 B.777; 1 B.767; 16 A318-321; 4 B.737 Classic; 7 B.737 NG	5 A330/A340; 6 B.777; 13 B.737 NG	43	24	67
Eritrean Airl.	ERITREA	EQ	B8	637	ERT	2002	Asmara	ERI-TREAN	1 B.767		1	0	1
Ethiopian Airlines	ETHIOPIA	EQ	ET	71	ETH	1945	Addis Ababa	ETHIO-PIAN	3 B.747; 1 DC-10/MD-11; 10 B.767; 10 B.757; 5 B.737 NG; 1 C-130/L.100; 5 F.27	1 DC-10/MD-11; 12 A350; 5 B.777; 10 B.787; 3 B.737 NG; 8 DHC-8	35	39	74
Air Service Gabon	GABON	EQ			AGB	1965	Libreville	AIR SERVICE GABON	2 CRJ 100/200; 5 DHC-8		7	0	7
Gabon Airlines	GABON	EQ	GY	13	GBK	2006	Libreville	GABON-AIRLINES	2 B.767		2	0	2
Air Ivoire	IVORY COAST	EQ		943	VUN	1960	Abidjan	AIR IVOIRE	3 A318-321; 1 B.737 Classic; 2 DC-9/MD-80/90; 3 F.28	3 B.737 Classic	9	3	12
Kenya Airways	KENYA	EQ	KQ	706	KQA	1977	Nairobi	KENYA	4 B.777; 6 B.767; 9 B.737 NG; 6 B.737 Classic; 3 EMB-170/175	9 B.787	28	9	37
Afriqiyah Airways	LIBYA	AR	8U	546	AAW	2001	Tripoli	AFRIQI-YAH	1 A330/A340; 1 A300/A310; 9 A318-321	3 A330/A340; 6 A350; 10 A318-321	11	19	30
Libyan Airlines	LIBYA	AR	LN	148	LAA	1964	Tripoli	LIBAIR	8 A300/A310; 1 B.707/720; 7 B.727; 2 A318-321; 2 BAC-111; 5 F.28; 5 CRJ 700/900/1000; 10 F.27	4 A350; 4 A330/A340	40	8	48

◉ Region * Created ✈ Current Fleet ✈ Planned Fleet ✈ Total Fleet

Name	Country	⦿	IATA CODE	IATA NO.	ICAO	*	Base Airport	Call-Sign	Current Fleet	Planned Fleet	Current	Planned	Total
Air Madagascar	MADAGASCAR	ZA	MD	258	MDG	1962	Antananarivo	AIR MADAGASCAR	2 B.767; 2 B.737 Classic; 5 ATR-42/72	1 B.737 Classic	9	1	10
Air Malawi	MALAWI	ZA		167	AML	1964	Blantyre	MALAWI	3 B.737 Classic; 1 ATR-42/72		4	0	4
Air Mauritius	MAURITIUS	ZA	MK	239	MAU	1967	Mauritius	AIRMAURITIUS	9 A330/A340; 2 A318-321; 2 ATR-42/72	1 A330/A340	13	1	14
LAM	MOZAMBIQUE	ZA	TM	68	LAM	1936	Maputo	MOZAMBIQUE	4 B.737 Classic; 1 EMB-190/195; 2 DHC-8	1 EMB-190/195	7	1	8
Air Namibia	NAMIBIA	ZA	SW	186	NMB	1947	Windhoek	NAMIBIA	2 A330/A340; 2 B.737 Classic		4	0	4
Arik Air	NIGERIA	EQ	W3		ARA	2006	Lagos	ARIK	2 A330/A340; 2 B.737 Classic; 11 B.737 NG; 4 CRJ 700/900/1000; 7 F.27; 4 DHC-8	1 A330/A340; 5 B.777; 7 B.787; 22 B.737 NG; 4 DHC-8	30	39	69
Virgin Nigeria Airways	NIGERIA	EQ	VK		VGN	2004	Lagos	VIRGIN NIGERIA	5 B.737 Classic; 2 EMB-190/195	7 EMB-170/175; 1 EMB-190/195	7	8	15
Air Austral	REUNION	ZA	UU	760	REU	1975	St. Denis	REUNION	5 B.777; 2 B.737 Classic; 3 ATR-42/72		10	0	10
Air Seychelles	SEYCHELLES	EQ	HM	61	SEY	1976	Mahé	SEYCHELLES	5 B.767	2 B.787	5	2	7
SAA	SOUTH AFRICA	ZA	SA	83	SAA	1934	Johannesburg-Int.	SPRINGBOK	2 B.747; 21 A330/A340; 11 A318-321; 17 B.737 NG; 4 B.737 Classic	4 A318-321	55	4	59
Precision Air	TANZANIA	EQ	PW	31	PRF	1991	Arusha	PRECISIONAIR	1 B.737 Classic; 11 ATR-42/72	3 ATR-42/72	12	3	15
Tunisair	TUNISIA	AR	TU	199	TAR	1948	Tunis-Carthage	TUNAIR	4 A300/A310; 15 A318-321; 4 B.737 Classic; 7 B.737 NG	3 A350; 3 A330/A340; 10 A318-321	30	16	46
Air Uganda	UGANDA	EQ	U7	926	UGB	2007	Entebbe		3 DC-9/MD-80/90		3	0	3
Air Zimbabwe	ZIMBABWE	ZA		168	AZW	1967	Harare-Int.	AIR ZIMBABWE	2 B.767; 1 BAe 146; 3 B.737 Classic; 3 Viscount; 3 Yun Y-7		12	0	12
Middle East													
Gulf Air	BAHRAIN	ME	GF	72	GFA	1950	Bahrain	GULF AIR	34 A330/A340; 4 B.777; 4 B.767; 21 A318-321	20 A330/A340; 24 B.787; 15 A318-321	63	59	122
Eurocypria Airlines	CYPRUS	NE	UI		ECA	1990	Larnaca	EUROCYPRIA	8 B.737 NG		8	0	8
Arkia Israeli Airlines	ISRAEL	NE	IZ	238	AIZ	1950	Tel Aviv-Ben Gurion	ARKIA	2 B.757; 1 EMB-190/195; 5 DHC-7; 4 ATR-42/72	4 B.787	12	4	16
El Al Israel Airlines	ISRAEL	NE	LY	114	ELY	1948	Tel Aviv-Ben Gurion	ELAL	8 B.747; 6 B.777; 9 B.767; 1 B.757; 13 B.737 NG	4 B.777	37	4	41
Royal Jordanian Airlines	JORDAN	NE	RJ	512	RJA	1963	Amman	JORDANIAN	6 A330/A340; 9 A300/A310; 12 A318-321; 7 EMB	8 B.787	34	8	42
Kuwait Airways	KUWAIT	ME	KU	229	KAC	1953	Kuwait	KUWAIT	1 B.747; 5 A330/A340; 2 B.777; 9 A300/A310; 4 A318-321		21	0	21
MEA	LEBANON	NE	ME	76	MEA	1945	Beirut	CEDAR JET	4 A330/A340; 10 A318-321	3 A318-321	14	3	17
Oman Air	OMAN	ME	WY	910	OMA	1981	Muscat-Seeb	KHANJAR	2 A330/A340; 13 B.737 NG; 2 ATR-42/72	13 A330/A340; 6 B.787; 9 B.737 NG	17	28	45
Qatar Airways	QATAR	ME		157	QTR	1993	Doha	QATARI	34 A330/A340; 8 B.777; 3 A300/A310; 21 A318-321	5 A380; 80 A350; 1 A330/A340; 19 B.777; 30 B.787; 27 A318-321	66	162	228
Saudi Arabian Airlines	SAUDI ARABIA	ME	SV	65	SVA	1945	Jeddah	SAUDIA	27 B.747; 4 DC-10/MD-11; 2 A330/A340; 23 B.777; 38 A300/A310; 5 B.757; 2 A318-321; 1 B.737 Classic; 29 DC-9/MD-80/90; 15 EMB-170/175	8 A330/A340; 12 B.787; 45 A318-321	146	65	211
Air Arabia	U. A. E.	ME	G9		ABY	2003	Sharjah		17 A318/A319/A320/A321	46 A318/A319/A320/A321	17	46	63
Emirates	U. A. E.	ME	EK	176	UAE	1985	Dubai	EMIRATES	5 A380; 7 B.747; 47 A330/A340; 78 B.777	51 A380; 10 B.747; 70 A350; 32 B.777	137	163	300
Etihad Airways	U. A. E.	ME	EY		ETD	2003	Abu Dhabi	ETIHAD	26 A330/A340; 5 B.777; 2 A300/A310; 12 A318-321	10 A380; 10 A330/A340; 25 A350; 10 B.777; 2 A300/A310; 35 B.787; 24 A318-321	45	116	161
Yemenia	YEMEN	ME	IY	635	IYE	1954	Sana'a	YEMENI	3 Il-76; 2 A330/A340; 4 A300/A310; 6 B.727; 4 B.737 NG; 3 B.737; 2 C-130/L.100; 2 DHC-7; 3 DHC-8; 2 DC-3	10 A350; 6 DHC-8	31	16	47

⦿ Region * Created ✈ Current Fleet ✈ Planned Fleet ✈ Total Fleet

Name	Country	⦿	IATA CODE	IATA NO.	ICAO	*	Base Airport	Call-Sign	Current Fleet	Planned Fleet	✈ (Current)	✈ (Planned)	✈ (Total)
Asia													
Ariana Afghan Airlines	AFGHA-NISTAN	ME	FG	255	AFG	1955	Kabul	ARIANA	4 A300/A310; 5 B.727; 2 An-24		11	0	11
Bangladesh Biman Airlines	BANGLA-DESH	ME	BG	997	BBC	1972	Dhaka	BANGLA-DESH	1 B.747; 5 DC-10/MD-11; 2 A300/A310; 4 F.28	4 B.777; 4 B.787; 1 A300/A310; 2 B.737 NG	12	11	23
Royal Brunei	BRUNEI	FE	BI	672	RBA	1974	Bandar Seri	BRUNEI	6 B.767; 4 A318–321	4 B.787	10	4	14
Air China	CHINA	FE	CA	999	CCA	1988	Beijing-Capital	AIR CHINA	10 B.747; 26 A330/A340; 10 B.777; 8 B.767; 13 B.757; 53 A318–321; 77 B.737 NG; 32 B.737; 1 An-12; 4 Yun Y-7	20 A330/A340; 15 B.777; 15 B.787; 15 A318–321; 42 B.737 NG	234	107	341
Air Macau	CHINA	FE	NX	675	AMU	1994	Macau	AIR MACAU	3 A300/A310; 19 A318–321		22	0	22
China Eastern Airlines	CHINA	FE	MU	781	CES	1988	Shanghai/ Nanchang/ Hefei	CHINA EASTERN	30 A330/A340; 7 A300/A310; 3 B.767; 5 BAe 146; 107 A318–321; 19 B.737; 44 B.737; 9 DC-9/MD-80/90; 5 CRJ; 10 EMB; 9 Yun Y-7	15 B.787; 44 A318–321; 14 B.737 NG	248	73	321
China Southern Airlines	CHINA	FE	CZ	784	CSN	1990	Guangzhou	CHINA SOUTH-ERN	2 B.747; 14 A330/A340; 12 B.777; 6 A300/A310; 19 B.757; 127 A318–321; 24 B.737; 75 B.737; 25 DC-9/MD-80/90; 6 EMB-135/145; 5 ATR-42/72	5 A380; 10 A330/A340; 6 B.777; 10 B.787; 48 A318–321; 61 B.737 NG	315	140	455
China Xinhua Airlines	CHINA	FE		779	CXH	1992	Beijing-Tian	XINHUA	7 B.737 NG; 9 B.737 Classic		16	0	16
Hainan Airlines	CHINA	FE		880	CHH	1989	Haikou	HAINAN	9 A330/A340; 3 B.767; 46 B.737 NG; 8 B.737 Classic	4 A330/A340; 8 B.787; 25 A318–321; 13 B.737 NG	66	50	116
Shanghai Airlines	CHINA	FE		774		1985	Shanghai-Hongqiao	SHANG-HAI AIR	7 B.767; 10 B.757; 1 A318–321; 30 B.737 NG; 5 CRJ 100/200	9 B.787; 9 A318–321; 7 B.737 NG; 5 ARJ21	53	30	83
Xiamen Airlines	CHINA	FE		731	CXA	1992	Xiamen	XIAMEN AIR	8 B.757; 43 B.737 NG; 2 B.737 Classic	41 B.737 NG	53	41	94
Dragon Air	CHINA H. K.	FE		43	HDA	1985	Hong Kong	DRAGON-AIR	5 B.747; 17 A330/A340; 16 A318–321	2 A318–321	38	2	40
Cathay Pacific Airways	CHINA HONG KONG	FE	CX	160	CPA	1946	Hong Kong	CATHAY	76 B.747; 64 A330/A340; 32 B.777	11 B.747; 8 A330/A340; 19 B.777	172	38	210
Air India	INDIA	ME	AI+ IC		AIC	2007	Delhi	INDAIR	10 B.747; 2 A330/A340; 17 B.777; 10 A300/A310; 76 A318–321	10 B.777; 27 B.787; 18 A318–321	115	55	170
Jet Airways	INDIA	ME	9W	589	JAI	1992	Mumbai	JET AIRWAYS	10 A330/A340; 3 B.777; 48 B.737 NG; 14 ATR-42/72	5 A330/A340; 3 B.777; 10 B.787; 28 B.737 NG; 6 ATR-42/72	75	52	127
Kingfisher Airlines	INDIA	ME	IT		KFR+ BEZ	2004	Mumbai	KING-FISHER	5 A330/A340; 1 B.727; 25 A318–321; 18 ATR-42/72	5 A380; 17 A330/A340; 23 A318–321; 14 ATR	49	59	108
Batavia Air	INDONESIA	FE	7P	671	BTV	2001	Jakarta	BATAVIA	6 A318–321; 34 B.737 Classic	2 A330/A340; 1 B.737 Classic; 10 ATR-42/72	40	13	53
Garuda Indonesian	INDONESIA	FE	GA	126	GIA	1949	Jakarta-Hatta	INDO-NESIA	3 B.747; 9 A330/A340; 38 B.737 Classic; 14 B.737 NG; 4 DC-9/MD-80/90	1 A330/A340; 10 B.777; 25 B.737 NG	68	36	104
Lion Airlines	INDONESIA	FE	JT	990	LNI	2000	Jakarta-Hatta	LION INTER	2 B.747; 11 B.737 Classic; 25 B.737 NG; 10 DC-9/MD-80/90	157 B.737 NG	48	157	205
Mandala Airlines	INDONESIA	FE			MDL	1969	Jakarta	MAN-DALA	9 A318–321; 3 B.737 Classic; 1 DC-3	25 A318–321	13	25	38
Merpati Nusantara Airlines	INDONESIA	FE	MZ	621	MNA	1962	Jakarta	MERPATI	18 B.737 Classic; 22 F.28; 4 F.27; 2 Yun Y-7	1 B.737 Classic; 13 Yun Y-7	46	14	60
ANA	JAPAN	FE	NH	205	ANA	1958	Tokyo-Haneda	ALL NIPPON	15 B.747; 43 B.777; 57 B.767; 29 A318–321; 4 B.737 NG	4 B.777; 55 B.787; 4 B.767; 21 B.737 NG	148	84	232
JAL Domestic	JAPAN	FE	JL	234	JLJ	1964	Tokyo-Haneda	AIR SYSTEM	7 B.777; 22 A300/A310; 25 DC-9/MD-80/90		54	0	54
JAL International	JAPAN	FE	JL	131	JAL	1951	Tokyo-Han./Narita	JAPAN-AIR	52 B.747; 36 B.777; 50 B.767; 12 B.737 NG	10 B.777; 35 B.787; 9 B.767; 31 B.737 NG	150	85	235
Air Nippon	JAPAN	FE	EL	768	ANK	1974	Tokyo	ANK AIR	21 B.737 NG; 5 B.737 Classic		26	0	26
Air Koryo	KOREA (NORTH)	FE	JS	120	KOR	1950	Pyongyang	AIR KORYO	3 Il-76; 5 Il-62; 6 Tu-154; 1 Tu-204/214/234; 2 Tu-134; 4 Il-18; 6 An-24	2 Tu-204/214/234	27	2	29

⦿ Region * Created ✈ Current Fleet ✈ Planned Fleet ✈ Total Fleet

Name	Country	◉	IATA CODE	IATA NO.	ICAO	*	Base Airport	Call-Sign	Current Fleet	Planned Fleet	Current Fleet	Planned Fleet	Total Fleet
Asiana Airlines	KOREA (SOUTH)	FE	OZ	988	AAR	1988	Seoul-Incheon	ASIANA	12 B.747; 7 A330/A340; 10 B.777; 8 B.767; 24 A318–321; 7 B.737 Classic	30 A350; 1 A330/A340; 4 B.777; 3 A318–321	68	38	106
Korean Air	KOREA (SOUTH)	FE	KE	180	KAL	1926	Seoul-Incheon/ Gimpo	KOREAN-AIR	50 B.747; 20 A330/A340; 23 B.777; 8 A300/A310; 31 B.737 NG	10 A380; 5 B.747; 6 A330/A340; 16 B.777; 10 B.787; 5 B.737 NG	132	52	184
Lao Airlines	LAOS	FE	QV	627	LAO	1974	Vientiane	LAO	4 ATR-42/72; 3 An-24; 7 Yun Y-7	1 ATR-42/72	14	1	15
AirAsia	MALAYSIA	FE		807	AXM	1994	Kuala Lumpur	ASIAN EXPRESS	44 A318–321; 1 B.737 Classic	114 A318–321	45	114	159
Malaysia Airlines	MALAYSIA	FE	MH	232	MAS	1971	Kuala Lumpur	MALAY-SIAN	23 B.747; 15 A330/A340; 17 B.777; 1 A300/A310; 3 B.737 NG; 38 B.737	6 A380; 35 B.737 NG	97	41	138
MIAT Mongolian Airlines	MONGOLIA	FE	OM	269	MGL	1956	Ulaan-baatar	MONGOL AIR	2 A300/A310; 2 B.737 NG; 1 An-30; 17 An-24		22	0	22
Nepal Airlines Corporation	NEPAL	ME	RA	285	RNA	1958	Kathmandu	ROYAL NEPAL	2 B.757; 1 HS.748/Andover	2 Yun Y-7	3	2	5
PIA	PAKISTAN	ME	PK	214	PIA	1951	Karachi	PAKIS-TAN	8 B.747; 9 B.777; 12 A300/A310; 7 B.737 Classic; 7 ATR-42/72		43	0	43
Cebu Pacific Air	PHILIP-PINES	FE	5J	203	CEB	1995	Manila	CEBU AIR	21 A318–321; 8 ATR-42/72	15 A318–321; 2 TR-42/72	29	17	46
Philippine Airlines	PHILIP-PINES	FE	PR	79	PAL	1941	Manila	PHILIP-PINE	11 B.747; 28 A330/A340; 23 A318–321; 1 B.737 Classic; 5 DHC-8	6 B.777; 3 A318–321; 2 DHC-8	68	11	79
SilkAir	SINGAPORE	FE	MI	629	SLK	1975	Changi	SILKAIR	16 A318–321	13 A318–321	16	13	29
Singapore Airlines	SINGAPORE	FE	SQ	618	SIA	1972	Singapore-Changi	SINGA-PORE	9 A380; 12 B.747; 13 A330/A340; 77 B.777	10 A380; 11 A330/A340; 20 A350; 20 B.787	111	61	172
Tiger Airways	SINGAPORE	FE	TR		TGW	2003	Singapore	GO CAT	10 A318–321	55 A318–321	10	55	65
Sri Lankan Airlines	SRI LANKA	ME	UL	603		1978	Colombo	SRI LANKAN	9 A330/A340; 3 A318–321; 4 An-12		16	0	16
China Airlines	TAIWAN	FE	CI	297	CAL	1959	Taipei	DYNASTY	34 B.747; 23 A330/A340; 11 B.737 NG	14 A350	68	14	82
EVA Air	TAIWAN	FE	BR	695	EVA	1989	Taipei-Chiang Kai Shek	EVA	22 B.747; 8 DC-10/MD-11; 11 A330/A340; 12 B.777; 1 A318–321; 9 DC-9/MD-80/90	3 B.777	63	3	66
Bangkok Airways	THAILAND	FE		829	BKP	1968	Bangkok	BANG-KOK AIR	10 A318–321; 2 B.717; 8 ATR-42/72	4 A350; 1 A318–321; 1 ATR-42/72	20	6	26
Orient Thai Airlines	THAILAND	FE	OX	578	OEA	1995	Bangkok	ORIENT EXPRESS	7 B.747; 1 DC-9/MD-80/90		8	0	8
Thai Airways International	THAILAND	FE	TG	217	THA	1959	Bangkok	THAI	18 B.747; 25 A330/A340; 20 B.777; 17 A300/A310; 6 B.737; 2 ATR-42/72	6 A380; 2 B.747; 5 A330/A340	88	13	101
Vietnam Airlines	VIETNAM	FE	VN	738	HVN	1976	Hanoi/ Ho Chi Minh City	VIET-NAM AIRLINES	5 A330/A340; 10 B.777; 2 Yak-40; 25 A318–321; 1 Tu-134; 2 F.28; 3 Il-18; 10 ATR-42/72; 2 An-26; 8 An-24	10 A350; 16 B.787; 28 A318–321; 12 ATR-42/72	68	66	134
Australia and Pacific													
Qantas	AUSTRALIA	OC	QF	81	QFA	1920	Sydney	QANTAS	3 A380; 34 B.747; 16 A330/A340; 29 B.767; 17 B.737; 38 B.737 NG; 1 Const.	17 A380; 4 A330/A340; 50 B.787; 31 B.737 NG	138	102	240
Skywest	AUSTRALIA	OC		608		1963	Perth, WA	SKYWEST	8 F.28; 7 F.27		15	0	15
Virgin Blue	AUSTRALIA	OC	DJ		VOZ	1999	Brisbane	VIRGIN	46 B.737 NG; 12 EMB-190/195; 6 EMB-170/175	27 B.737 NG; 5 EMB-190/195	64	32	96
Air Pacific	FIJI	OC	FJ	260	FJI	1951	Nadi	PACIFIC	3 B.747; 1 B.767; 3 B.737 NG	8 B.787	7	8	15
Air Tahiti Nui	FRANCE POLYNESIA	OC	TN	244	THT	1996	Papéété	TAHITI AIRLINES	5 A330/A340		5	0	5
Air Nauru	NAURU	OC	ON	123	RON	1970	Nauru	AIR NAURU	1 B.737 Classic		1	0	1
Aircalin	NEW CALEDONIA	OC	SB	63	ACI	1983	Noumea-La Tontouta	AIRCA-LIN	2 A330/A340; 1 A318–321		3	0	3
Air New Zealand	NEW ZEALAND	OC		86	ANZ	1939	Auckland	NEW ZEA-LAND	7 B.747; 8 B.777; 5 B.767; 21 A318–321; 19 B.737 Classic; 1 F.27	5 B.777; 8 B.787	61	13	74
Air Niugini	PAPUA NEW GUINEA	OC	PX	656	ANG	1973	Port Moresby	NIUGINI	1 B.767; 1 B.757; 10 F.28; 8 DHC-8; 2 DC-3	1 B.787	22	1	23
Solomon Airlines	SOLOMON ISLANDS	OC	IE	193	SOL	1968	Honiara	SOLO-MON			0	0	0
Air Vanuatu	VANUATU	OC	NF	218	AVN	1981	Port Vila	AIR VAN	1 B.737 NG; 1 ATR-42/72	1 ATR-42/72	2	1	3

◉ Region * Created Current Fleet Planned Fleet Total Fleet

Über das Fliegen

Das Ticket

Geschichte des Flugtickets

1920 erstes Airline-Ticket
1930 erstes standardisiertes IATA-Ticket mit mehreren Flugscheinen
1972 erstes Universal-Ticket im BSP-Format (Billing and Settlement Plan)
IATA-Agenturen benutzen Blankodokumente. Der Computer berechnet den Preis und druckt das Papierticket aus. Sämtliche Daten werden an das BSP weitergeleitet, das wiederum mit den Airlines abrechnet. BSP ist heute weltweit in über 150 Ländern tätig und wickelt nahezu 80 % der Airline-Umsätze ab.
1983 erstes Ticket mit Magnetstreifen
1994 erstes e-ticket
2008 Beginn ticketloses Zeitalter

Vom Reisebüro zum elektronischen Ticket

Das klassische, kompliziert auszustellende Ticket ist vom elektronischen Ticket abgelöst, das Reisebüro erhält meist keine Provisionen mehr und berechnet Servicegebühren an die Kunden, die ihr Ticket immer noch dort kaufen statt direkt im Internet zu buchen.

Reisebüros werden für komplexe Buchungen benötigt: von Rom nach Moskau, von dort weiter nach Singapur, mit einem Abstecher nach Laos, Bangkok, Hongkong und wieder zurück. Hier bringt man jede Buchungsmaschine zum Absturz. Und auf allen Teilstrecken den billigsten Tarif zu buchen, birgt eine große Gefahr: Bei Verzögerungen während der Reise kann man dann nicht mehr umbuchen.

Das elektronische Ticket

Das Ausstellen eines klassischen Tickets von Hand konnte durchaus 20 Minuten dauern. Seit 1. Juni 2008 genügt den meisten Airlines der Welt der Reisepass oder die Kreditkarte des Kunden. Mithilfe der persönlichen Daten werden die Flugdaten aufgerufen. Handgepäckreisende bestellen ihre elektronische Bordkarte gar per SMS über ein internetfähiges Mobiltelefon, gehen dann direkt zur Sicherheitskontrolle und legen ihr Mobiltelefon auf den Scanner – das war's. Man kann auch schon tags zuvor am Computer per Internet einchecken und seine Bordkarte auf dem eigenen Drucker ausdrucken.

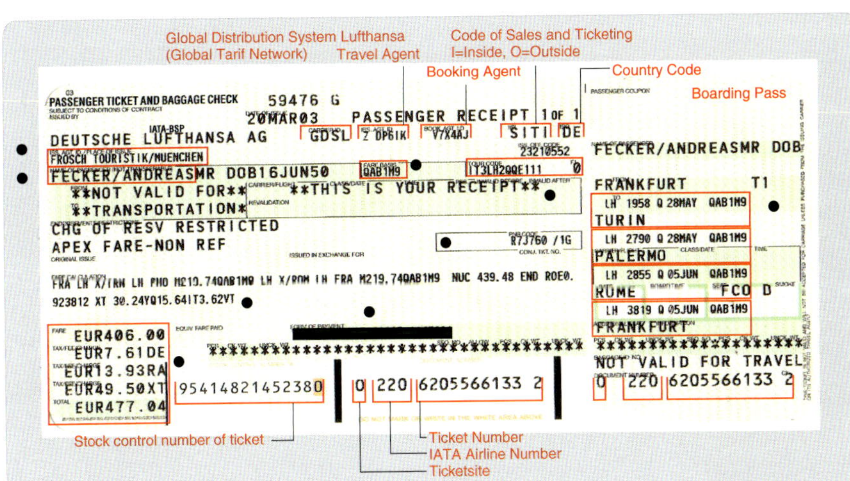

1 = Aussteller
2 = Passagier inkl. Geburtsdatum
3 = Tarifbasis
erster Buchstabe ist Buchungsklasse
4 = Genehmigungsnummer für Inklusiv-Tour
5 = Buchungscode/ Computer Reservation System
6 = Preisberechnung
Frankfurt–Turin–Palermo 219,74
(+Palermo)–Rom–Frankfurt 219,74 = 439,48 NUC
(NUC = Neutral Unit Construction;
ROE = Rate of Exchange
1 NUC = 0,923812)
XT = Hinweis auf kombinierte Gebühren im Tax-Feld.
YQ = Airline-eigene Gebühr (30,24)
IT = Flughafengebühr Italien (15,64)
VT = Sicherheitszuschlag Italien (3,62)
7 = Steuern und Gebühren:
DE = Deutsche Verkaufssteuer (7,61)
Passenger Service Charge international (13,93)
XT = kombinierte Gebühren und Steuern aus der Preisberechnung
8 = Kopie Boarding Pass
9 = Kreditkartennummer

Flugbuchung

Im Internet gibt es Hunderte von Buchungsmaschinen. Diese vergleichen die Preise für die angegebenen Flugverbindungen und sortieren sie nach Preis, Reisedauer oder Umsteigehäufigkeit. An vielen sind die Airlines trotzdem noch beteiligt. Grundsätzlich gilt: je billiger das Ticket, umso geringer die Privilegien. Und je früher die Buchung, umso wahrscheinlicher erhält man einen günstigeren Preis.

Expedia.com
Travelocity.com
fly.com
cheapflights.com
orbitz.com
priceline.com
hotwire.com
farecompare.com
kayak.com
tripadvisor.com
SideStep.com

Oder ganz einfach das Städtepaar googlen, und schon werden alle verfügbaren Buchungsmaschinen einschließlich der Airline-eigenen angeboten.

Woher kommen die Ticketpreise

Früher waren (meist staatliche) Fluggesellschaften Monopolisten. Von Land A nach Land B konnten nur Fluggesellschaften aus Land A und Land B fliegen. Da konnte ein Flug innerhalb Europas durchaus das 4-fache kosten wie ein Interkontinentalflug. Erstaunlich billig wurden die Tickets (85 % Rabatt), wenn zwischen Hin- und Rückflug eine Samstagnacht lag. Diese Tickets wurden eben nicht von Geschäftsreisenden gekauft, die am Wochenende bei der Familie seien wollten.

Tickets sind auch dann billiger, wenn man die Reise in einem Drittland beginnt. Paris–London–New York ist deutlich günstiger als London–New York.

Cross-Ticketing und Cross-Border-Selling

Clevere Fluggäste hatten sich an die schikanöse Preisgestaltung angepasst und einfach zwei günstige Rückflug-Tickets erworben, mit denen man den Mindestaufenthalt umging. Dann flog man vom ersten Ticket nur den Hinflug und vom anderen Ticket nur den Rückflug ab. Oder man kaufte statt Frankfurt–Tokyo den günstigeren Flug Flug Madrid–Frankfurt–Tokyo und warf das Ticket Madrid–Frankfurt einfach fort. Die Lufthansa klagte dagegen vor dem OLG Köln und gewann (Oberlandesgericht Köln, Urteil vom 31.07.2009, 6 U 224/08). **Wer eine Teilstrecke nicht fliegt, kann also nachträglich belastet werden.** Die Lufthansa muss keine Tickets akzeptieren, die nicht in der gebuchten Reihenfolge abgeflogen werden. Bei Billigfliegern und Airlines mit offener Preisgestaltung hingegen verfällt das ungenutzte Ticket ohne weitere Folgen.

Codeshare

Während die Allianzen für die Kunden durchaus ihre Vorteile haben, weil man weltweit Meilen sammeln und die Partner-Lounges nutzen kann, gerät ein Merkmal davon zum **Ärgernis** schlechthin: Codeshare-Flüge. Für die Fluggesellschaften mögen sie Vorteile haben, vom Gepäcktransport bis hin zum Marketingtool, für den Passagier bedeuten sie eher Verwirrung, wenn nicht gar Etikettenschwindel.

Ein Flug einer Allianz-Airline hat nicht mehr eine Flugnummer, sondern zwei, drei oder gar vier. Man bucht z.B. American Airlines und fliegt mit British Airways. Oder man will mit der Lufthansa von Stuttgart nach Teneriffa und muss in Madrid in die Spanair umsteigen, die aber mit einer Lufthansa-Flugnummer fliegt. Auch wenn die meisten Airlines schon bei der Buchung darauf hinweisen, von welchem Partner ein Flug tatsächlich durchgeführt wird, erschließt sich das dem Kunden nicht zwingend.

Ein Ärgernis für die Kunden sind in jedem Fall die rotierenden Logos an der Anzeigetafel, wo mal für 20 Sekunden die Flugnummer der einen, dann die der anderen und womöglich eine dritte Flugnummer angezeigt wird, oder aber derselbe Flug wird unsinnigerweise dreimal angezeigt, was wiederum den Bildschirm füllt. Kunden in Eile, die ihren Flug suchen, müssen dann minutenlang warten, bis sich die entsprechende Bildschirmseite auf dem Monitor zeigt. Und am Ziel wartet der Abholer schon mal am falschen Terminal.

Buchungsklassen

Tarif		Klasse	Bemerkung
A	●	First	ermäßigte Tarife, Round the World
B	●	Economy	voll flexibel
C	●	Business	voll flexibel
D	●	Business	ermäßigte Tarife, Round the World
E	●	Economy	ermäßigter Tarif
F	●	First	voll flexibel
G	●	Economy	ermäßigter Tarif, auch für „Gruppenreisen"
H	●	Economy	ermäßigte Tarife, Studententarif
I	●	Business	Prämienticket
J			
K	●	Economy	ermäßigter Tarif, one-way domestic
L	●	Economy	ermäßigter Tarif
M	●	Economy	voll flexibel, Round the World
N	●	Economy	Non-Revenue *
O	●	First	Prämienticket
P			
Q	●	Economy	
R	●	Business	Non-Revenue *
S	●	Economy	stark ermäßigter Tarif, international
T	●	Economy	stark ermäßigter Tarif
U	●	Economy	ermäßigter Tarif
V	●	Economy	ermäßigter Tarif, billigste Klasse mit 100 % Meilen, billigste upgrade-fähige Klasse
W	●	Economy	ermäßigter Tarif, intercontinental, Internet-Specials
X	●	Economy	Prämienticket
Y	●	Economy	voll flexibel
Z	●	Business	ermäßigter Tarif Business Class, teilweise auch Round the World, 60-Tage-Frühbucher

* Mitarbeiter, Gäste, Preisausschreibengewinne

Wofür manche Airlines Aufpreise berechnen

Gebühr für Online-Check-in	5 Euro
Bearbeitungsgebühr – pro Fluggast und einfachen Flug	5 Euro
Erstes Gepäckstück	10 Euro
Zweites und drittes Gepäckstück – pro Gepäckstück und einfachen Flug	20 Euro
Gegenstände für Kinder (Autokindersitze/Reisebetten) Gebühr pro Gegenstand und einfachen Flug (1 Kinderwagen wird kostenlos befördert)	10 Euro
Sportausrüstung – pro Gegenstand und einfachen Flug	30 Euro
Musikinstrumente – pro Gegenstand und einfachen Flug	30 Euro
Flugumbuchungsgebühr – pro Fluggast und einfachen Flug	35 Euro
Namensänderungsgebühr – pro Fluggast	100 Euro
Alkoholisches Getränk an Bord	5 Euro
Mahlzeit	10 Euro
Decke und Kissen	10 Euro
Sitz am Notausgang mit mehr Beinfreiheit	25 Euro

ROUND THE WORLD

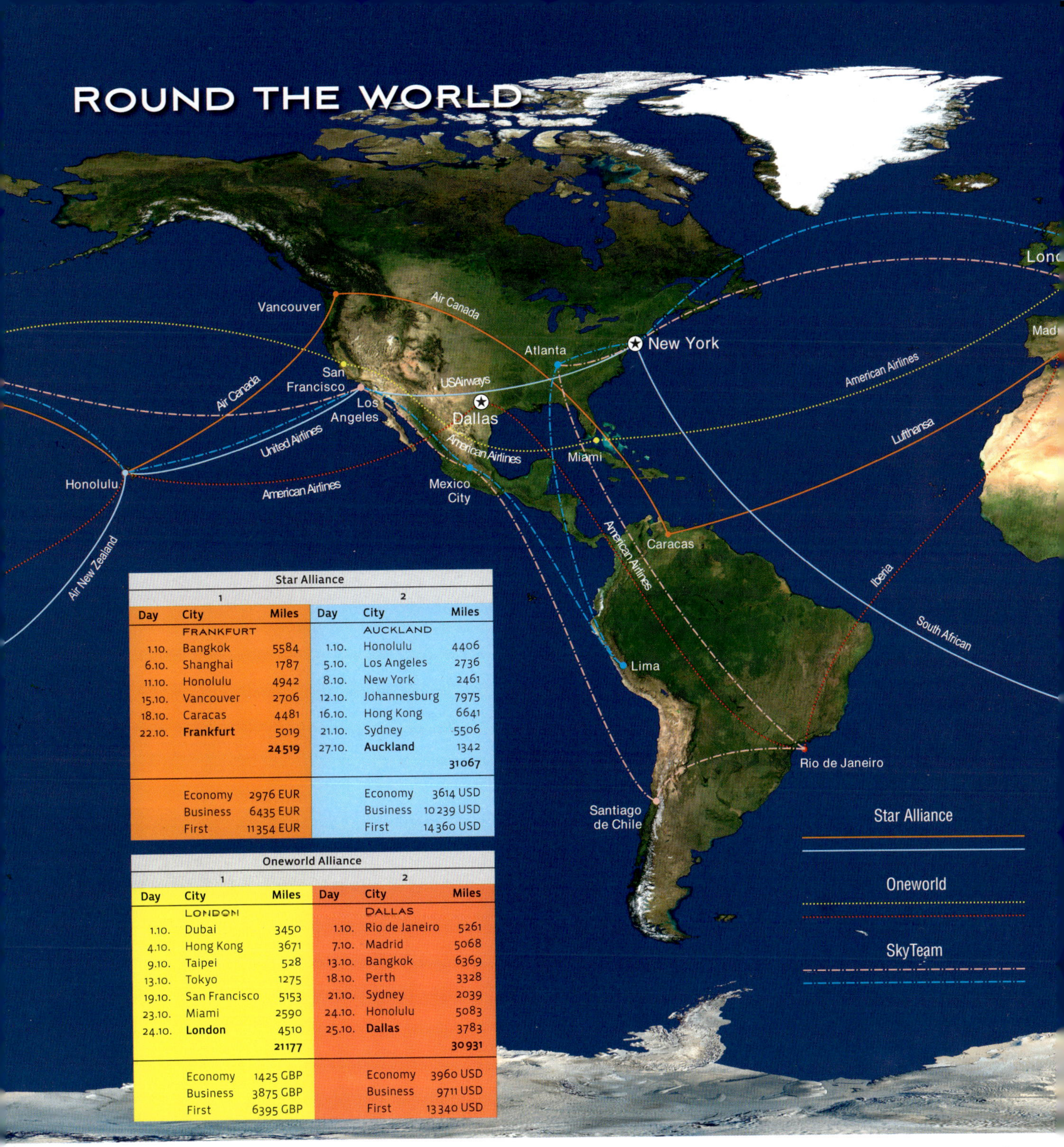

Star Alliance

	1			2	
Day	City	Miles	Day	City	Miles
	FRANKFURT			AUCKLAND	
1.10.	Bangkok	5584	1.10.	Honolulu	4406
6.10.	Shanghai	1787	5.10.	Los Angeles	2736
11.10.	Honolulu	4942	8.10.	New York	2461
15.10.	Vancouver	2706	12.10.	Johannesburg	7975
18.10.	Caracas	4481	16.10.	Hong Kong	6641
22.10.	**Frankfurt**	5019	21.10.	Sydney	5506
		24519	27.10.	**Auckland**	1342
					31067
	Economy	2976 EUR		Economy	3614 USD
	Business	6435 EUR		Business	10239 USD
	First	11354 EUR		First	14360 USD

Oneworld Alliance

	1			2	
Day	City	Miles	Day	City	Miles
	LONDON			DALLAS	
1.10.	Dubai	3450	1.10.	Rio de Janeiro	5261
4.10.	Hong Kong	3671	7.10.	Madrid	5068
9.10.	Taipei	528	13.10.	Bangkok	6369
13.10.	Tokyo	1275	18.10.	Perth	3328
19.10.	San Francisco	5153	21.10.	Sydney	2039
23.10.	Miami	2590	24.10.	Honolulu	5083
24.10.	**London**	4510	25.10.	**Dallas**	3783
		21177			**30931**
	Economy	1425 GBP		Economy	3960 USD
	Business	3875 GBP		Business	9711 USD
	First	6395 GBP		First	13340 USD

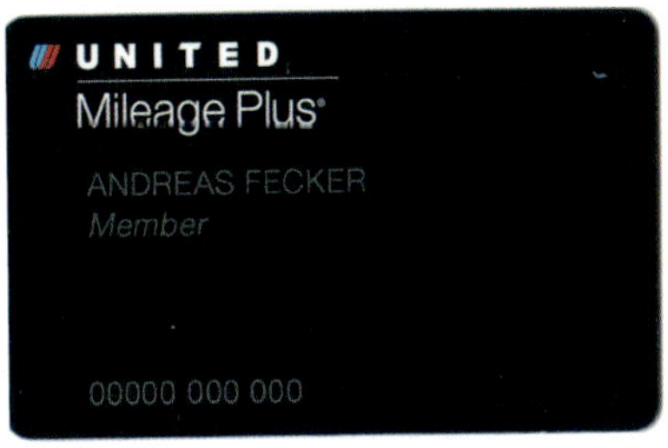

MEILEN
Den Treuebonus der Airlines gibt es seit den 1980er Jahren. Meilen gibt es für Economy (einfach), Business (doppelt) und First (dreifach). Wer z.B. einen Round-the-World-Trip mit 39000 Meilen in der First bucht, bekommt 117000 Bonusmeilen, Statusmeilen usw. Diese tauscht man am besten gegen Upgrades oder freut sich,

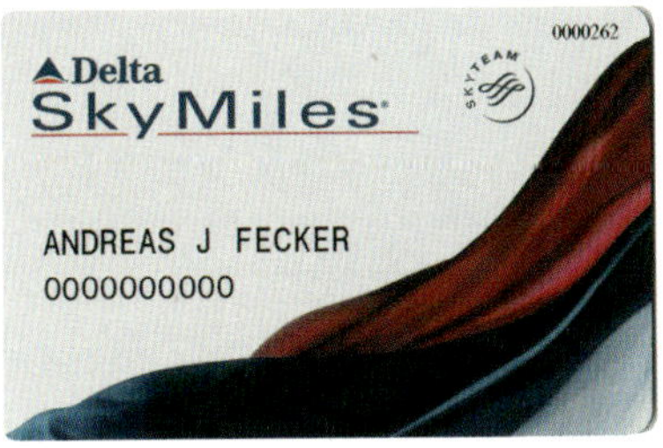

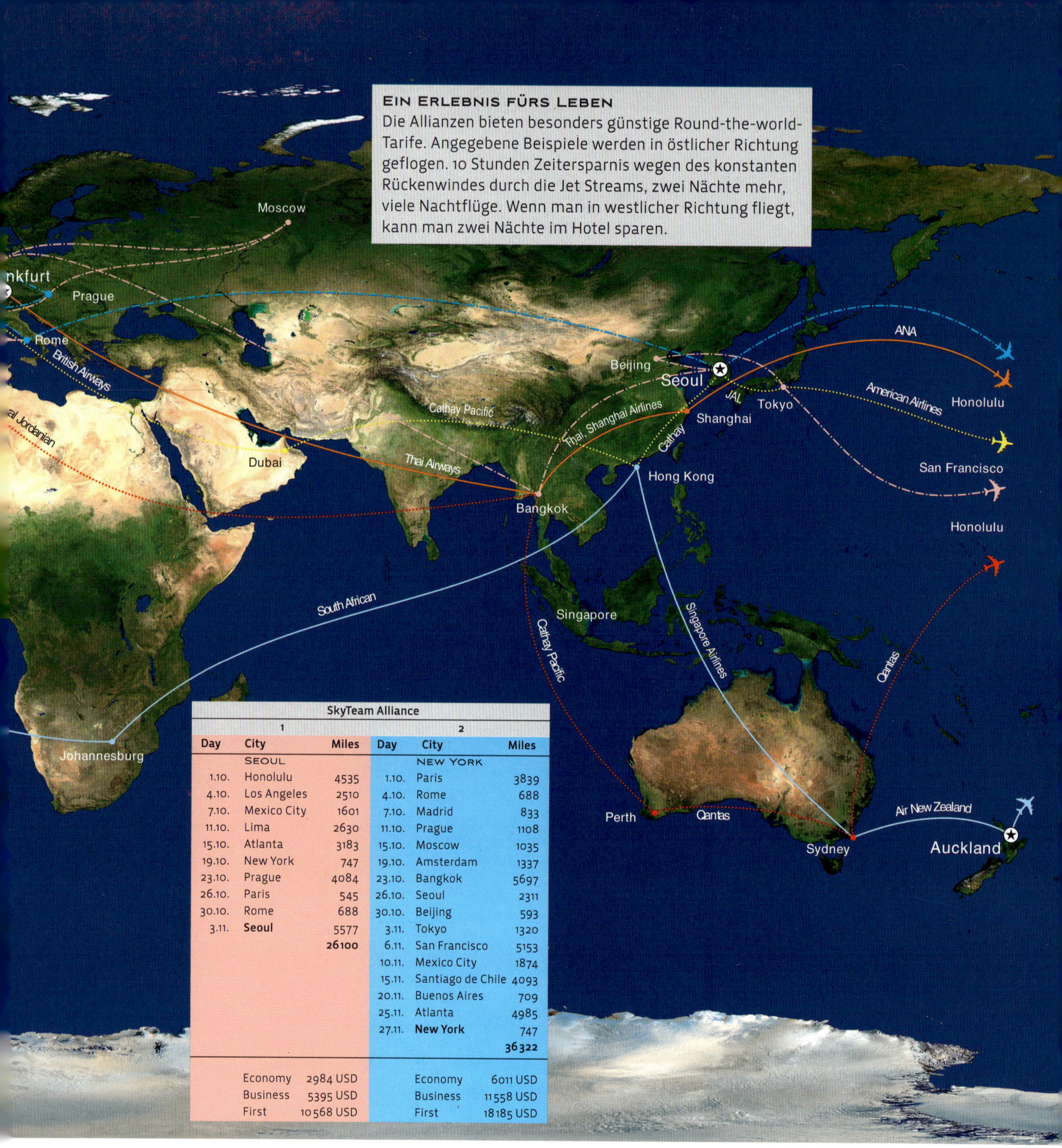

Ein Erlebnis fürs Leben

Die Allianzen bieten besonders günstige Round-the-world-Tarife. Angegebene Beispiele werden in östlicher Richtung geflogen. 10 Stunden Zeitersparnis wegen des konstanten Rückenwindes durch die Jet Streams, zwei Nächte mehr, viele Nachtflüge. Wenn man in westlicher Richtung fliegt, kann man zwei Nächte im Hotel sparen.

SkyTeam Alliance					
1			2		
Day	City	Miles	Day	City	Miles
	Seoul			New York	
1.10.	Honolulu	4535	1.10.	Paris	3839
4.10.	Los Angeles	2510	4.10.	Rome	688
7.10.	Mexico City	1601	7.10.	Madrid	833
11.10.	Lima	2630	11.10.	Prague	1108
15.10.	Atlanta	3183	15.10.	Moscow	1035
19.10.	New York	747	19.10.	Amsterdam	1337
23.10.	Prague	4084	23.10.	Bangkok	5697
26.10.	Paris	545	26.10.	Seoul	2311
30.10.	Rome	688	30.10.	Beijing	593
3.11.	**Seoul**	5577	3.11.	Tokyo	1320
		26100	6.11.	San Francisco	5153
			10.11.	Mexico City	1874
			15.11.	Santiago de Chile	4093
			20.11.	Buenos Aires	709
			25.11.	Atlanta	4985
			27.11.	**New York**	747
					36322
	Economy	2984 USD		Economy	6011 USD
	Business	5395 USD		Business	11558 USD
	First	10568 USD		First	18185 USD

die formidablen Lounges nutzen zu können oder sich mit einem Chauffeur zum Flugzeug bringen zu lassen. Die Finanzbehörden sehen die Meilen teilweise als geldwerten Vorteil. Ein Vielflieger, der seine Meilen für einen kostenlosen First-Class-Urlaubsflug einsetzt, kann (oder konnte) zur Nachversteuerung zur Kasse gebeten werden. Wer also einen Freiflug von Europa nach Sydney in der ersten Klasse als Prämie erhält (Wert ca. 10 000 Euro), muss diesen Freiflug wie ein Einkommen versteuern.

First Business Coach

Ein Interkontinentalflug kann 10 000 oder 800 US-Dollar kosten. Wer einmal in der **First Class** reisen durfte, wird meist von den Annehmlichkeiten auf 39 000 Fuß Höhe überwältigt sein. Ein Glas Champagner vor dem Start, Kaviar mit Wodka, Hummer mit Meursault (Weißwein), Chateaubriand mit Margaux (Rotwein) und eventuell ein Dessert mit einem kleinen Chateau Yquem (Dessertwein). Der Wert des Essens von vielleicht 250 Dollar rechtfertigt natürlich nicht den exorbitanten Preis. Der Unterschied heißt Beinfreiheit und Sitzgröße. Ein First-Class-Sitz nimmt etwa 4–5-mal so viel Platz ein wie ein Sitz in der Touristenklasse. Das Essen dürften Sie sich auch am Boden kaufen und an Bord mitnehmen. Eine Fluggesellschaft kann Ihnen den Verzehr von mitgebrachtem Essen an Bord nicht verwehren. Einen guten Bordeaux dürfen sie allerdings nicht selbst öffnen!

In der **Business Class** sitzt man auch etwas bequemer, der Wein ist ordentlich, aber bodenständiger, es ist immer noch geräumiger, aber eben nicht so ausladend, und die Filme sind ohnehin überall gleich (und zensiert). Dafür liegt der Preis etwa bei 4000–6000 US-Dollar.

Coach kann schon etwas unbequem sein, kostet aber ein Bruchteil. Spiele mitnehmen oder das Spiele-Angebot im Entertainment System nutzen, und die wenigen – erheblich günstigeren – Stunden vergehen wie im Flug. Bei der Landung am Immigration Terminal steht man spätestens in der gleichen Schlange wie der ebenfalls Jetlag-geplagte First-Class-Passagier.

Ein Vorhang trennt die Klassen

Falls nicht wie in den meisten Großraumflugzeugen die Klassen räumlich getrennt werden können, muss ein Vorhang diese Dienste tun. Dieser Vorhang wird während des Starts, bei dem alle Passagiere im selben Boot sitzen, aus Sicherheitsgründen offen gelassen, nach Erreichen der Flughöhe aber diskret bis auffällig zugezogen. Die Bestuhlung von Business und Coach ist also gleich. Vor dem Vorhang gibt es Rührei mit Speck mit einem Glas Sekt, dahinter ein schmales Sandwich und prickelndes Mineralwasser. Wer für diesen Unterschied etwa 600 Euro mehr zahlt, tut dies wohl nicht aus eigener Tasche. Vielflieger beobachten, wie der Vorhang immer weiter nach vorn wandert und die wenigen verbleibenden Sitze trotzdem leer sind. Der Trend ist durchgängig: Die First wandert in die Business, die Business in die Economy oder gleich zu den Low-Costern.

An Bord der Langstreckenmaschinen von Gulf Air sorgt ein Koch für das leibliche Wohl der First Class Passagiere.

	First Class	Business Class	Economy Plus	Economy
Buchung:				
Umbuchung kostenlos	● ja	● nein	● nein	● nein
Umbuchung gegen Aufpreis	-	-	o teilweise	o teilweise
Wechsel zu anderer IATA-Airline	● ja	o teilweise	● nein	● nein
Wechsel zu anderer Airline innerhalb der Allianz	● ja	● ja	o teilweise	o teilweise
Kostenlose Stornierung	● ja	● ja	● nein	● nein
Prämienmeilen	● ja	● ja	● ja	● ja
Anreise:				
Limousinenservice	● ja	● nein	● nein	● nein
Valet Parking oder Mietwagenrückgabe	● ja	● nein	● nein	● nein
Am Flughafen:				
„Personal Assistant“ von Ankunft bis Abflug	● ja	● nein	● nein	● nein
First Class Terminal	● ja	● nein	● nein	● nein
Lounges:				
First Class Lounge	● ja	● nein	● nein	● nein
Business Lounge	● ja	● ja	● nein	● nein
Check-in:				
Priority Check-in	● ja	● ja	● nein	● nein
Security Fast Lane	● ja	● ja	● nein	● nein
Boarding:				
Priority Boarding	● ja	● ja	● nein	● nein
Privater Chauffeurservice zum Flieger	● ja	● nein	● nein	● nein
An Bord (international):				
Kostenlose Getränke	● ja	● ja	● ja	● ja
Kostenlose alkoholische Getränke	● ja	● ja	o teilweise	o teilweise
Alkoholische Getränke im Bordverkauf	-	-	o teilweise	o teilweise
Kostenlose Mahlzeiten	● ja	● ja	● ja	o überwiegend
Mahlzeiten im Bordverkauf	-	-	-	o teilweise
Flexible Essenszeiten	● ja	o teilweise	● nein	● nein
Reisekit	● ja	● ja	● nein	● nein
An Bord (domestic):				
Kostenlose(s) Getränk(e)	● ja	● ja	● ja	● ja
Kostenlose alkoholische Getränke	● ja	● ja	o teilweise	o teilweise
Alkoholische Getränke im Bordverkauf	-	-	o teilweise	o teilweise
Kostenlose Mahlzeiten	● ja	● ja	o teilweise	o teilweise
Mahlzeiten im Bordverkauf	-	-	o teilweise	o teilweise
Weitere Annehmlichkeiten an Bord:				
Bordunterhaltung	● ja	● ja	● ja	● ja
Videothek	● ja	● ja	● nein	● nein
Sitzbreite in cm	50+	50+	40–45	40–45
Sitzabstand in cm	200+	150	90	81
Schlafsessel	● ja	o teilweise	● nein	● nein
Extrabeinfreiheit (Aufpreis)	-	-	● ja	o teilweise
Zeitungen, Zeitschriften	● ja	● ja	o teilweise	o teilweise
Gepäck:				
Freigepäck auf internationalen Strecken in kg	40	30	20	20
Handgepäck (zusätzlich)	2	2	1	1
Bevorzugte Gepäckabfertigung/-ausgabe	● ja	● ja	● nein	● nein
Abreise:				
Limousinenservice	● ja	● nein	● nein	● nein

● ja ● nein o teilweise o überwiegend

Der Sitz

Er soll schick aussehen, nicht zu hart, nicht zu weich. Der Bezug soll Schweiß absorbieren, nicht jedoch der Schaumkern. Falls aus Leder, muss er resistent sein gegen Schweiß und Buttersäure. Flugzeugsitze sind selbstverständlich schwer entflammbar und dürfen bei Brand keine toxischen Gase entwickeln, sie müssen leicht sein, faltenfrei, waschbar und verschleißfest.

Der Rest ist Größe und Technik, je nach Klasse. 10 Sitze pro Reihe in der Economy und minimale Verstellbarkeit der Rückenlehne, 7–8 Sessel pro Reihe in der Business und maximal 6 Sesselkabinen pro Reihe in der First, oft mit Massagefunktion und Konvertierbarkeit bis in die Horizontale. Vielflieger wählen die Gesellschaft häufig nach der Bestuhlung. 12 Stunden auf engstem Raum, da sollte es bequem sein. Und wer Business Class auf der Langstrecke fliegt, wird auf den auf 180 Grad verstellbaren Sitz nicht verzichten wollen.

ORGANISATIONEN UND ABKOMMEN

IATA

1945 wurde die International Air Transport Association als Dachverband der Fluggesellschaften in Kuba gegründet. Ihr Sitz ist in Montreal, ihr Ziel der sichere, planmäßige und wirtschaftliche Transport von Menschen, Post und Gütern. Unter ihrem Dach sind knapp 250 Fluggesellschaften zusammengeschlossen, was ca. 95 % des Weltluftverkehrs ausmacht.

ICAO

1944 wurde in Chicago die International Civil Aviation Organization gegründet. Sie ist eine Unterorganisation der Vereinten Nationen. Die Vollversammlung der ICAO und ihre Fachgremien erlassen verbindliche Standards und Empfehlungen, die von den 190 Mitgliedsländern umgesetzt werden müssen. Dazu gehören internationale Verkehrsrechte, Luftstraßen, Infrastruktur und Flughäfen.

ICAO-Hauptverwaltung, Montreal

FAA

Jeder souveräne Staat unterhält eine Luftfahrtbehörde, die im Allgemeinen dem Verkehrsministerium unterstellt ist. Eine der mächtigsten ist die US-amerikanische Federal Aviation Administration. Sie erlässt und überwacht Richtlinien und Regeln für den sicheren Luftverkehr in den USA und bewegt sich dabei im Rahmen der ICAO. Da viele Flugzeughersteller in den USA zu Hause sind, deren Produkte im weltweiten Einsatz sind, sieht sie ein globales Betätigungsfeld. Sie überprüft aber auch die Aufsicht und Durchführung des Luftverkehrs in vielen Regionen der Erde und gibt Empfehlungen für ihr eigenes Personal. Die FAA betreibt auch die Flugsicherung in den USA und den amerikanischen Territorien.

DAS WARSCHAUER ABKOMMEN VON 1929 (WARSAW CONVENTION)

Dieses internationale Abkommen regelte unter anderem die Haftung für Personen- und Gepäckschäden im Lufttransport. Es wurde 1955 in Den Haag und 1975 in Montreal überarbeitet. Die Obergrenze wurde dabei mit 250 000 Schweizer Franken pro Passagier und 250 Franken pro Kilo Gepäck festgelegt, es sei denn, die Airline hat das Unglück nachweislich mit Vorsatz oder grober Fahrlässigkeit verschuldet.

DAS MONTREALER ABKOMMEN VON 1999 (MONTREAL CONVENTION)

Die Mitglieder der Internationalen Zivilen Luftfahrt Organisation ICAO unterzeichneten 1999 ein Abkommen, das die Entschädigung von Passagieren und ihrer Angehörigen neu regelt. Es limitiert die Haftung nochmals auf jetzt nur noch 135 000 US-Dollar pro Person. Die Airline haftet nur noch für Körperschäden, nicht mehr für seelische. Diese Beträge werden von manchen Menschen als beleidigend und skandalös empfunden, denn ein Jumbo hat einen Versicherungswert von etwa 300 Mio. US-Dollar, die 250 Passagiere an Bord wären demnach gerade einmal 30 Mio. US-Dollar wert, noch nicht einmal ein Zehntel des Sachschadens. Die Obergrenze entfällt aber ohnehin, wenn grobfahrlässiges Verschulden im Spiel ist. Neu ist auch, dass die Familien der Opfer die Airline in ihrem Heimatland verklagen können und nicht am Gerichtsstand der Fluggesellschaft. Wenn das Heimatland dann die USA sind, könnte das so manche Airline in den Ruin treiben.

EINE PHILOSOPHIE:

HUB AND SPOKE (STOPS) ...

Das **Hub-and-Spoke**-System ist gekennzeichnet durch zentrale Drehkreuze wie die Naben eines Rades, von denen wie Speichen nachrangige Ziele angeflogen werden.

- sehr wirtschaftlich auf Langstrecken
- Der Verkehr zwischen den Hubs findet mit großen Maschinen statt, während die Spokes mit kleineren Flugzeugen bedient werden. Statt Phoenix–Alice Springs direkt fliegt man Phoenix–Los Angeles mit 737, Los Angeles–Sydney mit 747 oder A380, Sydney–Alice Springs mit 737.
- bessere Auslastung der Flugzeuge
- Passagiere müssen aber Wartezeiten beim Umsteigen in Kauf nehmen.
- Es kann wetterbedingte Engpässe an einem Hub geben, die sich dann auf das ganze Netz auswirken.
- Kurze Zuflüge zum Hub belasten die Umwelt unverhältnismäßig und sollten durch Zugverbindungen ersetzt werden.

... POINT TO POINT (NON-STOP)

Point-to-Point-Verbindungen werden marktbestimmt angeboten.

- Umsteigen entfällt
- oft saisonal gesteuert
- Fällt die Nachfrage unter ein bestimmtes Niveau, wird die Verbindung wieder gestrichen.
- Der Wartungsaufwand ist durch dezentrale Stationierung von Flugzeugen höher.
- eventuell höhere Belastung des Luftraums, was zu Verspätungen im ganzen System führen kann

Hat eine Airline mehrere Hubs, bietet sich eine Kombination beider Systeme an: Häufige Point-to-Point-Verbindungen werden sowohl direkt geflogen als auch mit den Hubs verknüpft.

HUB AND SPOKE
Seattle
Minneapolis/St. Paul
Flint
Buffalo
Rochester
Milwaukee
Boston
Moline
Midway
Akron
Denver
New York
Philadelphia
Dayton
Pittsburgh
Bloomington
San Francisco
Washington D.C.
Indianapolis
Kansas City
Williamsburg
Las Vegas
Wichita
Memphis
Raleigh/Durham
Charlotte
Los Angeles
Atlanta
Myrtle Beach
Dallas/Fort Worth
Pensacola
Savannah
Gulfport/Biloxi
Jacksonville
Houston
New Orleans
Orlando
Tampa
West Palm Beach
Sarasota
Ft. Lauderdale
Ft. Myers
Miami
Grand Bahama Island

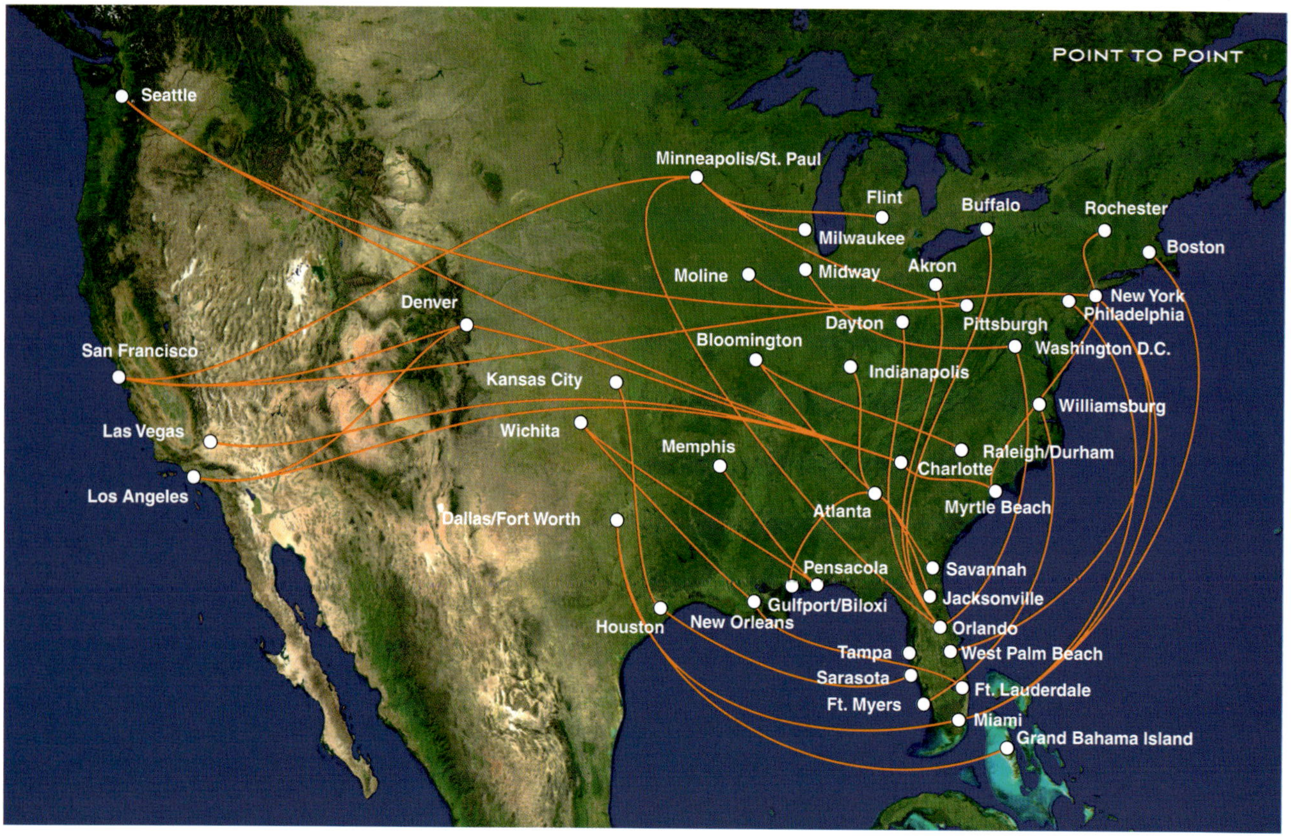
POINT TO POINT
Seattle
Minneapolis/St. Paul
Flint
Buffalo
Rochester
Milwaukee
Boston
Moline
Midway
Akron
Denver
New York
Philadelphia
Dayton
Pittsburgh
San Francisco
Bloomington
Washington D.C.
Indianapolis
Kansas City
Williamsburg
Las Vegas
Wichita
Raleigh/Durham
Memphis
Charlotte
Los Angeles
Atlanta
Myrtle Beach
Dallas/Fort Worth
Pensacola
Savannah
Gulfport/Biloxi
Jacksonville
Houston
New Orleans
Orlando
Tampa
West Palm Beach
Sarasota
Ft. Lauderdale
Ft. Myers
Miami
Grand Bahama Island

Check-in

Check-in bezeichnet den Prozess vom Erreichen des Flughafens bis zum Purser-Signal „Boarding Completed“. Mit dem Check-in beginnt die Reise. Flughäfen können sehr hektisch sein. Die Fluggesellschaften überbieten sich insbesondere für Business- und First-Class-Passagiere um eine unkomplizierte wie komfortable Abwicklung oft über separate Check-in-Terminals.

Am Schalter

Am Schalter trennen sich Mensch und Gepäck, und spätestens hier erhält man die Bordkarte. Früher musste sich der Fluggast mit Ticket und Pass ausweisen. Heute reicht meist ein Computerausdruck oder die Kreditkarte.

Spätestens mit der Bordkarte erhält man einen Sitzplatz. Dabei achtet das System darauf, dass allein reisende Männer nicht neben allein reisende Kinder gesetzt werden und dass Familien zusammensitzen können. Übrigens: Sitzplätze am Notausgang haben immer mehr Beinfreiheit. Das Gepäck wird gewogen, das Gewicht dem vorläufigen Gesamtgewicht des Flugzeugs zugeschlagen. Hier wird auch Übergepäck berechnet, häufig eine teure Überraschung. Ein Kilogram kann bis zu 1% des Tarifes der First Class kosten, da kommen für schweres Gepäck schnell einige Hundert oder auch einige Tausend Euro zusammen. Bei manchen Airlines ist ein Vorabend-Check-in möglich. Man bringt sein Gepäck abends zum Schalter und geht am nächsten Morgen direkt zum Gate.

Check-in per SMS, Internet und Telefon

Nach einmaliger Registrierung für das SMS-Check-in erhält man etwa 12 Stunden vor Abflug eine SMS der Airline mit den letzten Fluginformationen auf das Handy. Nach Bestätigung per SMS erhält der Fluggast eine elektronische Bordkarte als Barcode und kann damit direkt zum Gate gehen. Gepäck kann an einem gesonderten Schalter abgegeben werden.

Beim Internet-Check-in gelangt der Fluggast über Link und Passwort zu einer Check-in-Seite, wählt seinen Sitzplatz aus und kann anschließend die Bordkarte ausdrucken.

Etwas persönlicher ist die Alternative über eine freundliche Stimme in einem Callcenter. Die Bordkarte muss man sich dann allerdings bei der Gepäckaufgabe ausdrucken lassen.

Check-in-Automat

Immer beliebter wird das Self-Check-Terminal. Der Magnetstreifen der Kreditkarte oder des Ausweises wird durch einen Schlitz gezogen, und per Touchscreen erhält man in wenigen Sekunden seine Bordkarte.

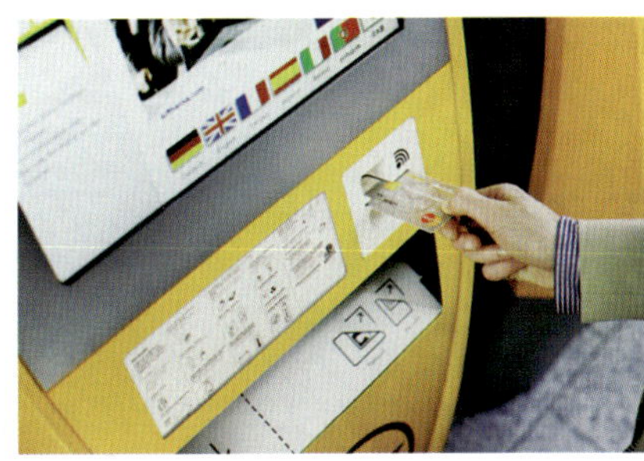

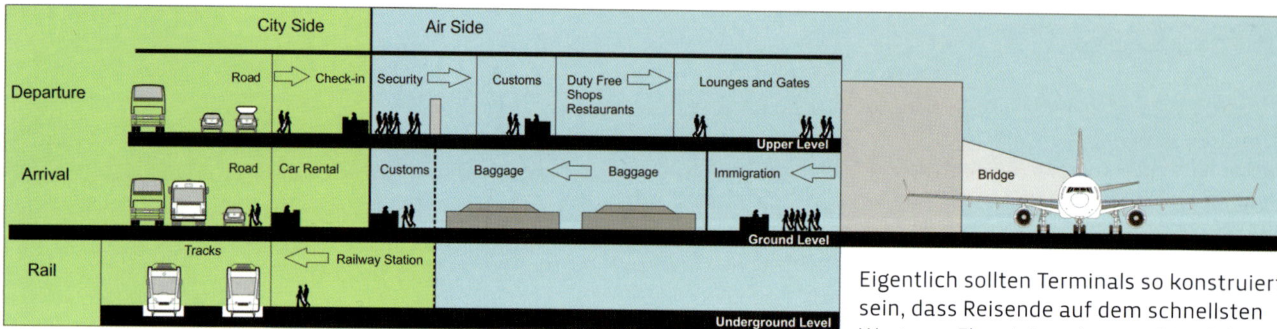

Eigentlich sollten Terminals so konstruiert sein, dass Reisende auf dem schnellsten Weg zum Flugsteig gelangen. Die Philosophie hat sich gewandelt: Heute muss der Passagier viele Geschäfte passieren – ein wichtiges Zubrot der Flughafenbetreiber.

Anatomy of an Airport

Terminal-Typen

Simple

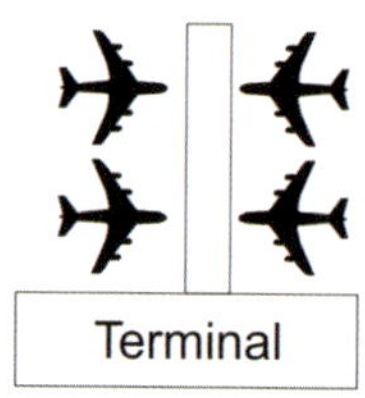

Pier

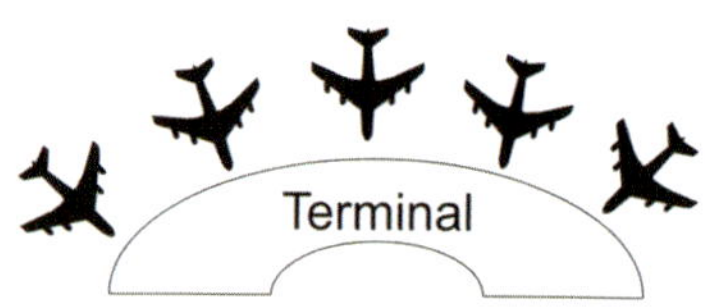

Elyptic

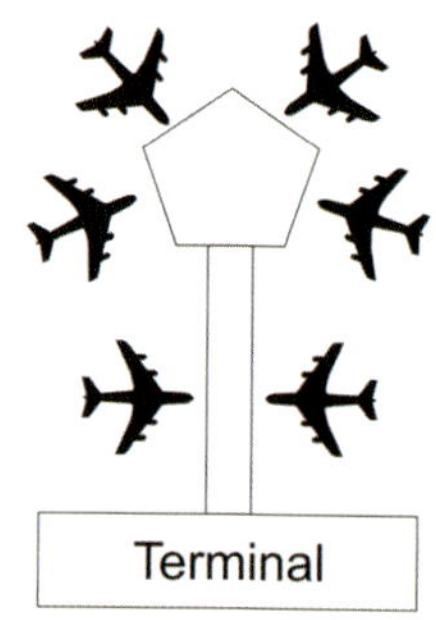

Concourse

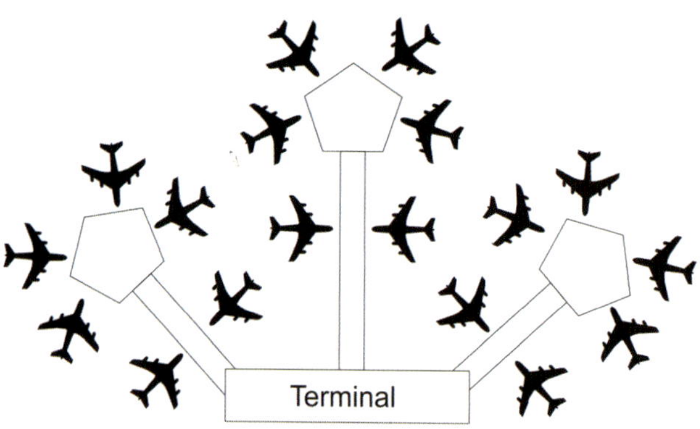

Multi Concourse

Satellites

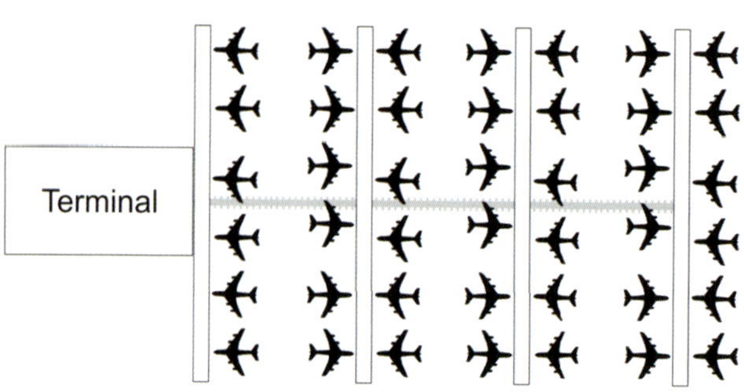

Multi Concourse with Underground Rail

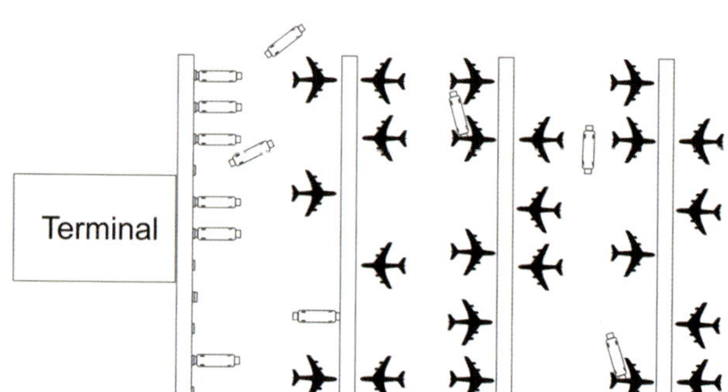

Multi Concourse with Carrier Lounges

Security

Die Unschuldsvermutung hat in der Passagierfliegerei keinen Platz mehr. Im Zeitalter des organisierten Terrorismus ist ein Fehler im Sicherheitscheck ein mögliches Todesurteil für Hunderte von Menschen. Den Sicherheitsverantwortlichen wäre es wohl am liebsten, die Passagiere kämen nackt und ohne Gepäck zum Flughafen. Da sich dies aber bisher nicht durchgesetzt hat, wird rigoros gecheckt, durchleuchtet, abgetastet, entfernt, weggenommen und vernichtet.

We check your luggage ...

Handgepäck, Laptop und Kameras werden durchleuchtet und mit Spektralanalyse auf Sprengstoff untersucht. Ebenfalls in den Gepäckscanner müssen sämtliche Metallteile und die Schuhe (die u-förmigen Röntgengeräte erfassen Metallteile in den Schuhen nicht, das können nur die unter dem Boden fortgeführten o-förmigen). Viele Dinge dürfen gar nicht an Bord, wie zum Beispiel größere Mengen mitgebrachter Flüssigkeiten. Bei hoher Alarmstufe dürfen selbst mitgebrachte Bücher und Zeitschriften nicht an Bord. Es könnte sich um Papiersprengstoff handeln.

... and we check you

Bisher reichten an den meisten Flughäfen die Metalldetektoren. Effektiver sind natürlich die Nacktscanner. Sie blenden alle Kleidung aus und bilden jeden soliden Gegenstand ab, wie zum Beispiel ein Messer aus Plexiglas. Anfängliche Bedenken von Menschenrechtlern werden durch terroristische Bedrohungen überstimmt.

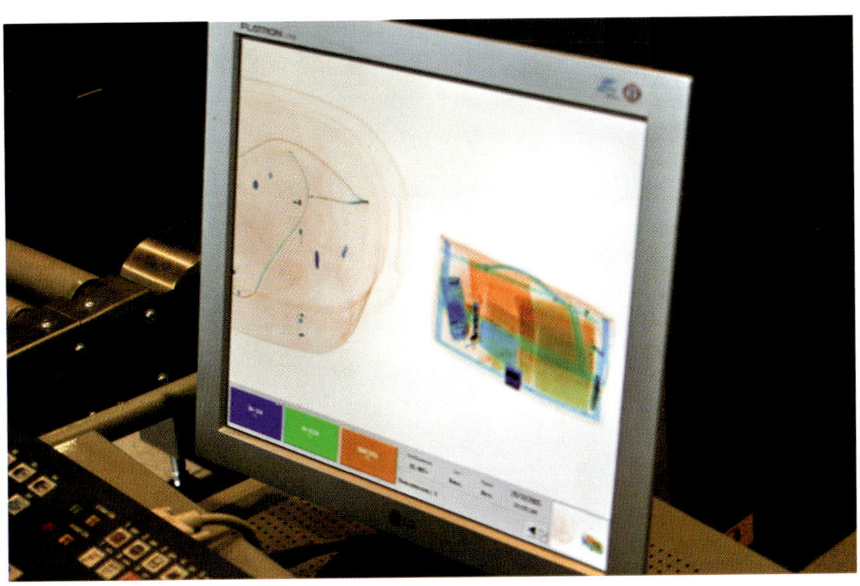

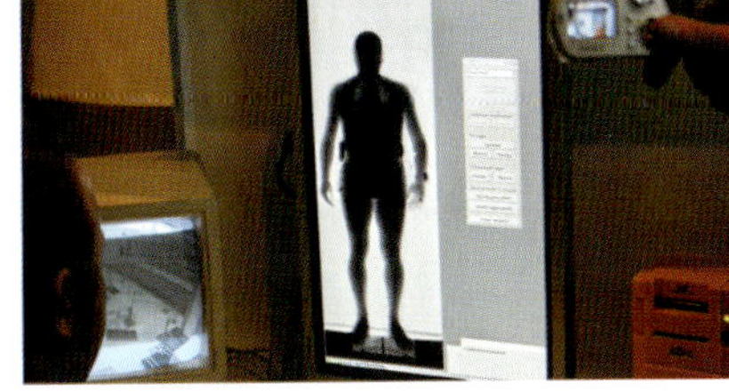

Was man darf und nicht darf

Was nicht durch die Sicherheitskontrolle darf

- Flüssigkeiten in Behältern über 100 ml
- spitze Gegenstände wie Nagelfeilen, Scheren oder Messer
- Rasierklingen
- Waffen aller Art
- Munition
- Sportgeräte wie Baseballschläger, Golfschläger, Billard Cues, Hockeyschläger
- Harpunen
- Werkzeuge wie Hämmer, Bohrmaschinen, Sägen, Schraubenzieher, Zangen
- mehr als ein handelsübliches Feuerzeug
- Gel-Einlagen in Schuhen
- Schneekugeln

Was überhaupt nicht ins Flugzeug darf

- leicht entflammbares Material
- strike-anywhere matches
- Spraydosen
- Batterien mit flüssigem Inhalt
- Tränengas
- Leuchtkugeln

Auf Flügen, die in der EU starten, dürfen Flüssigkeiten, Cremes, Pasten, Gels, Sprays etc. nur noch eingeschränkt mitgeführt werden.
Medikamente, Baby- und Spezialnahrung, die während des Fluges an Bord benötigt werden, können außerhalb des Plastikbeutels transportiert werden.

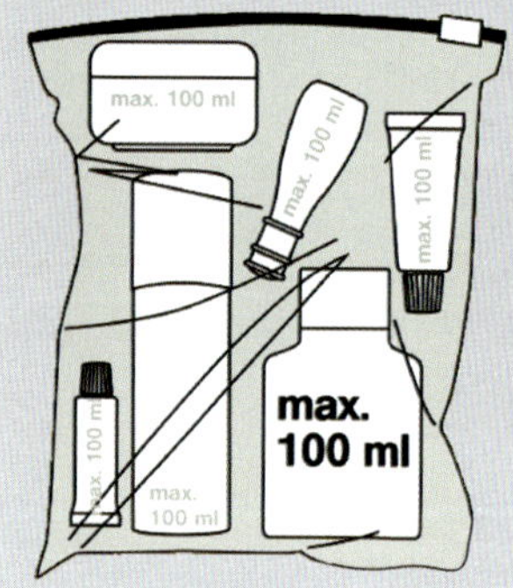

- Volumen max. 1 Liter
- wiederverschließbar
- transparent

Stamps and Visa

Die vielen bunten Stempel mögen dem einen als Trophäen dienen, dem anderen als sentimentale Erinnerungen an tolle Reisen. Sie sind aber weit mehr als das: Dokumente über Ein- und Ausreise, die unvermittelt bei Behörden als Beweisstücke dienen können. Unvergessen der tragische Tod eines deutschen Prinzen, der seinen Abflug von Bangkok nach Hawaii verpasste. Er änderte daraufhin den Visumstempel von 1. August 2005 in 1. August 2006. Das fiel bei der Ausreise auf, er wurde wegen Passfälschung verhaftet, in eine Zelle mit 40 Mann gesteckt, wo er zehn Tage später starb.

Airport Tax

Handling Fee, Departure Tax, Passenger Facility Charge, Airport Authority Tax, Airport Passenger Tax, Airport Development Tax, Airport Improvement Fee, es gibt viele Namen dafür, aber der Zweck ist derselbe: Der Flughafen will Geld verdienen. Die meisten Airports geben sich mit 10 bis 15 Euro pro Passagier zufrieden, zahlbar beim Abflug. Es können aber auch bis über 100 Dollar pro Person sein (Barbados). Airport Tax ist Chaos und Ärgernis schlechthin. In den meisten Fällen ist sie nur in Landeswährung zu bezahlen, Kreditkarten werden nicht immer angenommen. Das ist dann häufig in den Ländern der Fall, in denen keine Landeswährung ausgeführt werden darf. Erst geht's mit der Bordkarte und dem Pass zum Check-in, dann zu einem Extraschalter für die Tax, falls man nicht vorher noch zum Bankschalter muss. Nach Zahlung erhält man ein Papier und geht zurück zur ersten Sperre, wo die Zahlung kontrolliert wird, von dort weiter zur Passkontrolle. Hastig werden noch Zollausfuhrerklärung und Departure Card ausgefüllt. Mittlerweile hat man einen Stapel ungeordneter Papiere in der Hand, die man dem Zöllner über den Tresen schiebt, der dann alles stempelt.

Dabei wäre es so einfach, den Preis der Airport Tax einfach auf den Ticketpreis aufzuschlagen, wie es an den meisten großen Airports dieser Welt geschieht.

Duty-Free

Um das Reisen zwischen den Ländern zu erleichtern, ist die Weltgemeinschaft übereingekommen, geringe Mengen von sonst zollpflichtigen Waren unverzollt als Mitbringsel ins Land zu lassen. Damit kein Missbrauch getrieben wird, benötigt man für den Einkauf die Bordkarte und den Pass.

Der erste Duty-Free-Shop wurde 1947 von Aer Rianta in Shannon, Irland, eröffnet. Shannon war einst der westlichste Airport Europas, wo viele Flugzeuge noch mal einen Tankstopp vor dem Flug über den Atlantik machten. Seitdem hat sich Duty-Free zu einem bedeutenden Absatzmarkt für die Parfümindustrie, Spirituosenindustrie und Zigarettenhersteller entwickelt.

Da Reisen innerhalb der EU als Inlandsreisen behandelt werden, hat diese Praxis an Bedeutung verloren. Aus Duty-free wurde in Europa Travel Value. Die Preise sind bisweilen höher als in den Stadtgeschäften.

Problem beim Umsteigen

Duty-free-Waren, die in an einem EU-Flughafen, in Norwegen, der Schweiz, Island, Kroatien, am Flughafen Singapore-Changi oder an Bord eines Flugzeuges einer EU-Fluggesellschaft gekauft wurden, dürfen vom Passagier mit durch die Sicherheitskontrolle genommen werden, wenn sie sich in einem transparenten, versiegelten Beutel befinden. Diese Waren sind bereits vorab kontrolliert worden. Flüssigkeiten aus Duty-free-Shops außerhalb der EU werden nicht nach EU-Standards kontrolliert. Deshalb darf man diese bei Abflug von einem EU-Flughafen nicht im Handgepäck befördern.

Seit der Flüssigkeitsbeschränkung hat die ICAO durchgesetzt, dass auch nach Ankunft im Zielland zollfrei vor dem Verlassen des Airports eingekauft werden kann. Dies ist die halbrichtige Entscheidung. Wünschenswert wäre der vollständige Verzicht des Duty-free-Verkaufs am Abflughafen. Ein Kilogramm Duty-free verbraucht auf einer Strecke von 10 000 km etwa 4 Liter Flugbenzin.

v.o.n.u.: Dubai, Bangkok, Stuttgart

Lounges

Frankfurt/Lufthansa (oben), Bangkok/Thai Airways International (unten)

Lounges sind stressfreie Oasen für Vielflieger (Mileage) oder Vielzahler (Business & First Class). Bequeme Sessel, ein reichhaltiges Angebot an Getränken und Imbissen passend zur Tageszeit, Zeitungen und Periodika, TV, Internet verkürzen die Wartezeit genauso wie Maniküre und Massage, Luxus Spas mit Jacuzzi oder die Nonplusultra-Lounge-Terminals außerhalb der Flughäfen. Der Fluggast wird in ein Luxusterminal vor dem Flughafen abgeleitet. Check-in, Passkontrolle und Security dauern nur wenige Sekunden, und schon befindet man sich – wie z. B. bei der Lufthansa in Frankfurt – in stilvollem Ambiente mit Zigarrenlounge, Duschen, Ruheräumen und Restaurant. Oder man schaut bequem von der riesigen Fensterfront auf das hektische Treiben auf dem Vorfeld. 20 Minuten vor Abflug bringt den Passagier ein Auto seiner Wahl direkt zum Flugzeug.

In der Hoffnung auf neue Kundschaft bezahlen die Zeitschriftenvertriebe die Airlines dafür, dass sie ihre Produkte auslegen dürfen. Auch Weinvertriebe nutzen die Airline-Lounges gerne zur Präsentation ihrer Sorten.

Sehr sinnvoll sind auch die Ankunftslounges. Nach einem 12-Stunden-Flug landet man z. B. in Heathrow morgens gegen 6:30 Uhr. In der Ankunftslounge gibt es Frühstück, man kann duschen oder ein Bad nehmen, die Tageszeitung lesen und ist um 9 Uhr erfrischt beim Geschäftstermin.

Lounges der Welt

Airline	Lounge Name
Air Canada	Maple Leaf Lounge
Air India	Maharaja Lounge
Air New Zealand	Koru Lounge
Alitalia	Sala Freccia Alata
American Airlines	Admirals Club
	Flagship Lounge
Asiana	OZ Club Lounge
British Airways	Concorde Room
	Galleries Club
China Airlines	Dynasty Lounge
Continental Airlines	Presidents Club
Delta Air Lines	Delta Sky Club
Emirates	Emirates Lounge
Korean Air	Korean Air Lounge
Lufthansa	Senator Lounge
Malaysia Airlines	Golden Lounge

Airline	Lounge Name
Qantas	Qantas Club
Royal Jordanian	Crown Lounge
Scandinavian Airlines System	Scandinavian Lounge
Singapore Airlines	Silver Kris Lounge
South African Airways	Baobab Lounge
	Cycad Premium Lounge
Thai Airways International	Royal Orchid Lounge
United Airlines	Red Carpet Club
US Airways	US Airways Club
Virgin Atlantic Airways	Virgin Atlantic Clubhouse
Virgin Blue	The Lounge

Mancherorts gibt es Zugangsbeschränkungen. So ist zum Beispiel die Senator Lounge nur für First-Class-Kunden zugänglich. In solchen Fällen wird den Business-Class-Passagieren auch eine etwas einfachere Business-Lounge angeboten.

STAR ALLIANCE

Member airline	Country	Joined
Air Canada	Canada	1997 Founding member
Lufthansa	Germany	1997 Founding member
SAS Scandinavian Airlines	Sweden Denmark Norway	1997 Founding member
Thai Airways International	Thailand	1997 Founding member
United Airlines	USA	1997 Founding member
Air New Zealand	New Zealand	1999
All Nippon Airways	Japan	1999
Austrian Airlines	Austria	2000
bmi	UK	2000
Singapore Airlines	Singapore	2000
Asiana Airlines	South Korea	2003
LOT	Poland	2003
Spanair	Spain	2003
US Airways	USA	2004
TAP Portugal	Portugal	2005
South African Airways	South Africa	2006
Swiss International Air Lines	Switzerland	2006
Air China	China	2007
Shanghai Airlines	China	2007
Egypt Air	Egypt	2008
Turkish Airlines	Turkey	2008
Continental Airlines	USA	2009

Regional member airline	Country	Joined
Adria Airways	Slovenia	2004
Blue1	Finland	2004
Croatia Airlines	Croatia	2004

Future member airline	Country	Joining
Brussels Airlines	Belgium	late 2009
TAM Linhas Aéreas	Brazil	April 2010
Air India	India	mid 2010
Aegean Airlines	Greece	Mai 2010

ALLIANCES

ONEWORLD ALLIANCE

Member airline	Country	Joined
American Airlines	USA	1999 Founding member
British Airways	United Kingdom	1999 Founding member
Cathay Pacific	Hong Kong	1999 Founding member
Qantas	Australia	1999 Founding member
Finnair	Finland	1999 Founding member
Iberia	Spain	1999 Founding member
LAN	Chile	2000
Japan Airlines	Japan	2007
Malév	Hungary	2007
Royal Jordanian	Jordan	2007
Future member airline	**Country**	**Joining**
Mexicana	Mexico	October 2009
S7 Airlines	Russia	2010

SKYTEAM ALLIANCE

Member airline	Country	Joined
Aeroflot	Russia	2000
Aeroméxico	Mexico	2000
Air France	France	2000
Alitalia	Italy	2000
China Southern Airlines	China	2000
Continental Airlines	USA	2000
Czech Airlines	Czechia	2000
Delta Air Lines	USA	2000
KLM Royal Dutch Airlines	Netherlands	2000
Korean Air	South Korea	2000
Future member airline	**Country**	**Joining**
Air Algerie	Algeria	2009
Garuda Indonesia	Indonesia	2009
Malaysia Airlines	Malaysia	2010
Uzbekistan Airways	Uzbekistan	late 2009
Vietnam Airlines	Vietnam	late 2009

Seat Maps

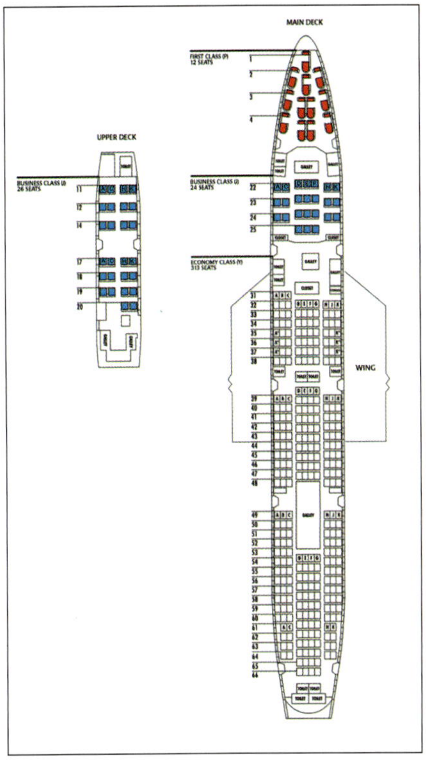

B.747-400

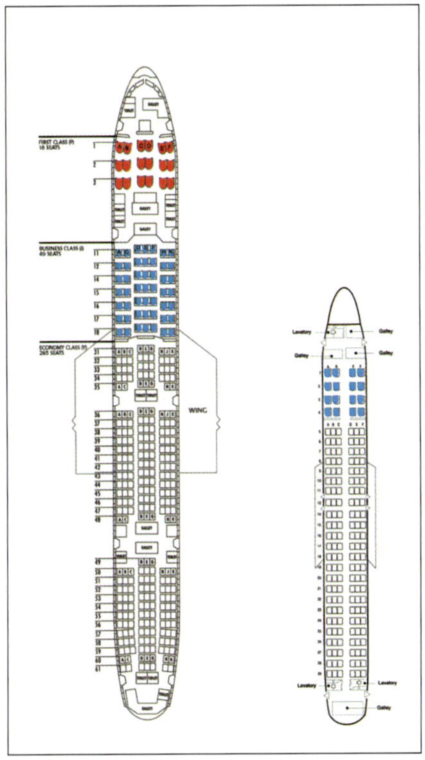

777, 737

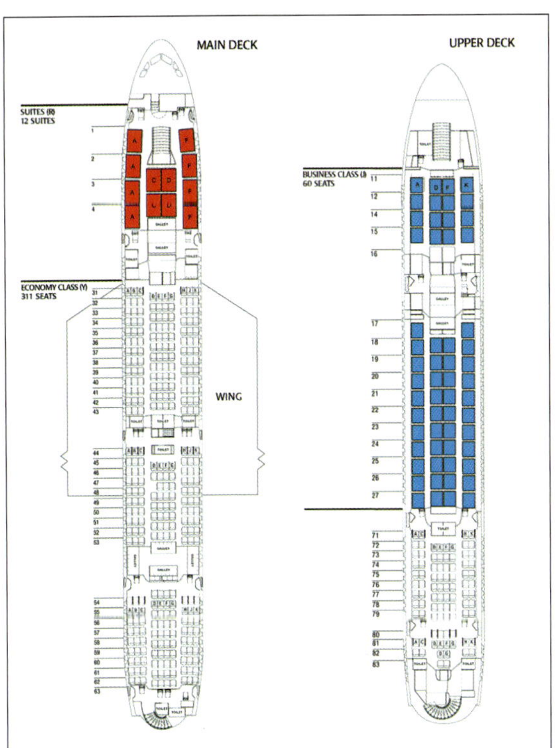

A380

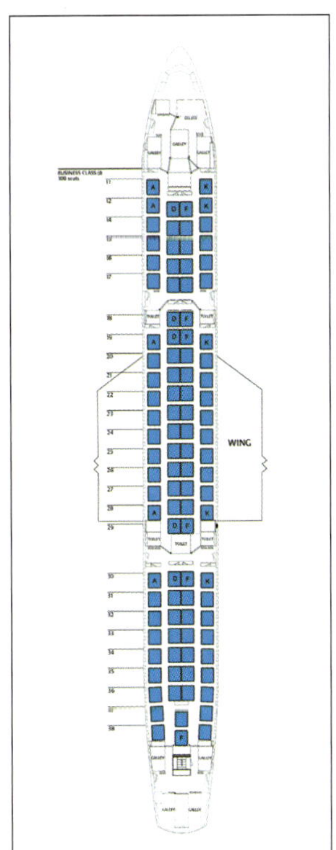

A340-500J

Boarding

Das Layout der Passagiermaschinen ist von Airline zu Airline verschieden. Für fast alle gilt, die Economy Class ist hinten. In der Boeing 747 haben die meisten Carrier das Oberdeck der Business Class vorbehalten, die First Class ist im vorderen unteren Teil des Flugzeuges. Bei Air France, Air Pacific, Eva Air und JAL findet man oben Economy-Sitze. Die Lufthansa hat ihre erste Klasse im Oberdeck eingerichtet. Flugzeuge verdienen Geld in der Luft. Daher haben Airlines schon Forschungsaufträge an Universitäten vergeben, die das schnellste Boardingmodell austüfteln sollten.
Die gängige Praxis ist:

1. erste Klasse
2. Business Class
3. Mütter mit Kindern und Personen mit Behinderungen
4. Economy von hinten nach vorne und von den Fensterreihen zum Gang

Manche Low-Coster verzichten ganz auf eine Platzzuweisung.

Tipps und Benimmregeln

- Gepäck reduzieren. Auf einer Langstrecke braucht jedes Kilo Gepäck das 6–8-fache seines Eigengewichtes an Kerosin. Manche Airlines bitten ihre Gäste vor dem Flug (sinnvollerweise) sogar, zur Toilette zu gehen.
- Kabinengepäck auf das beschränken, was man in der Kabine braucht. Unnutzes Gepäck versperrt Platz.
- Große oder besonders schwere Passagiere gehören nicht auf einen Mittelsitz. In eigenem Interesse sollte man das Bodenpersonal darauf hinweisen und um einen adäquaten Sitzplatz bitten.
- Am Gate nicht drängeln. Normalerweise koordiniert das Personal das Boarding.
- Beim Einsteigen nicht den Gang versperren, sondern zügig zum Platz durchgehen.
- Bitte beim Aufstehen nicht an der Lehne des Vordersitzes hochziehen. Das stört den dort sitzenden Fluggast. Bei der Rückkehr nicht in den Sitz fallen lassen. Der Gast hinter Ihnen mit Kaffee auf dem Klapptisch dankt es Ihnen.

Versorgung: Cross-Servicing

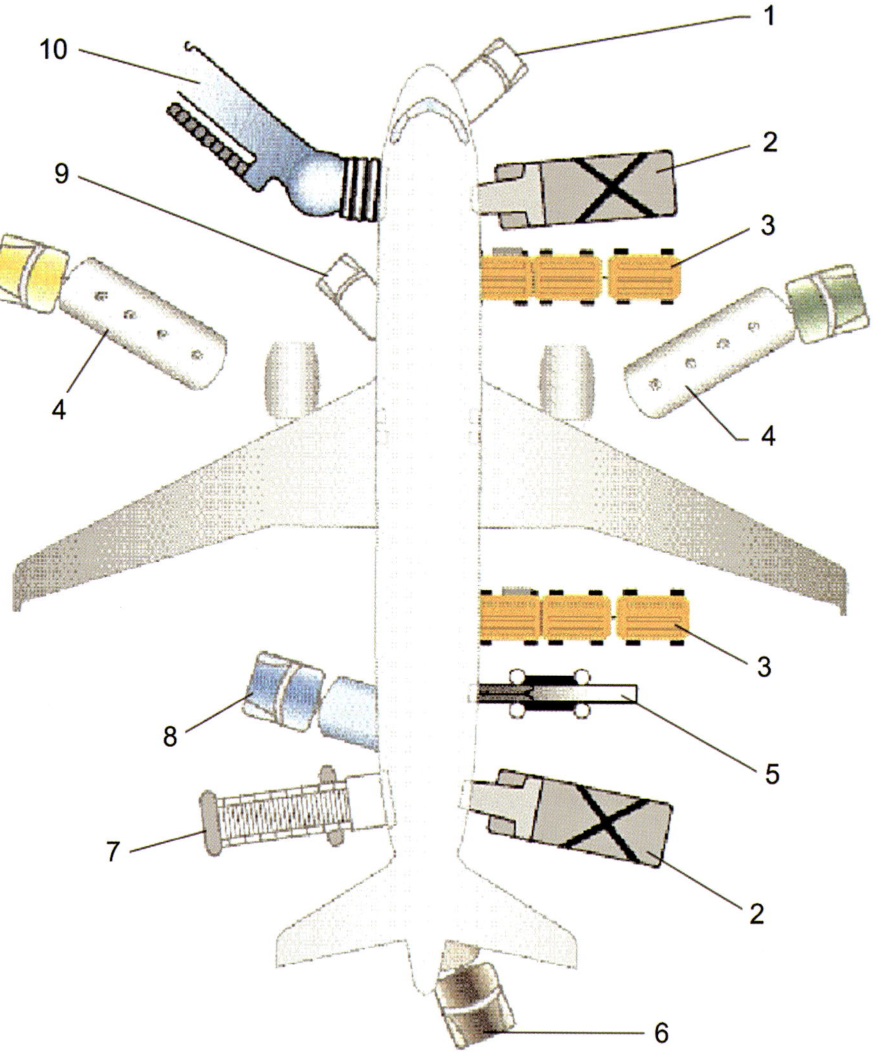

Kaum hat ein Flugzeug am Gate angedockt, beginnt die Versorgung der Maschine. Man bezeichnet diesen Vorgang auch als Umdrehen.

Im Uhrzeigersinn von vorne rechts:

1 Das Flugzeug wird an eine **Stromversorgung** angeschlossen, eine mobile Batterie, ein Generator oder ein im Boden eingelassener Anschluss.
2 **Catering-Fahrzeuge** entsorgen die Trolleys mit gebrauchtem Geschirr und versorgen die Bordküche mit allem Notwendigen für den nächsten Flug.
3 Mit dem **High Lift** werden Gepäck und Beifracht entladen.
4 Gleichzeitig wird das Flugzeug betankt. Das passiert entweder mit großen **Tankfahrzeugen** oder auf Flughäfen mit Unterflurtankanlage mit einem **Pumpenwagen**.
5 Über ein Förderband werden z. B. Postsäcke entladen, die die Maschine mitgebracht hat.
6 Auch für die Entleerung der **Toiletten** gibt es ein Spezialfahrzeug.
7 Über die fahrbare Treppe können Techniker und Reinigungspersonal das Fahrzeug betreten und verlassen.
8 Die Wassertanks werden gespült und für den nächsten Flug gefüllt.
9 Manche Flugzeuge haben keine eigene APU (Auxiliary Power Unit) und sind am Boden auf externe Luftversorgung angewiesen. Für diese gibt es ein Spezialfahrzeug, das Frischluft ins Flugzeug pumpt und für den Start des ersten Triebwerks die Druckluft liefert.
10 Die Passagierbrücke ist letztendlich auch ein Fahrzeug, allerdings eines, das an einen Ende fest mit dem Terminal verbunden ist.

Außenpositionen

Viele Flughäfen, besonders in Europa, haben nicht genug Gebäudepositionen, um mit dem wachsenden Luftverkehr mitzuhalten. Flugzeuge werden dann auf Außenpositionen abgestellt. Das ist auch bei den kleinen Regionalfliegern der Fall, die nicht an den Brücken andocken können, weil sonst der Winkel zu steil wäre.

Das Flughafen-gelände

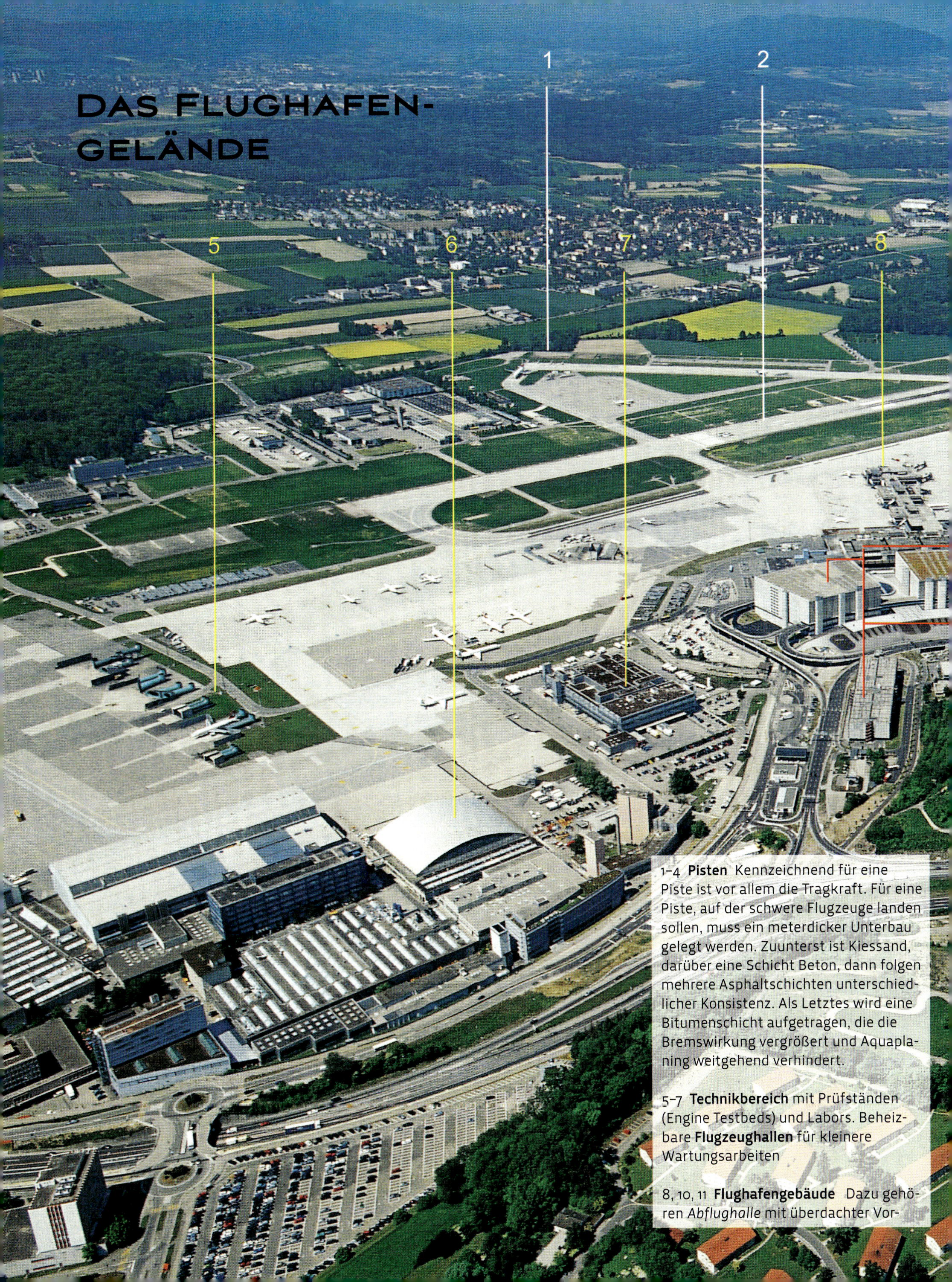

1–4 **Pisten** Kennzeichnend für eine Piste ist vor allem die Tragkraft. Für eine Piste, auf der schwere Flugzeuge landen sollen, muss ein meterdicker Unterbau gelegt werden. Zuunterst ist Kiessand, darüber eine Schicht Beton, dann folgen mehrere Asphaltschichten unterschiedlicher Konsistenz. Als Letztes wird eine Bitumenschicht aufgetragen, die die Bremswirkung vergrößert und Aquaplaning weitgehend verhindert.

5–7 **Technikbereich** mit Prüfständen (Engine Testbeds) und Labors. Beheizbare **Flugzeughallen** für kleinere Wartungsarbeiten

8, 10, 11 **Flughafengebäude** Dazu gehören *Abflughalle* mit überdachter Vor-

Der Flughafen Zürich Kloten wurde 2009 zum besten Airport Europas gewählt. Weltweit rangiert er auf Platz 4. Wegen der Nähe zur deutschen Grenze müssen Anflüge bereits über Deutschland begonnen werden, was zu Lärmbeschwerden bis hin zu diplomatischen Verstimmungen führte.

fahrt, Airline-Schalter, Gepäckannahme, Wartezonen, Zoll, Sicherheitsschleuse, Flugsteige, Imbisse, Sanitärbereiche, Geschäfte. *Ankunftshalle* mit Gepäckausgabe, Mietwagenschalter, Sanitärbereich. *Verwaltung* mit Verkehrssteuerung, Flugsicherung, Wetter, Briefingräume, Fluggastbrücken.

9 **Tower** Sichtbares Herzstück eines jeden Flughafens ist der Kontrollturm. Hoch über dem Boden ermöglicht die Rundumverglasung einen meist ungehinderten Überblick über den gesamten Flughafen und den Luftraum drum herum. Die Fluglotsen verfügen über zahlreiche Funkgeräte und Kommunikationsmittel sowie einen Nahbereichs- oder Bodenradar.

Sie sorgen in Verbindung mit ihren Kollegen in der Anflugkontrolle für einen sicheren und geordneten An- und Abflug der Flugzeuge sowie für zügige Rollfreigaben. Die großen Flughäfen mit vielen Rollwegen und Abflugsteigen betreiben eine eigene Vorfeldkontrolle.

Auch die Flughafenfeuerwehr ist im Flugbetriebsbereich untergebracht. Die Fahrzeuge müssen ab Alarmierung innerhalb von 180 Sekunden jeden Ort auf den Flugbetriebsflächen erreichen können. Ist das nicht möglich, müssen weitere Einsatzfahrzeuge an strategischen Orten disloziert werden, die während des Flugbetriebs ständig besetzt sind. Größe, Ausrüstung und Löschmitteltanks richten sich nach dem größtmöglichen Flugzeug, das den Airport benutzen kann.

12 **Frachtzentrum** Die Fracht hat sich zu einem wichtigen Standbein in der Luftfahrt entwickelt. Es bedarf einer ausgefeilten Logistik, verderbliche Waren in kürzester Zeit zu vertretbaren Preisen durch die halbe Welt zu transportieren.

13 **Parkhaus, Parkflächen** Unterschieden werden Stellflächen für Abholer, Kurzparker und Langzeitparker. Grundsätzlich gilt: je näher am Terminal, umso teurer. Parkraum benötigen auch die Mitarbeiter des Flughafens. Große Flughäfen haben Stellplätze für bis zu 50 000 Autos.

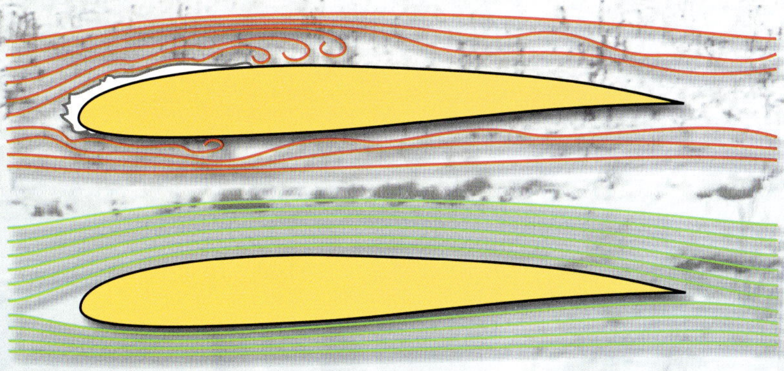

VEREISUNG

Das aerodynamische Profil der Tragfläche zwingt die Luft, die über sie streicht, schneller zu fließen. Das erzeugt einen Auftrieb. Wird dieser Luftstrom durch Eis gestört, verliert der Flügel an Auftrieb.

Überfrorene Tragflächen verlieren an Elastizität. Sie werden schwer und begünstigen die Bildung von noch mehr Eis. Tragflächen müssen elastisch sein, um sich den Drücken und Turbulenzen anzupassen.

Extreme Konditionen

Vor der offiziellen Betriebsgenehmigung muss ein neues Flugzeug Kaltwettertests bestehen. Dabei werden geprüft:

- Viskosität der Hydraulikflüssigkeit
- Hydraulikdichtigkeit von Fahrwerk und Pumpen
- Elastizität der Fahrwerkfederung
- Pneumatische Systeme in Klappen und Steuerflächen
- Verhalten von verbundenen Metallen verschiedener Legierungen
- Verhalten von Klappen und Türen
- Verhalten von Trimmung, Sensoren, beweglichen Teilen
- Höchsttemperatur: −35 °C
- Mindestdauer: 10 Stunden
- Ein Betankungsvorgang muss durchgeführt werden.
- Alle Systeme und Reservesysteme müssen funktionieren.

Bevorzugte Flughäfen für Kältetests

YFB Iqaluit, Nunavut, Kanada
YKS Jakutsk, Sibirien, Russland
LLA Luleå, Norrbotten, Schweden

Ähnliche Tests werden bei Hitze von mindestens 40 °C durchgeführt.

Bevorzugte Flughäfen für Hitzetests

AAN Al Ain, Abu Dhabi, Vereinigte Arabische Emirate
DXB Dubai, Dubai, Vereinigte Arabische Emirate
ASP Alice Springs, Northern Territory, Australien

Vereisungsfolgen

- Das aerodynamische Profil der Tragflächen verändert sich und verringert den Auftrieb.
- Eisschichten vergrößern den Luftwiderstand.
- Das Eis erhöht das Gewicht. Beim Start wäre eine längere Startstrecke erforderlich.

Gegenmassnahmen

Am Boden:

- Aufsprühen von Enteisungsmittel vor dem Start (Propylen-, Ethylenglykol)

Im Flug:

- Gummiprofile an den Flügelvorderkanten, durch die periodisch Luft gepumpt wird (De-icing Boots)
- Elektrostatische Spannung in den Flügeln
- Wärmeschläuche unter den Flügeln transportieren heiße Luft von den Triebwerken unter die Tragflächen.
- Enteisungsflüssigkeit wird im Flug durch kleinste Öffnungen im Flügel aufgetragen.

Die Enteisung eines Großraumflugzeugs am Boden kostet bis zu 25 000 Euro.

So funktioniert …

… die Tragfläche

Die Form der **Tragfläche** sorgt für den Auftrieb, da die Luft über der Wölbung schneller fließt und der Druck geringer ist.

1	Krügerklappen	Krueger Flaps
2	Vorflügelklappe	Slats
3	Bremsklappen	Air Brakes
4	Innere Landeklappen	Inner Flaps
5	Querruder	High Speed Aileron
6	Luftbremsen	Speedbrakes/Spoiler
7	Äußere Landeklappen	Outer Flaps
8	Low-Speed-Querruder	Low Speed Aileron
9	Flügelspitze	Wingtip

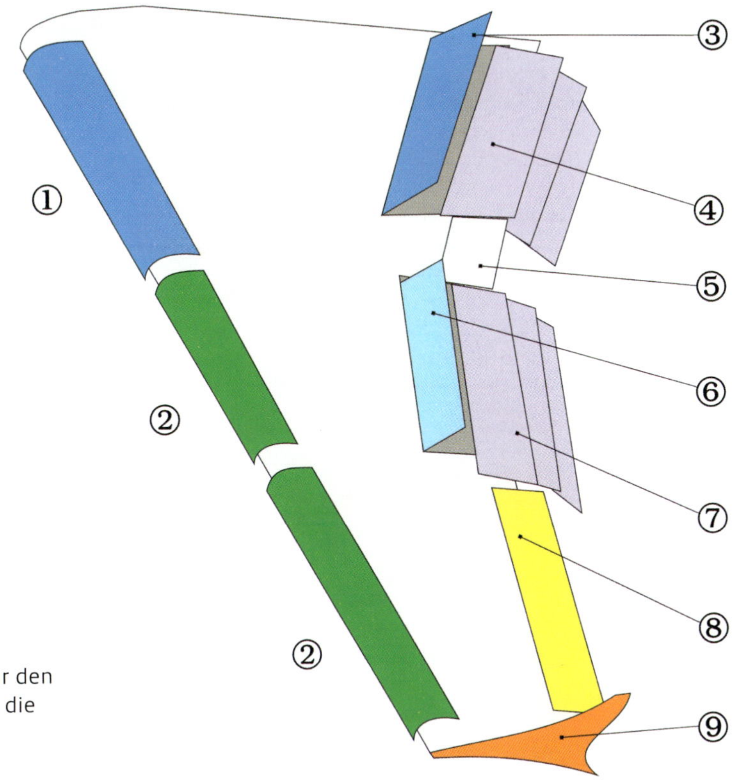

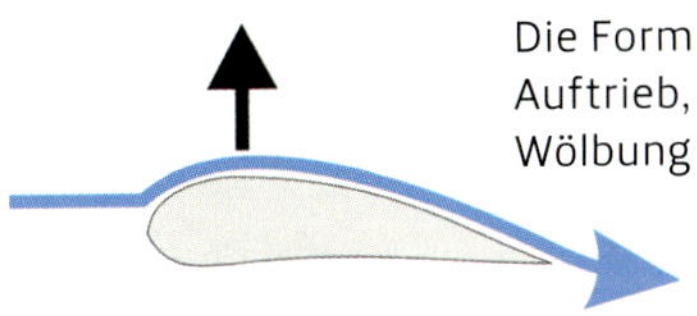

Die Form des Flügels sorgt für den Auftrieb, da die Luft die **über** die Wölbung fließt, schneller ist.

Beim Start …

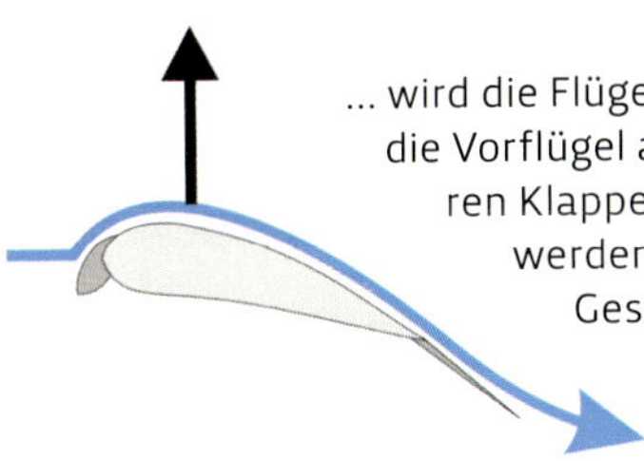

… wird die Flügelfläche vergrößert, in dem die Vorflügel ausgefahren und die hinteren Klappen in Startstellung gebracht werden. Dies erlaubt eine geringere Geschwindigkeit und kürzere Startstrecke.

Bei der Landung …

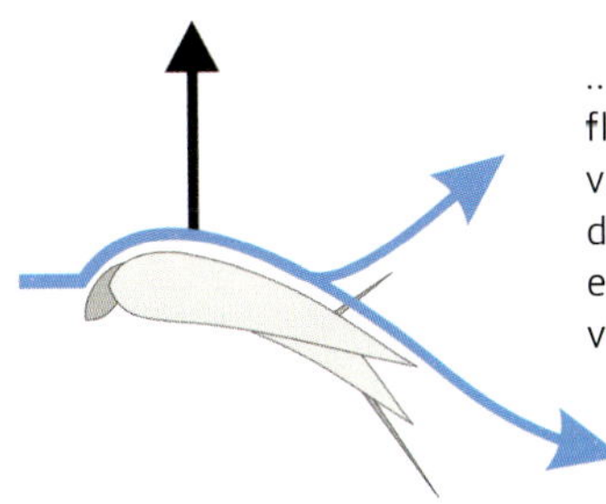

… wird die Flügelfläche noch weiter vergrößert, um die Langsamflugeigenschaften zu verbessern.

FLÜGELFORMEN

1 Erzeugt viel Auftrieb und geringen Widerstand bei geringen Geschwindigkeiten

2 Reduziert den Widerstand bei hohen Geschwindigkeiten, reduziert aber den Auftrieb. Hohe Start- und Landegeschwindigkeiten erforderlich

3 Überschallflugzeug mit Deltaflügel. Bei Start und Landung wenig effektiv, weshalb viel Power benötigt wird. Erst im Überschallbereich kommt diese Flügelform zu voller Geltung.

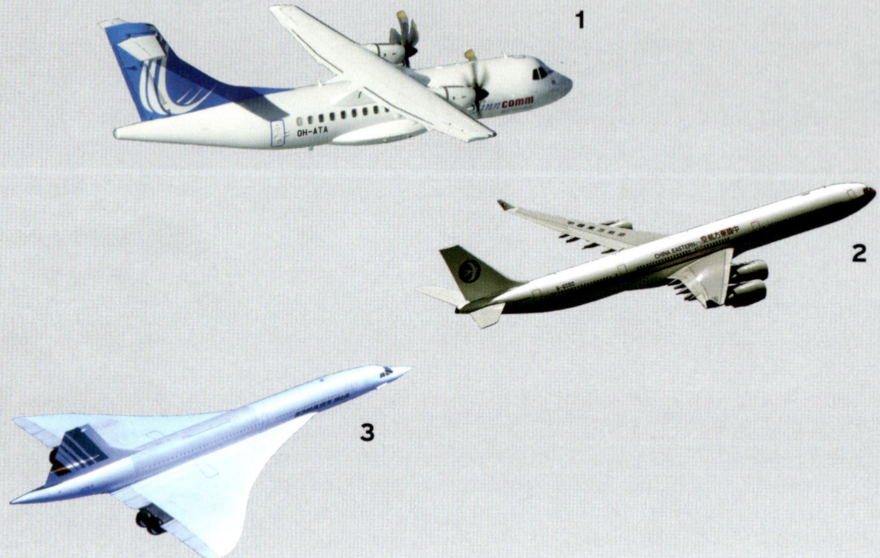

... DAS RUDER

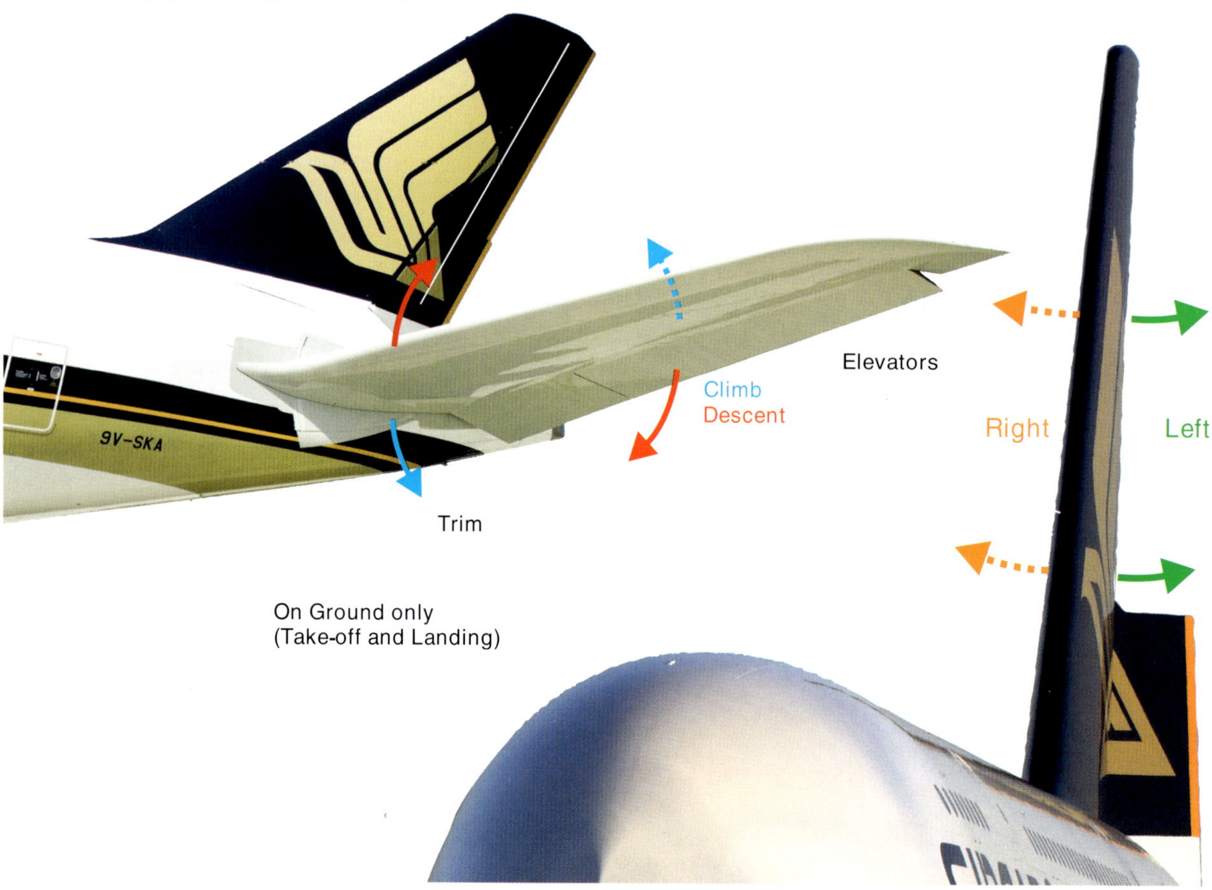

So funktioniert ...

... das Triebwerk

Die heute gängigen Motoren funktionieren alle nach einem ähnlichen Prinzip: Luft wird vorne angesaugt und im Triebwerk durch Schaufelräder verdichtet. In einer Brennkammer wird Treibstoff hinzugemischt und entzündet. Das explosive Gemisch treibt die Turbine an. Beim Jet-Triebwerk wird hinten die heiße Luft ausgestoßen. Das bringt den Schub. Schaufeln gehören zu den teuersten Ersatzteilen eines Flugzeugs. Ihr Gewicht muss absolut identisch sein, da es sonst zu einer Unwucht im Triebwerk kommt. Eine Gefahr für die Turbine besteht durch das Kriechen: Durch hohe Hitze und Zugspannungen in Radialrichtung werden die Schaufeln mit der Zeit immer länger und können die Turbinenumrandung berühren. Gewissenhafte Airlines nummerieren jede einzelne Schaufel und registrieren sie auf einer individuellen Lebenslaufkarte, in der jeder Techniker und jeder Prüfer verewigt ist, der daran gearbeitet hat. Im Technikerslang heißt das: „Suck, squeeze, bang and blow". Der Bang hat es allerdings in sich: Die Temperatur in der Brennkammer ist heißer als in der Magmakammer eines Vulkans, 1700 Grad Celsius oder 3100 Grad Fahrenheit! Dabei bringt die heiße Luft selbst nur noch 20 % des Vortriebs. Aber sie treibt die Turbinenwelle an, auf der die Antriebsschaufeln unterschiedlicher Größe sitzen. Hier entsteht der Bypass, die kalte Luft, die zu 80 % an der Brennkammer vorbeifließt und nebenbei das Öl und die Schaufeln kühlt, die sonst schmelzen würden. Der Mantelluftstrom wirkt wie ein Propeller, ist allerdings viel effektiver. Er hat einen weiteren Vorteil: Er dämpft das Geräusch, das in der Turbine entsteht. Mantelstromtriebwerke sind viel leiser als die alten Jetturbinen. Die einzelnen Turbinenschaufeln sind innen hohl. Das dient der Luftkühlung und der Gewichtsersparnis. Sie haben Toleranzen im Mikrometerbereich und bestehen aus Titan, Nickel- oder Wolfram-Molybdän-Legierungen.

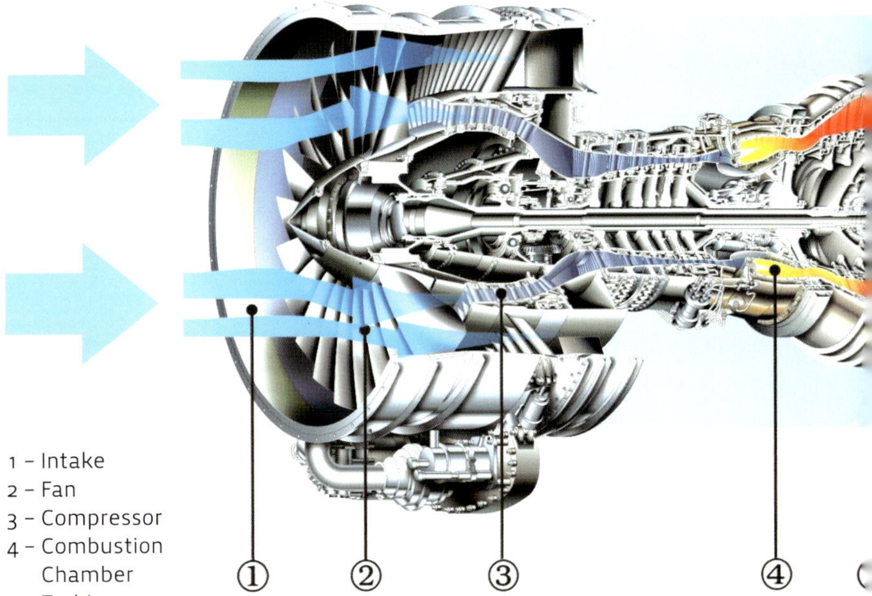

1 – Intake
2 – Fan
3 – Compressor
4 – Combustion Chamber
5 – Turbine
6 – Nozzle
7 – Bypass

… DER PROPELLER

Gerät aus starren oder verstellbaren tragflügelförmigen Blättern, die auf einer Nabe sitzen und sich auf einer Welle drehen. Die Form der Propellerblätter erzeugt einen Vortrieb, indem sie sich in die Luft schrauben und die Luft nach hinten schieben.

Um einen leistungsfähigen Antrieb zu bauen, braucht man starke Triebwerke und große Propeller. Deren Blattspitzen drehen sich jedoch im Überschallbereich. Daher rühren auch der Krach und die Vibrationen im Flugzeug. Man versucht also, durch krummsäbelartige Formen im Unterschallbereich zu bleiben und fügt weitere Blätter hinzu, um den Wirkungsgrad zu erhöhen. Der alte Vierblattpropeller wird nach und nach durch leisere Sechsblattpropeller ersetzt. Der Airbus A400 wird sogar mit Achtblattpropellern ausgerüstet.

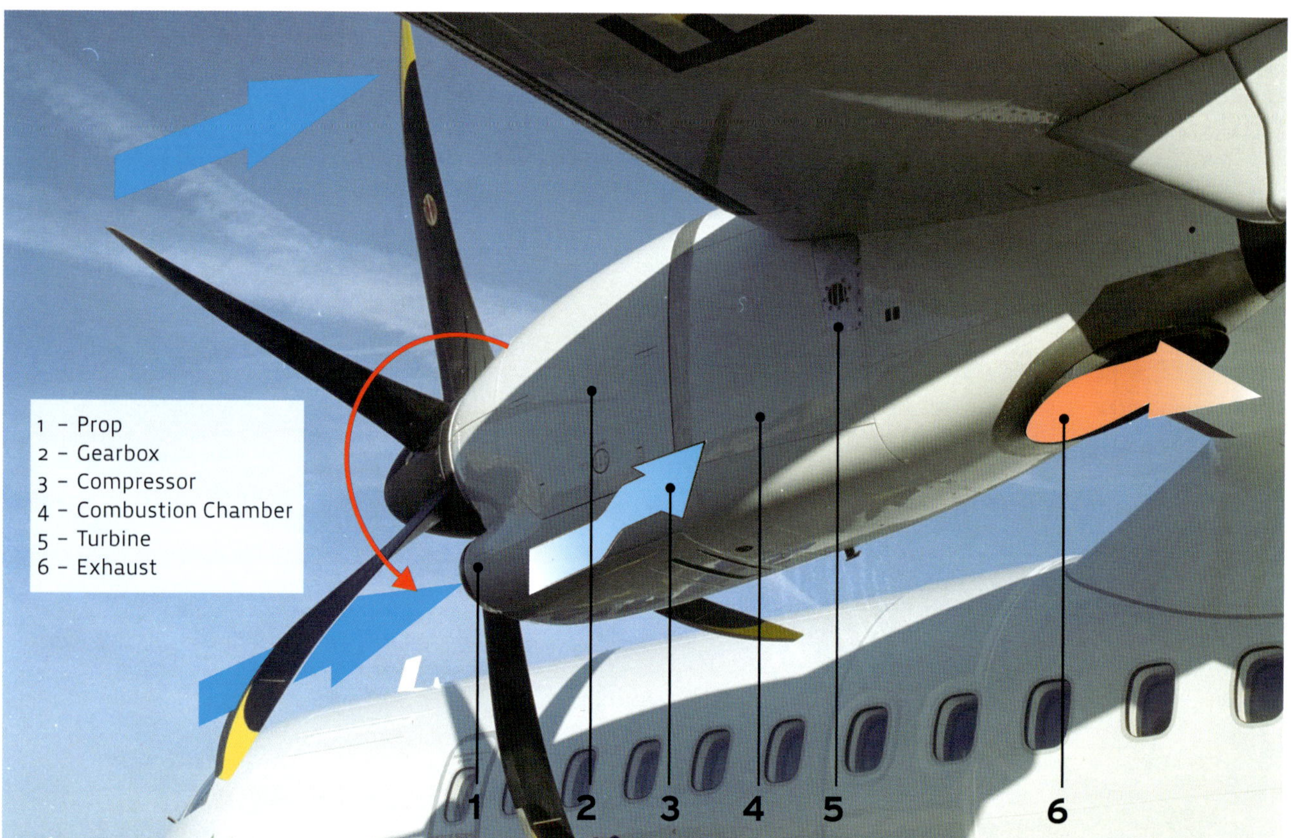

English Only

Solange Menschen in den Cockpits von voll beladenen Flugzeugen sitzen, die sich denselben Luftraum teilen und mit Geschwindigkeiten knapp unter der Schallgeschwindigkeit dahinbewegen, solange Maschinen unterschiedlichster Nationen denselben Airport, dieselben Pisten benutzen, darf es nur eine Sprache geben, die alle Akteure verbindet. Anweisungen unter Landsleuten in Deutsch, Französisch oder Italienisch zu geben, ist grob fahrlässig und hat in der Vergangenheit schon zu Unfällen geführt, weil ein Dritter diese Anweisung nicht verstand.

Mehr noch: die gemeinsame Sprache muss sogar standardisiert sein. Als besonders fatal hatte sich in der Vergangenheit immer wieder der Gleichklang der englischen Zahl Zwei, „two", und des englischen Wortes „to", für „nach", erwiesen. Ein Jumbo der Flying Tiger Airways wurde am 19.2.1989 an die Anflugkontrolle von Kuala Lumpur übergeben. Die Piloten erhielten einen Direktanflug für die Landebahn 33. Als sie im Anflugverfahren waren, erhielten sie die Anweisung „descent 2400 Feet" (ausgesprochen „descent **two** four zero zero feet", „Sinkflug, 2400 Fuß"). Dies wurde missverstanden als „descend to 400 feet" (ausgesprochen „descend **to** four zero zero feet", „Sinken auf 400 Fuß"). Die Maschine krachte folgerichtig in 400 Fuß Höhe fliegend gegen einen 1000 Fuß hohen Berg, über dem die Mindesthöhe 2400 Fuß gewesen wäre. Unter dem Unfalluntersuchungsbericht stand abschließend als Ursache: „Non-standard phraseology was used by Kuala Lumpur ATC, causing the crew to misinterpret the instructions."[1]

Um ähnliche Missverständnisse zu verhindern, wird nun das Wort „altitude" (Höhe) vor die Zahl gesetzt: „descent altitude two four zero zero feet". Damit ist ausgeschlossen, dass die Präposition „to" anstelle der Zahl „two" hineininterpretiert wird.

Auch salopper Gebrauch der Sprache führte schon zu kritischen Situationen: Eine Boeing 747 landete auf Runway 22 L und musste nach dem Abrollen zum Terminal die Runway 22 R überqueren. Der Captain fragte beim Tower: „May we cross?"[2], und erhielt zur Antwort, „Hold short".[3] Daraufhin schob der Pilot die Gase nach und überquerte die Runway, eine startende Boeing 737 konnte gerade noch rechtzeitig über ihn hinwegziehen. Der Pilot erklärte später: „Auf meine Nachfrage ‚May we cross?' antwortete der Tower ‚Oh sure!'[4]" Die richtige Antwort hätte lauten müssen: „Negative. Hold position. Departing traffic."[5]

Aber trotz standardisierter „Sprechgruppen" gibt es Grauzonen. Jeder kennt das typische „Roger". ROGER bedeutet: „I have received and understood your last transmission." Dazu gibt es „WILCO", das geht einen Schritt weiter und heißt: „Your message received, understood, and will be complied with." Auf das „will be complied with" kommt es an. Eine Anweisung, etwas zu tun, kann daher niemals mit „ROGER" beantwortet werden.

Approach Control an einem amerikanischen Airport führte eine DC-10 in 10 000 Fuß zum Anflug auf die Runway 27 Left: „Maintain 10 000, cleared 27." Der Copilot bestätigte „Cleared two-seven." Der Captain hatte die Worte des Copiloten mitgehört und verstanden: „Cleared (descent) to seven (thousand)" und leitete seinen Sinkflug nach 7000 Fuß ein. Bei 9000 verpasste er knapp eine entgegenkommende Maschine.

1 Es wurde keine Standard-Phraseologie benutzt durch die Flugsicherung in Kuala Lumpur. Die Crew hat dabei die Anweisungen falsch interpretiert.
2 „Dürfen wir kreuzen?"
3 „Warten Sie kurz."
4 „Aber natürlich!"
5 „Negativ. Halten Sie Position. Startender Verkehr."

Flugvorbereitung

Alle Beschreibungen als Beispiel eines Fluges von Frankfurt/Main nach Boston

Briefing

– 2 Stunden vor Pushback

Die Flugvorbereitung umfasst Studium von NOTAM und Flugplänen einschließlich möglicher Ausweichflughäfen, Airport Leseordner, Sicherheitsmitteilungen, den Ausdruck bereitgestellter Dokumente, Crew Briefing, Wetterberatung, Passagiere/VIPs, Besonderheiten beim Flug.

Signing in

– 1 Stunde vor Pushback

Ein Crew-Bus bringt Piloten und Kabinenpersonal zum Flugzeug. Der Wartungschef übergibt dem Kapitän die Maschine.

Refueling

– 1 Stunde vor Pushback

Mittlerweile ist absehbar, wie viele Passagiere mit wie viel Gepäck, wie viel Catering, wie viel Beifracht geladen wird. Aus dem Gesamtgewicht und der Routenplanung errechnet sich die notwendige Treibstoffmenge. Diese wird auch beeinflusst durch die neueste Wetter- und Höhenwindvorhersagen der zugewiesenen Flugstrecke sowie durch die Wahl der Ausweichflughäfen. In etwa 15 Minuten werden bis zu 210 000 Liter Kerosin in die Tanks gepumpt, über 200 Liter pro Sekunde!

Catering

– etwa 1 Stunde vor Pushback

Eine 747-400 benötigt für einen Interkontinentalflug etwa 114 Behälter und 102 Trolleys mit einem Gesamtgewicht von fünf Tonnen. Insgesamt 800 verschiedene Artikel werden mitgenommen, vom Apfel bis zur Zeitung, vom Bier bis zum Zollformular samt Stift, insgesamt 30 000 Einzelteile.

Loading

– etwa 45 Minuten vor Pushback

Das Abfluggepäck wird bereitgestellt. Ein High Lift bringt bis zu 14 Container mit je 35 bis 45 Koffern an die Ladeluke. Umsteigergepäck wird bis kurz vor Abflug noch nachgeladen. Beifracht wird geladen.

Walk around

– etwa 30 Minuten vor Pushback

Pilot oder FO überprüfen, ob am Flugzeug äußerlich sichtbare Veränderungen oder Beschädigungen zu erkennen sind. Größte Aufmerksamkeit gilt dabei Triebwerken, Tragflächen, Klappensystemen, Rumpf, Sensoren, Fahrwerk und Bremsen.

Cockpit to Cabin Crew Communication

„Cabin Crew, please prepare for gate departure"

- Gepäckfächer geschlossen
- Toiletten frei
- Sitze senkrecht
- Tische verstaut
- Geräte aus
- Passagiere angeschnallt

„Doors on automatic" oder „All doors in flight"
Das bedeutet, dass der automatische Entfaltungsmechanismus der Notrutschen aktiviert wird. Öffnet man nun nach einem Notfall die Türen, werden die Notrutschen automatisch aufgeblasen. Beim normalen Aussteigen ist das nicht wünschenswert, daher erfolgt vor dem Andocken am Gate die Aufforderung an die Crew: „Select doors on manual."

„Flight attendants, prepare for take-off please"
Jetzt müssen die Sicherheitseinweisung beendet werden, alle losen Gegenstände verstaut, alle Klappen geschlossen werden. Alle Fenster Jalousien müssen bei Start und Landung immer offen sein, damit man im Falle eines Unfalls von außen nach innen und von innen nach außen sehen kann.

„Cabin Crew, please be seated"
Jetzt müssen sich auch die Flugbegleiter hinsetzen und anschnallen. Ihre Sitze sind so angebracht, dass sie an wichtigen Orten sitzen und die Passagiere beobachten können. Diese Aufforderung kann auch unterwegs beim Durchflug von Turbulenzen gegeben werden.

„Cabin Crew, five minutes to ground"
Dies ist eine Ansage, damit die Flugbegleiter wissen, wie viel Zeit ihnen noch bleibt, die Kabine klarzumachen.

„Cabin Crew, please be seated for landing"
Auch die Flugbegleiter müssen sich jetzt wieder hinsetzen und anschnallen.

Preflight Check

– etwa 10 Minuten vor Pushback

Batterie, Navigationslichter und externe Stromversorgung werden angeschaltet, die Kabine wird mit Strom und Frischluft versorgt bzw. beheizt. Die Piloten gehen die verschiedenen Checklisten durch und prüfen die technischen Systeme. Manches kann erst überprüft werden, wenn die Triebwerke arbeiten. Das geht aber nicht, solange das Flugzeug am Gebäude steht. Das Navigationssystem wird abgeglichen. Am Gate stehen dazu die exakten Koordinaten des Stellplatzes.

Das Flight Management System FMS lädt den vorbereiteten elektronischen Flugplan mit allen Waypoints vom Start bis zur Landung. Wahlweise könnte man auch die beiden vierstelligen ICAO-Codes von Abflug- und Zielort eingeben, um den kürzesten Flugweg errechnen zu lassen. Bis vor kurzem brachten die Piloten kofferweise Navigationsmaterial und Informationen über mögliche Ausweichflughäfen an Bord. Über das Gesamtgewicht des Flugzeugs und die Außentemperatur werden V1, VR und V2 errechnet, Geschwindigkeiten, die zum Startvorgang gebraucht werden. Auch die Trimmung (Ausrichtung für eine Beibehaltung einer bestimmten aerodynamischen Fluglage) wird jetzt vorgenommen.

Im Heck läuft die APU, die Auxiliary Power Unit, ein bordeigenes kleines Kraftwerk. Von dort kommt auch die Zapfluft, um später die Triebwerke zu starten.

Boarding

– etwa 20–40 Minuten vor Pushback

Wenn in Kabine und Cockpit alles klar und der Betankungsvorgang abgeschlossen ist, werden die Passagiere an Bord gebeten. Haben alle Passagiere das Flugzeug betreten, erfolgt die Durchsage „BOARDING COMPLETED".

Der Copilot holt sich über das ATIS (Automated Terminal Information System) die aktuellsten Informationen über Wetter und Einschränkungen am Flughafen ein. Diese tragen einen fortlaufenden Kennbuchstaben zwischen ALPHA und ZULU aus dem Luftfahrtalphabet, den die Piloten bei ihrem ersten Kontakt mit der Flugsicherung nennen. Der erste Kontakt ist mit der Clearance Delivery, wo sie ihre Streckenfreigabe erhalten.

Pilot: „FRANKFURT DELIVERY, CACTUS 632 TO BOSTON, INFORMATION GOLF, REQUEST STARTUP."

Delivery: „CACTUS 632, GOLF IS CORRECT, CLEARED TO DESTINATION BOSTON VIA BIBOS, SQUAWK 2163, WHEN AIRBORNE CONTACT LANGEN RADAR ON 120.850. STARTUP APPROVED."

Pilot: „CLEARED TO BOSTON VIA BIBOS, SQUAWK 2163, WHEN AIRBORNE LANGEN RADAR ON 120.850. STARTUP APPROVED, CACTUS 632."

Delivery: „READBACK CORRECT. CONTACT APRON AT 121.850."

Pilot: „121.850, CACTUS 632."

Pushback

– etwa 10 Minuten vor Take-off

Die Türen werden geschlossen, die externe Stromversorgung gekappt. Alles hängt jetzt an Batterie und APU. Die Fluggastbrücken fahren zurück. Die Piloten gehen die Checkliste „BEFORE START" durch und bitten die Vorfeldkontrolle um „Pushback". Die Cabin-Crew erhält aus dem Cockpit die Anweisung:

„CABIN CREW, ALL DOORS IN FLIGHT."

An allen Türen wird jetzt ein Hebel umgelegt, der die Notrutschen entsichert. Würde man nun die Türe öffnen, würde sich sofort die dazugehörige Notrutsche entfalten und aufblasen.

Pilot: „FRANKFURT APRON, CACTUS 632, AT GATE A 21, REQUEST PUSHBACK."

Apron: „CACTUS 632 PUSHBACK APPROVED. FOR TAXI CONTACT APRON ON 121.700."

Pilot: „121.700, CACTUS 632."

Längst hat der Schlepper mit den 1400 PS am Bugrad angedockt. Er ist nur 1,65 m hoch und fährt sich wie ein tiefgelegter Lkw.

ICAO-Alphabet

A	Alfa	N	November
B	Bravo	O	Oscar
C	Charlie	P	Papa
D	Delta	Q	Quebec
E	Echo	R	Romeo
F	Foxtrot	S	Sierra
G	Golf	T	Tango
H	Hotel	U	Uniform
I	India	W	Whiskey
J	Juliett	X	X-Ray
K	Kilo	Y	Yankee
L	Lima	Z	Zulu
M	Mike		

Cockpit-Checklist

Checklist	B.747-400F	A320	ATR-42	DHC-8
Preflight	4	–	10	6
Before Start (Engines)	6	11	–	15
Before Taxi	5	4	8	16
Taxi	–	–	7	13
Before Take-off	1	10	14	6
After Take-off	2	4	7	12
Cruise	–	–	4	4
Descent	4	–	6	4
Approach	4	6	6	10
Landing	3	3	7	5
After Landing	–	4	9	12
Shutdown	7	6	3	15
Secure (leaving aircraft)	4	6	10	5

Taxi

– etwa 7 Minuten vor Take off

Während der Schlepper das Flugzeug auf das Vorfeld schiebt, damit es später ungehindert losrollen kann, verlesen die Piloten die Checkliste „BEFORE START (ENGINES)". Sind alle Triebwerke frei von Hindernissen und hat der Schlepper abgekoppelt, starten die Piloten die Triebwerke und bringen sie auf Touren. Bei der 747 wird meist mit der Engine Nr. 4 begonnen, weil dieses Triebwerk auch den Hydraulikdruck für die Bremsen erzeugt. Dann folgen die Nr. 1, dann Nr. 2 und 3. Die APU wird abgeschaltet. (Die Triebwerke sind von links nach rechts in Flugrichtung durchnummeriert.)

Pilot: „APRON, CACTUS 632 READY TO TAXI."

Apron: „CACTUS 632, TAXI TO HOLDING POINT 18 VIA GOLF AND NOVEMBER. ADVICE WHEN READY."

Pilot: „HOLDING POINT 18 VIA GOLF AND NOVEMBER. WILCO. CACTUS 632."

Dann rollt die Maschine über das Vorfeld (Apron) auf die Rollwege (Taxiways) bis zum zugewiesenen Haltepunkt an der Piste (Runway).

In der Kabine werden die Passagiere mit den Notfallmaßnahmen vertraut gemacht.

Kann man Flugzeugtüren im Flug öffnen?

Nein. Das ist physikalisch nicht möglich. Die Tür ist in verriegeltem Zustand größer als die Türöffnung. Nach Umlegen des Öffnungshebels muss die Türe erst nach innen gezogen werden, um diese Verriegelung zu lösen. Da im Flugzeuginnern aber ein Überdruck herrscht, schaffen das auch die stärksten Männer der Welt nicht.

Der Flug

Take-off

Apron: „CACTUS 632 CONTACT TOWER ON FREQUENCY 124.850."

Pilot: „124.850, CACTUS 632."

An die Cabin Crew erfolgt jetzt die Anweisung: „CABIN CREW, PLEASE BE SEATED."

Die Cockpit Crew wechselt die Frequenz und meldet sich beim Tower.

Pilot: „TOWER, CACTUS 632 HEAVY, INTERSECTION NOVEMBER, READY FOR DEPARTURE."

Tower: „CACTUS 632 HEAVY, WIND CALM, CLEARED FOR TAKE OFF RUNWAY 18."

Pilot: „CLEARED TAKE OFF RUNWAY 18."

Im Cockpit wurde längst festgelegt, wer der „Pilot Flying" (PF) ist. Das muss nicht der Captain sein. Der andere unterstützt ihn, ist aber jederzeit bereit einzugreifen. Sowie das Flugzeug auf der Startbahn ausgerichtet ist, wird der PF die Leistungshebel nach vorne schieben. Der andere beobachtet die Instrumente und ruft die Geschwindigkeiten aus. V1 ist der Punkt, bis zu dem ein Start noch sicher abgebrochen werden kann. Bei VR oder „Rotation Speed" wird das Bugrad angehoben. V2 ist die Initial Climb Speed, bei der das Fahrwerk eingezogen wird.

Climb out

Kaum haben sich die Fahrwerkklappen geschlossen, übernimmt die Nahbereichskontrolle der Flugsicherung den Flug und verfolgt die Einhaltung der Abflugrouten. Diese sind wegen Lärmbelastung und Entflechtung des Luftraumes genau festgelegt. Die Crew ist jetzt unter Radarkontrolle des Abflugsektors.

Pilot: „LANGEN RADAR, CACTUS 632 HEAVY, AIRBORNE IN FRANKFURT."

Langen Radar: „CACTUS 632 HEAVY, RADAR IDENTIFIED, CLIMB TO FLIGHT LEVEL 100, TURN RIGHT INBOND BIBOS INTERSECTION."

Gepäck und Passagiere fliegen nur zusammen

Gepäck und Passagier müssen im selben Flugzeug transportiert werden. Das schließt zumindest die Anschläge aus, bei denen der Besitzer einer Kofferbombe am Boden bleibt. Bisweilen kommt es auch vor, dass jemand ganz einfach seinen Flug verpasst und sein Gepäck gerne wieder bei sich hätte.

In jedem Fall meldet das elektronische Überwachungssystem, wenn ein Passagier das Flugzeug nicht betreten hat. Jetzt muss der Koffer lokalisiert und wieder ausgeladen werden. Große Airlines nutzen eine Software, die ihnen genau sagt, in welchem Container ein bestimmter Koffer steckt. Der wird dann geöffnet und in wenigen Minuten ist das Gepäckstück identifiziert und entfernt.

Enroute

Hat das Flugzeug den Nahbereich des Flughafens verlassen, wird es an die überregionale Streckenkontrolle übergeben. Während es in den oberen Luftraum steigt, beginnen die Flugbegleiter mit dem Bordservice. Meist erfolgt ein Durchgang mit Getränken, bevor eine Mahlzeit serviert wird.

North Atlantic Track System

Der Nordatlantikverkehr hat derart zugenommen, dass man zahlreiche parallel verlaufende Strecken eingerichtet hat, die auch noch vertikal gestaffelt sind. Anhand der vorherrschenden Windverhältnisse werden diese Strecken zwischen den Flugflächen 310 (31 000 Fuß) bis 400 (40 000 Fuß) täglich mehrfach von einem Computer optimiert und neu festgelegt. Eine Radarabdeckung dieses Luftraums gibt es nicht. Der Navigationscomputer ist auf den Track aufgeschaltet, den man vor dem Start bereits eingespeist hatte. Erst wenn sich das Flugzeug der Nordamerikanischen Küste nähert, wird sie auch wieder vom Radar erfasst.

Approach

Nach dem eher eintönigen Transatlantikflug mit Autopiloten erhöhen sich nun Arbeitsaufkommen und Anspruch für die Cockpit Crew, während sie in den Nahbereich des Zielflughafens sinken. Hier nimmt die Verkehrsdichte rapide zu. Unserem Flug wird eine veröffentlichte Anflugroute zugewiesen und für die Landung auf einer der Pisten eingefädelt. Er überfliegt ein Initial Approach Fix und führt seinen Sinkflug durch, bis er das Final Approach Fix überfliegt. Das bodengestützte Instrumentenlandesystem ILS sendet einen Gleitpfad sowie Richtungsinformationen aus, die der Bordsteuerung eine automatische Landung ermöglichen. Man kann heute auch bei dichtem Nebel und null Sicht das Flugzeug alleine landen lassen. Dazu müssen jedoch bodenseitig kostenintensive Infrastrukturmaßnahmen getroffen werden. Außerdem sind nur die neuesten Flugzeuge dafür vorbereitet.

Für das Gros der Flieger gelten Anflug-Minima, die in Sichtweite und Hauptwolkenuntergrenze ausgedrückt werden. Sind diese unterschritten, muss die Maschine zum Ausweichflughafen umgeleitet werden.

Telefon & Internet

Warum sind Mobiltelefone an Bord grundsätzlich nicht erlaubt?

- Auch wenn eine Störung der Bordelektronik bisher noch nicht zweifelsfrei nachgewiesen wurde, gibt es doch einige Fälle, in denen die Mobilfunkwellen zu Störungen geführt haben sollen.
- Alle Mobilfunkempfänger im Umkreis von bis zu 25 km um ein schnell fliegendes Flugzeug würden von den Signalen angesprochen, die Software würde zusammenbrechen.
- Es bestünde die Gefahr, dass es bei 300 Passagieren im Flugzeug zugehen würde wie an der New Yorker Börse. Mit der Ruhe wäre es vorbei, weil jeder am Telefon automatisch lauter spricht und womöglich auch seinen Nachbar übertönen möchte.
- Menschen mit labilem Gemüt könnten gegen Dauertelefonierer aggressiv werden, was schon zu gefährlichen Situationen im Flugzeug bis hin zu Notlandungen geführt hat.

Manchmal ist in die Fernsteuerung des Bordunterhaltungssystems auch ein Telefon integriert. Über Kreditkarte telefoniert man für etwa 5 Dollar pro Minute über Satellitentelefon. Auch Internet an Bord ist kostspielig: 10 Dollar Einwahlgebühr und volumenabhängige Tarife lassen den Luxus schnell mal 50 oder mehr Dollar kosten.

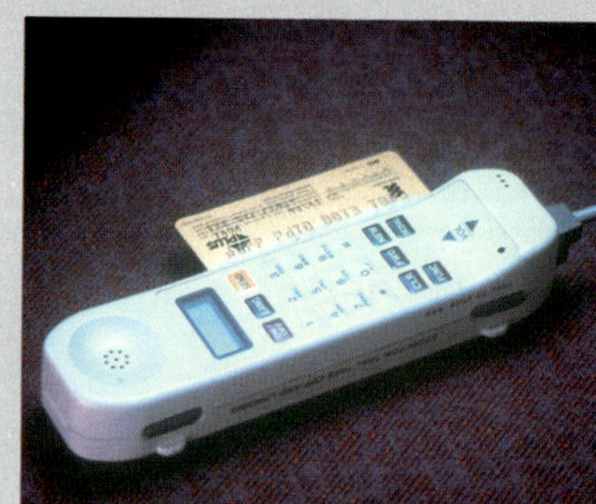

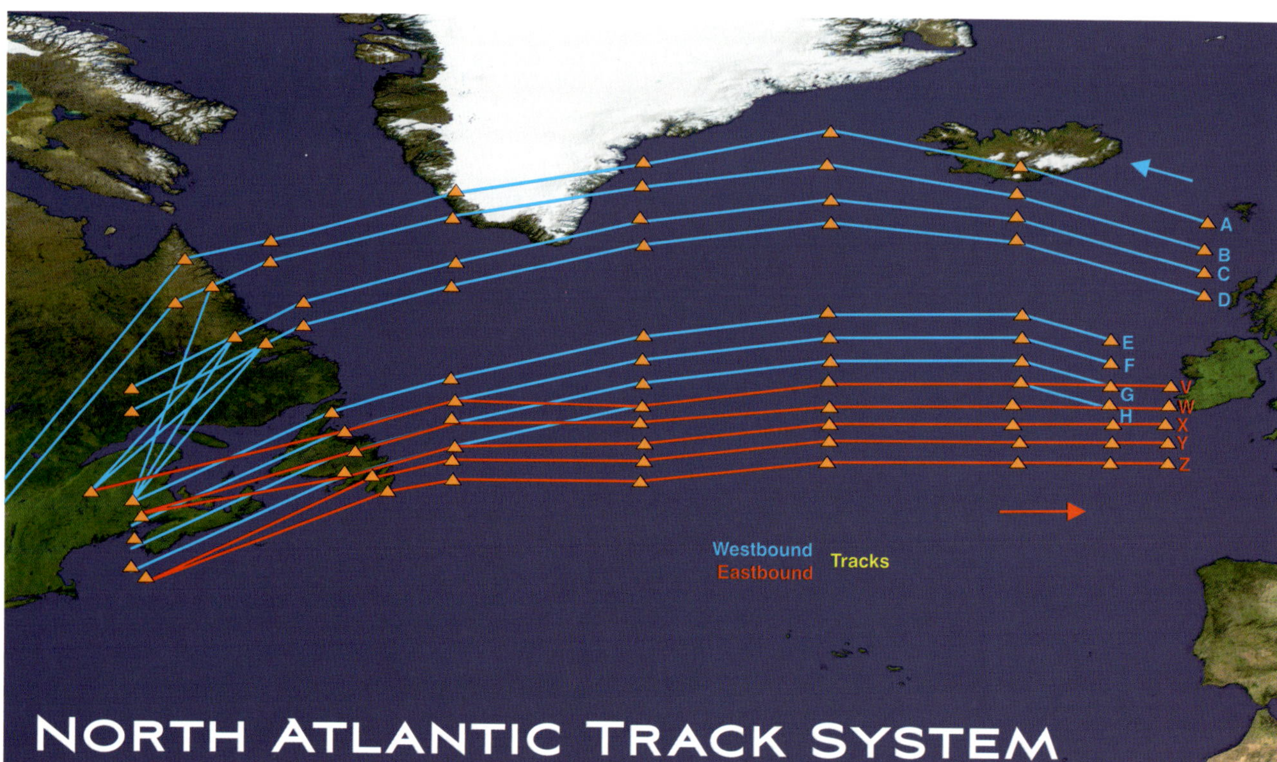

Redundanz der Systeme

Zwei sind besser als eins, drei sind besser als zwei. Nach diesem Grundsatz werden wichtige Systeme so ausgelegt, dass getrost einmal eines ausfallen darf.

Triebwerke
Eine zweimotorige Maschine kann durchaus auch mit nur einem Triebwerk fliegen. Die Vorschriften besagen aber, dass dann der nächste geeignete Flughafen anzufliegen ist.

Hydrauliksysteme
Die meisten Flugzeuge haben zwei getrennte Hydrauliksysteme. Dabei kann jedes die wichtigsten Funktionen des anderen übernehmen.

Klappen
An den Flügeln sind mehrere Klappenpaare. Sie werden von verschiedenen elektrischen Motoren oder hydraulischen Zylindern symmetrisch bewegt. Fällt ein Klappenpaar aus, lässt sich das Flugzeug trotzdem noch steuern.

Ruder
Höhen- und Seitenruder werden sowohl durch elektrische wie durch hydraulische Aktuatoren bewegt. Große Steuerflächen werden geteilt, damit auch hier Redundanz möglich ist.

Ram Air Turbine
Falls aller Strom im Flugzeug ausfallen sollte, lässt sich eine Notstromturbine ausklinken, die dann in den Luftstrom klappt und wie eine Windkraftanlage den Strom für die notwendigsten Aggregate erzeugt.

Navigation
Moderne Flugzeuge haben Hunderte von Computern an Bord, die den Piloten bei der Steuerung unterstützen. Diese kontrollieren sich gegenseitig und übernehmen, wenn ein anderer ausfällt. Sollten alle Computer ausfallen, gibt es die wichtigsten Instrumente aus der Zeit von Charles Lindbergh auch noch.

Geschwindigkeitsmessung
Grundlage für die Steuerung des Flugzeugs. Mehrere Pitot-Staudruckfühler sollen hier Ausfälle vermeiden.

Tanks
Die Hohlräume in Rumpf und Flügel tragen die Treibstofftanks. Sie sind einzeln ansteuerbar, dürfen aber nicht asymmetrisch leer geflogen werden. Beim A380 kann sogar das Leitwerk noch mit 18 Tonnen Sprit gefüllt werden.

Fahrwerk
Sollte das Fahrwerk einmal nicht ausfahren, kann es auch noch manuell ausgefahren werden.

Bremsen
Vom Umkehrschub abgesehen, gibt es auch hier Back-up-Systeme. Und falls alles nichts nützt, gibt es noch die Parkbremse.

DIE LUFT, DURCH DIE WIR FLIEGEN

Wolken können in mehreren Schichten übereinander liegen. Weil sie die Sicht zum Boden verhindern, ist die Navigation nach Instrumenten sowie die Kontrolle durch die Flugsicherung eine Grundvoraussetzung für die Passagierfliegerei. Beim Durchflug der meisten Wolkenarten passiert gar nichts. Bei verschiedenen Cumulonimbus-Formen treten aber teilweise gewaltige Turbulenzen auf. Diese Luftmassen enthalten viel Feuchtigkeit, manchmal auch Eis und elektrische Ladung.

Flughöhen

Concorde .... 57 000 ft
Jet .... 40 000 ft
Turboprop.................. 30 000 ft

CIRRUS

Cirrus .... 6000–12 000 m

ALTOCUMULUS

Altocumulus ...... 2000–5000 m

STRATUS

Stratus .... 0–1000 m

CUMULUS

Cumulus .... 500–2000 m

CUMULONIMBUS

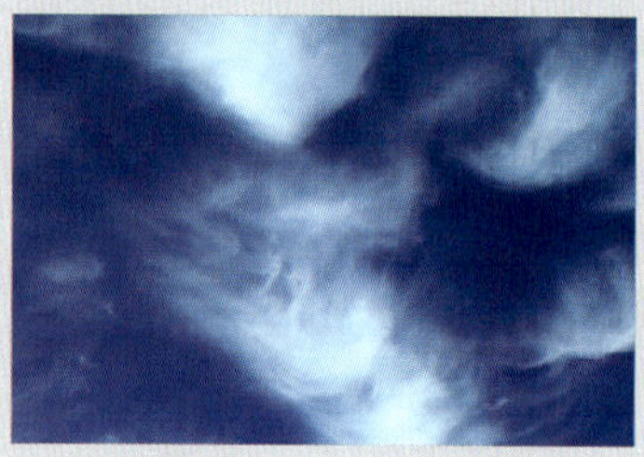

Cumulonimbus ..... 500–2000 m

STRATOCUMULOS

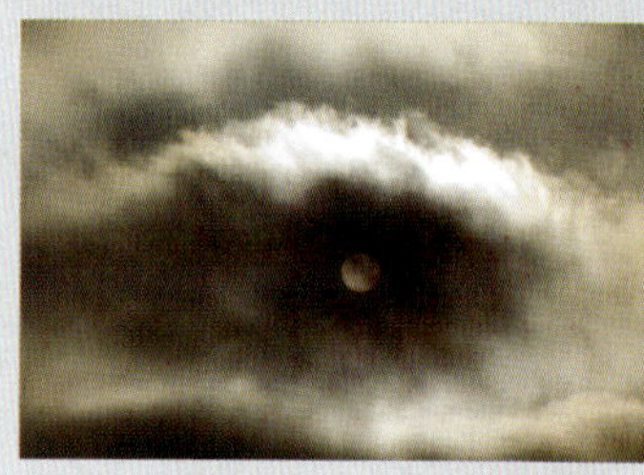

Cumulus .... 500–2000 m

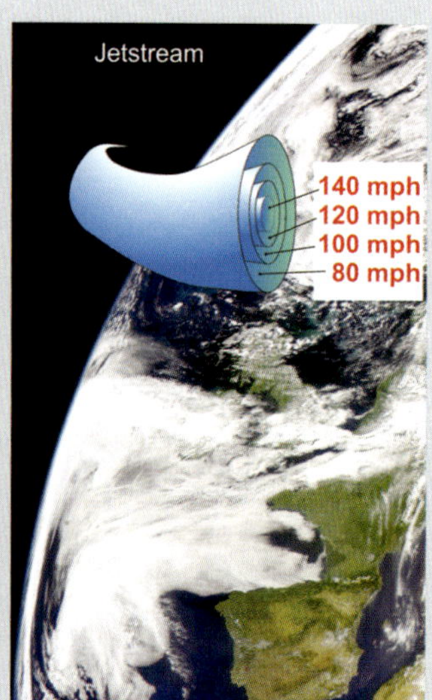

JETSTREAM

Der Jetstream ist ein schmales Starkwindband zwischen Troposphäre und Stratosphäre. Er verläuft immer von West nach Ost entlang den Grenzen von Großwetterlagen mit großen Druckgradienten. Wegen der Verdichtung der Luftmassen an den Polarkappen ist der nördliche Polarfrontstrom niedriger und schneller als der Subtropenstrom. Die Luftfahrt macht sich diesen Jetstream zunutze. Nach Westen fliegt man möglichst mit den schnell strömenden Luftmassen und spart Zeit und Sprit, nach Osten sucht man sich den Weg, bei dem man der Strömung möglichst wenig ausgesetzt ist.

CATERING

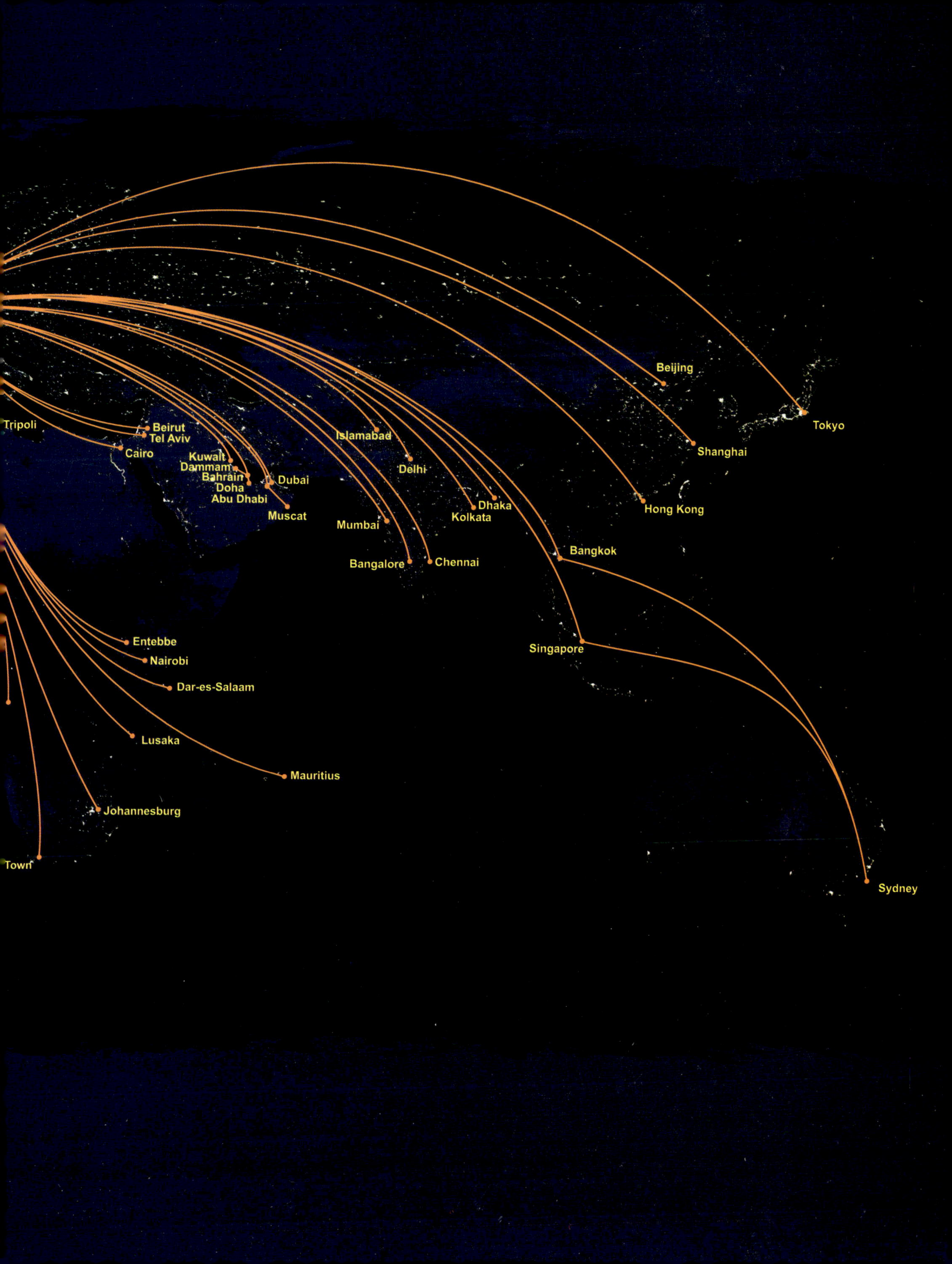
Beijing
Tokyo
Tripoli
Beirut
Tel Aviv
Cairo
Kuwait
Dammam
Bahrain
Doha
Abu Dhabi
Dubai
Muscat
Islamabad
Delhi
Shanghai
Dhaka
Kolkata
Hong Kong
Mumbai
Bangalore
Chennai
Bangkok
Singapore
Entebbe
Nairobi
Dar-es-Salaam
Lusaka
Mauritius
Johannesburg
Town
Sydney

Der Weg des Gepäcks

Gepäckabfertigung

Gepäckvarianten Mit der Verfeinerung der Barcodeleser und der fortschrittlichen Automatisierung bleibt einem Koffer fast gar nichts anderes mehr übrig, als mittels eines Fördersystems, das beispielsweise in Frankfurt 67 km Länge hat, zum Flugzeug zu gelangen. Und doch ist es eine der anspruchsvollsten Aufgaben eines Flughafens, täglich Zigtausende von Koffern und Taschen, aber auch Surfbretter, Kinderwagen und Skier zuerst vom Passagier zu trennen, dann noch mal zu kontrollieren und zeitgerecht und unbeschädigt zu seinem Flugzeug an einer von oft mehreren Hundert Parkpositionen zu bringen.

Man unterscheidet zwischen Ankunftsgepäck, Umsteigergepäck und originäres Abfluggepäck. Nur in Schmalrumpfflugzeugen werden Koffer und Rucksäcke noch lose in den Laderaum gestellt und mit Gepäcknetzen verzurrt. In den größeren Maschinen werden Leichtmetallbehälter benutzt. Jeder dieser Container fasst 35 bis 45 Koffer. Dies

garantiert einen schonenden Transport und lässt sich schneller be- und entladen.

United Breaks Guitars
Eine kanadische Countryband flog mit United Airlines von Halifax nach Nebraska. Bei der Ankunft in Omaha war der Hals einer 3500 US-Dollar teuren Gitarre abgebrochen. Neun Monate- lang versuchte der Kunde, die 1200 Dollar für die Reparatur erstattet zu bekommen. Er wurde an immer neue Stellen weiterverwiesen, zum Schluss an ein Callcenter in Neu-Delhi. In einem letzten Schreiben von der Airline erhielt er eine barsche Abfuhr. Er versprach darauf in seiner Antwort, dass er drei Songs über diese Geschichte schreiben, und sie als Video bei YouTube verbreiten werde. Als das erste Video mit dem Titel „United Breaks Guitars" erschien und CNN darüber berichtete, wurden innerhalb von vier Wochen fünf Mio. Aufrufe gezählt. Bald berichteten alle TV- und Radiosender in Nordamerika darüber, das Video ging um die Welt. Bei United Airlines hagelte es Stornierungen, auch von Langstreckenflügen. Eine Zeitung errechnete, dass das Desaster die Airline vermutlich 150 Mio. Dollar kostete!

Rechtlich betrachtet ist die Höchstgrenze laut der Warschauer Konvention 20 Dollar pro Kilo. Die Montrealer Konvention legt eine Höchstgrenze von 1000 Dollar pro Person fest.

Ankunftsgepäck Bei einer Boeing 747 ist die Ladekante des Gepäckraums 5,20 m über dem Boden! Im Inneren des Flugzeuges sind Fördereinrichtungen, über die die Container auf die angedockten Hebebühnen rollen. Aber nur zwei Container haben darauf Platz. Die Plattform wird dann abgesenkt, damit die Container auf die Gepäckwagen verladen werden können. Mit jedem Hub werden also etwa 90 Koffer entladen, bis alle Anhänger eines Gepäckschleppers voll sind. Ein großer Flughafen besitzt etwa 200 Schlepper und 1800 Anhänger! Bereits vor der Landung des Flugzeugs werden Ankunftsgate und Gepäckrundlauf zugeordnet, damit die Abholer wissen, an welchem Ausgang sie warten müssen. Grundsätzlich wird nach Ausland und Domestic (Inland, in Europa auch inklusive Schengen-Staaten) unterschieden.

Die Airlines bemühen sich, den Vollzahlern, den Business- und First-Class-Passagieren einen Zeitvorteil einzuräumen und lassen das Gepäck bereits beim Abflug vorsortieren, damit es nach der Ankunft als Erstes ausgeladen und an das Band gebracht werden kann.

Singapore Airlines unterscheidet sein Gepäck gar in zwölf verschiedene Kategorien. Gepäck, das nicht abgeholt wird oder nicht zugeordnet werden kann, landet im 24-Stunden-Lager. Ist es am nächsten Tag noch immer nicht abgeholt worden, landet es im Zollgepäcksammellager und wird in eine weltweite Datenbank für herrenloses Gepäck aufgenommen, die für Nachforschung zugänglich ist.

Umsteigergepäck Das aussortierte Umsteigergepäck geht über ein Fördersystem weiter zur Abfluggepäckanlage, wo es in das Gepäck aus den Abflughallen sortiert wird und zur Verladung kommt. Dieser Vorgang ist das Nadelöhr eines Airports. Manche Flughäfen fordern deshalb bis zu 120 Minuten Minimum Connecting Time zwischen Umsteigeverbindungen. Moderne Flughäfen benötigen maximal 45 Minuten: 15 Minuten für Entladung, 15 für Transport, Sortieren und Weitertransport und 15 Minuten für Beladung in die Anschlussmaschine. Manche Zubringermaschinen haben Gepäck für etwa 30 verschiedene Anschlussflüge dabei. Es stehen also nur knappe 15 Minuten zur Verfügung, um im ungünstigsten Fall einen Koffer von einem Ende des Flughafens zum anderen zu bringen.

Von den etablierten Airlines liegen bereits vor Ankunft der Maschine Informationen über den Anteil des Umsteigergepäcks vor. So lassen sich, besonders im Falle von verspäteter Ankunft, Schwerpunkte erkennen und planen.

Originäres Abfluggepäck Was an sich einfach anmutet, ist ein komplexer Vorgang. In Frankfurt kann der Passagier sein Gepäck derzeit an 408 verschiedenen Schaltern in den beiden Terminals und in den beiden Bahnhöfen einchecken. Es durchläuft verschiedene Sicherheitsprozeduren, wird gewogen und mit einem maschinenlesbaren Baggage Tag versehen, auf dem Flugnummer, Anschlussflugnummer, Destination und Individualnummer des Gepäcks aufgedruckt wurden. Je nach Parkposition des Flugzeuges ist spätestens 20 Minuten vor dem Start „Annahmeschluss" für Gepäck am Check-in-Schalter.

Frankfurt verfügt über ein bisher weltweit einmaliges Gepäcksystem. Gepäck verschwindet in einem Aufzug – für den Passagier unsichtbar – und wird in einer Wanne abgelegt. Gepäckstück und Flugnummer werden mit einer der 18 000 bereitstehenden Gepäckwannen „verheiratet".

Die Wannen tragen einen maschinenlesbaren Code, der vor jeder Weiche gelesen wird. Wie von Geisterhand bewegt, fahren sie mit einer Geschwindigkeit von 5 m pro Sekunde (18 km/h)

Eine weitere Möglichkeit, Kunden zur Buchung eines Premium-Tickets zu veranlassen, ist die bevorzugte Auslieferung des Gepäcks nach der Ankunft.

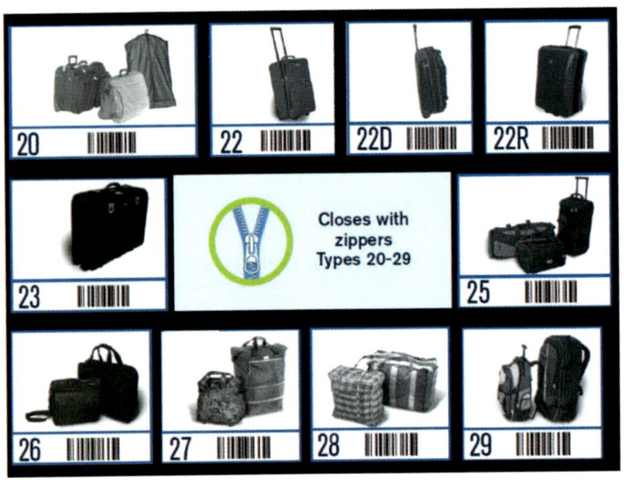

Wenn das Gepäck verloren geht, wendet man sich an die Gepäckermittlungsstelle der Airline. Dort wird anhand des Gepäckabschnittes und einer Gepäcktafel ein Suchauftrag erstellt. Man erhält eine Notausstattung mit Hygieneartikeln und darf sich das Notwendigste neu beschaffen. In den meisten Fällen wird der Koffer dann am folgenden Tag ins Hotel gebracht.

durch ein Labyrinth aus 6000 Gurtbahnen, 7000 Räderbahnen durch 4000 Kurven, über 1600 Weichen, über 300 Lifte durch Hallen und Tunnels. Sie werden von 2000 elektronischen Sperren gesteuert und von 16 000 Antrieben bewegt, bis es an einer von insgesamt 87 Entnahmestellen zeitgerecht auf einen Gepäckwagen geladen werden kann. Die Anlage hat eine Sortierleistung von 18 000 Stück pro Stunde, ist insgesamt 67 km lang und wird von 270 Mitarbeitern betrieben und gewartet. Sie hat einen Wert von 350 Mio. Euro.

Frühgepäck Gepäck, das schon viele Stunden vor Abflug aufgegeben wird, wird in einem Frühgepäckspeicher mit 8200 Einheiten verzweigt, wo es im Kreis fährt, bis es zeitgerecht abgerufen und der richtigen Entnahmestelle zugeführt wird.

Sicherheit

Stationäre und mobile Röntgenanlagen sind allerorts im Einsatz, jedes Gepäckstück wird durchleuchtet, kein Gepäckstück wird befördert ohne den dazugehörigen Passagier an Bord. Passenger Baggage Reconciliation nennt man das.

Der Preis für dieses Stück Sicherheit sind gelegentliche Verspätungen, wenn bereits verladene Koffer wieder ausgeladen werden müssen, weil es der Passagier nicht rechtzeitig an Bord geschafft hat. Nur bei guter elektronischer Buchführung weiß man, in welchem Container welcher Koffer ist. Das spart Zeit.

Der Tag, an dem in London Heathrow alles zusammenbrach

Es sollte das größte Terminal Europas sein und das modernste. Da die Gepäckbeförderung der kritischste Faktor der Fluggastabfertigung ist, wurde das Terminal um das Gepäcksystem herum gebaut. 50 Fußballfelder groß, so groß wie ein ganzer Stadtteil. Queen Elizabeth II. eröffnete das neue Terminal, dann nahm das Chaos seinen Lauf.

Ein **Parkplatzwächter** nahm seinen Job sehr ernst. Er versäumte es, rechtzeitig die Schranke zu einer Parkplatzerweiterung zu öffnen, denn er wollte, dass der Hauptparkplatz zuerst gefüllt würde. Mittlerweile konnte das kleine Heer der Mitarbeiter von Terminal Five ihre Autos nicht abstellen und kurvten mit wachsender Verzweiflung durch den Rundkurs der Einbahnstraßen. Bald erstickte aller Fahrzeugverkehr im Stau.

Die Mitarbeiter fehlten, um die ersten kleinen Startschwierigkeiten zu beheben. Passagiere kamen zu spät durch die Sicherheitsschleuse. Und wer 35 Minuten vor dem Start nicht am Gate ist, der wird nicht mehr befördert, sein Gepäck wird wieder ausgeladen. So kam Gepäck zurück und verstopfte das System, Umsteigergepäck von gelandeten Maschinen kam hinzu, türmte sich auf, fiel auf das Gepäck der Abflieger. Abfluggepäck landete in der Gepäckausgabe. Im Terminal tobte das Chaos, Computer stürzten ab, der Strom fiel aus. Heathrow wurde zur Lachnummer des Weltluftverkehrs.

Es dauerte Tage, in denen sich weiteres Gepäck auftürmte, und es dauerte Wochen, bis man eine Lösung fand, um sich des Chaos wieder zu entledigen: 28 000 Koffer wurden auf Trucks geladen und nach Mailand gekarrt, wo eine Spezialfirma die Eigentümer der Koffer identifizierte und die Gepäckstücke zustellte.

Technische Überprüfung von Flugzeugen

	Periode	Was	Dauer
Ramp-Check	täglich	äußerliche Kontrolle	zwischen Landung und Start
A-Check	250–650 Stunden/ alle 2 Monate	Kabine, äußerliche kleine Arbeiten	eine Nacht
B-Check	1000 Stunden/ 3–5 Monate	Zelle und Systeme (nur noch Boeing 737-200 und 747-200)	12 Stunden
C-Check	15–18 Monate	detaillierte Inspektion von Struktur und Systemen Freilegung der Verkleidung Prüfung der Zelle	1–2 Wochen
IL-Check	48 Monate	Komplettüberholung der Kabine Kontrolle von Rumpf, Struktur, Flügel, Elektrik, Hydraulik	variabel
D-Check	6–10 Jahre	Grundüberholung, ggf. Zerlegung	4–6 Wochen

Berufe in der Luftfahrt

Spitzengehälter in der Luftfahrt

Piloten

Pilotengehälter sind abhängig von der Fluggesellschaft, vom Dienstalter, von der Flugzeugklasse, von den Strecken und den Stunden, die der Pilot im Monat leistet. Junge Piloten müssen oft einen Ausbildungskredit zurückzahlen, ihr Monatsgehalt beläuft sich so über mehrere Jahre auf unter 2000 Euro.

Asiatische Airlines zahlen traditionell gut. Ein First Officer erhält bei Cathay Pacific zwischen 60 000 und 95 000 Euro, ein Captain zwischen 110 000 und 160 000 Euro, bei Singapore Airlines erhält der Captain etwa 60 000 bis 120 000 Euro.

Die europäischen Flag Carrier liegen ebenfalls im oberen Bereich mit 60 000 bis 120 000 Euro brutto für einen First Officer, und 120 000 bis 200 000 für einen Captain bei etwa 75 Flugstunden pro Monat.

Amerikanische Airlines haben die größte Bandbreite in der Entlohnung. Verdienste rangieren zwischen 23 000 und 250 000 Dollar.

Qantas zahlt zwischen 40 000 und 100 000 Euro für einen First Officer und zwischen 120 000 und 200 000 Euro für einen Captain.

Ein FO bei Emirates erhält zwischen 40 000 und 60 000 Euro, ein Captain 50 000 und 90 000 Euro.

Auch Europäische Billigfluggesellschaften zahlen überdurchschnittlich gut, seit der Pilotenmarkt leergefegt zu sein scheint. Weltweit wurden Low-Cost Carrier gegründet, die Airlines im Mittleren Osten wachsen mit zweistelligen Raten, die führenden Flugzeugbauer notieren nicht selten Bestellungen von 50, 100 oder 150 Maschinen für einzelne Airlines. Will man zum Beispiel ein Langstreckenflugzeug wie den Airbus A340 kostendeckend fliegen, muss er ca. 18 Stunden pro Tag in der Luft sein. Dafür braucht man ganzjährig sieben bis zehn Besatzungen pro Flugzeug.

Das war nicht immer so. Ende der 1990er Jahre gab es einen derartigen Pilotenüberschuss, dass nicht nur die Gehälter stagnierten. Die Personalchefs erhielten Bewerbungen von arbeitslosen Piloten, die fast auf Knien darum baten, fliegen zu dürfen, damit ihr teures Type Rating nicht verfiel. Notfalls auch umsonst! Dieses Phänomen tritt periodisch immer wieder auf.

Boeing prognostizierte für den asiatischen Raum eine Unterversorgung von 10 000 Piloten in den nächsten fünf Jahren. Das war allerdings vor der Finanzkrise, die fernöstliche Carrier reihenweise dazu zwang, 10–20 % ihrer Flotten stillzulegen.

Fluglotsen

Fluglotsen genießen in den meisten Ländern ein ähnlich hohes Ansehen wie ihre fliegenden Kollegen. Gutes Gehalt, verkürzte Arbeitszeiten und ein relativ frühes Rentenalter reflektieren die Verantwortung, die dem Beruf innewohnt. Da allerdings die öffentlichen Haushalte in den meisten Ländern der Welt rigorosen Sparzwängen unterliegen, müssen sich Fluglotsen häufig mit veraltetem Gerät und Personalmangel herumschlagen. Ein typisches Durchschnittsgehalt in Europa liegt zwischen 60 000 und 100 000 Euro.

In den USA gibt es zwischen 60 000 und 150 000 US-Dollar, in Australien bis zu 160 000 AU-Dollar.

Flight Attendant

In den USA liegt das Gehalt für Flight Attendants zwischen 16 000 und 75 000 Dollar im Jahr. Hier zahlen die asiatischen Airlines eher schlecht.

Rank Uniform Sleeves

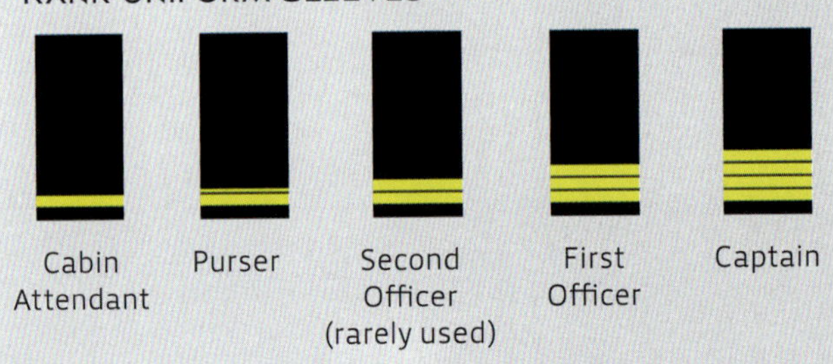

Bei manchen Airlines wird die Rangordnung des Kabinenpersonals durch die Farbe der Kleidung ausgedrückt (Cathay Pacific, Singapore Airlines).

Beruf	Mindest-alter	Beschreibung	Ausbildungsdauer	Jahres-gehalt*
Operative Luftfahrtberufe:				
Pilot	18	Steuern im kommerziellen Luftverkehr Passagier- und Frachtflugzeuge.	2-jährige Schulung oder 4-jähriger Studiengang bei Flugunternehmen oder Verkehrsfliegerschulen.	40 000 – 130 000 EUR
Dispatcher	18 – 21	Besorgen alle für die Flugdurchführung notwendigen Informationen wie Wind- und Wetterdaten und besprechen die Streckenplanung mit dem Flugzeugführer.	13 Monate bei einer Fluggesellschaft.	50 000 EUR
Air Traffic Controller	19	Die Fluglotsen sorgen im Kontrollturm und in Radarzentralen für die sichere, geordnete, flüssige und wirtschaftliche Abwicklung des Luftverkehrs.	3–4 Jahre Ausbildung an einer Flugsicherungsakademie und „on the job".	60 000 – 100 000 EUR
„Follow me"	–	Weisen Flugzeuge nach der Landung in die richtige Parkposition und sichern sie. Sie organisieren die Gepäck- und Frachtabfertigung.	Umschulung 3–4 Jahre bei einer Flughafengesellschaft.	20 000 EUR
Cabin Attendant, Purser	18	Betreuen Passagiere an Bord eines Flugzeugs. Sie sorgen für Sicherheit und Wohlbefinden ihrer Gäste, servieren Speisen und Getränke. Im Notfall koordinieren sie die erforderlichen Maßnahmen zur Evakuierung der Maschine.	6 Wochen bis 4 Monate bei einer Fluggesellschaft.	30 000 EUR
Technische Luftfahrtberufe:				
Fluggerätemechaniker/-in	–	Reparieren und halten Flugzeug und Flugzeugteile instand.	3,5 Jahre	30 000 EUR
Elektroniker/-in für luftfahrttechnische Systeme	–	Bauen elektrische und elektronische Anlagen und Geräte in Flugzeuge ein und sorgen für deren reibungslosen Betrieb. Reparatur und Wartung dieser Teile.	3,5 Jahre Ausbildung in der Industrie.	30 000 EUR
Ingenier/-in Luft- und Raumfahrttechnik	–	In der Industrie entwickeln, konstruieren und fertigen sie Fluggerät oder einzelne Komponenten. Bei einer Fluggesellschaft planen und überwachen sie die Flugzeugflotte und erstellen die Wartungspläne.	3–4 Jahre Studium für Luft- und Raumfahrttechnik an Hochschule oder Fachhochschule.	60 000 – 100 000 EUR
Ingenieur/-in Verkehrswesen	–	Spezialisieren sich auf Verkehrskonzepte.	3–4 Jahre Studium Wirtschaftsingenieurwesen an Hochschule oder Fachhochschule.	60 000 EUR
Kaufmännische Luftfahrtberufe:				
Servicekaufmann/-frau im Luftverkehr	–	Beraten und betreuen Fluggäste am Flughafen. Sie erteilen Auskünfte, verkaufen Tickets, checken Passagiere und Gepäck ein, erledigen kaufmännische Aufgaben.	3 Jahre Ausbildung bei einer Fluggesellschaft oder einem Flughafenbetreiber.	30 000 EUR
Luftverkehrskaufmann/-frau	–	Planen, organisieren und kontrollieren die Beförderung von Passagieren und Fracht. Sie werden in den Bereichen Einkauf, Verkauf, Marketing, Personal- und Rechnungswesen, Kundenberatung und -betreuung eingesetzt.	3 Jahre Ausbildung bei einer Fluggesellschaft oder einem Flughafenbetreiber.	30 000 EUR
Kaufmann/-frau für Speditions- und Logistikdienstleistung (Frachtagent)	–	Planen, organisieren nationalen und internationalen Frachtverkehr. Sie berücksichtigen Zollbestimmungen und beachten außenwirtschaftliche Bestimmungen. Sie kalkulieren Preise und erarbeiten Angebote.	3 Jahre Ausbildung bei einer Spedition.	30 000 EUR
Fachmann/-frau für Systemgastronomie	–	Durchsetzen eines standardisierten, zentral gesteuerten Gastronomiekonzepts in allen Bereichen eines Restaurants.	3 Jahre Ausbildung im Gastgewerbe.	20 000 EUR
Betriebswirt/-in Verkehr		Übernehmen Fach- und Führungsaufgaben in den unterschiedlichen Betriebsbereichen.	3–4 Jahre Studium an einer Universität oder Fachhochschule.	30 000 – 40 000 EUR
Internationaler Luftverkehrsassistent	–	Beraten und betreuen Fluggäste, sind im Ticketverkauf und in der Frachtabfertigung tätig. Auch als Assistenten der Geschäftsleitung.	2 Jahre Ausbildung an einer Berufsfachschule für Touristik.	k. A.

* Bruttogehalt je nach Zulagen, Gehaltsgruppe, Arbeitgeber und Land

ZWISCHENFÄLLE

TURBULENZEN

Im Umfeld von Cumulonimbus-Wolken gibt es stets starke Turbulenzen. Viel schlimmer sind aber unsichtbare, sogenannte Clear Air Tubulences oder CAT. Was nämlich im Volksmund als „Luftloch“ bezeichnet wird, sind vertikale Luftströme nach oben oder unten. Die auftretenden Kräfte sind derart gewaltig, dass Menschen oder Getränkewagen gegen die Decke geschmettert und in Sekunden die Kabine verwüstet werden kann. Deshalb bestehen Airlines darauf, dass sitzende Passagiere angeschnallt sind, auch wenn die Anschnallzeichen nicht leuchten. Den Flugzeugen schaden Turbulenzen nicht.

TRIEBWERKSAUSFALL

Mögliche Ursachen sind Vogelschlag, Brand oder Asche. Nachdem 1982 ein Jumbo der British Airways in eine Aschewolke geriet, starben alle vier Triebwerke ab. Das Flugzeug sank von 37 000 auf 13 000 Fuß, bis die Piloten Triebwerk Nummer 4 wieder starten konnten. Danach gelang es auch, die Nummer 3 und 1 zu starten. In den folgenden Jahren wurden neun Volcanic Ash Advisory Centers (VAAC) gegründet, die den Weg der Aschewolken verfolgen und Luftfahrtwarnungen erstellen: London, Toulouse, Anchorage, Washington, Montreal, Darwin, Wellington, Tokyo und Buenos Aires.

ETOPS

Dürfen zweimotorige Flugzeuge über den Atlantik? Über den Pazifik? Die ICAO erließ dazu ETOPS-Regeln. ETOPS steht für Extended-range Twin-engine Operation Performance Standards. Grundsätzlich muss beim Ausfall eines Motors innerhalb von 60 Minuten ein Notlandeplatz erreichbar sein. Ein Flug muss also so geplant werden, dass man zu jeder Zeit diese Voraussetzung erfüllt. Im Laufe der letzten Jahre wurde die Zuverlässigkeit der Trieb-

Ein kleiner Vogel wird dem Triebwerk meist nichts anhaben können. Schlimmer sind Raubvögel, Gänse oder Störche. Sie durchschlagen Cockpitfenster, Radarnasen und können auch ein Triebwerk zerstören.

PLÖTZLICHER DRUCKABFALL

Während des Fluges auf 32 000 Fuß Höhe hat das Flugzeug im Inneren einen Luftdruck wie auf 2000 m. Außen herrschen lebensbedrohliche Umstände: Temperaturen von minus

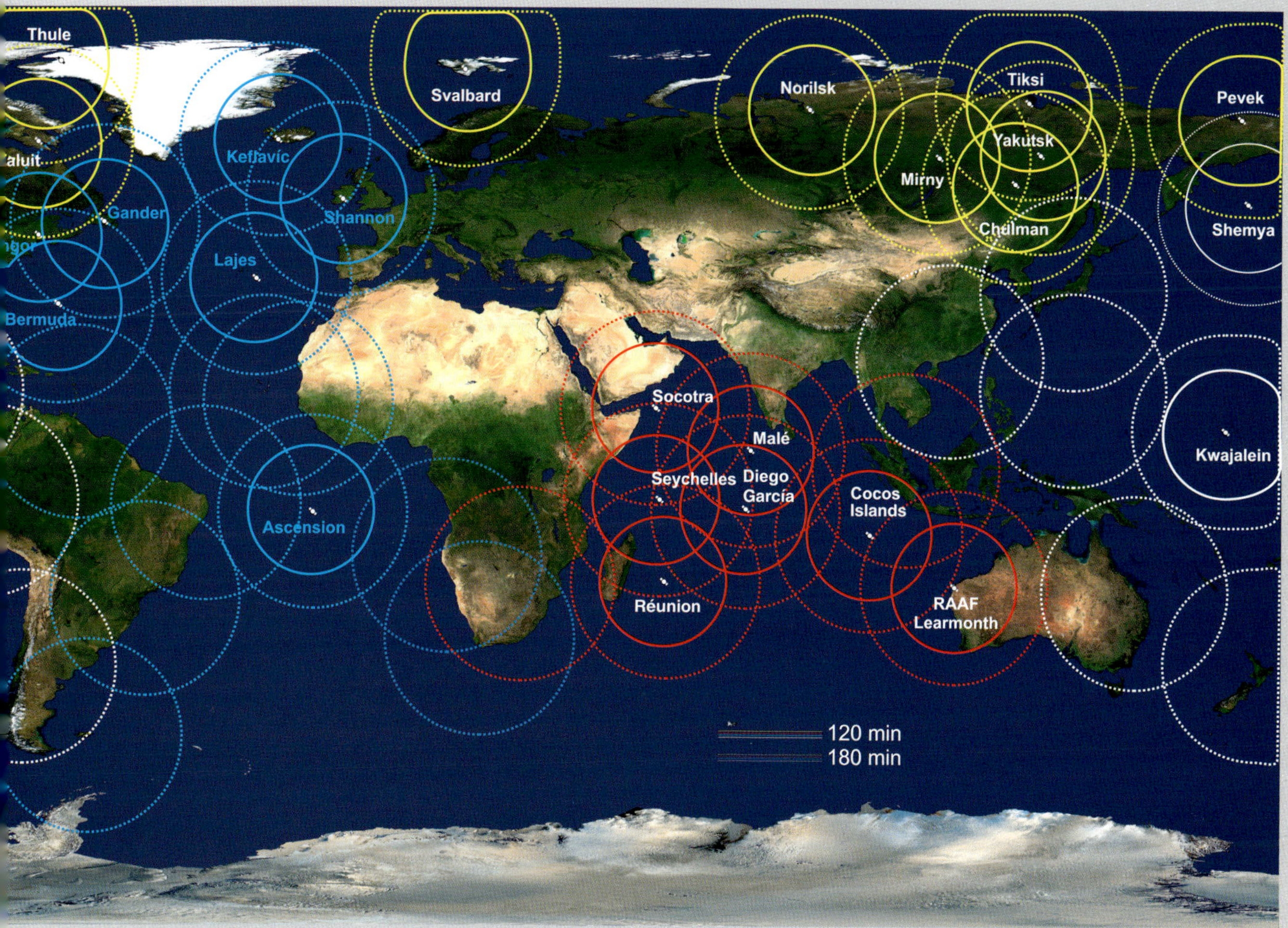

werke jedoch verbessert, sodass man diese Zeiten erst einmal auf 75 Minuten erhöht hat. Noch großzügigere Regelungen wurden dann für Fluggesellschaften erlassen, deren Triebwerkswartung vorbildlich ist. Auch für bestimmte Flugzeugtypen und Motoren können erweiterte Regelungen erlassen werden. Derzeit ist die größte ETOPS-Zeit 207 Minuten. Das begradigt natürlich die Strecken zwischen zwei Punkten und spart Sprit. Es bedingt aber auch, dass die Flugplätze anfliegbar sind. Ist dies nicht der Fall, müssen wieder Umwege geflogen werden.

Die folgenden Inseln sind als Notlandeplätze 24 Stunden am Tag geöffnet und ermöglichen den Betrieb mit zwei Triebwerken:

Atlantic Routes	Pacific Routes	North Polar Routes	Indian Ocean Routes
• Bangor Airport	• Midway Atoll	• Svalbard Airport	• Socotra Airport
• Gander Airport	• Easter Island	• Thule Air Base	• Seychelles Airport
• Keflavík Airport	• Faa'a Airport, Tahiti	• Iqaluit Airport	• Réunion
• Shannon Airport	• Wake Island	• Whitehorse Airport	• Maldives, Male
• Bermuda Airport	• Kwajalein Atoll	• Yellowknife Airport	• Diego García
• Lajes Airport	• Shemya Island	• Barrow Airport	• Cocos Islands Airport
• Ascension Island	• Cold Bay Airport	• Norilsk Airport	• Learmonth, Australia
		• Tiksi Airport	
		• Yakutsk Airport	
		• Mirny Airport	
		• Chulman Airport	
		• Pevek Airport	

50 °C, die Luft zu dünn, um zu atmen. Gibt es nun aus irgendwelchen Gründen ein Leck, entweicht die Atemluft, Kälte dringt ein, die Sauerstoffmasken fallen aus ihrem Behälter über den Sitzen. Sie beginnen zu arbeiten, sobald man sie zu sich heranzieht und aufsetzt.

Die Kabinen-Crew hat tragbare Sauerstoffgeräte. Die Crew im Cockpit wird das Flugzeug in steilem Sinkflug unter 10 000 Fuß bringen, wo man die Masken wieder abnehmen kann. Der weitere Flug zum nächsten geeigneten Airport dürfte ohne zusätzliche Beeinträchtigung verlaufen.

FEUER IM TRIEBWERK

Ein äußerst seltenes Ereignis. Der berühmteste ist wohl der Absturz der Concorde in Paris, als ein Rad beim Start ein kleines Metallteil überrollte und ein Reifen des Hauptfahrwerks platzte. Reifenfetzen schlugen gegen den darüberbefindlichen Tank und lösten eine Schockwelle aus, sodass an anderer Stelle Treibstoff austrat. Weitere Reifenfetzen hatten die Fahrwerkselektrik zerstört. Das Fahrwerk konnte nicht mehr eingefahren werden. Funken entzündeten den austretenden Treibstoff. Beide linken Triebwerke verloren Schub. Für einen Startabbruch war das Flugzeug schon zu schnell. Das Feuer zerschmolz die Tragfläche und die Steuerklappen. Das Flugzeug legte sich zur Seite und stürzte in ein nahe gelegenes Hotel. Tritt ein Triebwerksfeuer im Flug auf, kann es durch eine interne Vorrichtung gelöscht werden.

DURCHSTARTEN

Die normalste Sache der Welt. Ein vorher gelandetes Flugzeug hat zum Beispiel die Piste nicht schnell genug verlassen, oder ein Fahrzeug fährt auf die Bahn zu und antwortet nicht auf Funk. Oder ein Reh überquert die Startbahn. In den meisten Fällen wird der Tower die Anordnung zum Durchstarten geben. Aber auch der Pilot kann sich dazu entschließen, weil er kurz vor dem Aufsetzen eine Böe erwischt hat oder weil der Seitenwind zunimmt und er lieber auf einer anderen Bahn landen möchte.

GEWITTER

Instabile Schichtung in der Atmosphäre, feuchte Luft in Bodennähe und vertikale Luftströmungen führen zu Bildung von Cumulonimbus-Wolken. Die aufsteigende Warmluft kühlt sich stark ab. In der Gewitterzelle herrschen starke Aufwinde, die die Regentropfen in große Höhen mitnehmen und sie gefrieren lassen. Abwinde tragen sie wieder nach unten, wo sich neue Feuchtigkeit ansetzen kann. Dieser Prozess wiederholt sich, bis die Körner so groß und so schwer sind, dass sie nach unten durchfallen.

Hagelschlag ist für die Fliegerei eine Gefahr, da schwere Eiskristalle wie Geschosse auf das Flugzeug auftreffen können (siehe Bild).

SCHWARZE LISTEN

EU

Die Europäische Union überwacht den Sicherheitsstandard der Fluggesellschaften, die in ihr Territorium einfliegen möchten. Zwar arbeiten die EU-Mitgliedstaaten gemeinsam mit den Behörden anderer Länder an der Erhöhung der Sicherheitsstandards weltweit, doch gibt es immer noch einige Luftfahrtunternehmen, deren Betrieb unter Bedingungen erfolgt, welche unter dem notwendigen Sicherheitsniveau liegen. Diese werden in einer Liste zusammengefasst, die ständig auf dem Laufenden gehalten wird.
http://ec.europa.eu/transport/air-ban

FAA

Die amerikanische FAA überwacht in ihrem IASA-Programm die Luftfahrtbehörden der Länder als Aufsichtsorgane über die Fluggesellschaften. Sollten diese die ICAO-Standards nicht einhalten oder durchsetzen, erscheint gleich das ganze Land auf der Schwarzen Liste.
http://www.faa.gov/about/initiatives/iasa/

IATA

Die IATA vergibt ein Gütesiegel für Airlines, die das IATA Operational Safety Audit (IOSA) bestanden haben.
http://www.iata.org/ps/certification/iosa/registry.htm

Durch die hohen Vertikalgeschwindigkeiten werden Eiskristalle verschiedener Größe elektrisch unterschiedlich aufgeladen. Die Entladung geschieht durch Blitze.

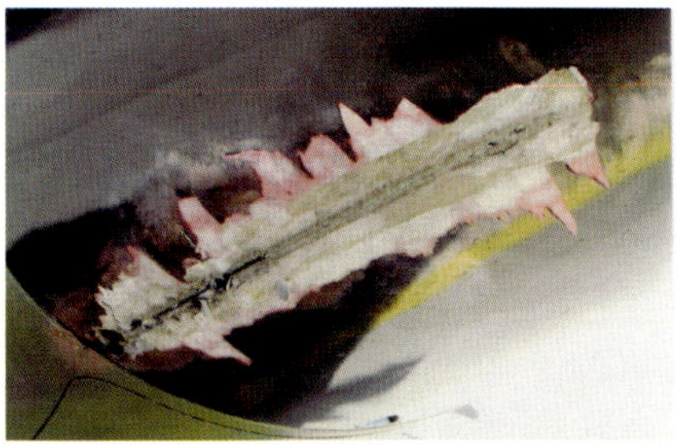

Moderne Passagierflugzeuge bieten mit ihrer geschlossenen Zelle guten Schutz gegen Blitzschlag. An den Flügelhinterkanten sind dafür Statikentlader angebracht.

Gewitterregen, Hagel und Blitze sind einzeln auftretend keine wirkliche Gefahr. Die meisten Verkehrsflugzeuge wurden in ihrem Leben schon mehrfach vom Blitz getroffen. Trotzdem wird man Gewitter stets weiträumig umfliegen. Tobt sich ein Gewitter in Flughafennähe aus, ist meist Geduld gefragt. Denn ohne Not erspart man sich das Restrisiko und bleibt lieber noch etwas länger am Boden oder in einer Warteschleife.

Fahrwerkprobleme

Es kommt gelegentlich einmal vor, dass beim Start ein Reifen platzt. Das muss beim Start nichts ausmachen, weil der Bug des Flugzeuges zunehmend entlastet wird. Vor der Landung wird man aber Vorkehrungen treffen, um Schäden am Flugzeug so gering wie möglich zu halten. Sowie nämlich die nackte Felge auf dem Boden aufsetzt, entstehen Funken, die Reibungshitze wird die Felge zum Glühen bringen, der zweite Reifen wird platzen, was weitere Beschädigungen verursachen wird. Das Flugzeug wird außerdem schwer zu steuern sein und womöglich von der Bahn abkommen.

In einem solchen Fall wird die Feuerwehr einen Schaumteppich legen. Der wird dort beginnen, wo das beschädigte Rad voraussichtlich mit dem Boden in Kontakt kommt. Hier spielt die Zeit eine ganz wichtige Rolle. Legt man den Teppich zu früh, fällt der Schaum – je nach Temperatur – wieder in sich zusammen und verfehlt seine Wirkung. Beginnt man zu spät damit, muss das Flugzeug womöglich noch einmal durchstarten, weil der Teppich noch nicht fertig ist. Klappt alles, verhindert der Schaum die übermäßige Funkenbildung. Nach Stillstand der Maschine wird die Feuerwehr das Fahrwerk kühlen, die Notlage ist vorbei.

Deutlich sichtbar sind die Statikentlader an der Flügelhinterkante. Blitzschläge treten dort wieder aus. Weitere Austrittsstellen sind Zwischenräume verschiedener Bauteile und Kanten von Schrauben und Nieten.

SIMULATOR

Flugstunden sind teuer und zeitaufwendig. Piloten müssen regelmäßig alle möglichen Zwischenfälle und Notlagen bis zur blinden Beherrschung trainieren. Dafür stehen zum eher bescheidenen Preis von etwa 500 Dollar pro Stunde Simulatoren zur Verfügung, mit denen man 300 verschiedene Notlagen simulieren kann, vom Triebwerksausfall über Feuer an Bord bis hin zur Notwasserung.

Die Piloten müssen die Beherrschung der „by Heart items" unter Beweis stellen. Das sind sofort einzuleitende Aktionen in einer Notlage, ohne in der Notfall-Checkliste nachzusehen. Obwohl der Simulator in erster Linie ein Trainingsmittel ist, bedeutet er natürlich auch Hochstress für die Probanden. Denn alles wird aufgezeichnet, Daten, Ton und Video. Reagiert der Prüfling ruhig, besonnen und richtig? Je nach Airline gehen die Ergebnisse auch in die Akten.

Auch die Flugbegleiter trainieren im Simulator Notlagen, Evakuierungen oder den Umgang mit schwierigen Passagieren.

Große Airlines unterhalten eine Reihe von Simulatoren für jeden Flugzeugtyp. Die Anschaffung bewegt sich im zweistelligen Millionenbereich pro Gerät.

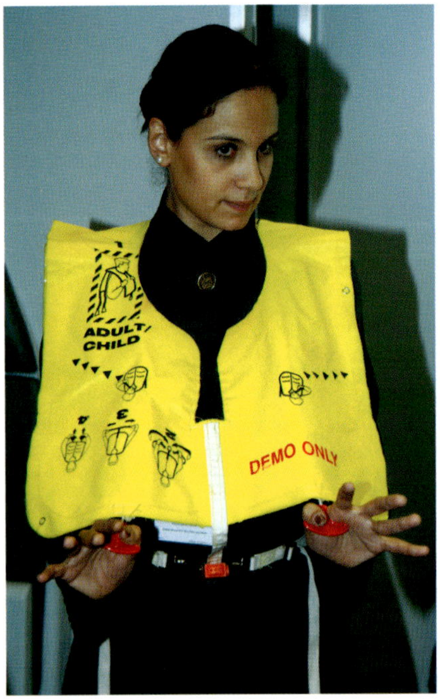

SCHWIMM-WESTEN

Seit 1954 eine Convair im Ärmelkanal erfolgreich notwasserte und die überlebenden Passagiere mangels Schwimmwesten ertranken, sind solche Rettungsmittel bei Flügen über Wasser vorgeschrieben. Auch eine Boeing 377 der Pan Am machte 1956 eine erfolgreiche Notwasserung. Alle 31 Passagiere überlebten. 1963 setzte der Pilot einer Tupolev 124 sein Flugzeug auf einen Fluss. Auch hier überlebten alle 52 Passagiere. Eine DC-8 der Japan Air Lines schoss 1968 über die Landebahn von San Francisco hinaus und stürzte in die Bucht. Alle Passagiere konnten gerettet werden. 63 Insassen einer DC-9 fanden sich im Wasser der Karibik wieder, nachdem ihrem Flugzeug der Sprit ausging, 40 wurden später von einem Hubschrauber gerettet. Eine Boeing 767 der Ethiopian Airlines musste 1996 ohne Treibstoff aufs Wasser. Da viele Passagiere entgegen der Weisung des Personals schon vor dem Aussteigen ihre Schwimmwesten aufgeblasen hatten, kamen die meisten nicht mehr aus dem Flugzeug. So überlebten nur 52 der 175 Menschen an Bord. 2002 gab es 60 Überlebende bei einer Notwasserung in Indonesien. 2005 überlebte immerhin die Hälfte von 39 Passagieren nach einer Notwasserung einer ATR-72 vor Sizilien. Und schließlich endete Flug 1549 der US Airways nach einem Vogelschlag auf dem Hudson River. Alle 155 Insassen überlebten unverletzt. Im Gegenteil: Manche Passagiere hatten sogar noch die Chuzpe, in den Gepäckfächern nach ihrem Handgepäck zu suchen, das sie in die Rettungsboote mitnehmen wollten!

Warum gibt es keine Fallschirme?

Französische Fremdenlegionäre werden im Fallschirmspringen ausgebildet.

1. Das Absetzen von 80 Fallschirmjägern aus einer militärischen Transportmaschine erfordert ein Höchstmaß an Mut, Disziplin und langes Trockentraining. Allein das Anlegen des Gurtzeugs dauert Minuten und erfordert viel Übung und Sorgfalt. 300 oder 400 ungeübte Passagiere zum Verlassen eines Flugzeugs bei 400 km/h in 30 km Höhe zu bewegen, wird nicht möglich sein.
2. Selbst wenn man die Türen absprengen würde, würden die abspringenden Passagiere von den Tragflächen oder dem Heckleitwerk zerschmettert.
3. Der Fallschirm darf sich frühestens bei etwa 1500 m Höhe öffnen. Wegen der Unerfahrenheit der Passagiere bräuchte jeder Fallschirm auch einen Öffnungsautomaten, bei Absprung in größerer Höhe auch noch ein Sauerstoffgerät und einen Höhenmesser, was alles zuvor angelegt und eingestellt werden muss.
4. Um Verletzungen beim unkoordinierten Ausstieg durch andere Passagiere zu vermeiden, bräuchte jeder Passagier auch noch einen Helm.
5. Der Ausstieg müsste auch bei Nacht funktionieren.
6. Landet der Passagier im Wasser, legt sich die Fallschirmkappe meist großflächig über seinen Kopf und erstickt ihn. Er muss sich daher des Gurtzeugs entledigen und untendrunter durchtauchen, ohne sich in den Fallschirmleinen zu verheddern, und das bei angelegter Schwimmweste, die er hoffentlich in der Panik nicht über den Fallschirm, sondern untendrunter angelegt hat, sonst öffnet sich nämlich der Fallschirm nicht.
7. Bei Gewitter oder starkem Wind werden ungeübte Fallschirmspringer nach dem Aufschlag auf dem Boden fortgerissen und über das Terrain geschleift.
8. In bebautem Gebiet besteht die Gefahr, dass die Kappe kollabiert und der Springer die letzten 20 m ungebremst zu Boden stürzt.
9. Da die Evakuierung von 300 und mehr Passagieren nicht so schnell gehen wird wie bei geübten Fallschirmjägern aus langsam fliegenden Transportmaschinen, würde sich das „Absetzgebiet" bei einer knapp unter Schallgeschwindigkeit fliegenden Passagiermaschine wahrscheinlich auf über 300 km erstrecken.
10. Über 90 % aller Unfälle passieren ohne Vorwarnung bei Start und Landung. Nur bei Bombenexplosionen oder Raketenbeschuss könnte ein Fallschirm den einen oder anderen Passagier womöglich retten. In Lockerbie oder Sachalin waren die Passagiere jedoch wegen des Druckabfalls in Sekunden bewusstlos.
11. Als im August 2001 eine A310 von Air Transat über dem Atlantik in großer Höhe Treibstoff verlor und schließlich aus 6 km Höhe fast 20 Minuten ohne Antrieb auf die rettenden Azoren Kurs nahm, wäre dies eine der seltenen Gelegenheiten gewesen, einen geordneten Ausstieg durchzuführen. Allerdings darf bezweifelt werden, dass alle 306 Personen an Bord rechtzeitig aus dem Flugzeug und heil zur Erde gekommen wären. Schließlich landete das Flugzeug mit einer Punktlandung in Lajes und kam unbeschädigt zum Stehen.
12. Da im Flugzeug nicht genügend Platz zum Anlegen der etwa 25 kg schweren Zusatzausrüstung ist, müssten die todesmutigen Passagiere dann noch im Terminal ihre Thermoanzüge anlegen, die Schwimmwesten anziehen, die Sauerstoffgeräte und die Fallschirme umschnallen und dann zum Flugzeug stapfen.

Aviophobia oder Flugangst

Alle Statistiken lassen Flugangst unsinnig erscheinen. Das vegetative Nervensystem des Menschen reagiert aber nicht auf Statistik.

Aus 10 000 m Höhe, knapp unter Schallgeschwindigkeit, fühlt sich mancher Mensch hilflos: Angstschweiß, Herzrasen, Atemnot, weiche Knie und ein flaues Gefühl im Magen sind eindeutige Anzeichen von Flugangst. Seltsame Geräusche, wie das Ein- oder Ausfahren des Fahrwerkes oder die mechanische Trimmung, machen dem unerfahrenen Passagier Angst.

Dagegen gibt es Seminare, die meist von den Airlines veranstaltet werden. Dabei erklärt ein Pilot, wie die Fliegerei funktioniert, wie gewissenhaft die Wartung ist, man macht einen Rundgang um ein Flugzeug, nimmt in der Maschine Platz, und oft endet das Seminar sogar mit einem kurzen Rundflug.

Ganz ehrlich: Das gefährlichste am Fliegen ist die Fahrt zum Flughafen!

TIME ZONES

FLUG ÜBER DIE INTERNATIONALE DATUMSGRENZE

Jedes Kind weiß: Die Sonne geht im Osten auf und im Westen unter. Wenn wir zum Beispiel am Montag, den 18. Mai, von Los Angeles nach Honolulu fliegen, müssen wir die Uhr um 2 Stunden zurückstellen, denn wenn es in L.A. 10 Uhr (10 a.m.) morgens ist, hat Honolulu erst 8 Uhr (8 a.m.). Das Flugzeug braucht etwa 5 Stunden, wir kommen also um 13 Uhr (1 p.m.) in Hawaii an.

Fliegen wir nun am gleichen Tag weiter nach Mikronesien, überqueren wir die internationale Datumsgrenze. Beim Start in Honolulu, am Montag um 16 Uhr (4 p.m.) ist es in Majuro auf den Marschallinseln 14 Uhr (2 p.m.). Allerdings schreibt man dort bereits Dienstag, den 19. Mai. Nach dem fünfstündigen Flug nach Westen müssen wir die Uhren wie-

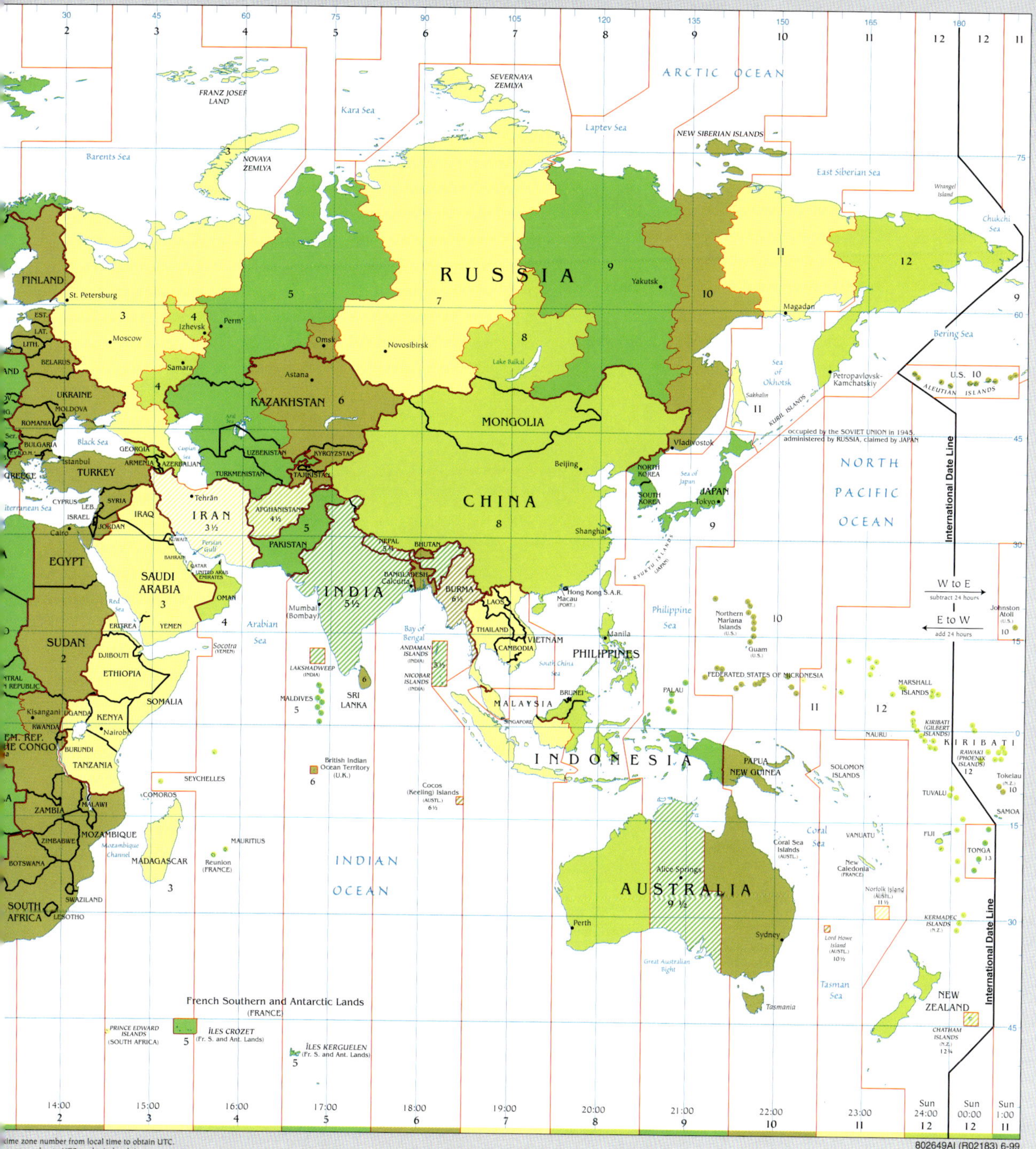

derum um 2 Stunden zurückstellen, das Datum aber um einen Tag weiterdrehen.

Spannend wird es dann auf dem Rückflug. Wir starten in Majuro am Mittwoch, den 27. Mai; um 20 Uhr (8 p.m.). In Honolulu ist es da bereits 22 Uhr (10. p.m.), allerdings ist es dort noch Dienstag, der 26. Mai. Nach 5 Stunden Flug kommen wir in Honolulu um 3 Uhr (3 a.m.) morgens an, und endlich ist es auch dort der 27. Mai. Sie kommen also in Hawaii 17 Stunden vor Ihrem Abflug an. Wenn Sie also gerne ausgiebig Geburtstag feiern wollen …

Achtung beim Reservieren von Hotels. Rechnen Sie lieber fünfmal nach, bevor Sie beim Hinflug eine Nacht zu viel bezahlen oder beim Rückflug nach Ankunft ohne Zimmer dastehen!

Cabin Announcements

	GB	D	F	E	JAP.
1	Good morning/afternoon/evening Ladies and Gentlemen! On behalf of XXX we would like to welcome you on this flight to ... on board our Airbus.../ Boeing.../Fokker ...	Guten Morgen/Tag/Abend, sehr geehrte Damen und Herren! Im Namen von XXX heißen wir Sie sehr herzlich willkommen an Bord dieses Airbus .../dieser Boeing .../ dieser Fokker ... auf diesem XXX-Flug nach ...	Bonjour/bonsoir mesdames et messieurs! Au nom de XXX, nous aimerions vous souhaiter la bienvenue sur ce vol à destination de XXX à bord de notre Airbus .../Boeing .../Fokker ...	Buenos/as (días, tardes, noches), y bienvenidos. Sobrecargo responsable del servicio a bordo. Muchas gracias por volar con XXX en este vuelo con destino a ... servicio con el deseo de que tengan un vuelo agradable. Es necesario que tengan la mesa plegada, el respaldo de su butaca vertical y el cinturón de seguridad abrochado.	Joyoukyaku no minasama Ohayou gozaimasu/Konnichiha/Konbanwa. xxx ni kawari, minasama ni touki Airbus .../Fokker ... heno gotoujou wo kokoro yori kangei moushiagemasu.
2	We kindly ask you to stow your carry-on baggage either under the seat in front of you or in the overhead compartment. Please note, that the emergency exit rows and the first seat row(s) must be cleared of any carry-on baggage. Thank you.	Bitte verstauen Sie Ihr Handgepäck entweder unter Ihrem Vordersitz oder in einem Gepäckfach. Beachten Sie bitte, dass Reihen beim Notausstieg, sowie die erste(n) Sitzreihe(n) frei von Handgepäck sein müssen. Vielen Dank.	Nous vous prions de bien vouloir ranger vos bagages à main, soit sous le siège devant vous ou dans le compartiment à bagages. S'il vous plaît noter, que la première rangée de sièges doit être maintenue libre de tout bagage à main. Merci.	Buenos días/tardes/noches. Para agilizar el embarque, agradecemos que ocupen su asiento lo antes posible, y coloquen su equipaje en los compartimentos superiores o debajo del asiento delantero. Muchas gracias.	Tenimotsu ha mae no zaseki no shita ka mata ha zujou no nimotsu ire ni goshunou kudasai. Tsuuro ya hijou guchi, soshite ichiban mae no ozaseki no mae ha nani mo okanaiyou onegai moushiagemasu.
3	We'll be leaving very shortly, so please switch off your mobile phone and any other electronic devices and respect the smoking ban on board. Thank you!	Wir starten in wenigen Minuten: Schalten Sie bitte Ihr Mobiltelefon und Ihre elektronischen Geräte aus, und beachten Sie das Rauchverbot an Bord. Herzlichen Dank!	Nous partons très bientôt, donc s'il vous plaît, veuillez éteindre votre téléphone portable et autres appareils électroniques et respecter l'interdiction de fumer à bord. Merci!	Por favor, ahora deben apagar sus teléfonos, manteniéndolos desconectados durante todo el vuelo. Otros dispositivos electrónicos solo deberán estar apagados durante el despegue y el aterrizaje. Muchas gracias	Touki ha mamonaku ririku itashimasu. Okyakusama no keitai denwa ya denki kiki no dengen ga kireteiruka imaichido gokakunin kudasai. Nao toukinai ha kinenn desu
4	Ladies and Gentlemen, we want to inform you about the international safety regulations:	Meine Damen und Herren, wir informieren Sie über die internationalen Sicherheitsbestimmungen:	Mesdames et Messieurs, Nous tenons à vous informer sur les règles de sécurité internationales:	Por favor presten atención. A continuación vamos a realizar una demostración sobre los aspectos de seguridad de este vuelo.	Gotoujou no minasama, korekara kokusaianzenkitei ni tuite gosetumei moushiagemasu:
5	Our aircraft has 6 emergency exits: 2 exits in the rear cabin, 2 overwing exits and 2 exits in the front of the cabin. They are marked with „AUSGANG" and „EXIT". Seat mounted escape path lights will guide you to the exits.	Unser Flugzeug hat 6 Notausgänge: 2 Notausgänge befinden sich im hinteren Bereich, 2 über den Tragflächen und 2 befinden sich im vorderen Bereich der Kabine. Sie sind als „Ausgang" und „EXIT" gekennzeichnet. Lichter an den Sitzreihen führen zu diesen Ausgängen.	Notre avion a 6 issues de secours: 2 sorties dans la cabine arrière, 2 sorties sur les ailes et 2 sorties à l'avant de la cabine. Ils sont marqués avec „AUSGANG" et „EXIT". Un sentier de lumières au sol vous guidera vers les sorties.	Observen que hay ... puertas de salida, ... a cada lado del avión. Cada una de ellas está señalizada con la palabra „SALIDA". En el lateral inferior de las butacas o en el suelo a lo largo del pasillo, hay unas luces que se iluminan en caso de emergencia, marcando las vías de evacuación. Todas las salidas de emergencia, incluidas las ventanillas sobre las alas disponen de una rampa inflable de evacuación.	Kono hikouki ha 6kasho no hijouguchi ga gozaimasu. Sonouchi 2 tsu ha kouhou ni, 2 tsu ha kitai tsubasa bubun, 2 tsu ha zenpou ni gozaimasu.„Ausgang" mataha „EXIT" no moji ga mejirushi desu. Tsuuro no raito ga michishirube desu.
6	There are oxygen masks located in panels above your seats. These will open automatically at decreasing cabin pressure. Pull the mask towards you, place it firmly over mouth and nose and secure the elastic band. Important: First help yourself before assisting children.	Unser Flugzeug ist mit Sauerstoffmasken ausgerüstet, die sich über Ihren Sitzen befinden, und bei einem Druckverlust automatisch herausfallen. Ziehen Sie die Maske zu sich heran, drücken Sie die Öffnung auf Mund und Nase und befestigen Sie das Band um Ihren Kopf. Wichtig: Legen Sie zuerst Ihre eigene Maske an, und helfen anschließend Sie Ihren Kindern.	Il existe des masques à oxygène dans les panneaux situés au dessus de votre siège. Ils s'ouvriront automatiquement en cas de dépressurisation de la cabine. Tirez le masque vers vous, placez-le fermement sur la bouche et le nez en garantissant l'étanchéité avec la bande élastique. Important: faîtes-le d'abord à vous-même avant d'aider les enfants.	En caso de despresurización de la cabina se abrirá automáticamente un compartimento situado encima de sus asientos que contiene las MÁSCARAS DE OXÍGENO. Si esto ocurriera, tiren fuertemente de la máscara, colóquenla sobre la nariz y la boca, y respiren con normalidad.	Minasama no ozaseki no joubu niha sanso masuku ga zozaimasu. Kore ha kyuugeki na kiatu no henka ni yori jidouteki ni orite kimasu. Masuku wo hikiyose kuchi to hana ga kabusaru youni souchaku shi, bando ha atama ni kakete kudasai. Juuyou: mazu hajime ni gojibun ga masuku wo souchaku saretekara, okosama ni souchaku shitekudasai.

Anekdoten

Der Captain auf einem Flug von JFK: „Welcome on our flight non stop to L.A. The weather ahead is fine and therefore we should have a smooth and uneventful flight. Now sit back and relax – Oh my god!“ Stille in der Kabine. Kurze Zeit später meldet sich der Captain zurück: „Sorry if I scared you earlier, but while I was talking the flight attendant brought me a cup of coffee and spilled the hot coffee in my lap. You should see the front of my pants.“ Ein Passagier ruft eine Stewardess und bittet sie dem Captain auszurichten: „Never mind the front of his pants. He should really see the back of mine!“

Englische Ingenieure haben eine Kanone entwickelt, mit dem sie totes Geflügel auf die Windschutzscheibe von Flugzeugen schießen, um die Widerstandsfähigkeit zu testen. Bei einem Test zerschlug das Huhn die Scheibe, zerbrach die Kopfstütze des Piloten und flog wie ein Pfeil bis in das Ende der Kabine. Die alarmierte NASA antworte mit einem Satz „thaw the chicken“, sie müssen das Huhn auch auftauen.

Stress beim Check-in. Ein entnervter Passagier drängelt sich nach vorn, wird aber wieder zurückgeschickt. Wütend brüllt er: „Do you know who I am?!“ Der Agent am Schalter macht darauf folgende Ansage: „There is a man at the Delta ticket counter who does not know who he is. Anyone who may be able to identify this man is asked to please step forward and identify him.“

Es ist schon ein paar Jahre her. Ein Frankfurter Fluglotse musste mehrfach eingreifen, um einem soeben gelandeten British Airways Piloten den Weg zu seinem Gate zu erklären. Schließlich fragt er ihn ungeduldig: „Waren Sie denn noch nie in Frankfurt?“ „Doch. 1944. Aber damals bin ich nicht gelandet.“

Die Maschine war höchstens zu 20% ausgebucht. Ansage einer Stewardess beim Boarding der Passagiere: „Bitte nehmen Sie einen Fensterplatz ein, damit die Konkurrenz denkt, wir seien ausgebucht.“

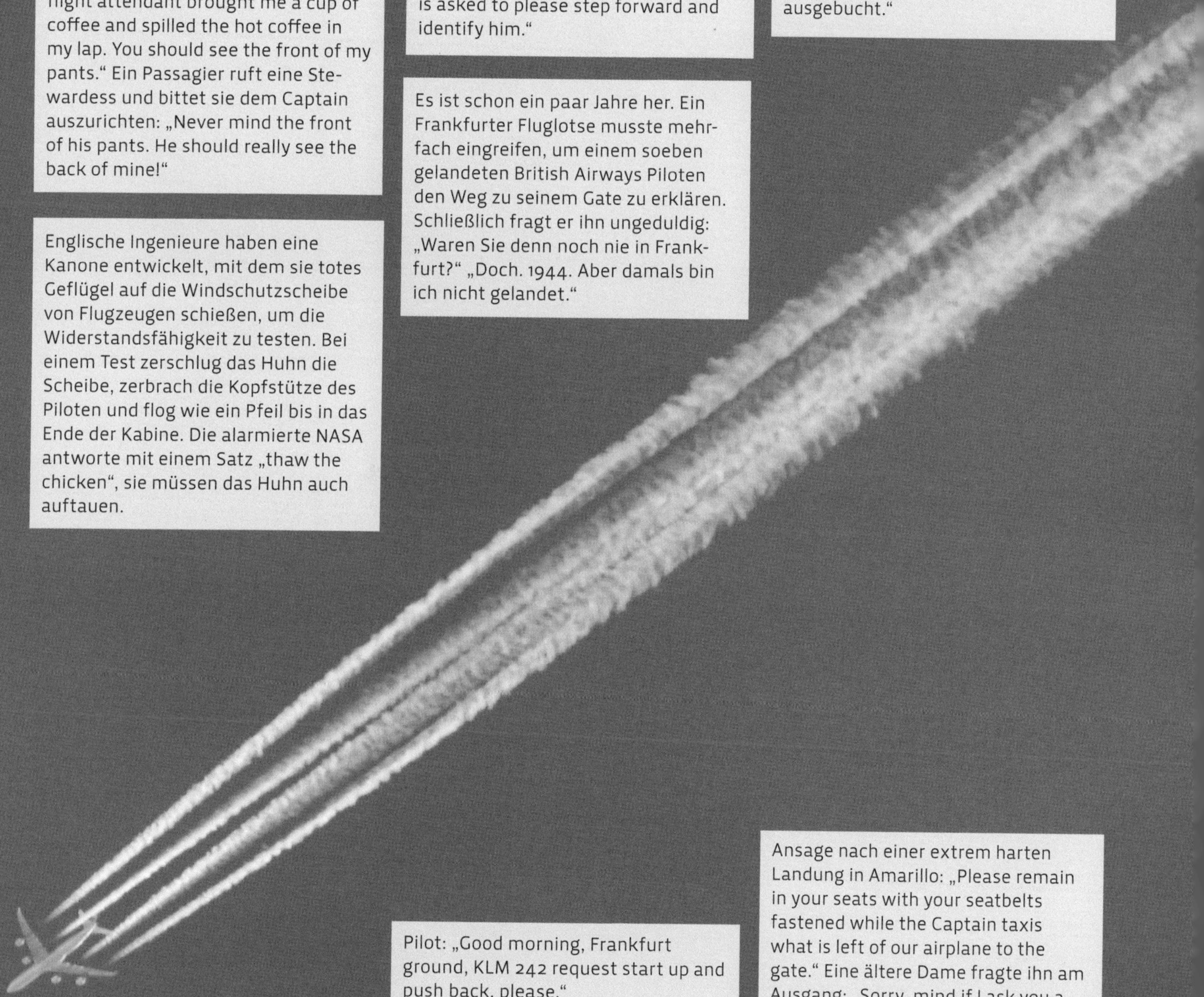

Tower: „Have you reached Flight Level 200 or not?“
Pilot: „Yes.“
Tower: „Yes what?“
Pilot: „Yes, SIR.“

Pilot: „Good morning, Frankfurt ground, KLM 242 request start up and push back, please.“
Tower: „KLM 242 expect start up in two hours.“
Pilot: „Please confirm: two hours delay?“
Tower: „Affirm.“
Pilot: „In that case, forget about the good morning!“

Ansage nach einer extrem harten Landung in Amarillo: „Please remain in your seats with your seatbelts fastened while the Captain taxis what is left of our airplane to the gate.“ Eine ältere Dame fragte ihn am Ausgang: „Sorry, mind if I ask you a question?“ „Why not“, sagte der Pilot, „Madam, what is it?“ Sie antwortete: „Did we land or were we shot down?“ Nach einer anderen harten Landung sagte der Purser „remain seated as Captain Kangaroo bounces us to the terminal“.

… UND TROTZDEM WIRD FLIEGEN IMMER SICHERER

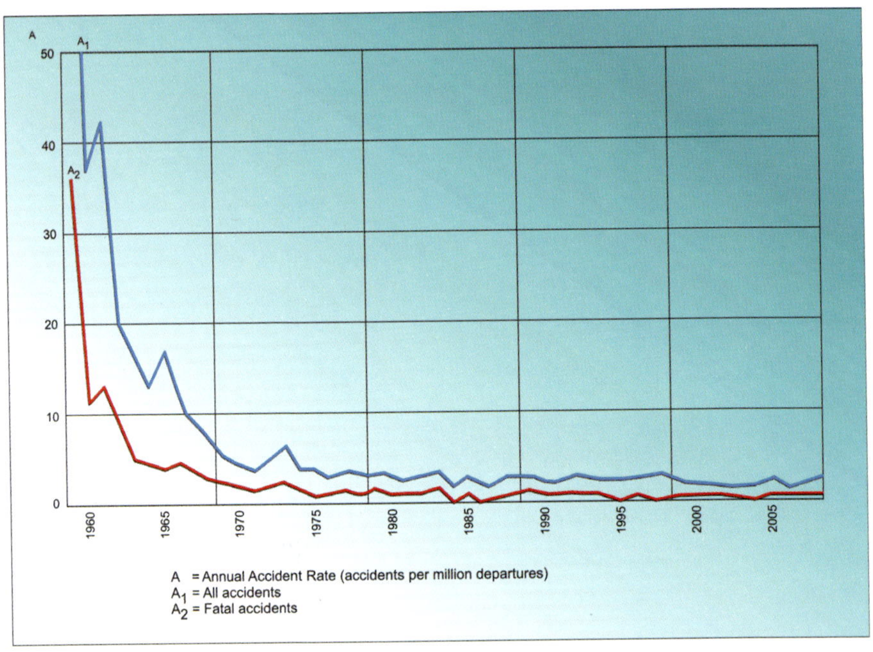

WIE SICHER IST FLIEGEN?

Wenn man in Europa täglich in ein Flugzeug stiege, 365-mal im Jahr, würde es statistische 5708 Jahre dauern, bis man eine Chance von 50:50 hätte, in einen Unfall verwickelt zu werden.

Unfallursachen

Zur Welt der Luftfahrt gehören zum allseitigen Bedauern auch die Luftfahrtunfälle. 1926 und 1927 gab es 24 Airline Unfälle. 1928 waren es 26, 1929 sogar 51! Von damals bis heute ist das der schlimmste Rekord in der Unfallstatistik: Mit einem Unfall pro 1,6 Mio. Flugkilometer. Würde man das auf das heutige Flugaufkommen umrechnen, hätten wir 7000 Totalverluste pro Jahr. Mittlerweile ist die Luftfahrt jedoch bei einem statistischen Wert von einem Unfall pro 3,2 Mrd. Flugkilometer angekommen. Der Unfall ist selten auf eine einzige Ursache zurückzuführen, sondern steht fast immer am Ende einer Verkettung von widrigen Umständen.

Die gängigsten Unfallursachen sind:

Umwelt

Wind, Sturm, Wolken, Nebel, Regen, Hagel, Blitze, Hitze, Kälte, Eis und Schnee machen die Fliegerei anspruchsvoll. Aber auch die Vögel in der Luft oder das Wild am Boden stellen eine latente Gefahr für die Flugzeuge dar. Der Mensch versucht, all diese möglichen Gefahren zu minimieren, ganz umgehen kann er sie nicht.

Technik

Die alte DC-3 erinnert noch sehr an die Schmiedekunst ihrer Zeit. Damals trieb man die Nieten noch mit dem Hammer ins starre Blech. Heute klebt man verwindungsfähige Verbundwerkstoffe, verlegt wabenartige Kunststoffe, die die Festigkeit der schweren Bodenbleche von einst übertreffen. Die Technik ist viel aufwendiger geworden, was das Fliegen nachweislich sicherer gemacht hat. Alle Systeme sind mehrfach ausgelegt. Bis zu 900 Passagiere kann ein Großraumflugzeug heute befördern. Die Triebwerke sind größer, stärker und zuverlässiger, die Reichweiten größer. Flugzeuge fliegen höher, in ruhigeren Luftschichten. Aber die komplexe Technik kann trotz aller Redundanz auch einmal versagen. Meist ist da aber wieder der Mensch am Werk.

Material

Wenn ein Flugzeug aus großer Höhe kommend im heißen Las Vegas zur Landung ansetzt, dann war es wenige Minuten vorher noch in einer Temperatur von vielleicht minus 60 °C. Alles Material muss diese rapiden Temperaturschwankungen aushalten, von den Fenstern bis zum Fahrwerk, dessen Reifen auf der 90 Grad heißen Piste in Sekundenschnelle von null auf 250 km/h beschleunigt werden und gleichzeitig die tonnenschwere Last des Flugzeugs tragen müssen. Daher wird alles Material in regelmäßigen Abständen überprüft und ausgetauscht. Und doch kommt es vor, dass einmal ein Haarriss übersehen wird, dass ein Bolzen bricht oder ein Motor versagt. Auch hier ist meist wieder der Mensch im Spiel.

Elektronik

Früher wurden Flugzeuge mit Muskelkraft geflogen. Die Steuersäule war mit Seilen und Drähten verbunden, die die Ruder und Klappen bewegten. Heute ersetzen Hunderte von Bordcomputern den Bowdenzug. Sie geben elektronische Steuerbefehle an Aktuatoren und Motoren, der Pilot fliegt mit Joystick, so er denn überhaupt in die Steuerung eingreift. Denn Kollege Autopilot hält die Höhe und den Kurs, Kollege Computer berechnet die günstigste Triebwerkleistung, Kollege FMS (Flight Management System) informiert ihn über den Verbrauch, Distanz zum Ziel, Kurs zum nächsten Ausweichflughafen und über die Gesundheit der Systeme. Alles über ein multitaskingfähiges Gerät, natürlich doppelt ausgelegt. Monitore ersetzen den „Uhrenladen" von einst, die mehrfache Auslegung der Rechner soll sich gegenseitig überwachen und gleichzeitig falsche Reaktionen des Piloten verhindern oder begrenzen. Computer funktionieren nicht mehr, wenn sie mit unlogischen Daten gefüttert werden, wie es z.B. beim Absturz der Air France vor Brasilien gewesen sein könnte.

Kommunikation

Nur wenn alle handelnden Personen miteinander kommunizieren, d. h. Informationen austauschen und diese auch begreifen, können Abläufe miteinander abgestimmt werden. Dabei ist es ausschlaggebend, dass eine gegebene Information auch im Verstand korrekt ankommt, verarbeitet und bestätigt wird. Dazu sind gemeinsame Standards notwendig, was auch – und ganz besonders – eine gemeinsame Sprache (englisch) umfasst, die von allen Akteuren beherrscht werden muss und ausschließlich gesprochen werden darf.

Mensch

Der Mensch ist schon immer das größte Unfallrisiko gewesen. Stimmungen, Gemüt, Fähigkeiten, Verstand und Wissen bestimmen sein Handeln. Gleichzeitig fördern oder beeinträchtigen äußere Umstände sein Urteilsvermögen oder seine Gewissenhaftigkeit. Das betrifft den Techniker genauso wie den Piloten, den Planer genauso wie den Fluglotsen. Hier wird versucht, über die Organisation der Arbeit, des Personals, der Ausbildung, der Qualitätskontrolle bis hin zur Bezahlung unerwünschtes Verhalten auszuschließen.

Dass die Luftfahrt all diese möglichen Unfallursachen weitgehend im Griff hat, sieht man an der hervorragenden Unfallstatistik. Dass es aber immer noch viel zu tun gibt, sieht man auch an den gelegentlichen Einzelfällen, deren tragische Opferzahlen am Ende einer Kette von Fehlern stehen, die meist irgendwo durch einen Faktor hätte unterbrochen werden können, durch den Faktor Mensch.

Region	IATA Unfall Faktor 2008	Unfall nach X Flügen	Anzahl Jahre
World	0,90	1 111 111	3044
Europe	0,48	2 083 333	5708
North America	0,58	1 724 138	4724
Asia	0,58	1 724 138	4724
North Africa & Middle East	1,89	529 101	1450
Africa	2,12	471 698	1292
Central & South America	2,55	392 157	1074
CIS	6,43	155 521	426

NOTFALLTRAINING

THEORIE ...

Evakuierung

Große Airlines unterhalten in ihren Ausbildungszentren Kabinensimulatoren, in denen das Personal mehrfach im Jahr Notfalltraining durchlaufen muss. Panikbekämpfung, Umgang mit den Schwimmwesten, das Entfalten von Notrutschen muss regelmäßig geübt werden, wenn es im Ernstfall klappen soll. So kann man auch erklären, dass nach der missglückten Landung eines französischen A340 in Toronto alle 304 Personen an Bord das Flugzeug verlassen konnten, obwohl die Maschine bereits brannte und zwei Notausgänge blockiert waren.

Die Luftfahrt hat den Herstellern ganz klare Regeln vorgegeben, in welcher Zeit ein Flugzeug unter welchen Bedingungen evakuiert werden muss. Das Flugzeug wird nur für so viele Personen zugelassen, wie in 90 Sekunden evakuiert werden können.

Der Test wird unter folgenden Bedingungen durchgeführt:

- Bei Dunkelheit
- Repräsentative Passagier-Zusammensetzung bei normaler Gesundheit
- 40 % weiblich
- 35 % über 50
- 15 % über 50 müssen weiblich sein
- 3 lebensgroße Baby-Puppen
- Fenster von außen verklebt
- Gänge werden mit Kissen, Decken und Handgepäck verstellt
- Passagiere kennen die Testbedingungen nicht
- Nur die Hälfte der Türen dürfen benutzt werden
- Die Seite wird kurzfristig festgelegt
- Passagiere müssen angeschnallt sein
- In der Kabine darf nur die Notbeleuchtung brennen
- Flugbegleiter müssen eine normale Notfalldemo machen
- Cabin Crew muss von einer aktiven Fluglinie sein
- Sie darf in den letzten 6 Monaten nicht an einer solchen Übung teilgenommen haben
- Sie muss sich aus einer durchschnittlichen Crew zusammensetzen in Bezug auf Geschlecht, Alter, Größe und Erfahrung

Der Evakuierungstest des A380 erbrachte 873 Personen aus beiden Stockwerken in 78 Sekunden!

...UND PRAXIS

CRASH FIRE RESCUE

Die Rettungsdienste an allen Flughäfen der Welt durchlaufen ein streng kontrolliertes Trainingsprogramm. Alle zwei Jahre werden sie von der ICAO überprüft. Dabei kommt es auf folgende Schwerpunkte an:

- Einsatzbereitschaft
- Ausrüstung
- Löschhandwerk
- Bergung der Verletzten
- Erstversorgung
- Zusammenarbeit der Dienste (Flughafenfeuerwehr, Ortsfeuerwehr, Ärzte, Krankenhäuser, Polizei, Militär)
- Leitung der Dienste

Am sichtbarsten sind die großen Löschfahrzeuge wie zum Beispiel die Simbas. Geländegängig, meist über 1000 PS stark, mit 12000 Liter Wasser, dem man je nach Einsatzart 2 x 600 Liter Schaum und/oder 2 Tonnen Löschpulver beimischen kann. Gewaltige Pumpen mit 280 PS über einem auf das Dach montierten Löschbalken, der über einen „Joystick" vom Führerhaus gesteuert wird oder über Frontdüsen. Das Fahrzeug hat eine Selbstschutzeinrichtung für die Reifen. Muss es beispielsweise durch brennendes Kerosin fahren, kann es mittels 7 Wasserschaumdüsen je 60 Liter Wasser pro Minute auf die Reifen sprühen.

Zu jedem Löschzug gehören zwei dieser Großtanklöschfahrzeuge, zusätzlich weitere Tanklöschfahrzeuge, Gerätewagen, Schlauchwagen, Rüstwagen sowie Rettungscontainer, in denen alles erdenkliche Material vorhanden ist, das sich bei der Rettung von Passagieren bewährt hat.

Ist eine Notlage angekündigt, rasen die Löschfahrzeuge schon Sekunden nach dem Stillstand der gelandeten Maschine heran, die Löschbalken auf den möglichen Brand gerichtet. Weitere Fahrzeuge kommen, Spezialfahrzeuge mit Leitern, Brandbekämpfer in feuersicheren Overalls und Atemgerät stehen bereit, um die Maschine zu löschen, zu entern und die Passagiere zu bergen.

SCHIFFE

Flughäfen, die am Wasser liegen, müssen auch auf einen Notfall vorbereitet sein, der in Ufernähe stattfindet. Dafür gibt es ständig bemannte und einsatzbereite Feuerlöschboote.

TRIAGE

Bei einem ernsthaften Crash rücken weitere Rettungsfahrzeuge an, je länger die Bergungsarbeiten dauern. Die Einsatzpläne sehen vor, dass Rettungskonvois von den umliegenden Städten und Ortschaften abrücken, Polizei und Militär werden alarmiert. Rettungshubschrauber fliegen ein. Hier spielt Disziplin eine wichtige Rolle. Alle Kräfte sind dem On-Scene Commander unterstellt.

In Minutenschnelle werden Zelte aufgestellt, die Triage eingerichtet. Bei einem Massenunfall verfahren die Notärzte nach der Dreißiger-Regel: Für jeden am Unfall beteiligten Menschen können erst einmal nicht mehr als 30 Sekunden Zeit aufgebracht werden, um ihn in einen von drei Kategorien einzuteilen: Rot, Gelb oder Grün. 30 Sekunden später kümmern sie sich schon um den nächsten. (Das Wort Triage stammt von dem französischem Verb „trier" ab und bedeutet „sortieren".)

Rot bedeutet, dass der Patient so schwer verletzt ist, dass er dringend medizinische Hilfe benötigt, um den Unfall zu überleben. Gelb steht für Patienten, die ebenfalls medizinische Hilfe benötigen, aber nicht in akuter Lebensgefahr schweben und auch ohne sofortige Hilfe den Unfall überleben werden. Unter Grün fallen alle Patienten, die nur leichte Verletzungen davongetragen haben und sich selber fortbewegen können und zunächst auch keine medizinische Hilfe benötigen.

Bewährt haben sich Tafeln, Bänder oder Aufkleber, die den Opfern angeheftet werden können. Während nun ständig weitere Ärzte eintreffen, können sie sich der Verletzten gemäß der Prioritäten annehmen und sie entsprechend versorgen.

Flugzeugunglücke

Datum Airline Ort	Flugnummer Flugzeugtyp Registrierung	Opfer	Art des Unfalls
3.6.1962 Air France France	AF 117 Boeing 707-328 F-BHSM	130	Die Boeing 707 schoss über das Startbahnende hinaus und kollidierte mit einem Gebäude.
4.2.1966 All Nippon Japan	NH 60 Boeing 727-81 JA8302	133	Die Boeing 727 stürzte im Landeanflug in die Bucht von Tokyo.
30.7.1971 All Nippon Japan	NH 58 Boeing 727-281 JA8329	162	Kollision der Boeing 727 mit einem Kampfjet
3.12.1972 Spantax Spain	--- Convair CV-990-30A-5 EC-BZR	155	Startunfall
3.3.1974 THY France	TK 981 DC-10-10 TC-JAV	346	Vermutlich führte eine nicht sachgemäß verschlossene Frachttür zu dem Absturz. Die Tür öffnete sich im Flug. Der plötzlich entstandene Unterdruck in der Kabine riss zunächst sechs Passagiere ins Freie. Auch Teile der Flugzeugstruktur wurden beschädigt, was zu einem Ausfall des Triebwerks Nr. 2 und Teilen der Steuerung führte. Die DC-10 war nicht mehr kontrollierbar und stürzte ab.
20.11.1974 Lufthansa Kenya	LH 540 Boeing 747-130 D-ABYB	59	Der Jumbojet der Lufthansa verunglückte beim Start in Nairobi.
10.9.1976 British Airways Croatia	BA 475 Hawker Siddeley HS-121 Trident G-AWZT	176	Eine Douglas DC-9 der jugoslawischen Inex Adria Aviopromet und die Hawker Siddeley HS-121 Trident kollidierten in der Luft.
27.3.1977 KLM Spain	KL 4805 Boeing 747-206B PH-BUF	583	Ein Pan-Am-Jumbo stieß mit dem KLM-Jumbo bei dichtem Nebel zusammen. Größter Unfall der zivilen Luftfahrt. Die KLM hatte noch keine Startfreigabe.
19.11.1977 TAP Portugal	TP 425 Boeing 727-282 CS-TBR	131	Die Maschine kam auf der damals sehr kurzen Landebahn nicht rechtzeitig zum Stehen und rutschte einen Abgrund hinunter.
1.1.1978 Air-India India	AI 855 Boeing 747-237B VT-EBD	213	Die Boeing 747 explodierte nach dem Start und stürzte ins Meer.
25.9.1978 PSA USA	PS 182 Boeing 727-214 N533PS	137	Über San Diego stieß die Boeing 727 mit einem Sportflugzeug vom Typ Cessna-172 zusammen.
25.5.1979 American Airlines USA	AA 191 DC-10-10 N110AA	271	Die McDonnell Douglas DC-10 des American-Airlines-Fluges 191 stürzt ab, nachdem während des Starts ein Triebwerk abgerissen war.
28.11.1979 Air New Zealand Antarctica	TE 901 DC-10-30 ZK-NZP	257	Bei einem Antarktis-Rundflug prallte eine neuseeländische McDonnell Douglas DC-10 gegen den Mount Erebus.
19.8.1980 Saudi Arabian Saudi Arabia	SV 163 Lockheed L-1011 TriStar 200 HZ-AHK	301	Trotz Notlandung der Lockheed L-1011 TriStar nach einem Feuer an Bord konnten die 301 Passagiere nur noch tot geborgen werden. Sie erstickten aufgrund falscher Reaktionen von Crew und Bodenmannschaften nach der Landung.

Datum Airline Ort	Flugnummer Flugzeugtyp Registrierung	Opfer	Art des Unfalls
9.7.1982 Pan Am USA	PA 759 Boeing 727-235 N4737	145	Die Boeing 727 stürzte kurz nach dem Start ab.
1.9.1983 KAL Pacific	KE 007 Boeing 747-230B HL7442	269	Die sowjetische Luftwaffe schoss bei Sachalin die vom Kurs abgekommene Boeing 747 ab.
27.11.1983 Avianca Spain	AV 011 Boeing 747-283B HK-2910	181	Die Boeing 747 der Avianca stürzte in der Nähe des Flughafens Madrid ab.
19.2.1985 Iberia Spain	IB 610 Boeing 727-256 EC-DDU	148	Die Boeing 727 streifte im Landeanflug auf den Flughafen Bilbao eine Antenne. Die linke Tragfläche wurde abgerissen, und das Flugzeug stürzte ab.
23.6.1985 Air-India Atl. Ocean	AI 182 Boeing 747-237B VT-EFO	329	Die Boeing 747 stürzt nach einer Bombenexplosion in den Atlantik.
2.8.1985 Delta Air Lines USA	DL 191 Lockheed L-1011 TriStar 1 N726DA	134	Die Lockheed L-1011 TriStar stürzte während eines Sturms in der Nähe des Flughafens Dallas ab.
12.8.1985 JAL Japan	JA 123 Boeing 747SR-46 JA8119	520	Die Boeing 747 stürzt ab, nachdem das Seitenruder abgerissen war. Wahrscheinliche Ursache war eine fehlerhafte Wartung sieben Jahre zuvor.
16.8.1987 Northwest Airlines USA	NW 255 DC-9-82 N312RC	154	Die McDonnell Douglas MD-80 stürzte kurz nach dem Start auf eine belebte Straße.
28.11.1987 SAA Indian Ocean	SA 295 Boeing 747-244B ZS-SAS	159	Die Boeing 747, auf dem regulären Flug von Taiwan nach Südafrika, versuchte nach einem Feuerausbruch im Frachtraum eine Notlandung auf Mauritius. Dies missglückte, und die Maschine stürzte ins Meer.
17.3.1988 Avianca Colombia	AV 410 Boeing 727-21 HK-1716	143	Die Boeing 727 stürzte in der Nähe der kolumbianischen Stadt Cúcuta ab.
3.7.1988 Iran Air Indian Ocean	IR 655 Airbus A300B2-203 EP-IBU	290	Der Airbus A300 wurde versehentlich durch das US-amerikanische Kriegsschiff USS Vincennes abgeschossen.
21.12.1988 Pan Am UK	PA 103 Boeing 747-121A N739PA	259	Aufgrund einer Bombenexplosion stürzte die Boeing 747 über Lockerbie/Schottland ab. Erst am 16. August 2003 übernahm Libyen die Verantwortung für diesen Terroranschlag und zahlte 2,7 Mrd. Dollar an die Hinterbliebenen.
2.10.1990 Xiamen Airlines China	UM 8301 Boeing 737-247 B-2510	128	Während der Notlandung der Boeing 737 kam es zwischen dem Piloten und dem Entführer zu einem Kampf, die Maschine geriet außer Kontrolle. Sie rammte eine Boeing 707 der China Southwest Airlines und krachte anschließend in eine Boeing 757.
26.5.1991 Lauda Air Thailand	NG 004 Boeing 767-3Z9ER OE-LAV	223	Bei der Boeing 767 schaltete sich nach dem Start in Bangkok, Thailand, durch einen Systemfehler im Steigflug die Schubumkehr beim linken Triebwerk ein. Dadurch stürzte die Maschine nahe Bangkok ab.
27.12.1991 SAS Sweden	SK 751 McDonnell Douglas DC-9-81 OY-KHO	0	Nach unvollständiger Enteisung vor dem Start gerieten Eisteile von den Tragflächen in die Triebwerke und zerstörten sie. Die Maschine zerbrach beim Aufschlag in drei Teile. Keine Opfer.

Datum Airline Ort	Flugnummer Flugzeugtyp Registrierung	Opfer	Art des Unfalls
24.11.1992 China Southern China	CS 3943 Boeing 737-3Y0 B-2523	141	Absturz der Boeing 737 beim Landeanflug 20 km vor Guilin.
8.9.1994 USAir USA	US 427 Boeing 737-3B7 N513AU	132	Die Boeing 737 stürzte während des Landeanflugs ab, nachdem das Seitenruder außer Kontrolle geraten war.
20.12.1995 American Airlines Colombia	AA 965 Boeing 757-223 N651AA	160	Die Boeing 757 stürzte während des Landeanflugs ab. Die Piloten hatten beim Anflug ein falsches Navigationsziel eingestellt. Bei der anschließenden Kurskorrektur prallte die Maschine gegen einen Berg.
6.2.1996 Birgenair Atl. Ocean	KT 301 Boeing 757-225 TC-GEN	189	Die Boeing 757 stürzte kurz nach dem Start vom Flughafen der Küstenstadt Puerto Plata, Dominikanische Republik, ins Meer. Wahrscheinliche Ursache des Absturzes war ein zu hohe Werte anzeigender Geschwindigkeitsmesser, der die Piloten zu falschen Reaktionen verleitete.
17.7.1996 TWA USA	TW 800 Boeing 747-131 N93119	230	Kurz nach dem Start in New York City explodierte die Boeing 747 in gut 4 km Höhe. Höchstwahrscheinlich hatte ein Kurzschluss das Gas-Luft-Gemisch eines Flügeltanks entzündet.
12.11.1996 Saudi Arabian India	SV 763 Boeing 747-168B HZ-AIH	349	Kollision in der Luft zwischen der in Neu-Delhi gestarteten Boeing 747 und einer Iljuschin Il-76 der Air Kazakhstan, die ihre zugewiesene Flughöhe verlassen hatte.
6.8.1997 Korean Air Guam	KE 801 Boeing 747-3B5 HL7468	228	Beim Anflug prallte die Boeing 747 etwa 5 km vor dem Flughafen gegen einen Hügel. Das ILS war abgeschaltet; die Piloten führten den Anflug zu tief aus, was von der Flugsicherung aber nicht bemerkt wurde.
26.9.1997 Garuda Indonesia	GA 152 Airbus A300B4-220 PK-GAI	234	Der Airbus A300 stürzte beim Landeanflug auf Medan ab. Wahrscheinliche Ursache war mangelhafte Kommunikation zwischen Piloten und Flugsicherung sowie schlechte Sicht.
16.2.1998 China Airlines Taiwan	CI 676 Airbus A300-622R B-1814	196	Der Airbus A300 steuerte in leichtem Nebel und Regen die Landebahn in Taipeh zu hoch an und startete durch. Dabei geriet die Maschine außer Kontrolle und stürzte ab.
2.9.1998 Swissair Canada	SR 111 MD-11 HB-IWF	229	Bei der MD-11 auf dem Flug von New York City nach Genf brach rund eine Stunde nach dem Start ein Feuer hinter dem Cockpit aus, das zu Rauchentwicklung und zum Ausfall von Instrumenten führte. Auf dem Weg zur Notlandung in Halifax stürzte das Flugzeug vor der Küste von Nova Scotia in den Atlantik.
31.10.1999 EgyptAir Atl. Ocean	MS 990 Boeing 767-366ER SU-GAP	217	Die Boeing 767-300ER stürzte auf dem Flug von New York City (USA) nach Kairo (Ägypten) in den Atlantik. Das Flugzeug ging kurz vor Absturz in einen von einem der Piloten ausgelösten Sturzflug über.
19.4.2000 Air Philippines Philippines	3G 541 Boeing 737-2H4 RP-C3010	131	Die Boeing 737-200 stürzte 6 km vor der Landung in Davao ab.
23.8.2000 Gulf Air Bahrain	GF 072 Airbus A320-212 A4O-EK	143	Nach einem abgebrochenen Landeanflug stürzte der Airbus A320 ins Meer.
31.10.2000 Singapore Airlines Taipei	SQ 006 Boeing 747-412 9V-SPK	83	Die Boeing 747 startete irrtümlich auf einer gesperrten Startbahn, stieß mit Baugeräten zusammen, zerbrach und ging in Flammen auf.
8.10.2001 SAS Italy	SK 686 McDonnell Douglas MD-87 SE-DMA	118	Die McDonnell Douglas MD-87 kollidierte während des Starts mit einer Cessna 525A Citation, welche irrtümlich im starken Nebel auf die Startbahn geriet. Die Maschinen gerieten sofort im Flammen.

Datum Airline Ort	Flugnummer Flugzeugtyp Registrierung	Opfer	Art des Unfalls
12.11.2001 American Airlines USA	AA 587 Airbus A300B4-605R N14053	260	Der Airbus A300 stürzte weniger als drei Minuten nach dem Start vom John F. Kennedy International Airport in bewohntes Gebiet. Das Seitenruder der Maschine war während des Steigflugs abgerissen.
15.4.2002 Air China South Korea	CA-129 Boeing 767-2J6ER B-2552	129	Die Boeing 767 stürzte beim Landeanflug in ein Waldgebiet.
25.5.2002 China Airlines Pacific	CI 611 Boeing 747-209B B-18255	225	Die Boeing 747 der China Airlines brach kurz nach dem Start wegen Materialermüdung auseinander.
3.1.2004 Flash Airlines Egypt	FSH 604 Boeing 737-3Q8 SU-ZCF	148	Die Boeing 737 stürzte in das Rote Meer. Wahrscheinliche Absturzursache war ein Problem während der Startphase.
29.9.2006 Gol Brazil	G9 1907 Boeing 737-8EH PR-GTD	154	Die Boeing 737-800 stürzte in ein Urwaldgebiet im nördlichen Mato Grosso ab, nachdem sie in 11 000 m Höhe eine Embraer Legacy gestreift hatte.
17.7.2007 TAM Brasil Brazil	JJ 3054 Airbus A320-233 PR-MBK	187	Der Airbus A320 kam nach der Landung in Flughafen São Paulo-Congonhas auf regennasser Piste nicht zum Stehen. Das Flugzeug kollidierte mit 175 km/h mit einer Tankstelle und einem Gebäude außerhalb des Flughafengeländes.
20.8.2008 Spanair Spain	NR 5022 MD-82 EC-HFP	154	Die MD-82 zerschellte direkt nach dem Start in Madrid. Sie zerbrach und brannte vollständig aus.
1.6.2009 Air France Atl. Ocean	AF 447 Airbus A330-203 F-GZCP	228	Der Airbus A330-203 stürzte auf dem Flug 447 von Rio de Janeiro nach Paris aus noch ungeklärter Ursache in den Atlantik.
30.6.2009 Yemenia Airways Comoros	IY 626 Airbus A310-324 7O-ADJ	152	Der Airbus A310-300 stürzte 5–10 km vor der Hauptinsel der Komoren ab. Nur ein 14-jähriges Mädchen überlebte.

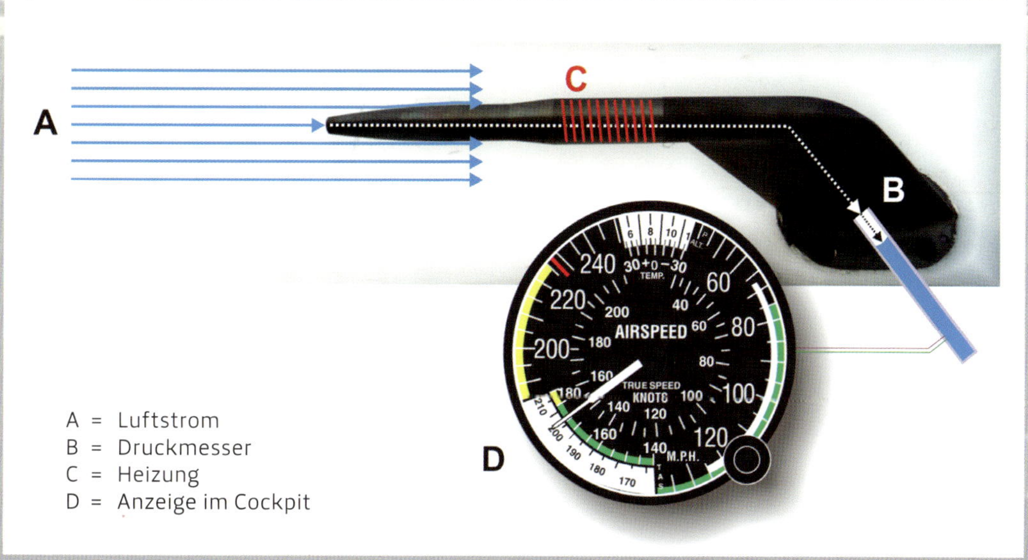

Funktionsweise einer Pitot-Sonde. Verstopfte, verklebte oder vereiste Sonden waren schon Ursache für Fehlfunktionen im Avionik Computer, was eine Besatzung in schwere Bedrängnis bringen kann.

Entführungen

Die erste Entführung fand am 16.7.1948 statt, als ein Catalina Flugboot der Cathay Pacific entführt wurde und dabei vor Macau ins Meer stürzte.

Die 1960er und 1970er Jahre waren überschattet durch zahlreiche Entführungen und Sprengungen durch palästinensische Terroristen.

1971 brachte ein gewisser Dan Cooper eine Boeing 727 der Northwest Orient Airlines in seine Gewalt. Cooper ging mit ausgesuchter Höflichkeit und Umsicht vor. Er wies eine Flugbegleiterin darauf hin, dass er in seiner Aktentasche eine Bombe mit sich führte. Bei der Landung in Seattle verlangte er im Austausch gegen die Passagiere 200 000 Dollar und vier Fallschirme, einen für den Piloten, den Copiloten, eine Stewardess und sich selbst. Er wollte damit verhindern, dass man seinen Schirm manipulierte. Dann befahl er dem Captain, mit ausgefahrenem Fahrwerk, in 3000 m Höhe und Klappen auf 15 Grad in Richtung Mexiko zu fliegen. Er rechnete damit, dass die Maschine von Kampfflugzeugen verfolgt würde und sprang offenbar genau dann von der hinteren Treppe ab, als das Flugzeug ein Wolkengebiet durchflog.

18 Tage lang durchkämmte das FBI die vermutliche Absprungzone, ohne jemals eine Spur von dem Mann, dem Geld oder dem Fallschirm zu finden.

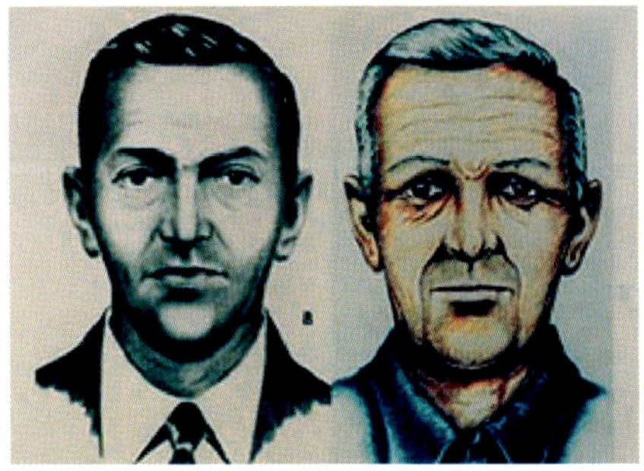

Phantomzeichnung des FBI

Natürlich gab es einige Nachahmer, die aber allesamt wenig erfolgreich waren, teils weil die Behörden mittlerweile darauf vorbereitet waren, teils weil sie sich das falsche Flugzeug ausgesucht hatten und beim Absprung vom Höhenruder erschlagen wurden.

Großartige Leistung der GSG 9 1977 in Mogadischu. Nach 5-tägiger Entführung werden bei der Erstürmung des Flugzeuges immerhin drei der vier Terroristen erschossen und sämtliche 86 Passagiere befreit.

Nicht alle Befreiungsaktionen verliefen so glimpflich. 1982 gab es auf Malta eine Erstürmung durch ägyptische Soldaten, in deren Verlauf 59 Menschen starben. 1986 starben 22 Menschen, als ein pakistanisches Kommando eine entführte 747 der Pan Am in Karatschi stürmte.

Besonders tragisch endete eine Entführung am 2.10.1990 in China. Ein Entführer mit angeblich 15 kg Sprengstoff verlangte, nach Taiwan geflogen zu werden. Der Captain wurde daraufhin von staatlicher Stelle angewiesen, zum Schein auf die Forderung einzugehen, aber heimlich nach Guangzhou zurückzufliegen. Der Entführer bemerkte die Täuschung bei der Landung. Im Cockpit kam es zum Kampf. Die Maschine krachte auf die Landebahn, brach aus, schlitzte eine leere Boeing 707 auf und schlitterte in eine vollgetankte Boeing 757, die mit 122 Personen besetzt gerade zum Start rollte. Die Boeing 737 wurde in zwei Stücke gerissen und explodierte in einem Feuerball. 127 Menschen starben.

Ein Lehrstück verbrecherischer Inkompetenz lieferten drei Männer äthiopischer Herkunft am 23.11.1996 ab. Sie stürmten das Cockpit der Boeing 767 der Ethiopian Airlines und verlangten nach Australien geflogen zu werden. Die Crew versuchte den dreien zu erklären, dass sie nicht einmal einen Bruchteil des notwendigen Treibstoffs dafür an Bord hatten. Bedauerlicherweise sprachen die Entführer aber nur ihren Stammesdialekt und konnten so nicht von der Sinnlosigkeit ihrer Forderung überzeugt werden. Als dann zwischen Madagaskar und den Komoren der Sprit ausging, versuchte Captain Abate, die 767 auf das seichte Wasser zu setzen. Da es aber im Cockpit noch mal zum Kampf kam, berührte eine Flügelspitze das Wasser, der Flügel riss ab, das Flugzeug zerbrach in drei Teile. 125 der 175 Menschen an Bord starben, viele konnten sich deshalb nicht retten, weil sie entgegen der eindringlichen Anweisung der Crew ihre Schwimmwesten schon im Flugzeug aufgeblasen hatten und sich dann im allgemeinen Chaos nicht mehr befreien konnten. Alle drei Entführer starben, da sie sich natürlich nicht hinsetzen und anschnallen wollten.

Die größte und schadensreichste Entführung geschah am 11. September 2001.

Warum nicht ferngesteuert?

Technik und Elektronik sind heute schon so weit, dass Flugzeuge vollautomatisch an einem Ort starten und an einem anderen Ort landen können. Militärische Drohnen wie der Predator oder der Global Hawk mit einer Reichweite von 13 500 nautischen Meilen sind der fliegende Beweis dafür. Allerdings fliegen diese nicht mit Passagieren, denn dies wäre ein Paradigmenwechsel, zu dem viele Menschen (noch) nicht bereit wären.

Es wird auch überlegt, ob man im Entführungsfall das Cockpit nicht einfach stilllegen und die Steuerung des Flugzeuges vom Boden aus übernehmen könnte. Piloten und Entführern blieb dann nichts weiter übrig, als zuzuschauen, wie sie am nächsten geeigneten Flughafen gelandet werden würden. Das würde aber wahrscheinlich zu einer weiteren Eskalation der Gewalt führen, die vom Boden womöglich nicht angemessen beurteilt werden kann.

Da bekanntlich die Hacker den Entwicklern immer einen Schritt voraus sind, ist es sogar wahrscheinlich, dass Verbrecher die Steuerung eines Jumbos übernehmen und so eine Entführung bequem und ohne Gefahr für das eigene Leben vom Boden aus durchführen könnten.

Der 11. September 2001

Uhrzeit	Event
6:20	Entführer kommen in Boston an und gehen an Bord
6:20	Entführer gehen an Bord von UA 175, Boeing 767, Boston–Los Angeles
7:03	Entführer checken in Newark für UA 93 ein
7:25	Drei Entführer gehen in Washington an Bord von AA 175
7:40	AA-11-Pushback der Boeing 767 Boston–Los Angeles
7:59	Die Entführer telefonieren untereinander
8:01	UA 93 hat Verspätung
8:13	AA 11 letzte Kommunikation mit der Flugsicherung
8:13	AA-11-Transponder abgeschaltet
8:14	AA 11 wird entführt
8:14	UA 175 startet mit 16 Minuten Verspätung
8:19	AA-11-Flugbegleiterin Ong meldet über Telefon die Entführung. Anruf wird zuerst nicht ernst genommen.
8:20	AA 11 kommt vom Kurs ab
8:20	AA 77, Boeing 757, Washington–Los Angeles, startet mit 10 Minuten Verspätung
8:22	AA-11-Flugbegleiterin Sweeney gibt über Telefon weitere Details an American Airlines
8:33	Betty Ong meldet den Tod eines Passagiers
8:37	UA-175-Piloten werden aufgefordert, nach AA 11 auszuschauen
8:38	Personal der Luftverteidigung geht noch immer von einer Übung aus
8:39	AA 11 überfliegt ein Kernkraftwerk
8:40	UA 175 fliegt in den Luftraum von New York Center, Funkkontakt
8:42	Hijacker übernehmen UA 175
8:42	UA 93, Boeing 757, startet in Newark mit 41 Minuten Verspätung nach San Francisco
8:44	AA-11-Flugbegleiterin meldet bevorstehende Katastrophe mit ruhiger Stimme
8:46	AA 11 schlägt im Nordturm des World Trade Center ein
8:46	Fluglotsen im New York Center bemerken Schwierigkeiten mit UA 175
8:48	Frühwarnzentrum der Nationalen Sicherheitsbehörde erfährt aus dem Fernsehen, dass die USA angegriffen werden
8:50	UA 175 verlässt seinen Kurs
8:51	Letzter Funkkontakt mit AA 77

Uhrzeit	Event
8:52	UA-175-Flugbegleiter meldet die Entführung über Telefon
8:54	AA 77 kommt vom Kurs ab
9:03	UA 175 schlägt im Südturm des World Trade Centers ein
9:04	Luftraum über New York und Washington wird gesperrt
9:09	Kampfgeschwader in Langley Air Force Base besetzen Gefechtsstände
9:09	Zahlreiche Falschmeldungen von Entführungen sorgen für Verwirrung
9:12	AA-Flugbegleiter beschreibt sechs Entführer an Bord von AA 77
9:15	American Airlines befiehlt allen ihren Piloten, sofort zu landen
9:17	Alle New Yorker Flughäfen werden geschlossen
9:19	United Flight 23 bricht Start ab und verhindert so eine weitere Entführung
9:21	All Brücken und Tunnels in New York City werden geschlossen
9:26	FAA untersagt alle Starts in ganz Amerika
9:27	UA-93-Passagier Tom Burnett telefoniert mehrfach mit seiner Frau
9:28	Entführer übernehmen UA 93
9:31	UA-93-Flugbegleiterin wird erstochen
9:34	UA-93-Passagier Tom Burnett erhält von seiner Frau Lagebericht
9:34	Washington D.C. Krankenhaus wird über anfliegendes Flugzeug informiert und aktiviert Katastrophenplan
9:37	AA 77 stürzt in das Pentagon
9:45	Neuer FAA-Manager, am ersten Tag im Job, befiehlt die vollständige Leerung des Luftraums in allen 50 Staaten
9:54	UA-93-Passagier Tom Burnett teilt Entschluss mit, das Flugzeug wieder zurückzuerobern
9:57	Passagiere kämpfen mit den Entführern im Cockpit
9:59	Der Südturm des WTC bricht zusammen
10:06	UA 93 stürzt in Pennsylvania ab
10:15	Betroffener Teil des Pentagon bricht ein
10:28	Der Nordturm des WTC bricht zusammen
12:16	Der Luftraum über den USA ist leer
13:27	Die Regierung in Washington erklärt den Nationalen Notstand

Desert Boneyard, Tucson, Arizona. Meist enden Flugzeuge in trockenen Wüsten, wo sie noch als Ersatzteillager für Maschinen gleichen Typs dienen.

INDEX

BILDNACHWEIS

3 Peter Unmuth
6 Ruben Hofs
8 Air New Zealand
10 PD
11 PD
12 PD
13 Lilienthal-Museum
13 u. PD
14 l.o. Betsy Pheil Collection
14 PD
15 PD
16 Andreas Fecker
17 Bernd Rosemeyer Collection
18 l.o. Lufthansa
18 r.o. Lufthansa
18 u. Los Angeles Airport Authority
19 l.o. Lufthansa
19 r.o. Lufthansa
19 u. United Airlines
20 l.o. Lufthansa
21 l.o. Lufthansa
21 r.u. Condor
22 r.o. Joint Export Import Agency, Courtesy of Harry S. Truman Library
22 r.u. NASA Dryden Flight Research Center
23 l.o. USAir Force
23 r.u. Lufthansa
24 ATI Collection
25 r.u. Kok Chwee Sim
26 SAS
26 Air New Zealand
28 o. SAS
28 u. NASA Dryden Flight Research Center
29 o. Hahn Airport Authority
29 u. US Air Force
29 Halifax Airport Authority
30 o. Air France
31 u. Andreas Fecker
36 Juan Carlos Guerra
38 Bernd Rosemeyer Collection
39 o. Lufthansa
40 Bill Blanchard, AirTeamImages
40 o. United Airlines
42 o. Andreas Fecker
42 Lufthansa
44 l.o. Juan Pablo Marini
44 Chris Sheldon AirTeamImages
46 H.F.Walther
47 l.o. AF Collection
47 l.u. PD
47 r.o. PD
47 r.u. ATI Collection
48 Lufthansa
49 United Airlines
50 o. United Airlines
50 u. Gert Rosmann
51 Max Teuber
52 o. Mike Moores
52 u. Lufthansa
53 l.o. United Airlines
53 l.u. NASA Dryden Flight Research Center
53 r.o. Condor
53 r.u. Air France
54 l.o. NASA Dryden Flight Research Center
54 m. Marek Wozniak
54 r.o. Condor
54 r.u. Boeing
56 l.o. Icelandair
56 l.u. Philippe Noret, AirTeamImages
57 United Airlines
58 Ethiopian Airlines
59 Oliver Hessmann
60 United Airlines
61 o. KLM
61 u. United Airlines
62 o. Simon Gregory AirTeamImages
62 m.o. Europix AirTeamImages
62 m.u. Danish Aviation Photo AirTeamImages
62 u. Lexy AirTeamImages
63 Tim de Groot AirTeamImages
64 o. Air Canada
64 u. PD
65 o. United Airlines
65 u. SAS
66 o. United Airlines
66 u. Finnair
68 United Airlines
69 o. Finnair
69 u. Marek Wozniak
70 VARIG
71 o. VARIG
71 m. NASA Dryden Flight Research Center
71 u. Finnair
72 Airbus
73 l. Condor
73 r. Royal Jordanian Airlines
74 l.o. Frontier Airlines
74 l.u. Air France
74 r.o. Air France
74 r.o. Andreas Fecker
75 o. Andreas Fecker
75 u. Weimeng
75 Andreas Fecker
76 o. Andreas Fecker
76 u. Andreas Fecker
77 Hawaiian Airlines
78 Singapore Airlines
79 Andreas Fecker
79 Andreas Fecker
79 Airbus
81 Airbus
82 l.o. Tupolev
82 l.u. Weimeng
83 r. Tupolev
83 o. Weimeng
83 m. Tupolev
84 o. Lufthansa
84 u. Limo Borges
85 u. Christian Ettelt
85 o. Welcome Air
86 o. Skyways
86 r.u. Max Teuber
87 Finncomm
88 Andreas Fecker
89 Adria Airways
90 o. ATR
90 u. ATR
91 KLM
95 Air France
98 Hong Kong Airport Authority
104 l.o. Ed Fleming
104 l.u. Atlanta Airport Authority
104 r.o. Calgary Airport Authority
104 r.u. Florian Trojer, AirTeamImages
105 l.o. Jean AirTeamImages
105 m. Gabriel Savit, AirTeamImages
105 l.u. Andreas Fecker
105 r.u. Dallas Airport Authority
106 l.o. Ben Wang
106 l.u. jetBlue Airways
107 r.o. Los Angeles Airport Authority
107 m.o. Los Angeles Airport Authority
107 r.u. Tom Bukowski
107 u. San Francisco Airport Authority
108 l.o. Serge Bailleul, AirTeamImages
108 l.u. Simon Willson, AirTeamImages
108 r.m. Garry Lewis, AirTeamImages
108 u. Toronto Airport Authority
109 o. Washington Airport Authority
109 u. Bertil Svensson
110 Miami Airport Authority
112 o. Jelson
112 m. Jeff Miller
112 l.u. Tim de Groot, AirTeamImages
113 l.o. Detroit Airport Authority
113 r.m. Andreas Fecker
113 r.o. Edmonton Airport Authority
113 u. Honolulu Advertiser
118 l.m. Krasivaja
118 u. Adrian Leon Aja
116 o. Juan Carlos Guerra
116 r.m. Juan Carlos Guerra
116 r.u. Leonardo Perez
116 l.u. Andreas Fecker
117 r.o. Bernardo Andrade
117 l.m. Stephen Aranha
117 l.u. Javier F. Bobadilla
117 r.u. Rommel Dorado
120 l.o. Ander Aguirre, AirTeamImages
120 m. TT, AirTeamImages
120 u. Jan Mogren
120 r.o. Lima Airport Authority
121 r.o. Andrés Contador, AirTeamImages
121 l.o. Pawel Drozd
121 l.u. Michael Fritz
121 r.m. Juan Pablo Marini
121 r.u. LAN Airlines
124 l.o. Konstantin von Wedelstädt
124 r.m. Copenhagen Airport Authority
124 r.m. SilverWingPix, AirTeamImages
124 u. Guy Daems
125 o. Ismael Jorda
125 r.m. Chris Lofting
125 l.u. Stephen Aranha
125 r.u. Mike Moores

126 l.o. Tim de Groot, AirTeamImages
126 r.o. Marco Louwe
126 l.u. Daniel Alaerts, AirTeamImages
126 l.m. Zurich Airport Authority
126 r.u. Vienna Airport Authority
127 l.o. Frankfurt Airport Authority
127 l.m. Frankfurt Airport Authority
127 l.u. Max Teuber
127 r.m. Frankfurt Airport Authority
127 r.o. Frankfurt Airport Authority
127 r.u. Max Teuber
128 Denis Roschlau
130 CDG Airport Authority
131 l.o. Gerhard Vysocan
131 l.m. Ismael Jorda, AirTeamImages
131 r.o. Jan Severijns, AirTeamImages
131 r.m. Miguel Nóbrega
131 u. Miguel Nóbrega
132 l.o. Mario Serrano
132 l.m. Riccardo Braccini
132 r.m. Irfan Caliskan, AirTeamImages
132 r.u. Bailey, AirTeamImages
133 l.o. Adams
133 r.m. Andreas Fecker
133 l.u. Fyodor Borisov, AirTeamImages
133 r.u. Fyodor Borisov, AirTeamImages
136 l.o. Michael Sender
136 l.u. AJL
136 r.o. Fraport
137 l.o. Kenneth Iwelumo
137 r.o. BMVg
137 l.m. Julian Whitelaw
137 r.u. South African Airways
139 m. EL AL Airlines
139 o. Tel Aviv Airport Authority
139 u. Ian Lim
140 l.o. Taha Ashoorl
140 l.u. Fraport
140 m. Azizul Islam
140 m.o. PD
140 r.o. US Department of Defense
140 r.u. Etihad
141 o. Konstantin von Wedelstädt
141 u. Konstantin von Wedelstädt
141 m. Matthew Lee
144 l.o. T. Laurent
144 r.o. Waqas Usman
144 l.u. Delhi Airport Authority
144 r.u. Nitin Sarin, AirTeamImages
145 o. Malaysia Airlines
145 u. Andrew Hunt, AirTeamImages
146 l.o. AirTeamImages
146 r.m. Bangkok Airport Authority
146 r.o. Li Jing
146 u. Bangkok Airport Authority
147 o. Allen Yao
147 u. Andrew Hunt, AirTeamImages
147 m. Tek
148 r.o. Bailey, AirTeamImages
148 l.m. Ben Wang
148 r.m. Kanehoshi
148 u. Bailey, AirTeamImages
149 u. Ding Ding
149 o. Jeroen Hribar, AirTeamImages
150 Melbourne Airport Authority
151 Wolodymir Nelowkin
152 l.o. Sascha Linkemeyer
152 l.u. Petter Lundkvist
152 r.u. Raymond Ngu
152 r.o. Thomas Posch
153 o. Phil Vabre
153 u. Tahiti Visitor Authority
153 r.u. Air Tahiti Nui
158 l.o. Air Canada
158 l.m. Air Canada
158 r.u. Marek Wozniak
159 o. Alaska Airlines
159 u. Westjet
160 l.o. American Airlines
160 r.o. American Airlines
160 l.m. Andreas Fecker
160 u. Jerrold Wu
161 l.o. Andreas Fecker
161 l.m. Andreas Fecker
161 r.m. Continental Airlines
161 r.o. jetBlue Airways
161 u. Andreas Fecker
162 l.m. Delta Air Lines
162 r.m. Delta Air Lines
162 u. Delta Air Lines
162 o. Horizon Air
163 l.o. United Airlines
163 r.o. United Airlines
163 r.u. Northwest Airlines
164 l.o. Juan Carlos Guerra
164 r.o. Andreas Fecker
164 r.u. Southwest Airlines
165 l.o. Aeromexico
165 r.o. Aeromexico
165 l.m. Juan Carlos Guerra
165 m. Mexicana
165 u. Max Teuber
166 o. Air Jamaica
166 u. Fabricio Joménez
166 l.m. Juan Carlos Guerra
166 r.m. Juan Carlos Guerra
167 l.u. Andres Ramirez
167 r.u. Avianca
168 l.m. GOL
168 r.m. Stephan Klos Pugatch
168 l.u. TAM
168 r.u. TAM
169 m. Juan Pablo Marini
169 r.u. LAN
169 u. LAN
170 o. Icelandair
170 r.m. Piotr Kaczmarek
170 r.u. Hahn Airport Authority
170 u. Ryanair
171 m. Condor
171 m.u. easyjet
171 l.u. easyjet
171 r.o. Virgin Atlantic
171 r.u. Virgin Atlantic
172 Joergen Eliassen
174 l. British Airways
174 m. British Airways
174 r.o. Pere Davesa
174 u. British Airways
175 o. bmi
175 m. bmi
175 u. Wideroe
176 l.m. SAS
176 l.o. SAS
176 r.m. Finnair
176 r.o. Finnair
177 o. LOT
177 m. CSA
177 u. Malev
178 o. TAROM
178 u. Cyprus Airways
178 m.r. Turkish Airlines
178 m. Turkish Airlines
179 o. Aegean
179 u. Croatia
180 l.u. Swiss
180 m. AUA
180 r.o. AUA
180 r.u. Swiss
181 r.o. Luxair
181 m.u. Air Berlin
181 r.m. Condor
181 r.u. Air Berlin
182 l.m. Lufthansa
182 l.o. Andreas Fecker
182 r.o. Lufthansa
182 r.u. Brussels Airlines
183 o. KLM
183 m. KLM
184 o. Air France
184 m. Air France
184 u. Air Dolomiti
185 l.o. Alitalia
185 r.o. David Roura
185 r.u. Andreas Fecker
185 u. Iberia
186 r.o. Bianca Renz
186 r.u. TAP
186 l.u. TAP
187 r.o. Ethiopian Airlines
187 r.m. Kenya Airways
187 m. Tina Poole, AirTeamImages
188 Air Madagascar
189 o. South African Airways
189 m. South African Airways
190 r. David Roura
190 u. Max Teuber
191 o. André Oferta
191 r.o. Andreas Fecker
191 r.m. David Nolan
191 l.m. Kok Chwee Sim
192 o. MEA
192 l.m. EL AL Airlines
192 m.u. EL AL Airlines
192 r.u. Royal Jordanian Airlines
193 o. Mario Andreya
193 m.r. Gulf Air
193 m. Gulf Air
193 r.u. Qatar Airways
193 u. Qatar Airways
194 l.o. Emirates
194 l.m. Emirates
194 m.o. Etihad Airways
194 m. Etihad Airways
195 r.o. Rossiya
195 m. Weimeng
195 u. Aeroflot
196 Bailey, AirTeamImages
198 r.o. Dimitry Belov
198 m.r. S7 Airlines
198 m. Andreas Fecker
199 l.o. Weimeng
199 m.r. PIA
199 r.o. Christian Ettelt
199 r.u. Kok Chwee Sim
200 l.o. Indian Airlines
200 m. ATR

200 m.u. Sri Lankan
200 r.o. Kok Chwee Sim
200 r.u. Jerry Pang
201 l.o. Kok Chwee Sim
201 m. Kok Chwee Sim
201 r.o. Christian Ettelt
201 r.u. China Eastern
201 u. Andreas Fecker
202 l.o. China Southern
202 l.m. Kok Chwee Sim
202 m.o. Weimeng
202 r.u. Weimeng
203 r.o. Vietnam Airlines
203 m. Thai Airways
203 u. Thai Airways
204 l.m. Star Alliance
204 r.m. Montague Smith
204 r.o. Colin Hunter
204 u. Singapore Airlines
205 Kok Chwee Sim
206 l.o. Kok Chwee Sim
206 l.m. Kok Chwee Sim
206 m.u. Andreas Fecker
206 r.m. China Airlines
206 r.u. China Airlines
207 r.o. Marek Wozniak
207 m. Cathay Pacific
207 l.u. Cathay Pacific
207 l.o. Andreas Fecker
208 l.u. Andreas Fecker
208 m.o. Kok Chwee Sim
208 r.o. Weimeng
208 r.u. Korean Air
209 o. Kok Chwee Sim
209 l.m. JAL
209 r.o. JAL
209 l.u. Star Alliance
209 r.u. Weimeng
210 o. Qantas
210 m. Qantas
211 m. Air New Zealand
211 u. Air New Zealand
222 Hans-Jürgen Koch, DFS
224 American Airlines
228 Gulf Air
229 l.o. Turkish Airlines
229 m. Turkish Airlines
229 r.u. Afriqiyah Airways
230 Henrickson
232 l.m. Delta Air Lines
232 r.m. Lufthansa
232 r.o. Air Berlin
232 r.u. jetBlue Airways
234 l.o. Andreas Fecker
234 l.u. Andreas Fecker
234 m.r. Andreas Fecker
234 r.u. Andreas Fecker
234 r.o. Mattes
236 o. Emirates
236 m. Andreas Fecker
236 u. Dresden Airport Authority
237 o. Lufthansa
237 u. Andreas Fecker
242 Zurich Airport Authority
244 u. Stuttgart Airport Authority
248 u. Iberia
249 o. ATR
249 u. ATR
250 Lufthansa
251 l.o. Peter Unmuth, AirTeamImages
251 m. Andrew Hunt, AirTeamImages
251 m.u. Mario Aurich, AirTeamImages
251 r.o. Daniel Alaerts, AirTeamImages
252 o. Ismael Abeytua, AirTeamImages
252 u. Christian Galliker, AirTeamImages
253 Christian Galliker, AirTeamImages
254 Lufthansa
255 r.o. Malaysia Airlines
256 o. JPC van Heijst, AirTeamImages
256 m.r. Royal Brunei Airlines
256 m.l. United Airlines
256 u. Andreas Fecker
257 o. US Meterological Service
258 Andreas Fecker
259 Andreas Fecker
260 r.o. Malaysia Airlines
260 m. LSG
260 u. LSG
261 l.o. Cathay Pacific
261 r.o. Cathay Pacific
261 r.o. Cathay Pacific
261 u. Royal Brunei Airlines
262 o. MedAire
262 u. MedAire
263 u. Silje Jorgensen
265 l.o. Siemens
266 o. Denis Roschlau
266 u. NATO TERPS
270 o. Los Angeles Airport Authority
270 u. Bangkok Airport Authority
271 o. Dave Carroll
271 u. Turkish Airlines
273 r.o. London Airport Authority
273 Paris CDG Airport Authority
273 Andreas Fecker
274 Andreas Fecker
276 o. Hans-Jürgen Koch, DFS
276 m. Lufthansa
278 o. NASA
278 u. BFU Braunschweig
280 o. BFU Braunschweig
280 l.o. Jorge Doblado
280 r.u. BFU Braunschweig
281 l.o. BFU Braunschweig
281 m.o. BFU Braunschweig
281 l.u. US Meterological Service
281 r.o. Aeroflot
281 r.u. Andreas Fecker
282 l.o. Bailey, AirTeamImages
282 r.o. Royal Brunei Airlines
283 US Department of Defense
287 Andreas Fecker
288 Leonardo Perez
290 l.o. Lufthansa
290 r. Airbus
291 r.o. Andreas Fecker
291 l.u. Colin Parker
291 m.u. Zurich Airport Authority
294 FBI
296 Europix AirTeamImages

Queen Street House
4 Queen Street
Bath
BA1 1HE
UK

Producing: Frechmann Kolón GmbH
Design, Layout & Satz: Rheinische Umbrechereien, Werk Düsseldorf-Süd;
Verlagsservice Peter Schneider

ISBN 978-1-4075-4712-1

Printed in Indonesia

LH007 SAA AZ971 SAB DG SAC CDG SAD
SAF HUD SAG MD-11 SAH ILS SAI DME
SAM FMS SAN OY SAO LQ SAP NM WX
SAT KU 204 FA MXP SAU VN SAV OU631
SAZ A4 AN AY A340 BG BI DA 747-400
EB ED DH3 EE CPH BT302 EF A310 EG A
MD-90-30 EP ES ET HRE EV EY FB ANC
JY FM FM A319 FN FO HHI TU FP FQ
SQ006 DC-2 A380 GB GC GE SKP GF UIC
LGA NJJ PVR GM ORD GO RJK GQ GS
FCO SK1588 KF664 JK023 TXL KF682 743
B11 MSP D9S D8F AB3 JRO HH HK BBF
SYD NEL LB TU154 BBZ LC MVD EZE LD
FXY LK LL KUL LM LN A320-200 LO LP A
WWK BNE POM MEM LZ MB MD SAAB20
MN GVA MP MR FLY MS JFK MT BAH
MZ PRG NC NF CLK NG NI AB6 ET0421
NS NT DXB KTM NV NW FLA NZ OA AM
STL OK DO328 OL OM SIN OO SEL YVR
PK FZO MHD PM IST WAW PT SPU PW
SC ACA SE LGW ISB TUS SF SG SK YIK
K021 CPH ONU SY EE (AY) MUC TA LHR
TL SJJ VIE MD-90 JNB TN OBX KHI TQ SE
NRT TX UA UB DUS UE TXL UG UH PEW
US UT UU MCT PHX MIA AUS DFW UW
ERJ145 CRJ LUX VO DXB VQ VR VT VY
WR WS ZM FRA OAM AF1567 FAA LBA
ARN FCO RUH GIG F50 Y FJY JY GF162
GF024 4U330 IB8260 UTC CVG MAD B757
QV322 AT7 PX090 POM QF384 MDU GUG
CZ 5J 9 W AI BR EK S2 TG VN OZ MH13
ABJ BCN BSL VCE VNO SXB LGW TU964
AUH MAA LHE MNL TRV A320 S7 LY337 Y